本书是国家"2011计划"司法文明协同创新中心
研究项目的阶段性成果

ASSESSMENT REPORT ON
THE LAW OF ENVIRONMENTAL PROTECTION

《环境保护法》实施评估报告（2016）

王灿发 ◎ 主　编
冯　嘉 ◎ 副主编

中国政法大学出版社
2019·北京

编 委 会

课题组组长：王灿发，中国政法大学民商经济法学院

课题组成员：（以姓氏笔画为序）

  王社坤，北京大学法学院

  文黎照，阳光时代律师事务所

  冯　嘉，苏州大学王健法学院

  刘飞琴，中国政法大学民商经济法学院

  张忠民，中南财经政法大学法学院

  陈海嵩，中南大学法学院

  陈　伟，南京大学法学院

  李庆保，华北电力大学法政系

  曹　炜，中国人民大学法学院

  童光法，北京农学院法政学院

研究助理：

  中国政法大学：冯诗仪、魏迎悦、郑弘、马睿聪

  北京大学法学院：梁忠

  苏州大学王健法学院：汪佳蕊

  中南财经政法大学法学院：黄剑勇、陈乾、王璐、蔡文耀

  南京大学法学院：纪福莲、马金凤、田放

  中南大学法学院：高俊虹

  北京农学院法政学院：姚璐、王海樱、刘路晨

  阳光时代律师事务所：周游

  燕山大学：哈那格尔

咨询专家：（以姓氏笔画为序）

  马　军，北京公众与环境研究中心

  王凤春，全国人民代表大会环境与资源保护委员会法案室

  王　华，中国人民大学环境学院

  卢建茹，北京市生态环境局法制处

  邱　秋，湖北经济学院法学院

  罗　丽，北京理工大学法学院

  周晋峰，中国生物多样性保护与绿色发展基金会

  夏　光，生态环境部环境与经济政策研究中心

  韩德强，最高人民法院中国应用法学研究所

前 言
PREFACE

这个《〈环境保护法〉实施评估报告（2016）》是继《新〈环境保护法〉实施情况评估报告》后的第二份评估报告，其简版早在2017年4月20日就已经发布了。此后，不断有人问我要评估报告的全本，但由于涉及知识产权的保护，在没有正式出版的情况下很容易被侵权，所以就一直没有公开。本来应该早一点正式出版的，但由于我有太多事务缠身，所以总也不能最后定稿，直到最近，才把稿子修订完毕。

由于2016年发布的《新〈环境保护法〉实施情况评估报告》在社会上产生了良好影响，受到多方好评，全国人大常委会《环境保护法》执法检查组不仅专门请我向其介绍了新《环境保护法》实施的评估情况，而且还将《新〈环境保护法〉实施情况评估报告》发给其成员人手一册，对评估报告中指出的实施问题有针对性地进行检查监督。该报告全本也于2016年7月由中国政法大学出版社正式出版发行。课题组在2017年对2016年《环境保护法》实施情况的评估，力求从新的视角，更加全面地收集资料，作出一份更加客观的评估报告。

为了避免与第一次评估报告过多的重复，在这次评估中课题组改变了评估的角度。上次的评估着重于新《环境保护法》被贯彻实施的情况，实际上就是看表面现象，比如是否进行了宣传、是否进行了培训、有多少人了解了新《环境保护法》的规定、是否对与新《环境保护法》规定相矛盾和冲突的"土政策"进行了清理，等等。而这次，我们把评估的重点放在了实施的效果上：法律的规定被执行了没有？

违法行为查处了没有？环境改善了没有？这种效果的评估，比一般性的实施情况评估更进了一步，收集资料的困难性和得出结论的困难性也更大。从评估的对象来说，第一次评估我们主要针对新《环境保护法》规定的一些重点制度和措施，除了企业守法这部分外，我们没有针对具体主体实施《环境保护法》的情况和效果进行评估。这次我们从环境法律关系主体入手，评估各类主体实施《环境保护法》的情况和效果。这些主体包括了各级人民政府及其有关主管部门、环境保护主管部门、新闻媒体、社会组织、企业和公民个人。根据《环境保护法》对各类主体规定的职责、权利和义务情况，这些职责和义务履行的情况，看环境权利实现的情况。

在《新〈环境保护法〉实施情况评估报告》前言中，我就曾说过，评估结论的客观性与评估方法的正确性和数据掌握的全面性密切相关。为了尽可能多地占有资料和数据，我们评估课题组的成员，在其所承担的研究领域，通过政府的各种公报、工作报告、研究报告、年鉴、媒体报道、网络信息，并通过召开座谈会、发放问卷、网络调查等多种方式，尽可能多地搜集与法律实施情况和效果有关的数据资料。虽然不能说数据资料已经十分充足，但对于评估结论的得出还是有相当的支撑作用。

本次参加评估课题组的成员，又增加了一些年轻的新锐学者，而且还吸收了有经验的律师。课题组在选择研究评估的成员时，充分考虑了其研究专长，即通常是在某个方面素有研究的人来承担相应领域的研究评估任务。因此，虽然本次研究评估的时间比上次晚一些，但评估报告完成的时间却比上次还提前一些。应该说，本次评估报告视角的新颖性、评估数据资料的充分性、评估内容的全面性、评估结论的客观性，都比上次有所进步。

课题组在调研和完成报告的过程中，曾经得到生态环境部政策研究中心、北京公众与环境研究中心的大力支持和协助，并得到王凤春

（全国人大环资委）、夏光（生态环境部政研中心）、王华（生态环境部政研中心）、韩德强（最高人民法院中国应用法学所）、罗丽（北京理工大学）、邱秋（湖北经济学院法学院）、卢建茹（北京市生态环境局法规处）、周晋峰（中国生物多样性保护与绿色发展基金会）、马军（北京公众与环境研究中心）等专家的热情指导，在此一并表示衷心感谢。

2018年虽然还有人希望我们继续进行第三次评估，但考虑到每年对一部法律的实施情况进行评估，其内容的差别性太小，实际意义不大，所以2018年我们就没有对《环境保护法》2017年实施的情况进行评估。我们希望在《环境保护法》实施5年时再进行下一次评估，那时得出的结论可能与现在大不相同。

虽然这个报告出版的时间晚了一些，但其中的许多资料还是很有价值的。希望这个报告的出版对环境法的研究者和环境法的实务工作者以及对今后环境法律、法规的健全与完善能有所裨益。

王灿发
新《环境保护法》实施情况评估课题组组长
2018年12月18日

目录 Contents

前　言 / 001

第一部分
政府环境责任实施情况评估

一、政府向人大报告环境状况职责履行情况评估 / 001

二、县级以上人民政府加大环境保护财政投入情况评估 / 010

三、人民政府将环境保护纳入国民经济和社会发展规划制度实施评估 / 028

四、政府环境保护目标责任制与考核评价制度实施情况评估 / 049

五、生态保护红线制度实施情况评估 / 068

六、地方人民政府督政问责情况评估 / 077

第二部分
县级以上人民政府环境保护主管部门履行法定职责及效果评估

一、县级以上环境保护部门实施重点环境管理制度履职情况及实施效果评估 / 096

二、重点环境管理措施实施情况评估 / 175

三、环境执法机构能力建设效果评估 / 202

第三部分
县级以上人民政府有关主管部门履行法定职责及效果评估

一、经济综合主管部门履行环境保护法定职责及其效果评估 / 238

二、工信部门履行环境保护法定职责及其效果评估 / 257

三、农业部门履行环境保护法定职责及其效果评估 / 270

四、住建部门履行环境保护法定职责及其效果评估 / 284

第四部分
公检法机关保障新《环境保护法》实施情况及效果评估

一、法院在保障新《环境保护法》实施中的作用及效果评估 / 311

二、环境检察专门化进展、作用和效果评估 / 323

三、公安部门实施新《环境保护法》效果评估 / 332

四、评估结论 / 340

第五部分
企业环境守法评估

一、企业环境守法评估的主要指标、样本筛选与思路 / 342

二、企业环境信息公开方面的守法表现 / 349

三、企业违法排放及履行违法处罚方面的表现 / 355

四、绍兴地区企业环境守法状况 / 363

五、评估结论 / 370

第六部分
社会组织和其他单位履行新《环境保护法》义务情况及效果评估

一、环保民间组织履行新《环境保护法》义务情况及效果评估 / 372

二、基层群众性自治组织履行新《环境保护法》情况及效果评估 / 396

三、新闻媒体履行新《环境保护法》情况及效果评估 / 406

四、评估结论 / 419

第七部分
新《环境保护法》之公民权利义务实施部分评估

一、公民环境保护权利及实施情况 / 421

二、公民环境保护义务履行情况 / 435

三、评估结论 / 442

第一部分
政府环境责任实施情况评估

"强化政府环境责任"是新《环境保护法》*在修改过程中所着重加强的方面，也是当前社会各界所高度关注的领域。学术界和社会公众一致认为，生态环境保护不仅仅是环境保护部门一家的职责，地方各级人民政府在确保环境质量改善中发挥着更为重要和核心的作用。这一观点得到了立法者的认可。新《环境保护法》采取"属地管理"原则确认环境责任，[1]在"总则"部分第6条第2款明确宣示"地方各级人民政府应当对本行政区域的环境质量负责"，并在后面章节中用多个专门条款，对地方各级人民政府所承担的环境责任作了具体的规定。可以说，政府环境责任能否得到有效履行，是新《环境保护法》关注的一个重点问题，也是社会各界所普遍关注的热点问题。据此，课题组选取了《环境保护法》所规定的六项相关制度的实施情况对县级以上人民政府履行环境保护法定职责的情况进行评估，包括：政府向人大报告环境状况（第27条）；政府环境保护财政投入（第8、50条）；政府将环境保护纳入国民经济与社会发展规划（第13条）；政府环境保护目标责任制与考核评价制度（第26条）；生态保护红线制度（第29条）；地方人民政府环境责任追究（第67、68条）。以期能够较为全面地反映新《环境保护法》实施两年来（2015年1月1日至2016年12月31日）政府履行环境责任的情况。

一、政府向人大报告环境状况职责履行情况评估

新《环境保护法》第27条规定："县级以上人民政府应当每年向本级人民代表大会或者人民代表大会常务委员会报告环境状况和环境保护目标完成情况，对

---

* 本书所指新《环境保护法》即为2014年修订的《环境保护法》。
〔1〕 全国人大常委会法制工作委员会编：《中华人民共和国环境保护法释义》，法律出版社2014年版，第21页。

发生的重大环境事件应当及时向本级人民代表大会常务委员会报告,依法接受监督。"该规定属于新增条款,建立了政府向人大报告环境状况制度,其意义在于两个方面:①提高了环境保护在人大监督中的地位,使其成为一项与政府年度工作报告、预算情况执行报告等相等同的专项报告事项;②明确报告的主体是"县级以上人民政府",强调向人大进行环境保护报告是县级以上人民政府的一项职责。政府环境报告制度是新《环境保护法》对政府环境责任的创新举措,也是充分运用人大监督强化政府履行环境保护职责的一项新型环境法律制度,其实施情况需要加以高度关注和深入分析。

(一)国务院向全国人大常委会报告环境状况的情况

从中央政府情况看,新《环境保护法》于2015年1月1日生效实施之后,国务院在2015年间并未向全国人大或人大常委会作专门报告。2016年4月25日,环境保护部部长陈吉宁代表国务院在第十二届全国人民代表大会常务委员会第二十次会议上,作《国务院关于2015年度环境状况和环境保护目标完成情况的报告》(以下简称《报告》)。这是国务院首次根据新《环境保护法》的规定,就上一年度的环境状况和环保目标完成情况向全国人大常委会作专项报告。

本次报告的主要内容包括三个部分:①2015年环境质量状况。《报告》对2015年全国环境质量的状况进行了全面阐述和分析,包括空气质量、水环境质量、土壤环境状况、生态环境状况、环境风险五个方面。《报告》显示,2015年全国环境质量进一步改善,但环境污染重、生态受损大、环境风险高等问题仍然突出。②环境保护目标和工作任务完成情况。《报告》显示,《国民经济和社会发展第十二个五年规划纲要》确定的环境约束性指标均如期完成,2015年《政府工作报告》确定的主要污染物减排年度目标超额完成。采取的措施主要有:加强环境法治建设,严格执法监管;坚决向污染宣战,全力推进大气、水、土壤污染治理;坚持预防为主,推动转方式调结构;深化生态环保领域改革,健全体制机制;加大投资力度,建设一批重大生态环保工程。③下一步工作安排。《报告》指出,当前我国环境保护形势依然严峻,资源环境承载能力已经达到或接近上限,生态环境特别是大气、水、土壤污染严重,环境保护面临的压力和挑战巨大,环境质量改善需要付出艰苦、长期的努力。基于上述判断,《报告》提出2016年环境保护工作的主要目标是:全国地级及以上城市空气质量优良天数比例达到77%,未达标城市细颗粒物浓度下降3%;地表水达到或好于Ⅲ类水体比例达66.5%,劣Ⅴ类比例控制在9.2%以内;化学需氧量、氨氮、二氧化硫、氮氧化物排放量分别下降2%、2%、3%、3%。需要重点加强的工作是:坚决打好大气、水、土壤"三大战役";深入推进各项改革;加强环境法治保障;健全环境预防体系;加大生态和农村环境保护力度,夯实环境科技基础,发展绿色环保产业;有效防控环境风险。

2016年4月26日,十二届全国人大常委会第二十次会议审议了《报告》,常委会组成人员和列席人员共有71人次发言。审议意见认为,本次会议听取并审议《报告》,对新修订的《环境保护法》第27条的有效实施开了一个好头,也为地方作了很好的示范,今后应形成制度化安排;国务院及其有关部门在生态环境保护上做了大量工作,取得积极成效,需要进一步加大生态环境保护力度,实行最严格的环境保护制度。总体上看,全国人大常委会的审议意见对《报告》持肯定态度,普遍赞成报告所提出的目标及对环境状况的分析。[1]

(二)省(自治区、直辖市)政府向人大报告环境状况的情况

从地方政府情况看,在2015—2016年间,全国31个省级政府(包括省、自治区、直辖市),已有23个省级政府向同级人大或人大常委会作了环境报告。从时间上看,最早落实新《环境保护法》第27条规定的省级行政区域是重庆。在2015年3月30日,重庆市人民政府在市四届人大常委会第十七次会议上,向市人大常委会作了《关于全市环境保护工作情况的报告》。随后,广西和上海分别在2015年12月7日和2015年12月28日在人大常委会会议上作了环境报告。在2016年3月、9月和11月,重庆、上海和广西分别作了第二次环境报告,是履行新《环境保护法》第27条较好的省份。在2016年,陆续有甘肃、海南、河北、湖南、云南、河南、宁夏、西藏、吉林、山东、山西、江西、贵州、江苏、辽宁、湖北、黑龙江、天津、四川、北京等省级政府向人大作了环境报告。具体情况见下表:

表1.1 各省(自治区、直辖市)政府向同级人大报告环境状况的情况
(2015年1月1日至2016年12月31日)

年 份	进行政府环境报告的省份	未进行政府环境报告的省份
2015年	重庆、上海、广西	甘肃、海南、河北、湖南、云南、河南、宁夏、西藏、吉林、山东、山西、江西、贵州、江苏、辽宁、湖北、黑龙江、天津、四川、北京、新疆、内蒙古、陕西、安徽、浙江、福建、广东、青海

---

[1] 全国人大常委会:《对2015年度环境状况和环境保护目标完成情况报告的审议意见》,载中国人大网,http://www.npc.gov.cn/npc/xinwen/2016-05/18/content_1990174.htm,2016年5月18日发布。

续表

年 份	进行政府环境报告的省份	未进行政府环境报告的省份
2016年	重庆（2次）、上海（2次）、广西（2次）、甘肃、海南、河北、湖南、云南、河南、宁夏、西藏、吉林、山东、山西、江西、贵州、江苏、辽宁、湖北、黑龙江、天津、四川、北京	新疆、内蒙古、陕西、安徽、浙江、福建、广东、青海

以2015—2016年间进行环境报告的次数为依据，可以得到全国各省（自治区、直辖市）实施新《环境保护法》第27条的对比分析图，参见下图：

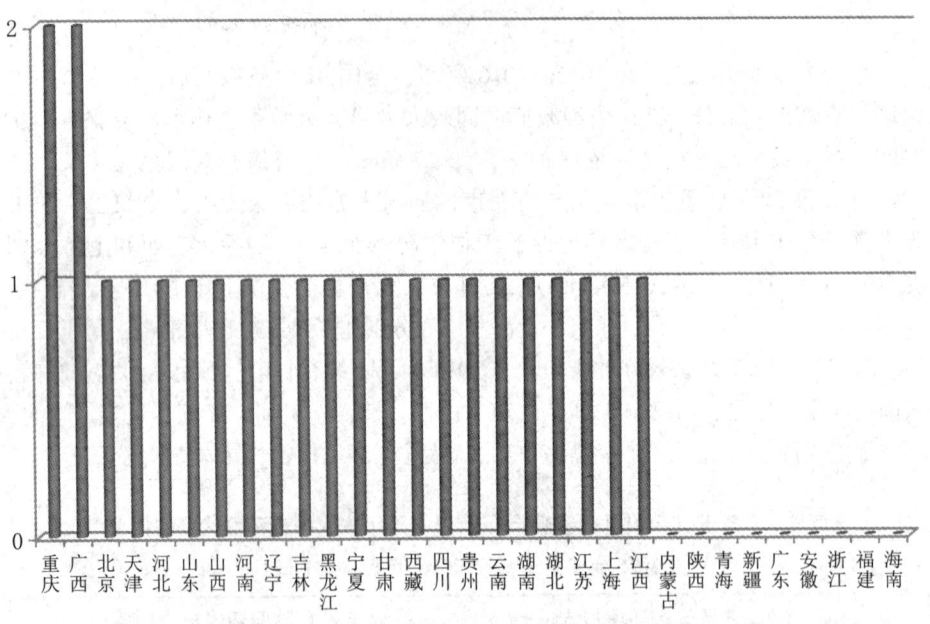

图1.1 各省（自治区、直辖市）实施环境报告制度的对比分析（2015—2016年）

对前述2015—2016年间各省（自治区、直辖市）进行环境状况报告的情况进行总结，可以从四个方面加以归纳：①在2015—2016年间，全国有23个省级政府按照新《环境保护法》第27条的规定进行了环境报告，8个省份（包括新疆、内蒙古、陕西、安徽、浙江、福建、广东、青海）则没有进行专门的环境报告。②在报告主体上，分为两种情况：一是以省级政府名义进行环境报告（包括重庆、海南、河北、河南、江苏、辽宁、湖北、黑龙江、天津、四川），二是以省级政府名义委托特定职能部门（环保、发改部门）进行环境报告（包括北京、甘肃、湖南、云南、宁夏、西藏、吉林、山东、山西、江西、贵州）。广西和上海所进行的两次环境报告则有不同的报告主体。③在报告对象上，除江西是安排在全省人民代表大会（江西省十二届人大五次会议）对环境报告进行审议外，其余省份均是由政府向同级人大常委会进行报告。④在报告方式上，除了湖北是在人大常委会闭会期间采取书面报告的方式外，其余省份均采取专项报告的方式进行，即将环境报告列入某次人大或人大常委会会议的正式议程之中，由全体会议代表听取和审议该报告。

（三）政府向人大报告环境状况存在的问题分析

根据前文分析，目前我国在中央政府和地方政府两个层面上均已开始有效实施新《环境保护法》第27条所确立的环境状况报告制度，74%的省级政府已经进行了报告；同时根据课题组调查，有相当一部分的地市级政府和县级政府也已经向本级人大或人大常委会提交了环境报告。这对各级人民政府有效履行其环保职责起到了良好的推动和监督作用，应予充分肯定。

实际上，在《环境保护法》于2014年修订之前，已经有多个地方的人大通过专项报告的方式开展对政府环境保护工作的监督，这为新《环境保护法》第27条的贯彻实施提供了有益的经验和参考。例如，湖南省张家界市在2004年就建立了"环保报告制度"，并在2005年1月市四届人大二次会议上首次对市人民政府关于环境保护工作的报告进行了审议，并作为制度一直持续至今，在每年的人大会议上审议政府环境报告，取得了良好成效。[1] 又如，2006年11月29日，吉林省第十届人大常委会第三十次会议对《省政府关于贯彻科学发展观切实加强环境保护工作的报告》进行了专门审议。[2] 但是也必须看到，尽管政府向人大报告环境状况制度在总体上取得了较大进展，但其在实践中也暴露出一些问题，需要认真对待并有效解决，具体包括：

1. 对报告方式的正确理解

从目前情况看，对新《环境保护法》第27条"政府向人大进行环境报告"具体方式的不同理解是阻碍该条规定得到落实的最大因素。在目前尚未进行环境报告的8个省份，大多数地方并非对环境保护工作不重视或者有意阻挠《环境保护法》的实施，而是对政府向人大进行报告的方式上的理解存在一定"偏差"。

---

[1] 参见全金平：《张家界：人大监督环保工作有劲道》，载《人民之友》2016年第5期。
[2] 参见高峰：《为了吉林山川秀美》，载《吉林人大工作》2007年第1期。

根据调查,可分为如下三种情况:[1] ①认为在每年人大会议的省政府工作报告中对环境保护情况进行报告就达到了要求,典型代表是浙江、新疆、广东;②认为在人大日常工作(执法检查等)中已经涵盖了对环境保护状况的报告,典型代表是安徽;③受到环境督查的影响,政府根据督查情况进行整改,暂时未向人大进行环境报告,典型代表是内蒙古。另外一个不可忽视的情况是,一些省份客观上对新《环境保护法》重视程度不够,没有及时将听取环境报告列入人大常委会的年度工作要点,造成本制度实施的迟滞。

值得注意的是,根据新《环境保护法》制定时的立法解释,第27条所规定的环境报告包括两种形式:一是在政府工作报告中专辟一部分内容加以说明,二是专门单作报告。[2] 根据此观点,目前一些省份未进行专门环境报告的行为似乎具有了法律依据,但本课题组认为,应对新《环境保护法》第27条进行严格限缩解释,即环境报告的方式须限定为政府每年向同级人大或人大常委会就环境状况和环境目标完成情况作专项报告,不能"降格"为每年政府工作报告中的一个部分。理由在于:①"单一制"国家体制的要求。2016年4月,全国人大常委会会议已经听取并审议了《报告》,这是中央政府在实施新《环境保护法》第27条上作出的"表率"。基于我国"单一制"的国家结构与权力体制,中央政府在特定事项上采取的做法与措施对地方政府具有较大的示范、借鉴意义,各地方政府应当比照国务院而采取专项报告的方式向同级人大或人大常委会报告环境状况。②不符合新《环境保护法》第27条的立法目的。分析该条款的立法目的,政府进行环境报告的目的不是"报告"本身,而是该条款后半段的"依法接受监督"。这表明,建立环境报告制度的立法宗旨是完善、加强人大对政府环境保护工作的监督,绝不仅仅是单纯形式上加以"报告"即可。应当看到,《政府工作报告》是对上一年政府工作的全面总结与展望,涉及经济社会发展的方方面面。而人大对政府工作报告进行监督的方式,是在人大会议上听取和审查该报告(具体方式一般为在全体会议上由全体人大代表进行表决)并形成决议。将环境状况和环境目标完成情况纳入政府工作报告,在事实上造成人大无法专门就环境报告进行专门审议,也使得环境状况被整体的政府工作所覆盖,不能针对环境保护情况进行专门的表决并形成决议或审议意见,这就弱化了人大对政府环境工作的监

---

[1] 具体情况,参见庄岸:《环境报告制度第二年13省份尚未依法报告,多地称理解有偏差》,载澎湃新闻网,http://www.thepaper.cn/newsDetail_forward_1580748,最后访问日期:2016年12月15日;孟亚旭:《地方环保报告"爽约"该如何监督?》,载《北京青年报》2016年12月9日,第A3版。

[2] 参见全国人大常委会法制工作委员会编:《中华人民共和国环境保护法释义》,法律出版社2014年版,第95页。

督力度，与立法目的不符。③环境状况已经是《政府工作报告》的重要组成部分，不能将其"改头换面"为政府的环境报告而规避法定义务。从国务院每年在人大会议上所作的《政府工作报告》来看，从2007年起，国务院《政府工作报告》中已经加入了环境保护相关指标完成情况的说明，并在近年来得到明显加强。例如，在2016年国务院《政府工作报告》中，"加大环境治理力度，推动绿色发展取得新突破"被列为政府八项重点工作之一。如果简单认为"在政府工作报告中专辟一部分内容加以说明"就算履行了向人大进行环境报告的法定义务，政府在事实上根本无需任何新的作为，是对新《环境保护法》第27条的一种规避，使得该条规定变成能够"完全实施"的"僵尸条款"，消解了新《环境保护法》专门增加环境报告制度的意义和价值。

2. 报告内容的统一与公开

根据新《环境保护法》第27条的规定，政府进行年度环境报告的内容主要包括两项：①环境状况；②环境保护目标完成情况。从《报告》看，其严格遵循了这一法律规定，分为三个部分：2015年环境质量状况、环境保护目标和工作任务完成情况、下一步工作安排。上述内容可以理解为政府环境报告的"规定动作"，为各级人民政府环境报告在内容编排上提供了有益的借鉴与参考。

从目前各地环境报告的具体内容看，大多数省份遵循了新《环境保护法》第27条的规定，能够体现该地环境状况和环境目标完成情况，同时提出下一步环境保护工作的计划与安排。同时，一些地方在环境报告中还加入了"自选动作"，丰富、完善了政府环境报告的内容，值得肯定。例如，广西壮族自治区人民政府在2015年、2016年《关于我区环境状况和环境保护目标完成情况的报告》中，均加入"存在的问题"部分，对环境保护工作存在的问题进行专门分析，使得环境报告整体上更为全面。又如，上海市人民政府在《关于2015年本市环境保护工作情况的报告》中对当前环保工作存在的问题进行了专门分析，并对"十三五"环保工作的基本思路与2016年重点举措进行了阐释。

同时还必须看到，目前各地的政府环境报告在内容上还存在一定不足，亟待改进，具体包括：①政府环境报告的名称需要统一。目前有15个省份的报告名称为"XX年我省（自治区、直辖市）环境状况及环境保护目标完成情况的报告"，这一名称凸显了新《环境保护法》第27条对环境报告内容的限定，与国务院环境报告的名称在格式上保持一致，应当作为政府环境报告的规范格式并形成惯例。剩下8个省份环境报告的名称则各有"特色"，出现"生态文明建设""生态环境综合整治"等词汇，尽管在内容上也基本涵盖了本区域环境状况和环境保护目标的完成情况,并无违法之处,但考虑到与国务院做法相一致,避免社会舆论产生混淆,[1] 本课题组建议在报告名称上应参照国务院环境报告的示范格式,无需"创新"。②报告全文向社会公开的力度有待加强。根据搜索,在目前23个作了政府环境报告的省份中,仅有7个省份向社会公开了环境报告的全文(包括重庆、广西、上海、湖南、湖北、江西、贵州),其余省份政府环境报告都只是在官方新闻报道(对本地人大召开会议的报道)中提及,无法查阅全文;有个别省份的环境报告无法从官方新闻中获知,只能从二手报道中予以推断。这说明,目前有69%的省份未公开其政府环境报告,这无疑是违反环境信息公开的基本原则的。新《环境保护法》第54条第1、2款规定,省级以上人民政府环境保护主管部门定期发布环境状况公报;县级以上人民政府环境保护主管部门和其他负有环境保护监督管理职责的部门,应当依法公开环境质量、环境监测、突发环境事件以及环境行政许可、行政处罚、排污费的征收和使用情况等信息。2007年原国家环保总局颁布的《环境信息公开办法(试行)》第11条也明确规定,环境保护部门应当向社会主动公开环境质量状况、环境统计和环境调查等信息。显然,政府环境报告所涉及的环境状况、环境保护目标完成情况等信息均为《环境保护法》和《环境信息公开办法(试行)》所明确规定应主动公开的事项,应及时通过政府网站、新闻发布会、报刊、广播、电视等公众便于知晓的方式予以公开。

3. 形成制度化、规范化的政府环境报告制度

从各地进行环境报告的实践看,绝大多数省份的人大常委会并未将政府环境报告制度加以制度化、常规化,并未形成事前、事中、事后全过程的监督体系,目前仅有云南省人大常委会明确"建立起省政府向人大报告年度环境状况的制度",是唯一形成制度的省份。[2] 这凸显了建立政府环境报告法律制度的重要性

---

[1] 从2016年12月初开始,省级政府向人大报告环境状况制度的落实情况得到社会舆论广泛关注,但对未进行环境报告的省份统计上有所不同,有"11个省份""13个省份""超1/3省份"等观点。(参见朱宁宁:《新环境保护法明确政府定期向人大报告环保工作法定职责,北京等13省级政府仍未依法落实环境报告制度》,载法制网,http://www.legaldaily.com.cn/index_article/content/2016-12/07/content_6909260.htm?node=5955,最后访问日期:2016年12月7日;陈菲、罗争光:《向本级人大报告环境状况仍有11个省级政府未落实》,载《解放日报》2016年12月8日,第3版。)据本课题组统计,有8个省份未进行环境报告。之所以产生统计上的差异,显然是由于报告名称的不同,导致了对一些地方政府向人大作的报告是否属于新《环境保护法》第27条规定的"环境报告"存在认识上的不同。这就凸显了政府环境报告名称统一的必要性。

[2] 孟亚旭:《地方环保报告"爽约"该如何监督?》,载《北京青年报》2016年12月9日,第A3版。

和必要性，即必须明确政府环境报告的法律属性，进而确认其法律效力并构建相应的运作程序。

对环境报告法律属性进行分析，主要的法律依据是《宪法》、《全国人民代表大会组织法》（以下简称《全国人大组织法》）、《地方各级人民代表大会和地方各级人民政府组织法》（以下简称《地方人大与政府组织法》）、《各级人民代表大会常务委员会监督法》（以下简称《监督法》），以及各省为实施《监督法》而颁布的条例。根据《地方人大与政府组织法》第8条的规定，"听取和审查本级人民政府和人民法院、人民检察院的工作报告"是县级以上的地方各级人民代表大会的法定职权。而根据《地方人大与政府组织法》第44条县级以上的地方各级人大常委会职权的列举，并无听取政府报告的明确规定，仅仅较为宽泛地规定"监督本级人民政府、人民法院和人民检察院的工作"。而在《监督法》中，用一章的篇幅专门规定"听取和审议人民政府、人民法院和人民检察院的专项工作报告"（第二章，第8～14条），将"专项报告"作为各级人大常委会监督"一府两院"的一种重要方式。相比而言，显然《监督法》所规定的"专项报告"最为符合新《环境保护法》第27条"政府环境报告"之宗旨。因此本课题组认为，应当将"政府环境报告"定位为政府向同级人大常委会所作的专项工作报告，其法律依据是《监督法》第二章。

就政府环境报告的法律效力和法定程序而言，根据报告对象（人大或人大常委会）的不同，应分为两种情况进行讨论：①向人大进行环境报告的法律效力与程序。基于人大和人大常委会在权力来源上的不同与职权上的分工，向人民代表大会所作政府环境报告应当具有较强和"刚性"的法律效力，如此方能体现人大监督的权威性。具体而言，将政府环境报告列入人民代表大会的正式议程，使其与"一府两院"工作报告具有相同的法律地位，也就获得了相类似的法律效力；人民代表大会在听取和审查政府环境报告后，应当作出相应的决议，即是否批准该报告并提出进一步工作的要求。根据《地方人大与政府组织法》第59条的规定，该决议对政府具有法律约束力，必须予以执行并定期向人大报告进展情况。在报告程序上，应参照"一府两院"工作报告的程序进行。②向人大常委会进行环境报告的法律效力与程序。根据《监督法》第14条的规定，专项工作报告的法律效力分为两种情况：一是人大常委会在听取和审议政府的专项工作报告后形成审议意见，审议意见交由本级人民政府研究处理；二是在"必要时"，人大常委会可以对专项工作报告作出决议，并由本级人民政府遵照执行。就形成人大常委会决议的政府环境报告而言，其法律效力自无争议；但是，形成审议意见的政府环境报告是否具有刚性的法律约束力，这一问题尚无定论。一直以来，针对专项工作报告的"审议意见"是否具有法律效力,学术界和实务界存在分歧。具有立法解释性质的观点认为"审议意见从性质上来说,不是人大常委会正式通过的文件,不具有法律约束力",[1]但学术界和许多实务界人士强烈主张审议意见应当具有法律约束力。[2]笔者认为,审议意见尽管不具备人大常委会决议那样的"刚性"效力,但仍然应当具有一定的法律约束力,否则就失去了人大监督政府环境工作的实际意义。人大常委会在就政府环境报告形成审议意见之后,应当积极主动地采取执法检查、专项调研、质询等方式,督查政府按照审议意见加以改进和落实。在报告程序上,应依据《监督法》第9~13条所规定的专项工作报告的程序进行。

（四）评估结论

新《环境保护法》实施生效两年以来（2015年1月1日至2016年12月31日）,中央和地方各级人民政府在实施第27条"政府环境报告制度"上具有较为积极的态度,近3/4（74%）的省级政府已经进行了报告,有相当数量的地级市及县政府也进行了报告,较好地加强了人大对政府环境工作的监督,相关工作正在走上正轨,对政府环境保护职责的履行起到了良好的促进作用。但是目前该制度的实施还存在问题,尚未形成运作有序、规则清晰的长效机制,包括:对政府环境报告方式的理解存在差异、各地进展不一;政府环境报告的内容尚缺乏相关规范,报告的公开程度有待加强;政府环境报告的法律效力有待明确,运作程序有待完善等。除政府外,地方各级人大及常委会也需要加强相关的制度建设,认真履行监督职责。总体上看,需要根据法治原则和宪法原理不断完善政府环境报告制度,使其能够发挥更大的作用。

二、县级以上人民政府加大环境保护财政投入情况评估

充足的资金是各级政府环境责任得以落实的基础,也是环境保护工作得以顺利开展的基本前提。新《环境保护法》第8条规定:"各级人民政府应当加大保护和改善环境、防治污染和其他公害的财政投入,提高财政资金的使用效益。"

---

[1] 参见李飞主编:《中华人民共和国各级人民代表大会常务委员会监督法释义》,法律出版社2008年版,第48页。

[2] 参见陈洪波、陆宜峰:《专项工作审议的操作重点和审议意见的效力》,载《人大研究》2007年第12期;许晓飞等:《"一府两院"对"审议意见"必须执行吗?》,载《浙江人大》2014年第5期。

第 50 条规定："各级人民政府应当在财政预算中安排资金，支持农村饮用水水源地保护、生活污水和其他废弃物处理、畜禽养殖和屠宰污染防治、土壤污染防治和农村工矿污染治理等环境保护工作。"从上述条款可以看出，这两条属于义务性规定，为各级人民政府施加了有关财政资金投入和使用范围的义务要求。因此，有必要对新《环境保护法》实施以来环境保护财政资金投入的情况进行评估。

（一）中央及省级人民政府环境保护财政投入情况（2015—2016 年）

在 2007 年以前，我国政府收支科目之中没有关于环境保护的"类级"专项支出，只有"款级"专项支出，其他一些与环境保护相关的支出还分散在其他科目中。从 2007 年 1 月 1 日开始，我国开始全面实施由财政部公布的《2007 政府收支分类科目》（现已失效），其中支出功能分类中新设立了 211 类"环境保护"项目，下设环境保护管理事务、环境监测与监察、污染防治、自然生态保护、天然林保护、退耕还林、风沙荒漠治理、退牧还草、已开垦草原退耕还草及其他环境保护支出 10 款，共 46 项。此后，随着我国实践的不断发展，该科目逐渐调整为"节能环保支出"，具体分为环境保护管理事务、环境监测与监察、污染防治、自然生态保护、天然林保护、退耕还林、能源节约利用、污染减排、可再生能源、循环经济、能源管理事务以及其他节能环保共 13 款，涵盖了行政管理、污染防治、自然资源与生态保护、能源节约利用等多个领域。为了确保统计的统一和准确，课题组主要统计中央及省级人民政府该科目的预算和执行情况。

1. 中央政府环境保护财政投入情况（2015—2016 年）

按照《预算法》第 15 条的规定，我国目前实行中央与地方分税制。因此，中央财政需要单独拟定中央财政预算，并编制节能环保的中央政府本级预算支出。

2015 年，我国中央财政预算节能环保支出预算数为 291.25 亿元，比 2014 年执行数减少 53.28 亿元，下降 15.5%。其中：①环境保护管理事务预算数为 4.26 亿元，比 2014 年执行数增加 0.03 亿元，增长 0.7%。②环境监测与监察预算数为 4.27 亿元，比 2014 年执行数减少 0.97 亿元，下降 18.5%。主要是 2014 年安排了一次性的基本建设支出，2015 年年初预算不再安排。③污染防治预算数为 0.9 亿元，比 2014 年执行数减少 3.2 亿元，下降 78%。主要是 2014 年安排了一次性的基本建设支出，2015 年年初预算不再安排。④自然生态保护预算数为 1.1 亿元，比 2014 年执行数减少 0.02 亿元，下降 1.8%。⑤天然林保护预算数为 19.06 亿元，比 2014 年执行数减少 0.38 亿元，下降 2%。主要是 2014 年安排了一次性的基本建设支出，2015 年年初预算不再安排。⑥退耕还林预算数为 3.41 亿元，比 2014 年执行数减少 0.4 亿元，下降 10.5%。主要是部分退耕还林政策到期，补助支出相应减少。⑦风沙荒漠治理预算数为零，比 2014 年执行数减少 0.5 亿元，下降 100%。主要是 2014 年安排了一次性的基本建设支出，2015 年年初预算不再安排。⑧退牧还草预算数为零，比 2014 年执行数减少 0.28 亿元，下降 100%。主要是 2014 年安排了一次性的基本建设支出，2015 年年初预算不再安排。⑨能源节约利用预算数为 55.66 亿元，比 2014 年执行数减少 23.82 亿元，下降 30%。主要是节能专项资金等支出减少。⑩污染减排预算数为 6.47 亿元，比 2014 年执行数减少 1.23 亿元，下降 16%。主要是清洁生产示范项目资金 2014 年年初预算列对地方转移支付，执行中部分资金转列中央本级。⑪可再生能源预算数为 3.58 亿元，比 2014 年执行数减少 2.1 亿元，下降 37%。主要是煤层气（瓦斯）抽采利用补贴资金 2014 年年初预算列对地方转移支付，执行中部分资金转列中央本级。⑫循环经济预算数为 0.04 亿元，比 2014 年执行数减少 1.45 亿元，下降 97.3%。主要是 2014 年安排了一次性的基本建设支出，2015 年年初预算不再安排。⑬能源管理事务预算数为 122.5 亿元，比 2014 年执行数减少 43.96 亿元，下降 26.4%。主要是 2014 年安排了一次性的基本建设支出，2015 年年初预算不再安排。⑭其他节能环保支出预算数为 70 亿元，比 2014 年执行数增加 25 亿元，增长

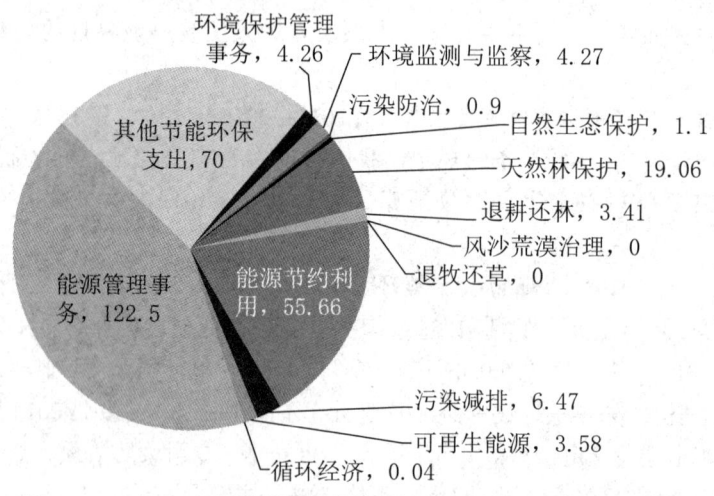

图 1.2 2015 年中央财政预算节能环保支出预算数（单位：亿元）

55.6%。主要是可再生能源电价附加收入增值税返还支出增加。[1]（详见图1.2）

2016年，我国中央财政预算节能环保支出预算数为310.61亿元，比2015年执行数减少90.98亿元，下降22.7%。其中：①环境保护管理事务预算数为5.84亿元，比2015年执行数增加1.33亿元，增长29.5%。主要是国家环境规划研究等支出增加。②环境监测与监察预算数为5.97亿元，比2015年执行数减少0.55亿元，下降8.4%。主要是2015年安排了部分一次性的基本建设支出，2016年年初预算不再安排。③污染防治预算数为2.7亿元，比2015年执行数减少2.74亿元，下降50.4%。主要是环境监测能力建设等支出2015年年初预算列对地方转移支付，执行中部分资金转列中央本级。④自然生态保护预算数为2.55亿元，比2015年执行数增加1.45亿元，增长131.8%。主要是生态环境保护监管等支出增加。⑤天然林保护预算数为25.24亿元，比2015年执行数增加1.36亿元，增长5.7%。主要是天然林保护工程补助经费增加。⑥退耕还林预算数为2.21亿元，比2015年执行数减少2亿元，下降47.5%。主要是部分退耕还林政策到期，补助支出相应减少。⑦退牧还草预算数为零，比2015年执行数减少0.25亿元，下降100%。主要是2015年安排了部分一次性的基本建设支出，2016年年初预算不再安排。⑧能源节约利用预算数为36.26亿元，比2015年执行数减少46.9亿元，下降56.4%。2015年安排了部分一次性的基本建设支出，2016年年初预算不再安排。⑨污染减排预算数为10.13亿元，比2015年执行数增加3.51亿元，增长53%。主要是环境监测等支出增加。⑩可再生能源预算数为8.5亿元，比2015年执行数增加6.39亿元，增长302.8%。主要是可再生能源发展支出增加。⑪循环经济预算数为0.03亿元，比2015年执行数减少1.41亿元，下降97.9%。主要是2015年安排了部分一次性的基本建设支出，2016年年初预算不再安排。⑫能源管理事务预算数为104.09亿元，比2015年执行数减少87.33亿元，下降45.6%。主要是2015年安排了部分一次性的基本建设支出，2016年年初预算不再安排。⑬其他节能环保支出预算数为107.09亿元，比2015年执行数增加36.16亿元，增长51%。主要是可再生能源电价附加收入增值税返还支出增加。[2]（详见图1.3）

---

[1] 数据来源：《关于2015年中央本级支出预算的说明》，载中华人民共和国财政部预算司网站，http://yss.mof.gov.cn/2015czys/201503/t20150324_1206246.html，最后访问日期：2016年12月21日。

[2] 《关于2016年中央本级支出预算的说明》，载中华人民共和国财政部预算司网站，http://yss.mof.gov.cn/2016czys/201603/t20160325_1924493.html，最后访问日期：2016年12月22日。

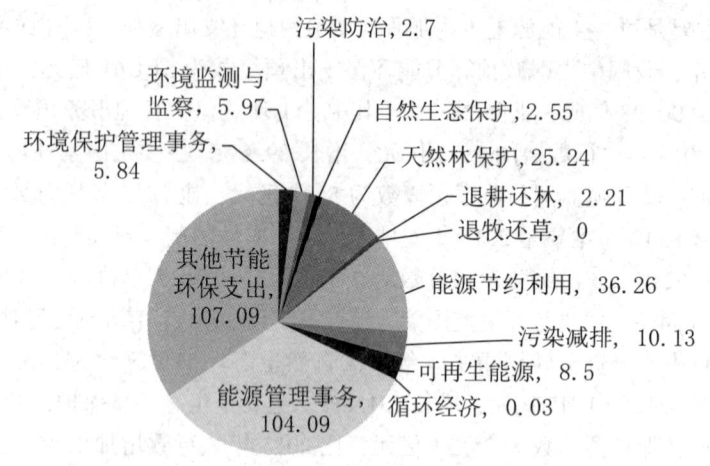

饼图数据：
- 污染防治, 2.7
- 环境监测与监察, 5.97
- 自然生态保护, 2.55
- 环境保护管理事务, 5.84
- 天然林保护, 25.24
- 退耕还林, 2.21
- 退牧还草, 0
- 其他节能环保支出, 107.09
- 能源节约利用, 36.26
- 污染减排, 10.13
- 可再生能源, 8.5
- 循环经济, 0.03
- 能源管理事务, 104.09

图 1.3　2016 年中央财政预算节能环保支出预算数（单位：亿元）

2. 各省、自治区、直辖市环境保护财政投入情况（2014—2016 年）

除了中央本级支出以外，地方环境保护财政支出也是环境保护工作的重要资金来源。本课题组统计了 2014—2016 年全国 31 个省（自治区、直辖市）环境保护财政投入情况，详见下表。

表 1.2　2014—2016 年全国 31 个省、自治区、直辖市环境保护财政投入情况

（单位：亿元）

所属地区	省份	2014 年预算数	2014 年执行数	2015 年预算数	2015 年执行数	2016 年预算数
华东地区	山东	21.85	85.81（省对下节能环保专项转移支付数 83.63）	25.47	105.83（省对下节能环保专项转移支付 101.8）	46.29
	江苏	48.9	—	57.72（调整：36.13）	—	51.59（调减：1300 万）
	安徽	14	—	—	—	—
	浙江	—	—	—	—	—
	福建	28.78	25.57	19.24	42.36	55.84
	上海	41.8	44.2	48.2	59.3	179.9
华南地区	广东	331	254.5	303	335.34	318.15（调整：0.02）

续表

所属地区	省份	2014年预算数	2014年执行数	2015年预算数	2015年执行数	2016年预算数
华南地区	广 西	—	—	—	—	—
	海 南	—	—	—（调整：1）	13.2	
华中地区	湖 南	12	129.2	23.3	147.8	43
	湖 北	—	—	—	—	—
	河 南	—	21.2	—	29.8	18.1
	江 西	37.1	65.9		87.5	
华北地区	北 京	107.5	—		386.9	549.5
	天 津	43.4	40	46	—	—
	河 北	—	—	47.6（调整：6）	208.83	53（调整：6）
	山 西	64.83	94.01	57.33（调整：10）	99.58	57.04（调整：能源节约利用10）
	内蒙古	—	142		151.4	
西北地区	宁 夏	—	—	—	68.8	—（调整：2）
	新 疆	—	70.3	—	68.8	
	青 海	57.8	—		87.5	73
	陕 西	—	—	—	154	—
	甘 肃	—	—	—	93.3	
西南地区	四 川	90.82	618	75.3	47.15	54.6
	云 南	—	36.5	—（调整：2）	133.3	—（调整：8.5）
	贵 州	—	80.39	—		
	西 藏	77.79	—	—	54.96	53.17
	重 庆	23	29	22（调整：7.8）	38.1	17
东北地区	辽 宁	48.3				
	吉 林	—	134	58	117.7	
	黑龙江	—	103.4		152.6	

根据上表可以得出，各省（自治区、直辖市）环保财政预算情况如图1.4：

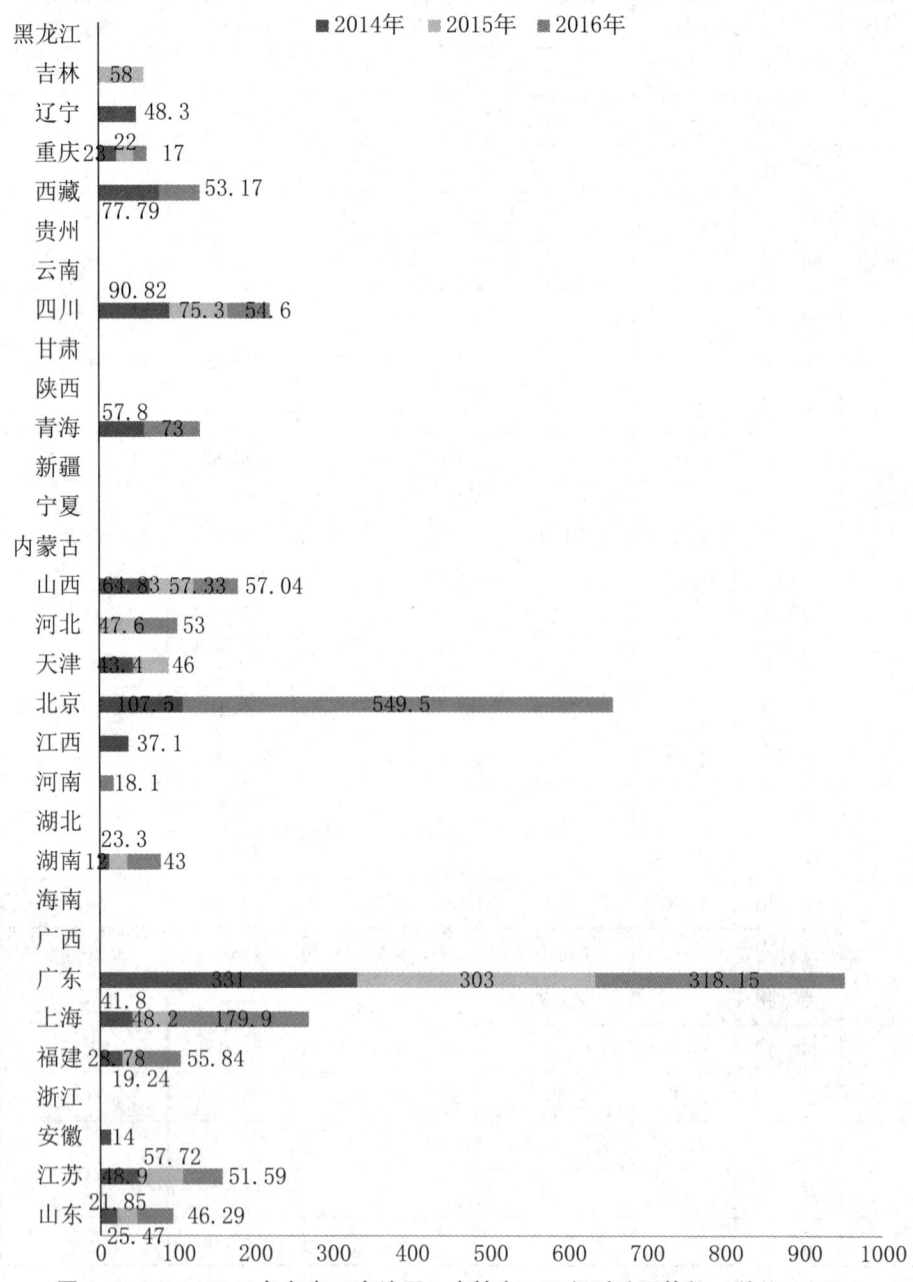

图1.4 2014—2016年各省（自治区、直辖市）环保财政预算数（单位：亿元）

各省（自治区、直辖市）环保财政预算执行数，如图 1.5：

■2014年　■2015年

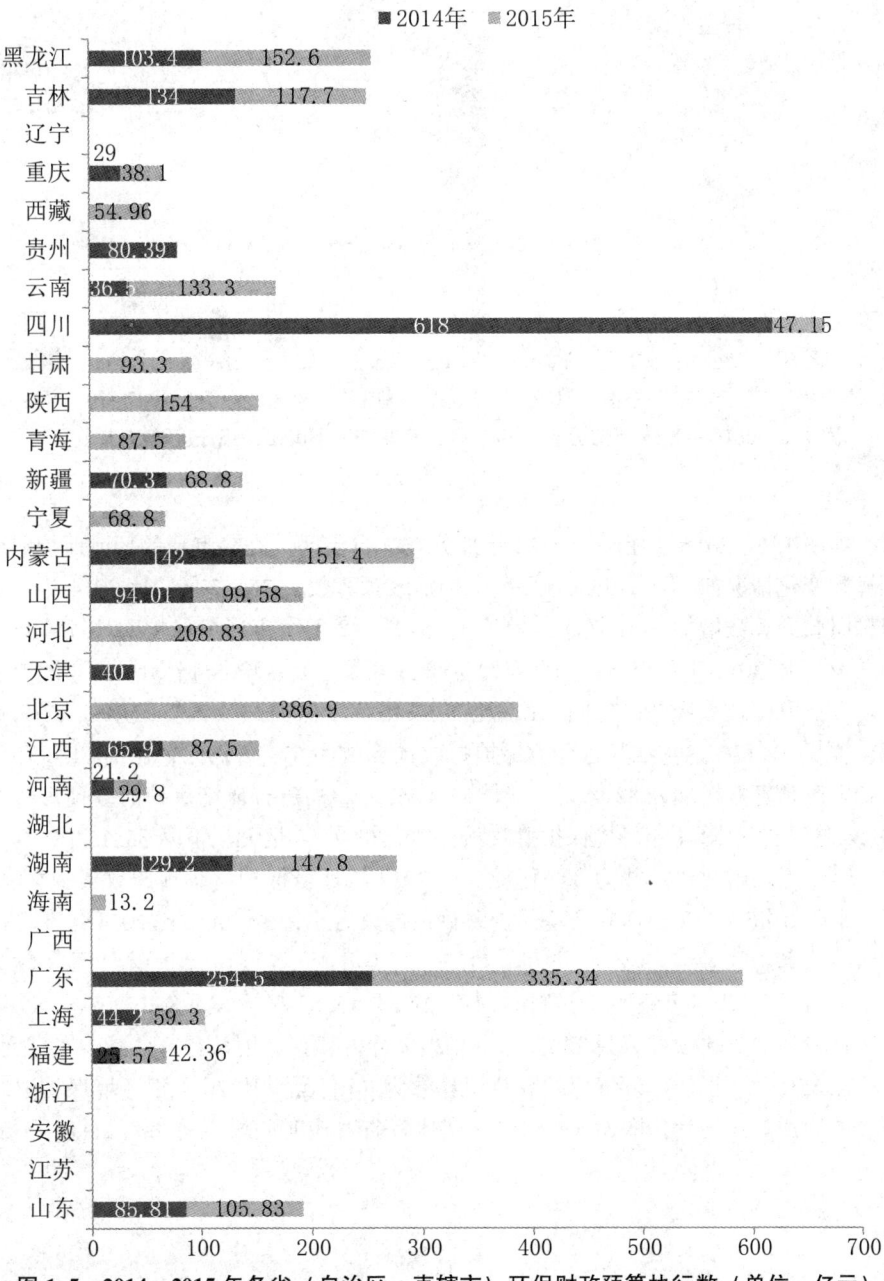

省份	2014年	2015年
黑龙江	103.4	152.6
吉林	134	117.7
辽宁		
重庆	29	38.1
西藏		54.96
贵州		80.39
云南	36.3	133.3
四川	618	47.15
甘肃		93.3
陕西		154
青海		87.5
新疆	70.3	68.8
宁夏		68.8
内蒙古	142	151.4
山西	94.01	99.58
河北		208.83
天津	40	
北京		386.9
江西	65.9	87.5
河南	21.2	29.8
湖北		
湖南	129.2	147.8
海南	13.2	
广西		
广东	254.5	335.34
上海	44.2	59.3
福建	25.57	42.36
浙江		
安徽		
江苏		
山东	85.8	105.83

图 1.5　2014—2015 年各省（自治区、直辖市）环保财政预算执行数（单位：亿元）

(1) 部分省（自治区、直辖市）环境保护财政预算数变化情况。

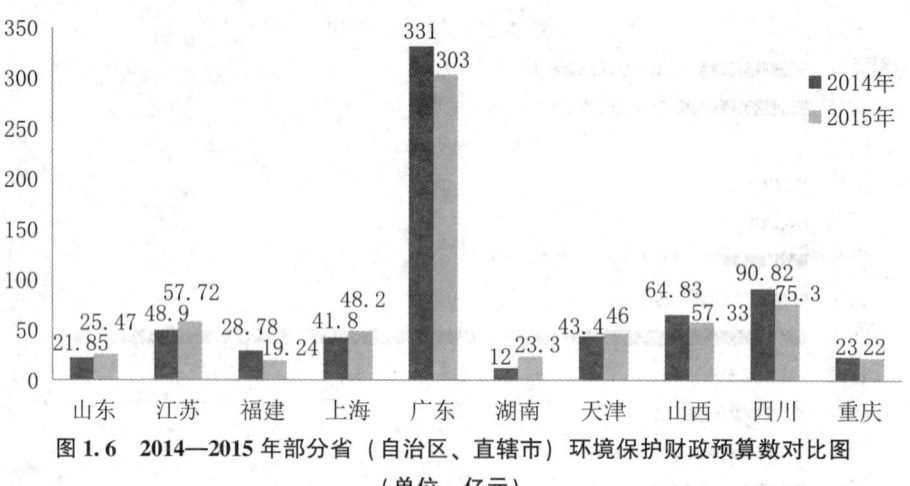

图 1.6 2014—2015 年部分省（自治区、直辖市）环境保护财政预算数对比图
（单位：亿元）

如图 1.6，2015 年相较于 2014 年部分省（自治区、直辖市）的环境保护财政预算数变化情况如下：①山东省环境保护财政预算数为 25.47 亿，比 2014 年环境保护财政预算数增加 3.62 亿元，增长 16.57%。②上海市环境保护财政预算数为 48.2 亿，比 2014 年环境保护财政预算数增加 6.4 亿元，增长 15.31%。③湖南省环境保护财政预算数为 23.3 亿元，比 2014 年环境保护财政预算数增加 11.3 亿元，增长 94.17%。④江苏省环境保护财政预算数为 57.72 亿元，比 2014 年环境保护财政预算数增加 8.82 亿元，增长 18.04%。⑤福建省环境保护财政预算数为 19.24 亿元，比 2014 年环境保护财政预算数减少 9.54 亿元，下降 33.15%。⑥广东省环境保护财政预算数为 303 亿元，比 2014 年环境保护财政预算数减少 28 亿元，下降 8.46%。⑦山西省环境保护财政预算数为 57.33 亿元，比 2014 年环境保护财政预算数下降 7.5 亿元，下降 11.57%。⑧四川省环境保护财政预算数为 75.3 亿元，比 2014 年环境保护财政预算数减少 15.52 亿元，下降 17.09%。⑨重庆市环境保护财政预算数为 22 亿元，比 2014 年环境保护财政预算数减少 1 亿元，下降 4.35%。⑩天津市环境保护财政预算数为 46 亿元，比 2014 年环境保护财政预算数增加 2.6 亿元，增长 5.99%。（其他各省对应时间段无可参考数据，不做描述。）

图 1.7 2015—2016 年部分省（自治区、直辖市）环境保护财政预算数对比图
（单位：亿元）

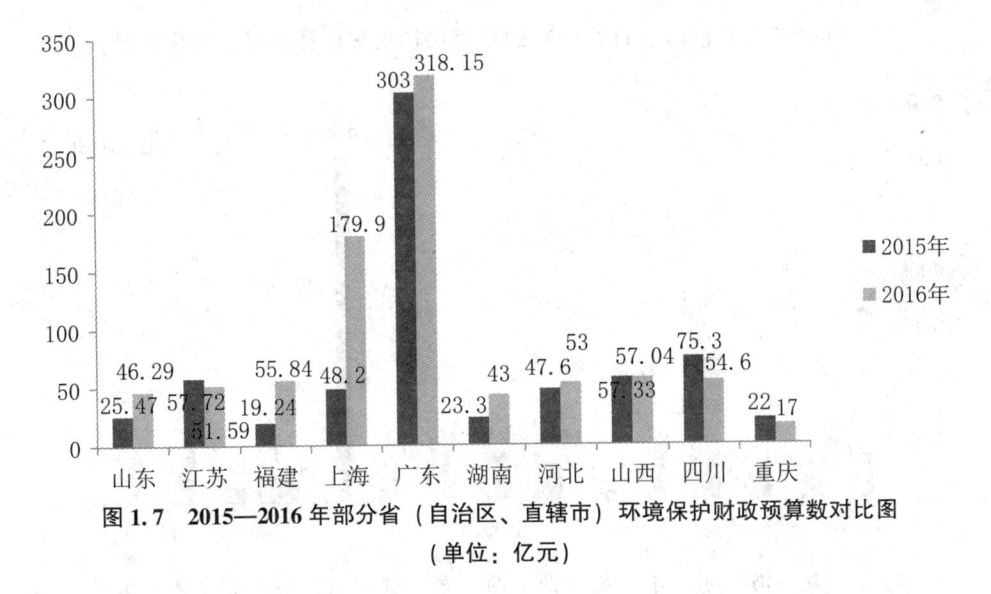

如图 1.7，2016 年相较于 2015 年部分省（自治区、直辖市）的环境保护财政预算数变化情况如下：①山东省环境保护财政预算数为 46.29 亿元，比 2015 年环境保护财政预算数增加 20.82 亿元，增长 81.74%。②上海市环境保护财政预算数为 179.9 亿元，比 2015 年环境保护财政预算数增加 131.7 亿元，增长 273.24%。③湖南省环境保护财政预算数为 43 亿元，比 2015 年环境保护财政预算数增加 19.7 亿元，增长 84.55%。④江苏省环境保护财政预算数为 51.59 亿元（调减 1300 万元），比 2015 年环境保护财政预算数减少 6.13 亿元，下降 10.62%。⑤福建省环境保护财政预算数为 55.84 亿元，比 2015 年环境保护财政预算数增加 36.6 亿元，增长 190.23%。⑥广东省环境保护财政预算数为 318.15 亿元（调整 0.02 亿元），比 2015 年环境保护财政预算数增加 15.15 亿元，增长 5%。⑦山西省环境保护财政预算数为 57.04 亿元（调整能源节约利用 10 亿元），比 2015 年环境保护财政预算数减少 0.29 亿元，下降 0.5%。⑧四川省环境保护财政预算数为 54.6 亿元，比 2015 年环境保护财政预算数减少 20.7 亿元，下降 27.49%。⑨重庆市环境保护财政预算数为 17 亿元，比 2015 年环境保护财政预算数减少 5 亿元，下降 22.73%。⑩河北省环境保护财政预算数为 53 亿元（调整 6 亿元），比 2015 年环境保护财政预算数增加 5.4 亿元，增长 11.34%（其他各省对应时间段无可参考数据，不做描述）。

(2) 部分省（自治区、直辖市）的环境保护财政预算执行数变化情况。

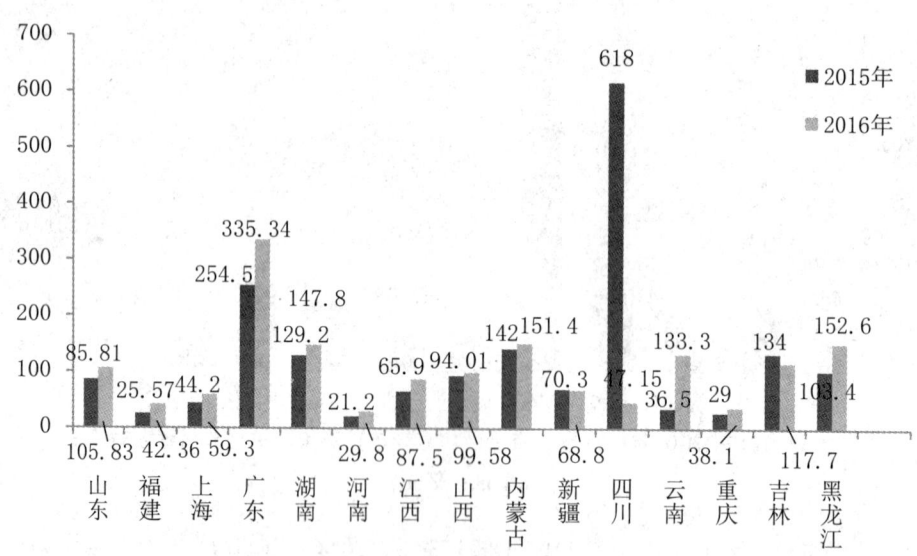

图 1.8 2014—2015 年部分省（自治区、直辖市）的环境保护财政预算执行数对比图
（单位：亿元）

2015 年相较于 2014 年各省（自治区、直辖市）的环境保护财政预算执行数变化情况如下：①山东省环境保护财政预算执行数为 105.83 亿元，比 2014 年环境保护财政预算执行数增加 20.02 亿元，增长 23.33%。②福建省环境保护财政预算执行数为 42.36 亿元，比 2014 年环境保护财政预算执行数增加 16.79 亿元，增长 65.66%。③上海市环境保护财政预算执行数为 59.3 亿元，比 2014 年环境保护财政预算执行数增加 15.1 亿元，增长 34.16%。④广东省环境保护财政预算执行数为 335.34 亿元，比 2014 年环境保护财政预算执行数增加 80.84 亿，增长 31.76%。⑤湖南省环境保护财政预算执行数为 147.8 亿元，比 2014 年环境保护财政预算执行数增加 18.6 亿元，增长 14.40%。⑥河南省环境保护财政预算执行数为 29.8 亿元，比 2014 年增加 8.6 亿元，增长 40.57%。⑦江西省环境保护财政预算执行数为 87.5 亿元，比 2014 年环境保护财政预算执行数增加 21.6 亿元，增长 32.78%。⑧山西省环境保护财政预算执行数为 99.58 亿元，比 2014 年环境保护财政预算执行数增加 5.57 亿元，增长 5.92%。⑨内蒙古环境保护财政预算执行数为 151.4 亿元，比 2014 年环境保护财政预算执行数增加 9.4 亿元，增长 6.62%。⑩云南省环境保护财政预算执行数为 133.3 亿元，比 2014 年环境保护财政预算执行数增加 96.8 亿元，增长 265%。⑪重庆市环境保护财政预算执行数为

38.1亿元，比2014年环境保护财政预算执行数增加9.1亿元，增长31.38%。⑫黑龙江省环境保护财政预算执行数为152.6亿元，比2014年环境保护财政预算执行数增加49.2亿元，增长47.58%。⑬吉林省环境保护财政预算执行数为117.7亿元，比2014年环境保护财政预算执行数减少16.3亿元，下降12.16%。⑭四川省环境保护财政预算执行数为47.15亿元，比2014年环境保护财政预算执行数减少570.85亿元，下降92.37%。⑮新疆环境保护财政预算执行数为68.8亿元，比2014年环境保护财政预算执行数减少1.5亿元，下降2.13%。（其他各省对应时间段无可参考数据，不做描述。）[1]

（二）中央及省级人民政府环境保护财政投入情况评估

与新《环境保护法》规定的诸如按日连续处罚等行政执法类法律制度不同，政府承担着多种行政职能，需要满足多种发展目标，因此，财政收入分配受制于国家和各省发展的总体战略和步骤，很难客观评估环境保护投入是否充分，是否满足我国环境保护工作的客观需要。因此，课题组为了能够客观、全面、准确评估环境保护财政投入情况，拟从以下几方面展开评估：①纵向评估。随着环境保护在国民经济和社会发展之中重要性的日益提升，环境保护财政投入资金总量应该呈现增长趋势，方才符合发展的基本规律。特别是在新《环境保护法》生效之后，我国需要为各级人民政府提供充足的财政资金支持，方能确保其环境保护责任的落实。因此，需要对新《环境保护法》生效前和生效后的财政保护投入情况进行纵向对比，以评估环境保护投入的发展趋势。②附属评估。除了对环境保护投入的纵向与横向评估之外，课题组还要对资金分配是否符合实际需要、信息公开是否充分等进行评估，为我国未来进一步提高资金使用效率、加强对资金使用的监督提供支持。具体内容如下：

1. 纵向评估

（1）环境保护财政预算数评估。

如图1.9所示，新《环境保护法》实施以来，中央及各省人民政府环境保护财政预算呈现上涨趋势。2015年是新《环境保护法》实施的第一年，中央人民政府的环境保护预算数为291.25亿元，比2014年环境保护财政预算数增加0.58亿元，增长0.20%。2016年，中央人民政府的环境保护预算数为310.61亿元，比2015年环境保护财政预算数增加19.36亿元，增长6.65%。分析各省情况，2014

---

[1] 数据来源：2014年、2015年《省（区、市）财政预算报告》，载财政部官网，http://www.mof.gov.cn/zhuantihuigu/2014yshb/，http://www.mof.gov.cn/zhuantihuigu/yshb2015/index.html。

年，北京、四川、广东等地环境保护财政预算投入较多，而安徽、湖南等地环境保护财政预算投入较少。2015 年，广东、山西、四川等地环境保护财政预算安排

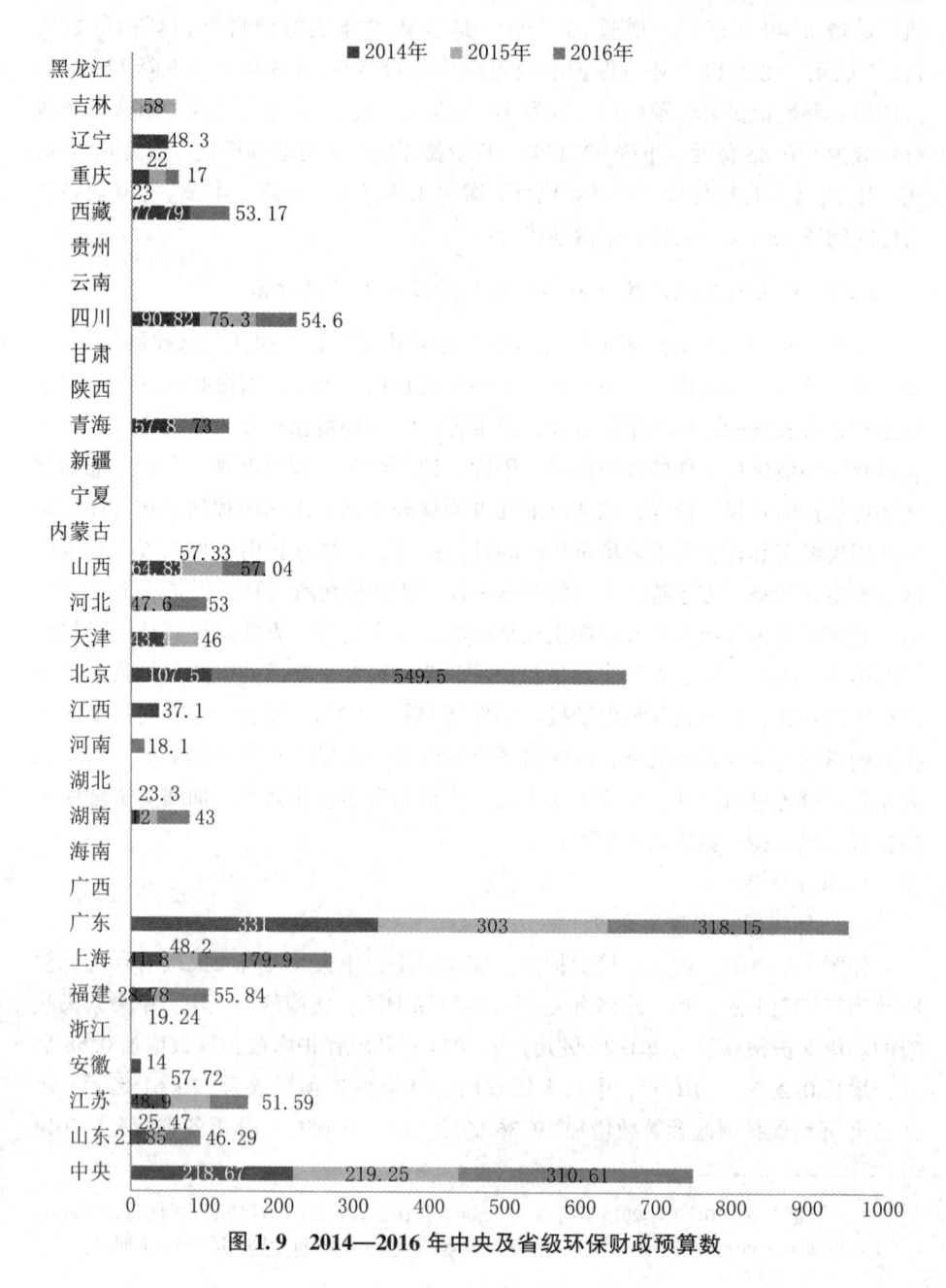

图 1.9　2014—2016 年中央及省级环保财政预算数

较多，与之相比，河北、湖南、福建等地环境保护财政预算安排较少。2016年，北京、上海、广东等地环境保护财政预算安排较多，重庆、河南环境保护财政预算安排较少。通过分析以上数据可以看出，广东在环境保护方面安排的财政预算一直保持较高水平，是其他有数据省份的2~5倍。北京、四川、上海等的环保财政预算数相较于其他各地在全国一直处于中高水平。2014—2016年，各省在环保上的财政预算安排变化趋势各不相同，部分省市的环保财政预算上涨幅度较大，如福建、上海、湖南、北京、四川、西藏等地。部分省份环保财政预算安排有下降的趋势，如四川省2015年环保财政预算数为75.3亿元，但2016年的环保财政预算数仅为54.6亿元。江苏、广东等省份的环保财政预算数基本保持在一定水平，变化幅度不大。

（2）环境保护财政预算执行数评估。

中央人民政府及各省（自治区、直辖市）在环境保护预算执行的过程中，根据各自环境保护工作的需要，调整环境保护资金的投入情况。新《环境保护法》实施以来，中央人民政府及各省（自治区、直辖市）环境保护预算执行数整体呈上升趋势。2015年，中央人民政府的环境保护预算执行数为401.59亿元，比2014年环境保护财政预算执行数增加57.06亿元，增长16.56%。分析各省情况，2014年，环境保护预算执行数较多的省份为广东、湖南、内蒙古、四川等，环保预算执行数较少的省份为山东、河南等。2015年各省的环境保护财政预算执行数中，广东、北京、河北等省份的环保财政预算执行数较大，而海南等省份环保财政预算执行数较少。2014—2016年各省的环保财政预算的执行情况各不相同，从总体上看，多为上升趋势，环保财政预算执行数不断增加，其中福建、云南、山东等省份增长明显，其余省份增长较为平缓，新疆、吉林等省份的环保财政预算执行数没有增加，相反有一定幅度的减少。分析环保财政预算数与预算执行数之比，部分地区的环保财政预算与预算执行数相差较大，湖南省2014年环保财政预算仅为12亿元，但是其当年的环保财政预算执行数却有129.2亿元；山西省、四川省的环保财政预算数均小于环保财政预算执行数。

■ 2014年　■ 2015年

地区	2014年	2015年
黑龙江	103.4	152.6
吉林	134	117.7
辽宁		
重庆	39	38.1
西藏		54.96
贵州	80.39	
云南	36.5	133.3
四川	618	47.15
甘肃		93.3
陕西		154
青海		87.5
新疆	70.3	68.8
宁夏		68.8
内蒙古	142	151.4
山西	94.01	99.58
河北		208.83
天津	10	
北京		386.9
江西	65.9	87.5
河南	20.2	29.8
湖北		
湖南	129.2	147.8
海南	13.2	
广西		
广东	254.5	335.34
上海	44	259.3
福建	25.57	
浙江	42.36	
安徽		
江苏		
山东	85.81	105.83
中央	344.53	401.59

图1.10　2014—2015年中央及省级政府环保财政预算执行数

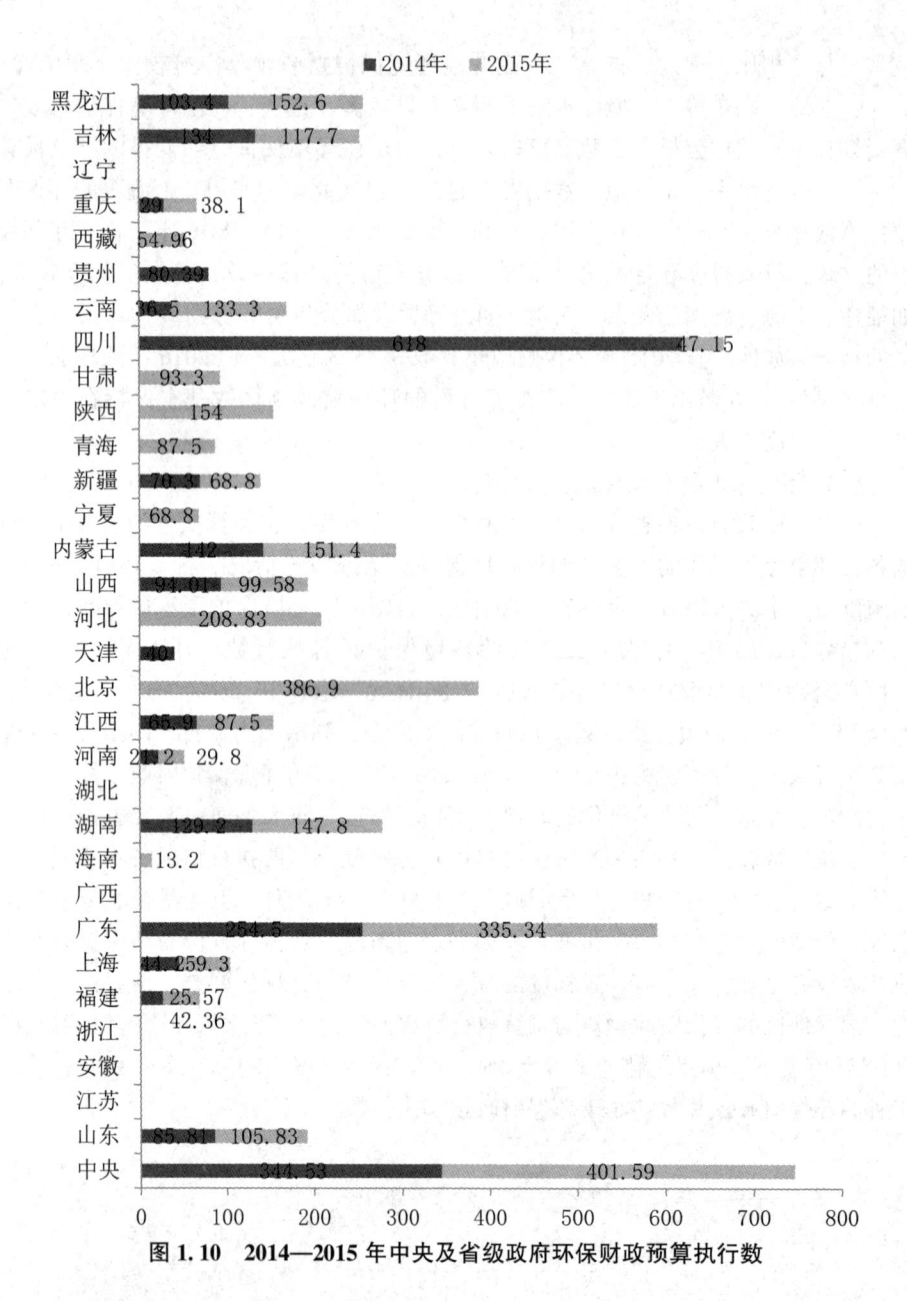

（3）结论。

综合上述数据，中央人民政府及各省（自治区、直辖市）在新《环境保护法》实施后，加大了环境保护财政预算数，环境保护财政预算执行数也明显增加。仅个别省（自治区、直辖市）因特殊原因，调减环境保护财政预算数与环境保护财政预算执行数。

2. 附属评估

环境保护政策的落实与实施，不仅需要政府在环境保护方面投入资金，还需要将投入资金充分利用，才能实现环境保护的效果与目的。同时，环境保护资金使用信息公开是否充分，也为我国未来进一步提高资金使用效率、加强对资金使用的监督提供支持。本报告将从资金的使用方向、环保财政预算执行率、信息公开程度等方面对环保财政投入情况进行评估。

（1）资金使用方向。

中央人民政府环境保护主要针对环境保护管理实务、环境监测与监察、污染防治、自然生态保护、天然林保护、退耕还林、退牧还草、能源节约利用、污染减排、可再生能源、循环经济、能源管理事务及其他节能环保支出十三个方面进行财政预算方案制定，涉及面较广。但中央人民政府的环保投入并非毫无重点。其往往针对环境预算年度所面临的环境保护的热点问题，有的放矢。例如，2016年环境保护财政投入的重点为："加强环境保护和节能减排。增加投入，突出重点，提升大气污染防治效果。推进地下综合管廊和海绵城市建设试点，在38个重点区域开展重金属污染防治。以流域为单元，实施国土江河综合整治试点。继续推进重点防护林保护等生态工程。在近2万个村庄开展环境综合整治，加大对农村环保基础设施运行管理的支持。推动新能源和可再生能源产业发展。建立全方位支持政策体系，全年新能源汽车生产量、销售量分别增长约4倍和3倍。深入开展节能减排财政政策综合示范。"[1]

值得肯定的是，各省的环保财政预算安排与执行也做到了精准发力，环保财政预算和执行均倾向于本地区较为严重的环境污染和生态破坏问题。例如，河北省2015年环境保护财政预算执行倾向于治理地下水超采问题。全省投入82.6亿元，试点范围由上年的49个县（市、区）扩大到63个，推行农业综合水价和水利工程管护体制改革，对地下水超采问题进行综合治理。另外针对大气污染问题，全省投入8亿元，推广新能源汽车，并积极开展与天津和北京的合作。为全省提高生态功能，建设生态功能区，筹措资金用于退耕还林补助、生态效益补偿、草原生态保护奖励。黑龙江、西藏等天然林较多的地区的环保财政预算安排和执行也向退耕还林和天然林保护工程倾斜。内蒙古、山西等矿产资源丰富，矿

---

[1] 财政部：《关于2015年中央和地方预算执行情况与2016年中央和地方预算草案的报告》，第十二届全国人民代表大会第四次会议。

产开发活动频繁的地区,其环保财政预算安排与执行重点之一即是矿产资源勘查、矿山地质环境治理等方面的财政投入。

(2) 环境保护财政预算执行率。

通过计算中央人民政府及各省(自治区、直辖市)每年环境保护财政预算执行数所占环境保护财政预算数的比例,来计算环境保护财政预算执行率。课题组统计了 2014 年和 2015 年全国各省、自治区、直辖市(港、澳、台除外,全书下同,皆不涉及港、澳、台)环境保护财政预算执行情况(个别省份对应时间段无可参考数据,不做统计),详见表 1.3。

表 1.3 2014 年和 2015 年全国环境保护财政预算执行率

所属地区	区域	2014 年	2015 年
中央	中央人民政府	118%	138%
华东地区	山东	392.7%	415.5%
	江苏	—	—
	安徽	—	—
	浙江	—	—
	福建	88.85%	220%
	上海	105%	123%
华南地区	广东	76.89%	111%
	广西	—	—
	海南	—	—
华中地区	湖南	1077%	634%
	湖北	—	—
	河南	—	—
	江西	178%	—
华北地区	北京	—	—
	天津	92.16%	—
	河北	—	439%
	山西	145%	174%
	内蒙古	—	—

续表

所属地区	区域	2014 年	2015 年
西北地区	宁夏	—	—
	新疆	—	—
	青海	—	—
	陕西	—	—
	甘肃	—	—
西南地区	四川	680%	62.62%
	云南	—	—
	贵州	—	—
	西藏	—	—
	重庆	126%	173%
东北地区	辽宁	—	—
	吉林	—	203%
	黑龙江	—	—

通过上述数据可得出如下结论：中央人民政府环境保护预算执行率大于100%，出现预算不足的情形。省级人民政府环境保护财政预算执行率严重失衡，出现"分化"现象。例如，广东、上海等地区，环境保护财政预算执行数与环境保护财政预算数基本持平，环境保护财政预算较为科学。反观湖南、四川等地区，则存在环境保护财政预算不科学的现象，环境保护财政预算数难以满足环境保护的实际投入。

（3）信息公开情况。

中央人民政府通过财政部网站等政府机关网站对中央人民政府环境保护财政预算、预算执行情况进行定期公开。

我国环境保护财政预算信息公开情况不容乐观。2014 年全国 31 个省（自治区、直辖市），15 个省份未公开"2014 年环境保护财政预算数"，14 个省份未公开"2014 年环境保护财政预算执行数"，其中，浙江、广西、湖北、海南、陕西、河北、宁夏、甘肃 2 项数据均未公开。2015 年全国 31 个省（自治区、直辖市），19 个省份未公开"2015 年环境保护财政预算数"，8 个省份未公开"2015 年环境保护财政预算执行数"，其中，安徽、浙江、广西、湖北、贵州、辽宁 2 项数据均未公开。2016年全国31个省（自治区、直辖市），17个省份未公开"2016年环境保护财政预算数"。山东、山西、福建、上海、广东、湖南、四川、重庆信息公开情况良好，5项数据均已在年度财政报告中公开。

综合以上信息公开数据，我国目前环境保护财政预算信息公开程度有待提高。只有提高环境保护财政预算信息公开程度，才能有效地监督政府环境保护财政预算的使用情况，才能切实保障环境保护资金的落实。

（三）评估结论

通过纵向和附属评估，课题组发现，在新《环境保护法》出台以后，中央及省级人民政府环境保护投入情况较好。一方面，虽然部分省份环境保护财政预算数出现下降趋势，但是整体上，中央及省级人民政府环境保护财政预算数呈增长趋势，环境保护投入情况较好，为环境保护工作的开展提供了有力的资金支持。另一方面，中央及省级人民政府环境保护财政预算执行数增加，政府环境保护投入得到有效落实。但是在环境保护投入资金的利用率方面成果不佳，存在资金难以有效利用及预算制定与实际情况不符的情形。在今后的环境保护预算及预算执行过程中，中央及省级人民政府应当根据各自的实际情况，制定符合实际需求的环境保护财政预算方案，并按照既有方案严格落实，保证环境保护资金投入能够得到充分利用。此外，环境保护资金使用信息公开情况不理想，各省级人民政府应以中央政府信息公开工作为行为标准，在各省级人民政府网站及财政厅局网站，或者通过其他信息公开途径，对各省级环境保护信息进行定期公开，加大公开程度，接受上级政府及人民的监督，保证环境资金投入的充分利用。

三、人民政府将环境保护纳入国民经济和社会发展规划制度实施评估

与1989年《环境保护法》相比，新《环境保护法》第13条对环境保护规划制度作出了更加细致的规定。该条规定："县级以上人民政府应当将环境保护工作纳入国民经济和社会发展规划。国务院环境保护主管部门会同有关部门，根据国民经济和社会发展规划编制国家环境保护规划，报国务院批准并公布实施。县级以上地方人民政府环境保护主管部门会同有关部门，根据国家环境保护规划的要求，编制本行政区域的环境保护规划，报同级人民政府批准并公布实施。环境保护规划的内容应当包括生态保护和污染防治的目标、任务、保障措施等，并与主体功能区规划、土地利用总体规划和城乡规划等相衔接。"这一条对国民经济和社会发展规划的编制和环境保护规划的编制进行了规定，为各级人民政府设定了相应的法定义务，因此，有必要对人民政府实施环境保护规划制度的情况进行评估。

(一) 县级以上人民政府实施环境保护规划制度情况

按照新《环境保护法》第13条的规定，各级人民政府需要具体履行两项责任，即将环境保护工作纳入国民经济和社会发展规划以及批准和公布实施环境保护规划。因此，评估的范围主要包括两个方面：

第一，各级人民政府将环境保护工作纳入国民经济和社会发展规划的情况。国民经济和社会发展规划是国家以及地方经济和社会发展的总体纲要，是具有战略意义的指导性文件，其所提出的约束性指标具有法律效力。国民经济和社会发展规划统筹安排全国或地方经济、社会发展工作，是贯彻协调发展原则的重要途径。新《环境保护法》第4条规定："保护环境是国家的基本国策。国家采取有利于节约和循环利用资源、保护和改善环境、促进人与自然和谐的经济、技术政策和措施，使经济社会发展与环境保护相协调。"要实现"使经济社会发展与环境保护相协调"的目标，主要依靠国民经济和社会发展规划的统筹协调作用。因此，各级人民政府是否在国民经济和社会发展规划中纳入环境保护内容，规定的目标是否充分、合理，是各级人民政府落实环境保护责任的重要方面。

第二，各级人民政府批准并公布实施环境保护规划的情况。环境保护规划是指"政府（或组织）根据环境保护法律和法规所做出的、今后一定时期内保护生态环境功能和环境质量的行动计划"。[1] 环境保护规划是各级政府和各有关部门在规划期内要实现的环境目标和所要采取的防治措施的具体体现。根据范围的不同，可以将环境规划分为狭义和广义的环境保护规划。狭义的环境保护规划就是我国各级环境保护行政主管部门制定的"环境保护规划"，这类规划一般只涉及污染防治与生态保护。例如国务院2011年发布的《国家环境保护"十二五"规划》就包括推动主要污染物减排、改善水环境质量、强化生态保护和监管等内容。广义的环境保护规划则包括污染防治、生态保护以及自然资源开发利用三方面的内容，因此，不仅由环境保护行政主管部门制定的"环境保护规划"属于环境规划，围绕水、土地、矿藏、森林等环境要素指定的开发利用规划也属于环境规划的范畴。为了评估的便利，本报告仅对狭义的环境保护规划进行分析与评估。

1. 中央人民政府实施环境保护规划制度情况

（1）全国"十三五规划纲要"中的生态环境保护内容。

2016年3月，《中华人民共和国国民经济和社会发展第十三个五年规划纲要》（以下简称"十三五规划纲要"）全文发布。该规划纲要是我国2016—2020年国

---

[1] 宋国君、李雪立：《论环境规划的一般模式》，载《环境保护》2004年第3期。

家发展的总纲领,因此,该规划纲要中规定的有关环境保护的内容,对于新《环境保护法》的贯彻落实以及新环境保护工作的展开具有重要的指导意义。"十三五规划纲要"提出了我国2016—2020年间有关环境、资源和能源领域的任务目标和工作重点:

在任务目标方面,我国自"十一五规划纲要"开始单独设立"人口资源环境"指标,并且开始将指标划分为约束性指标与预期性指标,细化和完善了国民经济和社会发展规划指标体系。[1]"十二五规划纲要"将人口指标剥离出来,单独设立资源环境类指标,且全部为约束性指标,进一步提升了环境资源能源领域任务目标的重要性。"十三五规划纲要"延续了"十二五规划纲要"的做法,全面规定了环境、资源和能源领域的任务目标,且全部为约束性指标。

在具体任务方面,"十三五规划纲要"规定了加快建设主体功能区、推进资源节约集约利用、加大环境综合治理力度、加强生态保护修复、积极应对全球气候变化、健全生态安全保障机制以及发展绿色环保产业七大部分,具体如下:

第一,加快建设主体功能区。该部分要求强化主体功能区作为国土空间开发保护基础制度的作用,加快完善主体功能区政策体系,推动各地区依据主体功能定位发展。具体任务包括推动主体功能区布局基本形成、健全主体功能区配套政策体系、建立空间治理体系。

第二,推进资源节约集约利用。该部分要求树立节约集约循环利用的资源观,推动资源利用方式根本转变,加强全过程节约管理,大幅提高资源利用综合效益。具体任务包括全面推动能源节约、全面推进节水型社会建设、强化土地节约集约利用、加强矿产资源节约和管理、大力发展循环经济、倡导勤俭节约的生活方式、建立健全资源高效利用机制。

第三,加大环境综合治理力度。创新环境治理理念和方式,实行最严格的环境保护制度,强化排污者主体责任,形成政府、企业、公众共治的环境治理体系,实现环境质量总体改善。具体任务包括深入实施污染防治行动计划、大力推进污染物达标排放和总量减排、严密防控环境风险、加强环境基础设施建设以及改革环境治理基础制度。

第四,加强生态保护修复。该部分要求坚持保护优先、自然恢复为主,推进

---

[1] 预期性指标是国家期望的发展目标,主要依靠市场主体的自主行为实现。政府要创造良好的宏观环境、制度环境和市场环境,并适时调整宏观调控方向和力度,综合运用各种政策引导社会资源配置,努力争取实现。约束性指标是在预期性基础上进一步明确并强化了政府责任的指标,是中央政府在公共服务和涉及公众利益领域对地方政府和中央政府有关部门提出的工作要求。政府要通过合理配置公共资源和有效运用行政力量,确保实现。

自然生态系统保护与修复，构建生态廊道和生物多样性保护网络，全面提升各类自然生态系统稳定性和生态服务功能，筑牢生态安全屏障。具体任务包括全面提升生态系统功能、推进重点区域生态修复、扩大生态产品供给以及维护生物多样性。

第五，积极应对全球气候变化。该部分要求坚持减缓与适应并重，主动控制碳排放，落实减排承诺，增强适应气候变化能力，深度参与全球气候治理，为应对全球气候变化做出贡献。具体任务包括有效控制温室气体排放、主动适应气候变化以及广泛开展国际合作。

第六，健全生态安全保障机制。该部分要求加强生态文明制度建设，建立健全生态风险防控体系，提升突发生态环境事件应对能力，保障国家生态安全。具体任务包括完善生态环境保护制度、加强生态环境风险监测预警和应急响应。

第七，发展绿色环保产业。该部分要求培育服务主体，推广节能环保产品，支持技术装备和服务模式创新，完善政策机制，促进节能环保产业发展壮大。具体任务包括扩大环保产品和服务供给以及发展环保技术装备。

（2）《"十三五"生态环境保护规划》的主要内容。

按照新《环境保护法》第 13 条的规定，中央人民政府于 2016 年 11 月 24 日公布并实施了《"十三五"生态环境保护规划》，履行了新《环境保护法》第 13 条对中央人民政府的义务性要求。该规划进一步明确了"十三五"期间生态环境保护的指导思想、基本原则和主要目标。

按照该规划的规定，我国需要以提高环境质量为中心，实施最严格的环境保护制度，遵守以下基本原则：坚持绿色发展、标本兼治；坚持质量核心、系统施治；坚持空间管控、分类防治；坚持改革创新、强化法治；坚持履职尽责、社会共治。通过这"五治"要求，全面落实生态环境保护工作要求。

与"十三五规划纲要"不同，该规划除了列出约束性指标之外，还增加了部分预期性指标。可以看出，十三五期间的环境指标更加全面，涵盖范围更广。具体指标参见表 1.4：

表 1.4 "十三五"生态环境保护主要指标

指标		2015 年	2020 年	〔累计〕[1]	属 性
生态环境质量					
1. 空气质量	地级及以上城市[2]空气质量优良天数比率（%）	76.7	>80	—	约束性
	细颗粒物未达标地级及以上城市浓度下降（%）	—	—	〔18〕	约束性

续表

指　　标		2015年	2020年	〔累计〕[1]	属　性
1. 空气质量	地级及以上城市重度及以上污染天数比例下降（%）	—	—	〔25〕	预期性
2. 水环境质量	地表水质量[3]达到或好于Ⅲ类水体比例（%）	66	>70	—	约束性
	地表水质量劣Ⅴ类水体比例（%）	9.7	<5	—	约束性
	重要江河湖泊水功能区水质达标率（%）	70.8	>80	—	预期性
	地下水质量极差比例（%）	15.7[4]	15左右	—	预期性
	近岸海域水质优良（一、二类）比例（%）	70.5	70左右	—	预期性
3. 土壤环境质量	受污染耕地安全利用率（%）	70.6	90左右	—	约束性
	污染地块安全利用率（%）	—	90以上	—	约束性
4. 生态状况	森林覆盖率（%）	21.66	23.04	〔1.38〕	约束性
	森林蓄积量（亿立方米）	151	165	〔14〕	约束性
	湿地保有量（亿亩）	—	≥8	—	预期性
	草原综合植被盖度（%）	54	56	—	预期性
	重点生态功能区所属县域生态环境状况指数	60.4	>60.4	—	预期性
污染物排放总量					
5. 主要污染物排放总量减少（%）	化学需氧量	—	—	〔10〕	约束性
	氨氮	—	—	〔10〕	
	二氧化硫	—	—	〔15〕	
	氮氧化物	—	—	〔15〕	
6. 区域性污染物排放总量减少（%）	重点地区重点行业挥发性有机物[5]	—	—	〔10〕	预期性
	重点地区总氮[6]	—	—	〔10〕	
	重点地区总磷[7]	—	—	〔10〕	
生态保护修复					
7. 国家重点保护野生动植物保护率（%）		—	>95	—	预期性
8. 全国自然岸线保有率（%）		—	≥35	—	预期性

续表

指　　　标	2015年	2020年	〔累计〕[1]	属　性
9. 新增沙化土地治理面积（万平方公里）	—	—	〔10〕	预期性
10. 新增水土流失治理面积（万平方公里）	—	—	〔27〕	预期性

注：[1]〔　〕内为五年累计数。

[2] 空气质量评价覆盖全国338个城市（含地、州、盟所在地及部分省辖县级市，不含三沙和儋州）。

[3] 水环境质量评价覆盖全国地表水国控断面，断面数量由"十二五"期间的972个增加到1940个。

[4] 为2013年数据。

[5] 在重点地区、重点行业推进挥发性有机物总量控制，全国排放总量下降10%以上。

[6] 对沿海56个城市及29个富营养化湖库实施总氮总量控制。

[7] 总磷超标的控制单元以及上游相关地区实施总磷总量控制。

此外，该规划提出了几大具体任务要求：一是强化源头防控，夯实绿色发展基础。要创新调控方式，强化源头管理，以生态空间管控引导构建绿色发展格局，以生态环境保护推进供给侧结构性改革，以绿色科技创新引领生态环境治理，促进重点区域绿色、协调发展，加快形成节约资源和保护环境的空间布局、产业结构和生产生活方式，从源头保护生态环境。二是深化质量管理，大力实施三大行动计划。以提高环境质量为核心，推进联防联控和流域共治，制定大气、水、土壤三大污染防治行动计划的施工图。根据区域、流域和类型差异分区施策，实施多污染物协同控制，提高治理措施的针对性和有效性。实行环境质量底线管理，努力实现分阶段达到环境质量标准、治理责任清单式落地，解决群众身边的突出环境问题；实施专项治理，全面推进达标排放与污染减排。以污染源达标排放为底线，以骨干性工程推进为抓手，改革完善总量控制制度，推动行业多污染物协同治污减排，加强城乡统筹治理，严格控制增量，大幅度削减污染物存量，降低生态环境压力；实行全程管控，有效防范和降低环境风险。提升风险防控基础能力，将风险纳入常态化管理，系统构建事前严防、事中严管、事后处置的全过程、多层级风险防范体系，严密防控重金属、危险废物、有毒有害化学品、核与辐射等重点领域环境风险，强化核与辐射安全监管体系和能力建设，有效控制影响健康的生态和社会环境危险因素，守牢安全底线；加大保护力度，强化生态修复。贯彻"山水林田湖是一个生命共同体"理念，坚持保护优先、自然恢复为主，推进重点区域和重要生态系统保护与修复，构建生态廊道和生物多样性保护网络，全面提升各类生态系统稳定性和生态服务功能，筑牢生态安全屏障；加快制度创新，积极推进治理体系和治理能力现代化。统筹推进生态环境治理体系建设，以环保督察巡视、编制自然资源资产负债表、领导干部自然资源资产离任审计、生态环境损害责任追究等形式落实地方环境保护责任，以环境司法、排污许可、损害赔偿等形式落实企业主体责任，加强信息公开，推进公益诉讼，强化绿色金融等市场激励机制，形成政府、企业、公众共治的治理体系。

2. 各省、自治区、直辖市实施环境保护规划制度情况

（1）各省、自治区、直辖市"十三五"规划纲要中的生态环境保护内容。

在全国的"十三五规划纲要"发布以后，各省也相继发布了各自的"十三五"规划纲要，课题组对所有省份"十三五"规划纲要中有关生态环境保护内容进行了统计，参见表1.5。

表1.5 各省、自治区、直辖市"十三五"规划纲要中纳入生态环境保护内容情况统计

地区	省份	"十三五"规划纲要中是否专章规定了环境保护内容	是否单独用图表形式清晰表明任务目标	任务要求	备注
华东地区	山东	第九篇 绿色生态推动可持续发展	是	第三十七章 推进主体功能区建设 第三十八章 发展低碳生态经济 第三十九章 加强重点污染防治 第四十章 系统修复保护生态 第四十一章 健全生态文明制度	
	江苏	第八篇 强化绿色发展导向建设生态宜居美丽家园	是	第二十七章 加强生态空间源头管控 第二十八章 促进资源集约高效利用 第二十九章 切实提升环境质量 第三十章 完善生态文明制度体系	

续表

地区	省份	"十三五"规划纲要中是否专章规定了环境保护内容	是否单独用图表形式清晰表明任务目标	任务要求	备注
华东地区	安徽	第三十五章 促进人与自然和谐共生	是	第三十六章 落实主体功能区战略 第三十七章 加大环境治理力度 第三十八章 推动低碳循环发展 第三十九章 提高资源节约集约利用水平 第四十章 构筑生态安全屏障 第四十一章 加强生态文明制度建设	
	浙江	十、持续加强生态文明建设	是	（一）加强资源节约集约循环利用 （二）推进环境治理和生态保护 （三）积极应对气候变化 （四）健全生态文明制度体系	
	福建	第九章 建设生态文明先行示范区	是	第一节 落实主体功能区布局 第二节 加大生态保护和环境治理力度 第三节 促进资源节约和低碳发展 第四节 加强生态文明制度建设	
	上海	四、推进绿色发展，共建生态宜居家园	否	21. 明显提升水环境质量 22. 有效改善空气质量 23. 增加绿色生态空间 24. 深入推进节能低碳和应对气候变化 25. 着力推进循环经济和资源集约利用 26. 加强重点区域环境整治 27. 强化生态环境治理机制	包含了附录，对部分名词和指标进行了解释
华南地区	广东	第十四章 促进绿色循环低碳发展建设生态文明示范省	是	第一节 加快建设主体功能区 第二节 促进资源节约利用 第三节 强力推进环境污染综合治理 第四节 加快生态修复与建设	

续表

地 区	省 份	"十三五"规划纲要中是否专章规定了环境保护内容	是否单独用图表形式清晰表明任务目标	任务要求	备 注
华南地区	广东	第十四章 促进绿色循环低碳发展建设生态文明示范省	是	第五节 积极主动应对气候变化 第六节 倡导生态文明新风尚 第七节 加强生态文明制度建设	
	广西	第十篇 绿色发展构建和谐友好的生态文明体系	是	第三十七章 大力发展生态经济 第三十八章 节约集约利用资源 第三十九章 加快发展循环经济 第四十章 提升环境质量 第四十一章 加强生态建设 第四十二章 健全生态文明制度	
	海南	第六章 建设全国生态文明示范区	是	第一节 保持生态环境质量 第二节 全面促进资源节约循环高效利用 第三节 推进低碳发展 第四节 健全生态文明制度体系	
华中地区	湖北	第八章 推进绿色低碳新发展	是	第一节 推进资源全面节约和高效利用 第二节 大力发展循环经济 第三节 加强环境保护和生态修复 第四节 积极应对气候变化 第五节 加强生态文明制度建设	
	湖南	第十三章 加快推进绿色化	是	第一节 推进两型社会建设 第二节 节约高效利用资源 第三节 推进低碳循环发展 第四节 加强环境综合治理 第五节 加强生态系统保护	
	河南	第四篇 建设绿色发展新家园	是	第十二章 深入开展污染防治 第十三章 促进资源节约循环利用 第十四章 加强生态系统建设	

续表

地 区	省 份	"十三五"规划纲要中是否专章规定了环境保护内容	是否单独用图表形式清晰表明任务目标	任务要求	备 注
华中地区	江 西	第九篇 开辟绿色发展新路径	是	第一章 巩固提升生态优势 第二章 推进生产方式绿色化 第三章 培育绿色化生活方式 第四章 强化环境治理和保护 第五章 建立健全生态文明制度	
华北地区	北 京	第三篇 建设绿色低碳生态家园	是	第一章 努力增加绿色生态空间 第二章 打好环境污染治理攻坚战 第三章 建设资源节约型环境友好型社会 第四章 健全生态文明制度体系 第五章 加强京津冀生态环境保护	
	天 津	第五章 营造绿色宜人生态环境	否	一、建设主体功能区 二、构筑绿色生态屏障 三、加大环境治理力度 四、推动低碳循环发展 五、联防联控环境污染 六、健全绿色发展机制	
	河 北	第五篇 坚持绿色发展，建设京津冀生态环境支撑区	是	第十六章 强力推进大气污染防治 第十七章 加强生态修复与建设 第十八章 推动资源节约循环利用 第十九章 加强生态文明制度建设	
	山 西	第五章 推进绿色发展，着力建设美丽山西	是	第一节 加快建设主体功能区 第二节 推动低碳循环发展 第三节 促进资源节约高效利用 第四节 加大环境治理力度	

续表

地区	省份	"十三五"规划纲要中是否专章规定了环境保护内容	是否单独用图表形式清晰表明任务目标	任务要求	备注
华北地区	山西	第五章 推进绿色发展，着力建设美丽山西	是	第五节 构筑生态安全屏障 第六节 创新资源型地区生态文明制度建设	
	内蒙古	第六篇 坚持绿色发展筑牢我国北方重要生态安全屏障	否	第二十四章 加快建设主体功能区 第二十五章 加强生态保护和建设 第二十六章 加快循环经济发展 第二十七章 全面节约和高效利用资源 第二十八章 加大环境治理力度	
西北地区	宁夏	第五章 以绿色发展为方向着力改善生态环境	是	第一节 加强生态保护修复 第二节 推动绿色低碳循环发展 第三节 持续改善环境质量 第四节 全面节约和高效利用资源	
	新疆	第六篇 坚持绿色发展，加强生态文明建设	是	第一节 加强生态建设 第二节 加快主体功能区建设 第三节 全面节约和高效利用资源 第四节 加大环境保护和治理力度 第五节 推动低碳循环发展	
	青海	第二章 构筑国家生态安全屏障	是（目标用影印件图片）	第一节 强化生态保护与建设 第二节 加强环境综合治理 第三节 深入实施资源节约和循环利用 第四节 完成三江源国家公园试点 第五节 发展生态文化 第六节 健全生态文明制度体系	
	陕西	第六篇 加快建设生态文明	是	第二十八章 加快建设主体功能区 第二十九章 推动绿色低碳循环发展 第三十章 筑牢生态安全屏障	

续表

地区	省份	"十三五"规划纲要中是否专章规定了环境保护内容	是否单独用图表形式清晰表明任务目标	任务要求	备注
西北地区	陕西	第六篇 加快建设生态文明	是	第三十一章 促进资源节约高效利用 第三十二章 加大环境保护和治理力度 第三十三章 健全生态文明制度体系	
	甘肃	第七篇 坚持绿色发展,筑牢生态安全屏障	是	第十七章 建设生态安全屏障综合试验区 第十八章 促进资源节约循环高效利用 第十九章 健全生态文明制度体系	
西南地区	四川	第八篇 构筑生态文明新家园	否	第二十四章 加快建设主体功能区 第二十五章 强化生态保护和建设 第二十六章 加强环境保护 第二十七章 推进节能减耗和碳减排 第二十八章 提高防灾减灾救灾能力 第二十九章 建立健全生态文明制度	
	云南	第九篇 争当全国生态文明建设排头兵	是	第三十六章 加快建设主体功能区 第三十七章 构筑生态安全屏障 第三十八章 大力促进低碳循环发展 第四十章 加快生态文明制度建设	
	贵州	第十一篇 充分发挥生态环境优势,加快建设生态文明先行示范区	是	第四十五章 加快建设主体功能区 第四十六章 扎实推进生态建设 第四十七章 加强环境治理和保护 第四十八章 积极发展生态经济 第四十九章 推进生态文明制度建设	

续表

地 区	省 份	"十三五"规划纲要中是否专章规定了环境保护内容	是否单独用图表形式清晰表明任务目标	任务要求	备 注
西南地区	西藏	第八篇 筑牢屏障低碳绿色持续发展	是	第三十章 保护和修复自然生态系统 第三十一章 全面推进环境治理 第三十二章 积极应对气候变化 第三十三章 加强防灾减灾体系建设	
	重庆	推进绿色发展	是	第十五章 推动绿色低碳循环发展 第十六章 全面节约和高效利用资源能源 第十七章 着力改善环境质量 第十八章 加强生态保护和修复 第十九章 建立健全生态文明制度	
东北地区	辽宁	第十一章 推动绿色发展营造生态宜居美丽家园	是	第一节 推进资源节约循环利用 第二节 提高环境质量 第三节 加强生态建设与修复 第四节 完善生态文明制度	
	吉林	第十二章 加强生态文明建设提高可持续发展能力	是	第一节 加快生态建设和修复 第二节 综合治理环境污染 第三节 推进资源全面节约和循环利用 第四节 健全生态文明制度体系	
	黑龙江	第五篇 巩固提升整体生态化优势，推进绿色发展	是	第一节 加快建设主体功能区 第二节 推动绿色低碳循环发展 第三节 加快发展绿色生态产业 第四节 构筑生态安全屏障 第五节 全面节约和高效利用资源 第六节 加大环境治理力度	

从表1.5的统计可以看出，目前各省市都已经完成了本地"十三五"规划纲要。从各地规划纲要中生态环境保护的内容可以看出，各省市既在文件中贯彻和落实了全国"十三五规划纲要"有关生态环境保护的要求，又根据本地的具体情

况提出了一些具有特色的任务目标。既有普遍性，也有特殊性。总体来看，各省市都在不同程度上对全国"十三五规划纲要"中提出的加快建设主体功能区、推进资源节约集约利用、加大环境综合治理力度、加强生态保护修复、积极应对全球气候变化、健全生态安全保障机制以及发展绿色环保产业有所涉及，只是在标题上有所差异。例如，在应对气候变化方面，山东题为"发展低碳生态经济"、安徽题为"推动低碳循环发展"、上海题为"深入推进节能低碳和应对气候变化"。此外，很多省市也从本地具体情况出发，提出了一些具有特色的任务要求。例如，江西提出要"培育绿色化生活方式"，天津提出要"联防联控环境污染"，青海提出要"完成三江源国家公园试点"以及"发展生态文化"，四川则根据本地区自然灾害多发的情况提出要"提高防灾减灾救灾能力"。

（2）各省、自治区、直辖市人民政府批准并公布实施环境保护规划的情况。

按照新《环境保护法》第13条的规定，在"十三五规划纲要"出台以后，各省、自治区、直辖市人民政府也开始着手组织编制各自的环境保护规划，以履行新《环境保护法》所确定的义务性要求。课题组对各省、自治区、直辖市人民政府批准并公布实施环境保护规划的情况进行了统计（截至2016年12月31日），参见表1.6。

表1.6 各省、自治区、直辖市人民政府批准并公布实施环境保护规划的情况

地区	省份	是否已经完成制定环境保护规划工作	制定日期	信息公开情况
华东地区	山东	否（已形成征求意见稿）		
	江苏	否（通过专家评审）		
	安徽	否		
	浙江	浙江省生态环境保护"十三五"规划	2016.11.14	全文公开
	福建	福建省"十三五"环境保护规划	2016.12.06	全文公开
	上海	上海市环境保护和生态建设"十三五"规划	2016.10.19	全文公开
华南地区	广东	广东省环境保护"十三五"规划	2016.09.22	全文公开
	广西	广西环境保护和生态建设"十三五"规划	2016.10.10	全文公开
	海南	否		

续表

地区	省份	是否已经完成制定环境保护规划工作	制定日期	信息公开情况
华中地区	湖北	否		
	湖南	湖南省"十三五"环境保护规划	2016.09.08	全文公开
	河南	否		
	江西	否		
华北地区	北京	否（已审议通过北京市"十三五"时期环境保护和生态环境建设规划，尚未发布）		
	天津	否		
	河北	否		
	山西	山西省"十三五"环境保护规划	2016.12.16	全文公开
	内蒙古	否（形成征求意见稿）		
西北地区	宁夏	否		
	新疆	否		
	青海	否		
	陕西	否（已向社会征求意见）		
西北地区	甘肃	甘肃省"十三五"环境保护规划	2016.09.30	全文公开
西南地区	四川	否		
	云南	否		
	贵州	否（12月18日省政府已批示，尚未发布）		
	西藏	否		
	重庆	否		
东北地区	辽宁	辽宁省环境保护"十三五"规划	2016.06.20	全文公开
	吉林	否（已公开发布征求意见稿）		
	黑龙江	否		

(二）县级以上人民政府实施环境保护规划制度情况评估

新《环境保护法》第13条尽管对各级人民政府将环境保护内容纳入国民经济和社会发展规划以及制定环境保护规划作出了规定，但是并没有提出具体的要求。课题组认为，对于人民政府实施环境保护规划制度情况进行评估，需要综合进行定性和定量评估，首先要考察人民政府是否已经按照新《环境保护法》第13条规定，履行将环境保护内容纳入国民经济和社会发展规划以及制定环境保护规划的义务。在此基础上，应当进一步量化评估人民政府是否符合实体和程序两方面的要求。在实体上，人民政府履行义务应当满足以下要求：规划提出的目标能够充分反映现实需要，涵盖重点领域，并且相对之前的目标能够持续进步；规划提出的措施能够系统、全面、切实有效，具有创新性；地方规划能够全面贯彻落实中央规划提出的目标，并且充分结合本地实际提出目标和任务；地方政府能够按照规划要求及时、全面地展开相关贯彻落实工作。在程序上，人民政府履行义务应当满足以下要求：规划能够具有较为统一的名称和形式；规划能够在主要媒体上进行全文公开，确保公众知情权；规划能够具有规范的制定程序，确保公众的参与权。据此，课题组将对中央和地方实施环境保护规划制度情况进行评估。

1. 中央人民政府实施环境保护规划制度情况

定性评估：中央人民政府已经将环境保护内容纳入国民经济和社会发展规划并制定环境保护规划。

定量评估：与"十二五规划纲要"相比，"十三五规划纲要"无论是在任务目标还是在具体任务方面，均有一定的进步。

在任务目标方面，"十三五规划纲要"主要指标均有一定提升，且在"十二五规划纲要"基础上进一步细化了指标体系，增加了一些新的任务目标，确保规划能够充分反映现实需要，涵盖重点领域。具体来说，"十三五规划纲要"进步之处包括：一是提升了主要指标，包括耕地保有量、森林覆盖率、森林蓄积量、主要污染物排放总量指标，这意味着我国环境质量将会持续改善。二是根据实践的发展增加了新的指标。其中，最为显著的是针对社会影响较大的空气质量问题增加了空气质量指数，包括PM2.5浓度下降指数。此外，还增加了地表水质量以及新增建设用地规模指数，参见表1.7。

表 1.7 "十二五规划纲要"和"十三五规划纲要"指标对比

指标		"十二五规划纲要"	"十三五规划纲要"
耕地保有量（亿亩）		到 2015 年 18.18	到 2020 年 18.65
新增建设用地规模（万亩）		—	年均增速<3265
万元 GDP 用水量下降（%）		（设定了单位工业增加值用水量降低指数）	年均 23
单位 GDP 能源消耗降低（%）		年均 16	年均 15
非化石能源占一次能源消费比重（%）		11.4	15
单位 GDP 二氧化碳排放降低（%）		年均 17	年均 18
森林发展	森林覆盖率（%）	21.66	23.04
	森林蓄积量（亿立方米）	143	165
空气质量	地级及以上城市空气质量优良天数比率（%）	—	>80
	细颗粒物（PM2.5）未达标地级及以上城市浓度下降（%）	—	年均 18
地表水质量	达到或好于Ⅲ类水体比例（%）	—	>70
	劣Ⅴ类水体比例（%）	—	<5
主要污染物排放总量减少（%）	化学需氧量	年均 8	年均 10
	氨氮	年均 8	年均 10
	二氧化硫	年均 10	年均 15
	氮氧化物	年均 10	年均 15

在具体任务方面，与"十二五规划纲要"相比，"十三五规划纲要"主要有以下几点发展：

第一，着力推进主体功能区制度。大量研究表明，中国近十几年来的经济高速增长可以用"地方政府竞争模型"来解释。在这一模型之下，由于考核以经济发展为主，地方政府的发展任务和目标同质化程度较高，缺少差异性。地方政府因现有政绩考核体制，为了经济快速发展和吸引大量外资而展开恶性互攀式竞争，环境保护意识不断降低，直接导致环境恶化。[1] 因此，要解决经济快速发展导致的环境恶化问题，需要实施区域差异化发展战略，对不同类型的地区确定不同的发展战略，设定不同的考核指标。基于此，"十三五规划纲要"确立了加快建立主体功能区制度的任务。要求有度有序利用自然，调整优化空间结构，推动形成以"两横三纵"为主体的城市化战略格局、以"七区二十三带"为主体的农业战略格局、以"两屏三带"为主体的生态安全战略格局，以及可持续的海洋空间开发格局。为了配合这一战略实施，"十三五规划纲要"还要求根据不同主体功能区定位要求，健全差别化的财政、产业、投资、人口流动、土地、资源开发、环境保护等政策，实行分类考核的绩效评价办法。此外，还要以市县级行政区为单元，建立由空间规划、用途管制、差异化绩效考核等构成的空间治理体系。

第二，对近年来较为严重的大气污染、土壤污染、水污染以及危险废物、核风险等社会反响较大、公众较为关注的问题以专章形式提出任务要求，顺应了实践发展的要求。近些年来，我国进入污染事件高发期，特别是在2015年和2016年，大气污染问题严重、影响范围广、公众反映十分强烈，土壤污染等以往受到忽视的问题也开始显现，典型案件如"常州毒地案"。此外，随着我国核事业的快速发展，核安全问题等环境风险也成了需要予以有效应对的问题。针对这些问题，有必要采取有力措施予以应对。因此，"十三五规划纲要"特别提出要制定城市空气质量达标计划，严格落实约束性指标，地级及以上城市重污染天数减少25%，加大重点地区细颗粒物污染治理力度。还要求实施土壤污染分类分级防治，优先保护农用地土壤环境质量安全，切实加强建设用地土壤环境监管。推进核设施安全改进和放射性污染防治，强化核与辐射安全监管体系和能力建设。

第三，就发展绿色环保产业提出任务要求。"经济和合作与发展组织对环保产业有两种定义：一种是狭义的环保产业，即在污染控制与减排、污染清理及废弃物处理等方面提供设备与服务的企业集合；另一种是广义的环保产业，既包括能够在测量、防止、限制及克服环境破坏方面生产和提供有关产品与服务的企业，也包括能使污染和原材料消耗最小量化的清洁技术与产品。"[2] 环保产业的发展能够有效地节省企业污染防治成本、提高能源利用效率、降低行政机关监管压力，对于促进环境保护事业的发展具有重要的价值和意义。"十三五规划纲要"采用了广义的环保产业的概念，从扩大环保产品和服务供给及发展环保技术装备

---

[1] 周业安、冯兴元、赵坚毅：《地方政府竞争与市场秩序的重构》，载《中国社会科学》2004年第1期。

[2] 刘国涛：《绿色产业与绿色产业法》，中国法制出版社2005年版，第29页。

两方面提出了任务要求,并且规定了诸多政策上的倾斜措施,这对于我国环保产业的发展将会起到良好的促进作用。

除了"十三五规划纲要"规定的内容以外,从 2015 年 5 月开始,环境保护部开始着手落实《"十三五"生态环境保护规划》的编制工作。为此,环境保护部开展了大量的工作,除了开展"贯彻落实新修订的《环境保护法》和编制好'十三五'环保规划"的大讨论之外,陈吉宁部长也作出了重要指示,要求努力提高工作质量,切实改进工作方式,紧紧扣住环境质量改善这一核心统筹开展工作,并且持续转变工作方式,以"三严三实"推进全面从严治部。[1] 通过环境保护部的认真组织实施,中央政府及时批准和发布实施了《"十三五"生态环境保护规划》,这一规划具体化了"十三五规划纲要"提出的目标和任务要求,为"十三五规划纲要"提供了坚实的保障。

2. 省、自治区、直辖市人民政府实施环境保护规划制度情况评估

课题组通过统计分析,对省、自治区、直辖市人民政府实施环境保护规划制度情况作出评估结论如下:

(1) 省、自治区、直辖市人民政府将环境保护纳入国民经济和社会发展规划情况评估。

定性评估:通过统计分析可以发现,所有省、自治区、直辖市人民政府均已经制定完成各自"十三五规划纲要",并且全部将环境保护纳入国民经济和社会发展规划,提出相应目标和任务要求。

定量评估:在任务目标方面,绝大多数省、自治区、直辖市"十三五规划纲要"能够全面贯彻落实中央规划提出的目标,并且充分结合本地实际提出额外目标。各省市提出的目标均以中央提出的任务目标为基础,或者以国家分解下达目标为准,或者要高于国家提出的目标。此外,一些地区能够结合本地区实际情况,在国家提出的目标范围之外额外增加目标要求。例如山西省在"主要污染物排放减少"目标中额外增加了烟粉尘控制指标,新疆维吾尔自治区额外增加了"农业灌溉水有效利用系数"指标,西藏自治区增加了"新增人工林地""水土流失综合治理面积""城镇污水集中处理率""城镇生活垃圾无害化处理率"多项额外指标。

在具体任务安排方面,各省市均以专章形式提出任务要求,很多省市在具体章节之中进一步明确了重点任务、重点领域和重点项目,为具体执行奠定了基

---

[1]《环境保护部:贯彻落实新环境保护法编制好"十三五"环保规划》,载人民网,http://politics.people.com.cn/n/2015/0511/c70731-26981009.html,最后访问日期:2017 年 1 月 11 日。

础。不过课题组在统计中发现，不同省份在具体任务安排方面的细致程度有较大差别，有一些省市对于任务安排描述得较为详细具体，篇幅较长，甚至进一步在节之下分出细目。但是有一些省份在任务安排方面较为简单，不够详细，篇幅也较短，例如甘肃省"十三五规划纲要"中有关环境保护方面的任务要求就十分简短，且十分概括，并没有具体提出相应的任务要求和项目。尽管没有对于任务要求方面的具体规定，但是规划内容过于简单和抽象，可能会影响到贯彻和落实的效果，未来需要进一步注意。

在程序方面，评估结论如下：首先，各省市基本上都公开了各自的规划纲要，信息透明度较好。特别是对于任务目标，绝大多数省市都以图表形式清晰地进行了公开。其中，上海市除了清楚列举目标之外，还增加了附录部分，在附录中对部分名词和指标进行了解释，这一做法较为严谨科学，值得推广。但是经过课题组反复检索查询，发现仍然有部分省市公开的版本之中没有以图表形式列举"十三五"期间需要完成的指标，如上海、天津、内蒙古、四川，青海尽管用图表列举了指标，但是采用了直接从纸质文本上截取图片的形式，较为不规范。总体来说，各省市在"十三五规划纲要"的制定上程序较为规范，也较为严谨，使得公众能够清晰获知相关信息。

(2) 省、自治区、直辖市人民政府批准并公布实施环境保护规划情况评估。

定性评估：课题组通过统计发现，目前（2017年2月）全国各省、自治区、直辖市批准并公布实施环境保护规划步骤并不统一，有9个省市已经公布并实施了环境保护规划，其他各地仍然在制定之中，并且各自进度不一。

定量评估：在任务目标和具体任务方面，已经出台环境保护规划的省市基本都能够进一步细化任务目标，在各自"十三五规划纲要"确定的目标之外进一步增加一些指标，并且细化具体任务，为进一步开展工作提供依据。此外，课题组检索发现，部分省市已经按照各自环境保护规划要求，展开相关工作和行动，具体落实规划提出的任务要求。例如，福建省按照《福建省"十三五"环境保护规划》对于水质整治的要求，已经开展了仓山区城门水厂水源保护区环境综合整治项目、飞凤山水厂水源保护区环境综合整治项目、福州城区内河综合整治项目、晋安区农村污水处理设施建设项目等多项整治项目。[1] 湖南省则按照《湖南省"十三五"环境保护规划》的要求，初步建立"十三五"环境保护规划项目库，包含10大类约1500个项目，可动态更新，初期总投资1832.6亿元。其中部分项

---

[1]《闽"十三五"环保规划正式执行多个项目涉及榕城》，载东南网，http://fjnews.fjsen.com/2017-01/04/content_18937544.htm，最后访问日期：2017年1月11日。

目已纳入"十三五"国家环保投资项目库和省生态环保重大建设项目库,如洞庭湖区水污染防治、湖南石门典型区域土壤污染综合治理等项目已先期启动。[1]

在程序方面则亟须进一步完善。课题组统计调查发现,目前各省市制定环境保护规划缺乏统一的程序规定,各省市做法不一,具体表现在:一是各省市制定的环境保护规划名称不统一,影响到公众准确查询规划内容。部分省市为"XX'十三五'环境保护规划",名称较为规范。但是还有一些则为"XX环境保护和生态建设'十三五'规划""XX生态环境保护'十三五'规划"或"XX环境保护'十三五'规划"。特别需要注意的是,一些省（自治区、直辖市）还出台了专门的生态保护规划,如宁夏出台了《宁夏生态保护与建设"十三五"规划》,安徽出台了《安徽省"十三五"生态保护与建设规划》。这使得公众查询和获知环境保护规划具体内容的难度增大。二是各省市公布的方式不统一,绝大多数省市都能够直接在其主要政府网站上公布环境保护规划的内容,但是也有省市公布方式较为不规范,影响到获取信息的便捷性,典型例子是辽宁省人民政府以附件的形式同时公布了多项专项规划,课题组通过检索文件号的方式才能获取规划全文。尽管并没有对规划的公布提出具体要求,但是新《环境保护法》第53条第2款规定,"各级人民政府环境保护主管部门和其他负有环境保护监督管理职责的部门,应当依法公开环境信息、完善公众参与程序,为公民、法人和其他组织参与和监督环境保护提供便利"。未来应该按照这一规定的要求统一公开方式。三是规划编制程序不统一。目前,规划由各省市环境保护主管部门自行组织编写,各省市的程序都不统一,课题组检索发现部分省市公开征求意见,其他省市则无法查询到是否执行公开征求意见程序,课题组认为,为了确保规划编制的科学性和民主性,应当统一规定公开征求意见程序。

（三）评估结论

通过系统评估,课题组发现,在新《环境保护法》出台以后,我国在环境规划制度方面执行较好:一方面,中央及各省、自治区、直辖市均在"十三五规划纲要"之中纳入了环境保护的内容,且地方根据各地实践,进一步完善和拓展了指标和任务目标,且程序方面较为严格,执行较好;另一方面,中央及部分省（自治区、直辖市）也已经制定了环境保护规划,进一步落实了"十三五规划纲要"的要求。但是在程序方面各地方不统一,可能会影响到规划执行的效果以及

---

[1]《环境保护"十三五"规划实施》,载东安县人民政府网:http://www.da.gov.cn/Item/12683.aspx,最后访问日期:2017年1月11日。

公众参与，未来需要进一步完善。

四、政府环境保护目标责任制与考核评价制度实施情况评估

新《环境保护法》第26条规定："国家实行环境保护目标责任制和考核评价制度。县级以上人民政府应当将环境保护目标完成情况纳入对本级人民政府负有环境保护监督管理职责的部门及其负责人和下级人民政府及其负责人的考核内容，作为对其考核评价的重要依据。考核结果应当向社会公开。"该条确立了针对各级人民政府的环境保护目标责任制和考核评价制度，是使新《环境保护法》所规定的政府对环境质量负责得以落实的重要措施。

值得注意的是，对政府设定环境保护目标责任并进行考核的做法，并非起步于新《环境保护法》的颁布实施，其在我国已有十余年的发展历程，最早明确提出该制度措施的是2005年国务院发布的《关于落实科学发展观加强环境保护的决定》，其明确提出"坚持和完善地方各级人民政府环境目标责任制，对环境保护主要任务和指标进行年度目标管理"。此后，政府环境保护目标责任制与考核评价制度在全国各地得以逐步推行，并在法律法规中得以强化。主要包括：2017年修订的《水污染防治法》第6条规定："国家实行水环境保护目标责任制和考核评价制度，将水环境保护目标完成情况作为对地方人民政府及其负责人考核评价的内容。"《大气污染防治法》第4条规定了国务院环境保护主管部门会同国务院有关部门，按照国务院的规定，对省、自治区、直辖市大气环境质量改善目标、大气污染防治重点任务完成情况进行考核。省、自治区、直辖市人民政府制定考核办法，对本行政区域内地方大气环境质量改善目标、大气污染防治重点任务完成情况实施考核。考核结果应当向社会公开。因此，对新《环境保护法》第26条的实施情况进行评估，需要建立在近年来政府环境保护目标考核的法律基础与实践基础之上。下文分析主要围绕评估时间节点（2016年底）时有效实施的具体措施展开。

（一）政府环境保护目标与指标的设定

实施环境保护目标责任制和考核评价制度，首要任务是设定具体的"环境保护目标"及相关考核指标。在传统上，对"环境保护目标"的理解往往局限在若干单项污染物（如化学需氧量、二氧化硫、氨氮、氮氧化物等）排放量的减少上，即污染物排放总量控制目标。这一做法对削减污染物排放、促使企业遵守环境法律法规、建立政府环境保护目标责任制等起到了积极而有效的作用，但也暴露出较大的问题，其中最为突出的问题是单项污染物"减排"与总体上的环境质

量改善之间缺乏联系，官方"考核"与公众感知及满意度之间存在较大的反差。[1] 因此，党的十八届五中全会将生态环境质量总体改善作为全面建成小康社会新的目标要求，"环境质量改善"成为"十三五"期间我国环境保护的核心理念，环境管理正在从"总量控制管理模式"向"提高质量为核心的管理模式"转型。[2] 相应地，环境保护目标责任制和考核评价制度也应进行相应的转型，即建立以"环境质量改善"为核心的环境保护目标责任与考核制度。

在"环境质量改善"理念指引下，我国近年来针对大气、水、土壤环境保护等主要领域，专门发布了相应的法律法规，明确了相应的环境保护目标并分解为需要加以具体落实的指标。同时，以环境质量改善为核心对传统的总量减排制度予以修改完善，明确了"十三五"时期主要污染物总量减排的目标与具体指标。上述方面共同构成了当前我国具有法律效力的"环境保护目标"。[3] 具体目标与指标参见表1.8。

表1.8 各主要领域的环境保护目标及相应指标（截至2016年12月31日）

所涉领域	发布时间	主要依据	环境保护目标	环境保护指标
大气环境质量	2013.9	大气污染防治行动计划（国发［2013］37号）	（1）经过五年努力，全国空气质量总体改善，重污染天气较大幅度减少。（2）京津冀、长三角、珠三角等区域空气质量明显好转。（3）力争再用五年或更长时间，逐步消除重污染天气，全国空气质量明显改善。	（1）到2017年，全国地级及以上城市可吸入颗粒物浓度比2012年下降10%以上，优良天数逐年提高。（2）京津冀、长三角、珠三角等区域细颗粒物浓度分别下降25%、20%、15%左右，其中北京市细颗粒物年均浓度控制在60微克/立方米左右。

---

〔1〕 王金南等：《关于"十三五"污染物排放总量控制制度改革的思考》，载《环境保护》2015年第21期。

〔2〕 参见查玮、郭婷：《以提高质量为核心 推进环境管理转型——专访环境保护部环境规划院副院长吴舜泽》，载《中国环境报》2015年12月31日，第2版。

〔3〕 需要指出的是，设定环境保护目标的主要依据是国务院发布的规范性文件（如三个"行动计划"）和"十三五规划纲要"，其并非严格意义上的法律法规，不产生对外部相对人的法律效力；但从内部效力上看，对政府及其工作人员能够产生实际的效力，属于具有实际约束力的"软法"。具体分析参见陈海嵩：《"生态红线"的规范效力与法治化路径》，载《现代法学》2014年第4期。

续表

所涉领域	发布时间	主要依据	环境保护目标	环境保护指标
水环境质量	2015.4	水污染防治行动计划（国发［2015］17号）	（1）到2020年，全国水环境质量得到阶段性改善，污染严重水体较大幅度减少，饮用水安全保障水平持续提升，地下水超采得到严格控制，地下水污染加剧趋势得到初步遏制，近岸海域环境质量稳中趋好，京津冀、长三角、珠三角等区域水生态环境状况有所好转。（2）到2030年，力争全国水环境质量总体改善，水生态系统功能初步恢复。（3）到21世纪中叶，生态环境质量全面改善，生态系统实现良性循环。	（1）到2020年，长江、黄河、珠江、松花江、淮河、海河、辽河七大重点流域水质优良（达到或优于Ⅲ类）比例总体达到70%以上，地级及以上城市建成区黑臭水体均控制在10%以内，地级及以上城市集中式饮用水水源水质达到或优于Ⅲ类比例总体高于93%，全国地下水质量极差的比例控制在15%左右，近岸海域水质优良（一、二类）比例达到70%左右。京津冀区域丧失使用功能（劣于Ⅴ类）的水体断面比例下降15个百分点左右，长三角、珠三角区域力争消除丧失使用功能的水体。（2）到2030年，全国七大重点流域水质优良比例总体达到75%以上，城市建成区黑臭水体总体得到消除，城市集中式饮用水水源水质达到或优于Ⅲ类比例总体为95%左右。
土壤环境质量	2016.5	土壤污染防治行动计划（国发［2016］31号）	（1）到2020年，全国土壤污染加重趋势得到初步遏制，土壤环境质量总体保持稳定，农用地和建设用地土壤环境安全得到基本保障，土壤环境风险得到基本管控。（2）到2030年，全国土壤环境质量稳中向好，农用地和建设用地土壤环境安全得到有效保障，	（1）到2020年，受污染耕地安全利用率达到90%左右，污染地块安全利用率达到90%以上。（2）到2030年，受污染耕地安全利用率达到95%以上，污染地块安全利用率达到95%以上。

续表

所涉领域	发布时间	主要依据	环境保护目标	环境保护指标
土壤环境质量	2016.5	土壤污染防治行动计划（国发〔2016〕31号）	土壤环境风险得到全面管控。到21世纪中叶，土壤环境质量全面改善，生态系统实现良性循环。	
主要污染物总量减排	2016.3	"十三五规划纲要"	生态环境质量总体改善；主要污染物排放总量大幅减少。	（1）到2020年，全国化学需氧量（COD）、氨氮、二氧化硫、氮氧化物排放总量分别控制在2001万吨、207万吨、1580万吨、1574万吨以内，比2015年分别下降10%、10%、15%和15%。（2）到2020年，全国挥发性有机物排放总量比2015年下降10%以上。

根据上述三个"行动计划"（以下分别简称"大气十条""水十条""土十条"）和一个规划（"十三五规划纲要"），地方各级人民政府是实施的主体；为实现大气、水、土壤、重点污染物总量减排领域的环境保护目标及指标，需要对该目标进行分解落实，国务院与各省（自治区、直辖市）人民政府签订大气污染防治（水污染防治、土壤污染防治、重点污染物减排）目标责任书，将目标任务分解落实到地方人民政府和重点企业；将若干重点指标（重点区域的细颗粒物指标、非重点地区的可吸入颗粒物指标）作为经济社会发展的约束性指标，构建以环境质量改善为核心的环境保护目标责任考核体系。

基于本书写作时（2017年2月）公开的数据，大气环境保护、水环境保护、主要污染物总量减排领域已经在省级层面上实现了指标的分解；土壤环境保护领域尚未完全完成目标的分解与落实，具体情况是：

1. 大气环境保护领域

2014年1月，环境保护部宣布：为贯彻落实"大气十条"，环境保护部已经与全国31个省（直辖市、自治区）签署了《大气污染防治目标责任书》，明确了各地空气质量改善目标和重点工作任务，进一步落实了地方政府环境保护责任。[1] 各地环境空气质量改善的具体目标见表1.9。

表1.9　各省（直辖市、自治区）的空气质量改善目标

空气质量改善目标		省（直辖市、自治区）
PM2.5年均浓度下降目标	-25%	北京、天津、河北
	-20%	山西、山东、上海、江苏、浙江
	-15%	广东、重庆
	-10%	内蒙古
PM10年均浓度下降目标	-15%	河南、陕西、青海、新疆
	-12%	甘肃、湖北
	-10%	四川、辽宁、吉林、湖南、安徽、宁夏
	-5%	广西、福建、江西、贵州、黑龙江
	持续改善	海南、西藏、云南

除上述空气质量改善目标外，目标责任书还包括"大气十条"中所要求的主要任务措施。对于京津冀及周边地区六省（直辖市），目标责任书明确了煤炭削减、落后产能淘汰、大气污染综合治理、锅炉综合整治、机动车污染治理、扬尘治理、能力建设等各项工作的量化目标，并将工作任务分解至年度；对于其他省（自治区、直辖市），提出了任务措施的原则性要求。目标责任书要求各地制定实施细则和年度计划，分解落实任务，细化到年度。这就对"大气十条"所提出的大气环境保护目标与指标进行了具体的落实，为实施大气环境保护目标责任制和考核评价制度提供了坚实的基础。

2. 水环境保护领域

2016年6月，环境保护部公布了"十三五"期间全国343个水质需改善国控单元信息，涉及29个省（自治区、直辖市）、197个地级及以上城市和956个县（区、市）。这是为分解落实"水十条"水质目标、强化水环境质量目标管理而采取的措施，通过"流域—水生态控制区—水环境控制单元"三级水生态环境分区管理体系加以落实，共包括1784个控制单元的地理范围和1940个考核断面的水环境目标。根据环境保护部公布的信息，"水十条"所涉及的29个省（自治区、

---

[1]《环境保护部与31省（区、市）签大气污染防治责任书》，载中央政府门户网站，http://www.gov.cn/gzdt/2014-01/07/content_2561650.htm，2014年1月7日发布。

直辖市）均已签订了《水污染防治目标责任书》。根据《水污染防治目标责任书》的要求，2016年要求改善的控制单元有33个，2017年要求改善的控制单元有45个，2018年要求改善的控制单元有59个，2019年要求改善的控制单元有75个，2020年要求改善的控制单元有131个。[1]

3. 土壤环境保护领域

就各地签订《土壤污染防治目标责任书》的情况而言，目前尚未有公开信息表明全国各省（自治区、直辖市）已经全部完成了该项任务。一个相关的侧面信息是，2016年11月4日，十二届全国人大常委会第二十四次会议结合审议《全国人大常委会执法检查组关于检查〈环境保护法〉实施情况的报告》的情况进行专题询问，原环境保护部部长陈吉宁到会应询。根据陈吉宁部长对人大代表关于土壤污染防治工作提问的回答，下一步需要重点加强的工作是"督促地方政府与重点企业签订土壤污染防治的责任书"。[2] 据此推断，目前我国《土壤污染防治目标责任书》的签订尚未全部完成。

4. 重点污染物总量减排领域

2016年12月，国务院发布了《"十三五"节能减排综合工作方案》（国发〔2016〕74号），对"十三五"时期各省（自治区、直辖市）主要污染物的减排比例（以2015年排放量为基数）进行了分解和确认，为"十三五"规划中主要污染物总量减排目标的实现奠定了基础。具体指标见表1.10。

表1.10 "十三五"各省（自治区、直辖市）主要污染物排放总量指标

地区	2020年化学需氧量减排比例（%）	2020年氨氮减排比例（%）	2020年二氧化硫减排比例（%）	2020年氮氧化物减排比例（%）	2020年挥发性有机物减排比例（%）
北京	14.4	16.1	35	25	25
天津	14.4	16.1	25	25	20
河北	19.0	20.0	28	28	20
山西	17.6	18.0	20	20	—
内蒙古	7.1	7.0	11	11	—

---

〔1〕 新华社：《环保部公布"十三五"期间水质需改善控制单元信息清单》，载中央政府门户网站，http://www.gov.cn/xinwen/2016-06/27/content_5085901.htm，2016年6月27日发布。

〔2〕 商西：《四部委回应土壤污染如何治理》，载《南方都市报》2016年11月5日，第A9版。

续表

地区	2020年化学需氧量减排比例（%）	2020年氨氮减排比例（%）	2020年二氧化硫减排比例（%）	2020年氮氧化物减排比例（%）	2020年挥发性有机物减排比例（%）
辽宁	13.4	8.8	20	20	10
吉林	4.8	6.4	18	18	—
黑龙江	6.0	7.0	11	11	—
上海	14.5	13.4	20	20	20
江苏	13.5	13.4	20	20	20
浙江	19.2	17.6	17	17	20
安徽	9.9	14.3	16	16	10
福建	4.1	3.5	—	—	—
江西	4.3	3.8	12	12	—
山东	11.7	13.4	27	27	20
河南	18.4	16.6	28	28	10
湖北	9.9	10.2	20	20	10
湖南	10.1	10.1	21	15	10
广东	10.4	11.3	3	3	18
广西	1.0	1.0	13	13	—
海南	1.2	1.9	—	—	—
重庆	7.4	6.3	18	18	10
四川	12.8	13.9	16	16	5
贵州	8.5	11.2	7	7	—
云南	14.1	12.9	1	1	—
西藏	—	—	—	—	—
陕西	10.0	10.0	15	15	5
甘肃	8.2	8.0	8	8	—
青海	1.1	1.4	6	6	—
宁夏	1.2	0.7	12	12	—

续表

地 区	2020年化学需氧量减排比例（%）	2020年氨氮减排比例（%）	2020年二氧化硫减排比例（%）	2020年氮氧化物减排比例（%）	2020年挥发性有机物减排比例（%）
新疆	1.6	2.8	3	3	—
新疆生产建设兵团	1.6	2.8	13	13	—

（二）政府环境保护指标的考核评价

1. 中央政府对各省（自治区、直辖市）环境保护目标完成情况的考核

根据前述三个"行动计划"和"十三五规划纲要"的要求，中央政府（国务院）需要制定考核办法并对省级政府相应环境保护目标完成情况进行定期考核，作为对领导班子和领导干部综合考核评价的重要依据。根据目前公开的信息，在大气环境保护、水环境保护领域已经形成了较为系统的考核制度体系，土壤环境保护、主要污染物总量减排领域的考核尚未全面展开。具体情况如下：

（1）对大气环境保护目标完成情况的考核。

2014年4月，国务院办公厅发布了《大气污染防治行动计划实施情况考核办法（试行）》（以下简称《大气十条考核办法》），适用于各省（自治区、直辖市）实施"大气十条"的年度考核和终期考核。在具体操作上，《大气十条考核办法》第3条规定，考核指标包括空气质量改善目标完成情况和大气污染防治重点任务完成情况两个方面。空气质量改善目标完成情况以各地区细颗粒物（PM2.5）或可吸入颗粒物（PM10）年均浓度下降比例作为考核指标；大气污染防治重点任务完成情况包括产业结构调整优化、清洁生产等十项具体指标。第4条规定，年度考核采用评分法，空气质量改善目标完成情况和大气污染防治重点任务完成情况满分均为100分，综合考核结果分为优秀、良好、合格、不合格四个等级。终期考核和全国除京津冀及周边地区、长三角区域、珠三角区域以外的其他地区的年度考核，仅考核空气质量改善目标完成情况。具体的考核指标及分值分配如下表1.11所示：

表 1.11 《大气十条考核办法》实施的考核指标

类 别	单项指标名称	单项指标分值	子指标名称	子指标分值
空气质量改善目标完成情况（100分）	PM2.5 或 PM10 年均浓度下降比例（%）	100分	无	
大气污染防治重点任务完成情况（100分）	产业结构调整优化	12分	产能严重过剩行业新增产能控制	2分
			产能严重过剩行业违规在建项目清理	2分
			落后产能淘汰	6分
			重污染企业环保搬迁	2分
	清洁生产	6分	重点行业清洁生产审核与技术改造	6分
	煤炭管理与油品供应	10分	煤炭消费总量控制	第一类地区6分,[1] 第二类地区8分,[2] 其他地区0分
			煤炭洗选加工	第一、二类地区0分，其他地区4分
			散煤清洁化治理	第一类地区2分，其他地区0分
			国四与国五油品供应	第一、二类地区2分，其他地区6分

续表

类别	单项指标名称	单项指标分值	子指标名称	子指标分值
大气污染防治重点任务完成情况（100分）	燃煤小锅炉整治	10分	燃煤小锅炉淘汰	8分
			新建燃煤锅炉准入	2分
	工业大气污染治理	15分	工业烟粉尘治理	8分
			工业挥发性有机物治理	7分
	城市扬尘污染控制	8分	建筑工地扬尘污染控制	4分
			道路扬尘污染控制	4分
	机动车污染防治	12分	淘汰黄标车	7分
			机动车环保合格标志管理	第一、二类地区1分，其他地区2分
			新能源汽车推广	第一、二类地区1分，其他地区0分
			机动车环境监管能力建设	1分
			城市步行和自行车交通系统建设	2分
	建筑节能与供热计量	5分	新建建筑节能	北方采暖地区2分,³ 其他地区5分
			供热计量	北方采暖地区3分，其他地区0分
	大气污染防治资金投入	6分	地方各级财政、企业与社会大气污染防治投入情况	6分
	大气环境管理	16分	年度实施计划编制	2分

续表

类别	单项指标名称	单项指标分值	子指标名称	子指标分值
大气污染防治重点任务完成情况（100分）	大气环境管理	16分	台账管理	1分
			重污染天气监测预警应急体系建设	5分
			大气环境监测质量管理	3分
			秸秆禁烧	1分
			环境信息公开	4分

注：[1]第一类地区包括：北京市、天津市、河北省；[2]第二类地区包括：山东省、上海市、江苏省、浙江省、广东省；[3]北方采暖地区包括：北京市、天津市、河北省、山西省、内蒙古自治区、辽宁省、吉林省、黑龙江省、山东省、河南省、陕西省、甘肃省、青海省、宁夏回族自治区、新疆维吾尔自治区。

根据《大气十条考核办法》，考核结果经国务院审定后向社会公开，并作为对各地区领导班子和领导干部综合考核评价的重要依据。考核不通过后的问责分为两种情况：①对未通过年度考核的地区，由环境保护部会同组织部门、监察机关等部门约谈省（自治区、直辖市）人民政府及其相关部门有关负责人，提出整改意见，予以督促，并暂停该地区有关责任城市新增大气污染物排放建设项目（民生项目与节能减排项目除外）的环境影响评价文件审批，取消国家授予的环境保护荣誉称号。②对未通过终期考核的地区，除暂停该地区所有新增大气污染物排放建设项目（民生项目与节能减排项目除外）的环境影响评价文件审批外，要加大问责力度，必要时由国务院领导同志约谈省（自治区、直辖市）人民政府主要负责人。

从实践情况看，目前环境保护部门在空气质量信息公开上取得较大进展，在环境保护部官方网站上及时公布全国各地的"城市空气质量日报""空气质量状况月报""秸秆焚烧监测报告"等，[1]并开通"全国城市空气质量实时发布平台"，使公众能够及时获知所在城市的大气环境质量信息，定期进行全国74个重点城市的环境空气质量综合指数评价并公开排名情况，"倒逼"地方政府采取措施改善空气质量，值得肯定。在对地方政府的问责方面，针对完成大气污染防治

[1] 公开对象是全国第一批开展空气质量新标准监测74个重点城市的空气质量数据与综合评价排名，包括京津冀、长三角、珠三角区域及直辖市、省会城市和计划单列市。

任务不力、空气质量排名"倒数"的地方政府主要领导人进行约谈已经是我国环境保护领域的"新常态"。据统计，2015年环境保护部共约谈了16个地级市（自治州）的2个县的地方政府负责人，其中有11个地方涉及大气污染防治问题。[1]在2016年，环境保护约谈的对象得到了"升级"，首次对省级政府主要领导人进行约谈，督促其推进"大气十条"的实施。最具代表性的事例是：2016年1月4日，中央环境保护督察组约谈包括河北省委书记赵克志、省长张庆伟在内的河北省委、省政府主要官员，针对的主要问题就是河北省的大气污染问题。这是环境保护部首次对省级官员进行约谈，直接针对党政一把手，并对26个省级干部进行个别谈话，产生了很大的社会影响。[2]这表明，"大气十条"及《大气十条考核办法》已经逐步得到切实的实施，对地方政府的考核与问责起到较好的效果。

（2）对水环境保护目标完成情况的考核。

2016年12月，环境保护部、发展改革委、科技部、水利部等九部委联合制定并发布了《水污染防治行动计划实施情况考核规定（试行）》（以下简称《水十条考核规定》），适用于"水十条"实施情况及水环境质量管理的年度考核和终期考核。在具体操作上，《水十条考核规定》第4条规定，考核内容包括水环境质量目标完成情况和水污染防治重点工作完成情况两个方面，前者为刚性要求，兼顾考虑后者情况。第5条规定，考核采用评分法，水环境质量目标完成情况和水污染防治重点工作完成情况满分均为100分，考核结果分为优秀（90分及以上）、良好（80~89分）、合格（60~79分）、不合格（60分以下）四个等级。具体的考核指标及分值分配见表1.12。

表1.12 《水十条考核规定》实施的考核指标

类别	考核内容	考核事项	分值
水环境质量目标完成情况（100分）	地表水	地表水水质优良比例	40分（十一个沿海地区为30分）[1]
		地表水劣Ⅴ类水体控制比例	20分

---

[1] 参见王灿发主编：《新〈环境保护法〉实施情况评估报告》，中国政法大学出版社2016年版，第65~66页。

[2] 新华社：《刺破环保治理"地方病灶"——中央环保督察组河北督察工作回眸》，载中央政府门户网站，http://www.gov.cn/xinwen/2016-06/19/content_5083630.htm，2016年6月19日发布。

续表

类别	考核内容	考核事项	分值
水环境质量目标完成情况（100分）	黑臭水体	地级及以上城市建成区黑臭水体控制比例	20分
	饮用水水源	地级及以上城市集中式饮用水水源水质达到或优于Ⅲ类比例	10分
	地下水	地下水质量极差控制比例	10分
	近岸海域	近岸海域水质状况	0（十一个沿海省份为10分）
水污染防治重点工作完成情况（100分）	工业污染防治（共13分）	取缔"十小"企业	东部地区5分，中部地区7分，西部地区9分[2]
		集中治理工业集聚区水污染	东部地区8分，中部地区6分，西部地区4分
	城镇污染治理（共20分）	城镇污水处理及配套管网	8分，本项加分值为5分
		污泥处理处置	7分
		城市节水	5分
	农业农村污染防治（共15分）	防治畜禽养殖污染	10分
		农村环境综合整治	5分
	船舶港口污染控制（共10分）	治理船舶污染	5分
		港口码头污染防治	5分
	水资源节约保护（共25分）	水资源节约	10分
		水功能区限制纳污制度建设和措施落实	10分
		水源地达标建设及生态流量试点	黄河、淮河流域生态流量试点地区[3]分值4分，生态流量试点分值为1分，其他地区水源地达标建设为5分
	水生态环境保护（共10分）	饮用水水源环境保护规范化建设	4分

续表

类 别	考核内容	考核事项	分 值
水污染防治重点工作完成情况（100分）	水生态环境保护（共10分）	地下水环境状况调查、加油站地下油罐更新改造	2分
		入海河流、入海排污口整治	2分
		水体污染控制与治理科技重大专项落实情况	2分
	强化科技支撑（共2分）	先进适用技术推广应用	2分
	各方责任及公众参与（共5分）	环境信息公开	2分
		地方管理机制落实	3分
		突发环境事件	扣分项

注：[1]沿海11个省（自治区、直辖市）包括：辽宁、天津、河北、山东、江苏、上海、浙江、福建、广东、广西、海南。

[2]东部地区包括北京、天津、河北、辽宁、上海、江苏、浙江、福建、山东、广东、海南11个省（自治区、直辖市）。中部地区包括山西、吉林、黑龙江、安徽、江西、河南、湖北、湖南8个省。西部地区包括内蒙古、广西、重庆、四川、贵州、云南、西藏、陕西、甘肃、宁夏、青海、新疆12个省（自治区、直辖市）。

[3]黄河、淮河流域生态流量试点地区包括下列省（自治区、直辖市）：山西、内蒙古、河南、陕西、甘肃、青海、宁夏、江苏、安徽、山东。

根据《水十条考核规定》，2017—2020年，逐年对上年度各省（自治区、直辖市）"水十条"实施情况进行年度考核，2021年对2020年度进行终期考核。水环境质量目标完成情况60分以下，或地表水水质优良比例、劣Ⅴ类水体控制比例任何一项未达到目标，终期考核认定为不合格。考核结果经国务院审定后，向社会公开，并交由中央干部主管部门作为对各省（自治区、直辖市）领导班子和领导干部综合考核评价的重要依据。在考核中对干预、伪造数据和没有完成目标任务的，要依法依纪追究有关单位和人员责任。在考核过程中发现违纪问题需要追究问责的，按相关程序移送纪检监察机关办理。另外，为了有效推进水环境质量考核，减少实施过程中的障碍，环境保护部等九部委同时发布了《水污染防治行动计划实施情况考核指标解释及评分细则》，对每一项考核指标进行了详细的解释，明确了数据来源及计分评价方法。

（3）对土壤环境保护目标完成情况的考核。

根据"土十条"的规定，地方各级人民政府是实施本行动计划的主体，要于2016年年底前分别制定并公布土壤污染防治工作方案，确定重点任务和工作目标；实行目标责任制，2016年年底前，国务院要与各省（自治区、直辖市）人民政府签订土壤污染防治目标责任书，分解落实目标任务。分年度对各省（自治区、直辖市）重点工作进展情况进行评估，2020年对本行动计划实施情况进行考核，评估和考核结果作为对领导班子和领导干部综合考核评价、自然资源资产离任审计的重要依据。对年度评估结果较差或未通过考核的省（自治区、直辖市），要提出限期整改意见，整改完成前，对有关地区实施建设项目环评限批；整改不到位的，要约谈有关省级人民政府及其相关部门负责人。对土壤环境问题突出、区域土壤环境质量明显下降、防治工作不力、群众反映强烈的地区，要约谈有关地市级人民政府和省级人民政府相关部门主要负责人。对失职渎职、弄虚作假的，区分情节轻重，予以诫勉、责令公开道歉、组织处理或党纪政纪处分；对构成犯罪的，要依法追究刑事责任，已经调离、提拔或者退休的，也要终身追究责任。上述考核与问责规定的具体落实情况，有待各地签订完成"土壤污染防治目标责任书"并在2020年进行考核后予以确认，目前难以得出定论。

（4）对主要污染物总量减排情况的考核。

根据《"十三五"节能减排综合工作方案》，国家坚持总量减排和环境质量考核相结合，建立以环境质量考核为导向的减排考核制度，强化约束性指标管理。国务院每年组织开展省级人民政府节能减排目标责任评价考核，将考核结果作为对领导班子和领导干部考核的重要内容，继续深入开展领导干部自然资源资产离任审计试点。对未完成能耗强度降低目标的省级人民政府实行问责，对未完成国家下达能耗总量控制目标任务的予以通报批评和约谈，实行高耗能项目缓批限批。对环境质量改善、总量减排目标均未完成的地区，暂停新增排放重点污染物建设项目的环评审批，暂停或减少中央财政资金支持，必要时列入环境保护督查范围。由于该工作方案发布时间不长，其实施情况需要持续观察。

2. 省级政府对下辖政府环境保护目标完成情况的考核

在省级政府层面上，政府环境保护目标责任制与考核评价制度也得到了普遍的实施，主要方式是省级政府与其下辖的地级市、省直管县（市）签订《XX年度政府环保责任目标书》，对各项环保考核事项、考核分值、计分方法予以确认；第二年年初发布《XX年度环境保护责任目标考核办法》并组织开展本行政区域内的环保目标责任考核。下面以河南省2016年度环境保护目标考核评价为例进行说明。

(1) 考核内容与具体指标。

根据河南省《2016 年度政府环境保护责任目标考核办法》及《考核细则》，本年度环保考核的内容分为五个主要方面：蓝天工程、碧水工程、乡村清洁工程、总量减排、环境安全。考核采取定量考核方法，设定基准分 100 分。具体考核事项和评分标准如表 1.13 所示：

表 1.13　河南省 2016 年度政府环境保护责任目标考核指标

类　别	考核内容	考核事项	分　值
蓝天工程（35 分）	大气环境质量	可吸入颗粒物（PM10）和细颗粒物（PM2.5）浓度削减率	15 分
		城市环境空气优良天数	5 分
		大气污染防治重点工作	15 分
碧水工程（30 分）	水环境质量	地表水环境质量	15 分（断面水质达标 12 分，水质改善 3 分）
		城市集中式饮用水源地取水水质达标率	5 分
		水污染防治工程	10 分
乡村清洁工程（10 分）	农村环境保护	生态文明建设示范区建设	5 分
		农村环境综合整治	扣分项（满分 5 分）
		重金属污染防治	5 分
总量减排目标（15 分）	主要污染物减排	四项主要污染物总量削减和减排项目	10 分
		总量减排监测体系	5 分
环境安全目标（10 分）	生态环境安全与社会稳定	环保违法违规建设项目清理整改任务	10 分
		不发生因企业违法排污和其他突发事件处置不当引发的突发环境事件	扣分项（满分 5 分）
		不因环保问题成立不当发生大规模群体上访事件	扣分项（满分 5 分）
		实现辐射事故零发生率	扣分项（满分 5 分）

(2) 考核程序。

河南省《2016年度政府环境保护责任目标考核办法》规定，各省辖市、省直管县（市）政府要对目标完成情况开展自查，于6月30日、9月30日向省环保厅报送进度情况，12月31日前将全年目标完成情况自查报告上报省政府并抄送省环境保护厅。省环保厅每季度公布各省辖市、省直管县（市）政府环境保护责任目标进展情况，上报省政府并作为年终目标考核的重要依据。

(3) 考核评定。

根据河南省《2016年度政府环境保护责任目标考核办法》，政府环境保护责任目标考核结果分为优秀、先进、完成、未完成四个档次。考核结果参照考核得分由省环保厅研究提出意见后报省政府认定，并向社会公开。对未完成蓝天工程行动计划年度任务的省辖市、省直管县（市）实施"一票否决"，评定为政府环境保护责任目标未完成单位。对政府环境保护责任目标完成情况滞后、区域或流域环境质量出现恶化的，按照《河南省环境保护约谈暂行办法》（豫环办〔2014〕81号）对相关省辖市、省直管县（市）实施预警约谈或履责约谈。被预警约谈的每次扣1分，被履责约谈的每次扣5分。对考核中发现篡改、伪造监测数据或者瞒报、谎报情况的目标考核评定为未完成，并按照法律、法规和有关规定严肃追究有关单位和人员的责任。

(三) 在实施中暴露的问题

总结前文可见，新《环境保护法》第26条规定的环境保护目标责任制及考核评价制度已经在实践中得以逐步落实，取得了一定成效，但也存在问题：

1. 不同领域环境保护目标责任制及考核评价制度的实施进展不一，未形成整体上的制度"合力"

从目前环境保护目标责任制所涉及的四个主要领域（大气环境保护、水环境保护、土壤环境保护、主要污染物总量减排）来看，实施较为充分、制度体系较为完备的是大气环境保护领域，具体体现在两个方面：① "大气十条"及《大气十条考核办法》的出台时间最早（2013年9月和2014年4月），各省（自治区、直辖市）所分解的空气质量改善目标也已在2014年初全部完成，各省、地级市也普遍出台了各自的《XX省（市）大气污染防治行动计划》及《XX省（市）大气污染防治行动计划实施情况考核细则》，建立了基本涵盖全国各级政府的环境空气质量目标考核评价制度体系，目前已经开展了2015年度、2016年度的考核。②由于近年来以雾霾为代表的大气污染问题引起社会公众的高度关注，对各级政府造成了极大的政治压力,治理大气污染已经成为"压力型体制"[1]下影响地方政府行为的一个重要因素。目前环境保护部唯一一次对省级政府(河北省)的约谈,其主要动因即为该省在全国城市空气质量状况排名中持续"倒数","上榜"次数最多,其排放的大气污染物也是造成北京、天津地区雾霾的重要来源。[2]在上述因素综合作用下,大气环境保护目标责任制及考核评价制度的实施情况较好,对改善环境空气质量也起到了一定的作用。

但是,其他领域环境保护目标责任制及考核评价制度的实施就远没有如此顺利。例如,与"大气十条"同时开始编制工作(2013年初)的"水十条"正式出台时间是2015年4月,直到2016年12月才出台具体的《水十条考核规定》,省级政府的任务分解则在2016年6月完成。从时间上统计,"水十条"的编制工作耗时近两年半,具体细则的出台时间则为20个月。将其与"大气十条"及其配套规定的出台速度相比较(9个月完成编制工作,7个月形成考核细则),显然较为迟缓,在制度实施的充分度上较为不足。土壤环境保护领域的进展则更为缓慢,"土十条"从2013年5月开始编制,[3]历时3年,直到2016年5月才最终出台,各省和重点企业签订目标责任书的任务并未在2016年底如期完成,实施面临较大阻碍,具体考核细则的出台更是"遥遥无期",远未形成完备的制度体系。在主要污染物减排领域,"十三五规划纲要"在2015年4月开始编制工作,[4]2016年3月正式出台,而确认各主要污染物总量减排目标的《"十三五"节能减排综合工作方案》在2016年12月出台,应当说出台较为顺利,也已经形成了完备的制度体系,但实施的充分程度而言,由于其编制时间和细则出台时间上同样无法与前述"大气十条"相比,实施情况尚有待观察。上述分析明显表明,由于所受社会关注度及政治压力的不同,目前我国环境保护目标责任制及考核评价制度的实施

---

[1] "压力型体制"是对当前中国地方政府运作机制的理论概括,其强调地方政府的运行是对不同来源压力的分解和应对。参见杨雪冬:《压力型体制:一个概念的简明史》,载《社会科学》2012年第11期;冉冉:《"压力型体制"下的政治激励与地方环境治理》,载《经济社会体制比较》2013年第3期。

[2] 参见赵天琦:《环保部约谈省部级 河北首当其冲》,载《时代周报》2016年1月12日,第A3版。

[3] 环境保护部部长陈吉宁在十二届全国人大四次会议记者会上,就"加强生态环境保护"的相关问题回答中外记者的提问中,明确表示:"土十条"编制工作开始于2013年5月,面临困难较大,花费时间较长。参见新华网,http://www.xinhuanet.com/politics/2016lh/zhibo/20160311b/wzsl.htm,2016年3月11日发布。

[4] 邹春霞:《"十三五"规划如何从建议到纲要?》,载《北京青年报》2016年3月6日,第A9版。

存在明显的因领域而异的现象，各个领域之间的进展不均衡，存在部分差距，从而在总体上影响了我国环境质量改善目标的落实，是一个较为明显的缺陷。

为更直观地反映出这一问题，我们以"实施是否充分"和"制度体系是否完备"作为两个评价维度（象限），通过四象限图的方式，对目前环境保护目标责任制及考核评价制度在不同领域的现状进行评估，参见图1.11：

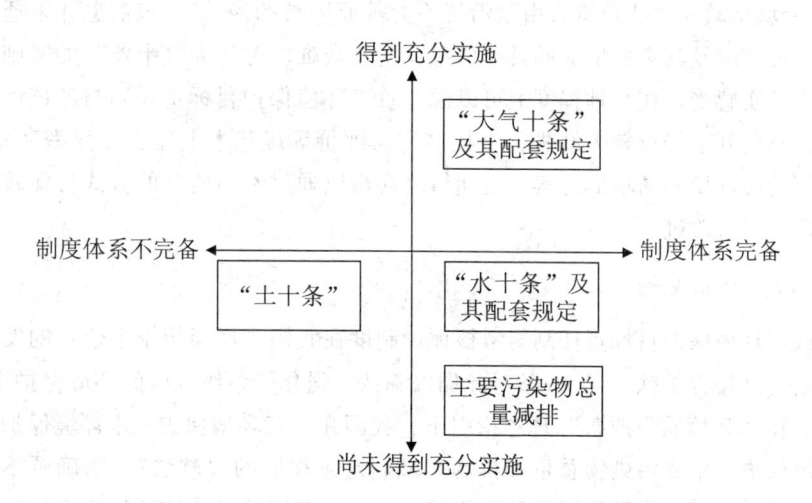

图 1.11　不同领域环境保护目标责任制及考核评价制度现状评估

（截至 2016 年 12 月 31 日）

实际上，新《环境保护法》第 26 条在实施上"进度不一"的问题，也正是立法者在制定该条款时的主要担心，即"政府环境保护目标责任制与考核评价制度在当前仍有比较强的政策性，与干部考核等人事制度密切相关，其实际运行效果有赖于各级党委政府的决定、力度，有赖于目标、措施、考核评价指标的科学性"。[1] 可以说，目前政府环境保护目标责任制与考核评价制度的实施较多地受到了外在社会压力与体制内政治因素的影响，是接下来推进新《环境保护法》实施所亟待解决的一个重点与难点问题。

2. 考核评价结果的信息公开与公众参与力度有待加强

新《环境保护法》第 26 条以及"大气十条""水十条""土十条"等规范性文件均规定"考核结果向社会公开"，明确设定了相关信息公开的政府义务。但

---

〔1〕 全国人大常委会法制工作委员会编：《中华人民共和国环境保护法释义》，法律出版社 2014 年版，第 93 页。

是从本课题组研究的情况看，各级政府在环境保护目标责任考核结果的公开上仍然有相当大的缺失，考核"大气十条"，其年度考核结果和评价等级在环境保护部网站和各省环保厅网站上均无法获知，只能通过其他方式"侧面了解"。[1] 例如，根据新闻报道，2015年环境保护部会同有关部门按照《大气十条考核办法》要求对各省（自治区、直辖市）2014年度贯彻落实"大气十条"情况进行考核，有13个城市政府主要负责人由于治气不力等原因被约谈。[2] 该消息并未透露被约谈地方政府及其考核情况的具体信息，使公众难以对"大气十条"的实施及其考核有切实感受。在某种程度上可以说，政府环境保护目标责任制与考核评价制度在信息公开上仍有较大缺失，考核结果与评价等级基本上处于"保密"状态，限制了公民环境知情权的落实，也使得公众难以通过参与监督的方式督促政府有效履职，亟待改进。

（四）评估结论

政府环境保护目标责任制与考核评价制度在我国已经经历了十余年的发展历程，新《环境保护法》第26条对此加以确认，强化了各级政府的环境保护责任。目前，在"环境质量改善"理念指引下，我国在大气环境保护、水环境保护、土壤环境保护、主要污染物总量减排等领域制定了相应的"软法"，明确了不同领域的环境保护目标和需要加以具体落实的指标，定期进行考核评价并作为政府领导班子和领导干部考核的重要内容，对促进环境质量改善、实现环境保护目标、督促政府履行环保职责起到了较大的作用。但是，该项制度在实施中仍然面临着两个主要问题：①目前政府环境保护目标责任制与考核评价制度的实施受到部分因素影响，不同领域进展不一，存在较大差距，影响了环境质量改善目标的落实；②考核结果和评价等级的公开需要加以完善和提升。

五、生态保护红线制度实施情况评估

新《环境保护法》第29条第1款规定："国家在重点生态功能区、生态环境敏感区和脆弱区等区域划定生态保护红线，实行严格保护。"该条为新增条款，

---

[1] 如通过环境保护部定期公布的全国74城市空气质量综合指数评价排名、对地方政府主要领导的约谈、根据《环境保护督察方案（试行）》《环境保护部综合督查工作暂行办法》而对各地开展的环境保护综合督查所反映出来的大气污染问题，可以从侧面推断出某地实施"大气十条"、改善空气质量的情况。

[2] 童克难：《治气成效显现 任务仍然艰巨》，载《中国环境报》2016年1月7日，第1版。

建立了生态保护红线制度，体现了国家以强制性手段强化生态保护、严守生态环境"底线"的坚定决心与政策导向，是我国生态环境保护领域的重大战略决策与制度创新，也是对政府环境保护职责提出的一项新要求，其实施具有重大性、紧迫性和全局性。[1] 本部分对 2015—2016 年间新《环境保护法》第 29 条的实施情况进行专门分析。

（一）全国层面划定并实施生态保护红线的情况

在新《环境保护法》确立生态保护红线制度之后，近年来的国家相关立法也明显加强了生态保护的内容，可以视为立法层面上对新《环境保护法》第 29 条的实施。2016 年 11 月修订后的《海洋环境保护法》（2017 年 11 月进行了最新修正）第 3 条第 1 款规定："国家在重点海洋生态功能区、生态环境敏感区和脆弱区等海域划定生态保护红线，实行严格保护。"第 24 条第 2 款规定："开发利用海洋资源，应当根据海洋功能区划合理布局，严格遵守生态保护红线，不得造成海洋生态环境破坏。"2015 年 7 月颁布并实施的《国家安全法》也专门规定了生态红线制度，第 30 条规定："国家完善生态环境保护制度体系，加大生态建设和环境保护力度，划定生态保护红线，强化生态风险的预警和防控，妥善处置突发环境事件，保障人民赖以生存发展的大气、水、土壤等自然环境和条件不受威胁和破坏，促进人与自然和谐发展。"

在行政执行层面上，对新《环境保护法》第 29 条的实施主要体现在规范性文件与政策的制定与发布上。值得注意的是，在 2016 年 11 月 1 日召开的中央全面深化改革领导小组第二十九次会议上，审议通过了《关于划定并严守生态保护红线的若干意见》（以下简称《意见》），通过党内法规的形式进一步落实生态保护红线的划定与实施。《意见》提出，划定并严守生态保护红线要按照山水林田湖系统保护的思路，实现一条红线管控重要生态空间，形成生态保护红线全国"一张图"。要统筹考虑自然生态整体性和系统性，开展科学评估，按生态功能重要性、生态环境敏感性脆弱性划定生态保护红线，并将生态保护红线作为编制空间规划的基础，明确管理责任，强化用途管制，加强生态保护和修复，加强监测监管，确保生态功能不弱化、面积不减少、性质不改变。这对新《环境保护法》第 29 条的实施提供了强有力的支撑。除此之外，具有代表性的国家政策文件还包括：

---

[1] 根据 2016 年 11 月环境保护部发布的《全国生态保护"十三五"规划纲要》，要加快划定生态保护红线，到 2020 年要基本建立生态保护红线制度。

1.《国家生态保护红线——生态功能基线划定技术指南（试行）》

2014年1月底，环境保护部印发《国家生态保护红线——生态功能基线划定技术指南（试行）》（以下简称《指南》），这是全国首个对生态保护红线制度进行规范的政策文件，标志着全国范围内生态红线划定工作的全面开展，在一定程度上对新《环境保护法》第29条的实施起到了促进作用。《指南》对生态保护红线的基本含义进行了明确，并将其划分为三类，分别为：①生态功能红线（生态功能保障基线），是以维护自然生态系统服务、保障国家和区域生态安全为目标，在特定区域划定的最小生态保护空间，其范围主要包括三类：重要生态功能区；生态敏感区、脆弱区；禁止开发区。②环境质量红线（环境质量安全底线），是为维护人居环境与人体健康的基本需要，必须严格执行的最低环境管理限值。③资源利用红线（自然资源利用上线），是指为促进资源能源节约，保障能源、水、土地等资源安全利用和高效利用的最高或最低要求。这就明确了生态红线的具体类型与含义。

需要指出的是，从概念内涵上看，新《环境保护法》第29条所规定的"生态保护红线"，涉及生态空间保护领域，[1] 等同于环境保护部《指南》中所定义的"生态功能红线"。[2] 从严格的法律"解释论"立场看，生态保护红线应当严格限定在生态空间保护领域，即《环境保护法》第29条所列举的"重点生态功能区、生态环境敏感区和脆弱区"，但是从目的解释与制度功能的角度看，生态保护红线不仅包括生态空间保护，也必须涵盖环境质量领域和资源利用领域，以综合保护"自然—经济—社会"系统能力的"阈值"或者说"底线"不被突破，实现人口资源环境相均衡、经济社会和生态效益相统一。[3] 因此，本课题组主张在广义上界定"生态保护红线"，即涵盖生态、环境、资源三大领域；相关政策文件中所界定的狭义"生态保护红线"，则在相应部分加以注明。

2.《生态保护红线划定技术指南》

2015年4月底，环境保护部在《国家生态保护红线——生态功能基线划定技术指南（试行）》实施一年多的基础上，正式发布《生态保护红线划定技术指南》（环发〔2015〕56号），适用于全国的生态保护红线（狭义）划定工作。《生

---

[1] 全国人大常委会法制工作委员会编：《中华人民共和国环境保护法释义》，法律出版社2014年版，第102~105页。

[2] 详细论述参见陈海嵩：《"生态红线"的规范效力与法治化路径》，载《现代法学》2014年第4期。

[3] 参见陈海嵩：《"生态红线"制度体系建设的路线图》，载《中国人口·资源与环境》2015年第9期。

态保护红线划定技术指南》明确了狭义生态保护红线的定义和特征，重点就如下几个问题进行了阐释：①生态保护红线的管控要求，包括性质不转换、功能不降低、面积不减少、责任不改变。②生态保护红线划定原则，包括强制性原则、合理性原则、协调性原则、可行性原则、动态性原则。③生态保护红线划定技术流程，主要的步骤有：生态保护红线划定范围识别、生态保护重要性评估、生态保护红线划定方案确定、生态保护红线边界核定。④生态保护红线划定范围识别，即主要在以下生态保护区域进行划定：重点生态功能区（包括陆地和海洋）、生态敏感区/脆弱区（包括陆地和海洋）、禁止开发区、其他地区。⑤生态保护红线划定方法。《生态保护红线划定技术指南》对水源涵养功能区、水土保持功能区、防风固沙功能区、生物多样性维护区、海洋重点生态功能区、水土流失敏感区、土地沙化敏感区、石漠化敏感区、海洋生态敏感区/脆弱区、禁止开发区和其他地区生态保护红线划定的具体方法进行了示范并附有图表。⑥生态保护红线划定方案与边界确定。在生态保护重要性评估的基础上，通过叠加分析和综合制图，形成生态保护红线划定建议方案，在与其他规划互相衔接的基础上确立生态保护红线划定方案，在此基础上核对生态保护红线边界并采集基础信息，形成最终的生态保护红线划定成果，包括图片文本与登记表。

3. 《关于加强资源环境生态红线管控的指导意见》

2016年5月30日，国家发展改革委、财政部、国土资源部、环境保护部等九部委发布《关于加强资源环境生态红线管控的指导意见》（发改环资 [2016] 1162号，以下简称《指导意见》）。《指导意见》采取广义上的生态红线概念，对生态、环境、资源三大领域红线的划定与实施提出了具体要求，内容包括：①基本原则和总体要求，具体为：严格管控、保障发展；分类管理、因地制宜；部门协调、上下联动；立足当前、着眼长远，通过合理设置红线管控指标，构建红线管控体系，健全红线管控制度，保障国家能源资源和生态环境安全。②生态红线管控的内涵与指标设置，即划定并严守资源消耗上限、环境质量底线、生态保护红线，强化资源环境生态红线指标约束，分别为：对能源、水、土地等战略性资源消耗总量实施管控；分阶段、分区域设置大气、水和土壤环境质量目标；依法在重点生态功能区、生态环境敏感区和脆弱区等区域划定生态保护红线。③生态红线管控制度，包括建立红线管控目标确定及分解落实机制；完善与红线管控相适应的准入制度；加强资源环境生态红线实施监管；加强统计监测能力建设；建立资源环境承载能力监测预警机制；建立红线管控责任制。

（二）各地划定并实施生态保护红线的情况

与中央通过立法和行政规范性文件两个方面实施新《环境保护法》第29条

的情况相类似，全国各地划定并实施生态红线的实践，同样可以从立法和行政两个层面进行分析：

1. 生态红线的地方立法

2016年7月，海南省第五届人民代表大会常务委员会第二十二次会议通过了《海南省生态保护红线管理规定》，这是目前（本书写作时）唯一一个由省级人大常委会通过的生态红线地方性法规，赋予生态红线以明确和高位阶的法律效力。该法规采用了狭义的"生态保护红线"概念，保护对象限定在本行政区域内陆地和海洋重点生态功能区、生态环境敏感区和脆弱区等区域。该法规明确规定了生态保护红线分级分类管控制度，即按照行政管理权限，生态保护红线分为省级生态保护红线和市县级生态保护红线（分级管控）；按照保护和管理的严格程度，生态保护红线区划分为Ⅰ类生态保护红线区和Ⅱ类生态保护红线区（分类管控），赋予生态保护红线以明确的法律效力及法律责任，有力地推动了新《环境保护法》第29条的实施及生态红线的"落地"。

除地方性法规外，目前一些地方政府专门制定发布了生态红线的政府规章，也是通过地方立法的形式推动新《环境保护法》第29条的实施，包括：

（1）2014年12月，沈阳市人民政府发布《沈阳市生态保护红线管理办法》，这是全国首个生态红线保护的专门性地方政府规章。该规章的特色在于建立了生态保护红线管理工作协调机制，明确规定区、县（市）人民政府是维护本辖区内生态保护红线区完整的责任主体（第5条），并对环境保护、发展改革、土地规划、财政、林业、水利、农业、城建、行政执法等相关部门在生态红线保护与管理上的具体职责进行了明确列举（第6条），值得其他地方借鉴。

（2）2005年10月，深圳市人民政府发布《深圳市基本生态控制线管理规定》，该规章所规定的"生态控制线"与生态红线具有一定相似性，用意在于对基本生态控制线范围内各项土地利用、开发建设活动加以严格管理，在当时具有较大创新价值，也为当前的生态红线立法提供了有益的借鉴。按照其规定，基本生态控制线的划定应包括下列范围：①一级水源保护区、风景名胜区、自然保护区、集中成片的基本农田保护区、森林及郊野公园；②坡度大于25%的山地、林地以及特区内海拔超过50米、特区外海拔超过80米的高地；③主干河流、水库及湿地；④维护生态系统完整性的生态廊道和绿地；⑤岛屿和具有生态保护价值的海滨陆域；⑥其他需要进行基本生态控制的区域。为实现严格控制，该规章规定：除下列情形外，禁止在基本生态控制线范围内进行建设：重大道路交通设施；市政公用设施；旅游设施；公园；与生态环境保护相适宜的农业、教育、科研等设施。与此相类似的政府规章有：2012年3月，武汉市政府出台的《武汉市基本生态控制线管理规定》(后于 2016 年修改为《武汉市基本生态控制线管理条例》) 也基本遵循了深圳市划定基本生态控制线的思路及措施，对基本生态控制线的监督与管理进行了更为细化的规定。2014 年 8 月，天津市政府出台《天津市永久性保护生态区域管理规定》，规定在红线区内，除已经市政府批复和审定的规划建设用地外，禁止一切与保护无关的建设活动；在黄线区内，从事建设活动应当经市政府审查同意。

(3) 2016 年 11 月，湖北省人民政府发布《湖北省生态保护红线管理办法 (试行)》，在生态保护红线范围和管理体制上有所创新。该规章规定："按照生态系统的完整性和整体性要求，全省生态保护红线的划定覆盖山、水、林、田、湖等不同的生态要素"(第 8 条)；在红线保护范围上进一步体现了科学性与系统性。在保护与管理上，规章规定"全省各级人民政府对本行政区域内生态保护红线的保护和管理负责"(第 3 条)；构建了系统的生态保护红线管理体制，即由省环境保护委员会负责领导、组织全省生态保护红线划定、调整和管理工作，省环境保护委员会办公室承担日常管理工作 (第 4 条)；省人民政府有关职能部门 (包括环境保护部门、发展改革部门、国土资源部门、住房与建设部门、水利部门、农业部门、林业部门、其他部门) 依照法律法规规定和职责分工，行使生态保护红线划定与管理职责 (第 5 条)。这些都为生态保护红线的地方立法提供了很好的参考与示范。

(4) 2016 年 7 月，吉林省人民政府发布了《吉林省生态保护红线区管理办法 (试行)》。该规章规定，县级以上政府是生态保护红线区行政管理责任主体，负责生态保护、恢复、建设和管理，指导和监督相关责任单位落实生态保护责任。依法设立的自然保护区、森林公园、风景名胜区、地质公园、湿地公园等管理机构具体负责生态保护红线区管理工作。对生态保护红线区内的自然保护区、风景名胜区、饮用水水源保护区等区域，实行最严格的生态监察制度，从严打击生态环境违法问题；强化生态环境行政执法与司法衔接，开展生态环境公益诉讼；对涉嫌犯罪的，移交司法机关依法处理。

(5) 2016 年 11 月，广西壮族自治区人民政府发布《广西生态保护红线管理办法 (试行)》。该规章规定"县级以上人民政府负责本行政区域内生态保护红线的监督管理工作，负责将生态保护红线纳入相关规划并施行"(第 3 条)，并在协调机构上具有一定创新。其第 4 条规定："自治区人民政府组织环境保护、发展改革、财政、国土资源、住房城乡建设、交通运输、水利、农业、林业、文化、旅游发展、测绘、海洋、水产畜牧兽医、气象等行政主管部门成立生态保护红线划定工作协调组及总技术组，研究决定生态保护红线管理的重大事项，组织、指导生态保护红线划定和实施工作。市、县 (市、区) 人民政府应当建立相应的生态保护红线划定和管理协调机制。"该规定值得各地参考。

2. 各地政府制定的生态红线规范性文件（截至 2016 年 12 月 31 日）

各地政府制定的生态红线规范性文件，可归纳为三种情况：

（1）政府在生态红线保护与管理上制定的"实施意见""管理办法"等规范性文件（截至 2016 年 12 月 31 日）。主要有：2016 年 3 月，深圳市人民政府发布《关于进一步规范基本生态控制线管理的实施意见》，按照党的十八大、十八届三中全会精神和新《环境保护法》等国家立法，强化原有基本生态控制线的保护力度，对管理制度予以精细化，进一步优化基本生态控制线动态调整程序。2016 年 9 月，四川省人民政府发布《关于印发四川省生态保护红线实施意见的通知》，对四川省划定生态保护红线的指导思想、基本原则、总体目标、划定方法、管控区域、管控要求、生态保护红线区块类型及保护重点、组织实施等方面进行了具体规定。

（2）政府发布的生态红线区域保护规划或具有类似效力的规范性文件。主要是制定本行政区域内划定生态空间保护的行政规划并加以发布。值得注意的是，就行政规划的法律效力而言，传统观点认为其并不以现实地产生、变更或消灭权利义务关系为目的，因此规划本身不具法律效果，但是从行政实践看，影响和限制也是行政机关追求的效果，某些细部的、具体的强制性规划的影响和限制具有"直接性"和"必然性"，应视为具有一定的法律效果。[1] 就生态红线相关规划而言，根据发布主体的不同，其对所辖政府或相关部门明确规定了管理与保护职责，应当认可其具有约束行政机关行为的法律约束力；政府及其工作人员如果违反该规定，应当承担相应的责任，具体包括政治责任、行政责任、声誉责任、管理行为责任等。[2]

对目前各地发布的生态红线保护规划进行整理，如表 1.14 所示：

表 1.14　各地发布的生态红线保护规划（截至 2016 年 12 月 31 日）

名　称	发布主体	发布时间	法律效力
江苏省生态红线区域保护规划	江苏省人民政府	2013 年 8 月	对全省各级政府具有约束力
山东省生态保护红线规划（2016—2020 年）	山东省人民政府	2016 年 9 月	对全省各级政府具有约束力
江西省生态空间保护红线区划	江西省人民政府	2016 年 7 月	对全省各级政府具有约束力

[1] 郭庆珠：《行政规划的法律性质研究》，载《现代法学》2008 年第 6 期。
[2] 具体论述参见陈海嵩：《国家环境保护义务的溯源与展开》，载《法学研究》2014 年第 3 期。

续表

名　称	发布主体	发布时间	法律效力
关于划定海南省生态保护红线的通告	海南省人民政府	2016年9月	对全省各级政府具有约束力
南京市生态红线区域保护规划	南京市人民政府	2014年3月	对政府及相关部门具有约束力
南通市生态红线区域保护规划	南通市人民政府	2013年12月	对政府及相关部门具有约束力
泰州市生态红线区域保护规划	泰州市人民政府	2016年11月	对政府及相关部门具有约束力
江苏省生态红线区域保护规划	江苏省人民政府	2013年8月	对政府及相关部门具有约束力
宁波市生态保护红线规划（市区）	宁波市规划局	2016年4月	对规划部门具有约束力

（3）政府相关职能部门发布的生态红线划定工作方案。除了制定地方立法、发布规划外，目前各地在落实生态红线上的一种重要措施是根据环境保护部发布的一系列技术指南，制定本地生态保护红线划定的工作方案或技术方案。基于能够公开搜集到的信息，目前各地发布的生态红线划定工作方案主要有：

表1.15　各地发布的生态红线划定工作方案（截至2016年12月31日）

名　称	发布主体	发布时间
天津市生态用地保护红线划定方案	天津市人民政府	2014年1月
福建省生态功能红线划定工作方案	福建省环保厅	2014年9月
吉林省生态保护红线划定工作方案/吉林省生态保护红线划定技术方案	吉林省环保厅	2015年9月
河南省生态保护红线划定方案	河南省环保厅	2016年6月
云南省生态保护红线划定工作方案	省生态文明体制改革专项小组	2016年4月
黑龙江省生态保护红线划定实施方案	黑龙江省环保厅	2016年6月
重庆市生态保护红线划定方案	重庆市人民政府	2016年11月
广东省林业生态红线划定工作方案	广东省人民政府	2014年8月
贵州省林业生态红线划定实施方案	贵州省林业厅	2014年10月

3. 其他方式发布的生态红线法律文件

值得注意的是，除了通过制定地方立法、部门规章、规范性文件等方式外，一些地方的人大或人大常委会还通过发布决定的形式落实新《环境保护法》第29条、推进生态保护红线划定与"落地"。在2014年2月天津市第十六届人大常委会第八次会议上，天津市人大常委会审议了《市政府关于划定永久性保护生态区域有关情况的报告》，同意该报告并作出相关决定（《天津市人民代表大会常务委员会关于批准划定永久性保护生态区域的决定》）。该决定将天津市永久性保护生态区域分为红线区与黄线区，一共划定山地、河流、水库和湖泊、湿地和盐田、郊野公园和城市公园、林带六类区域，其界限分别以市人民政府批准的《天津市生态用地保护红线划定方案》中确定的界线为准。这意味着天津市在全国首次通过人大常委会决定并发布《天津市人大常委会公告》的方式赋予《天津市生态用地保护红线划定方案》具有与省级地方性法规相类似的法律效力，[1] 具有一定的创新性。该方式随后在南京市和常州市得以实践，两地先后发布了《南京市人民代表大会常务委员会关于加强生态红线区域保护的决定》《常州市人民代表大会常务委员会关于加强生态红线区域保护的决定》，取得了良好成效。这两份法律文件具有与同级人大常委会所通过并发布的地方性法规相类似的法律效力，[2] 对各级政府提出了明确的履职要求。

表1.16 通过人大常委会发布的生态红线法律文件（截至2016年12月31日）

名　　称	发布（审议）主体	发布时间
天津市人民代表大会常务委员会关于批准划定永久性保护生态区域的决定	天津市人大常委会	天津市第十六届人大常委会第八次会议（2014年2月14日）

---

〔1〕 从程序上看，由省级人大常委会作出的"决定"是经过人大常委会议审议后，由省人大常委会以公报的方式向社会公布，这与地方性法规的制定与发布程序相类似（《立法法》第77～79条），因此应当将省人大常委会作出的"决定"的法律效力，认定为与地方性法规具有相类似的法律效力。具体体现为：本行政区域内的各级政府应当严格遵循该"决定"所明确规定的事项，并定期就执行情况向人大常委会进行报告，听取人大常委会委员的意见。

〔2〕 根据2015年修改后的《立法法》第72条，设区的市的人民代表大会及其常务委员会可以对城乡建设与管理、环境保护、历史文化保护等方面的事项制定地方性法规。生态保护红线显然属于该条所规定的"环境保护"事项。因此，南京和常州人大常委会所通过并发布的"决定"也同样可以比照前述分析，具有与同级地方性法规相类似的法律效力，各级政府应当严格加以遵照执行。

续表

名　　称	发布（审议）主体	发布时间
南京市人民代表大会常务委员会关于加强生态红线区域保护的决定	南京市人大常委会	南京市第十五届人大常委会第九次会议（2014年2月26日）
常州市人民代表大会常务委员会关于加强生态红线区域保护的决定	常州市人大常委会	常州市第十五届人大常委会第二十七次会议（2015年10月26日）

（三）评估结论

从总体上看，目前国家层面的立法和政策文件已经就生态保护红线问题进行了较为详细的规定与技术指引，新《环境保护法》第29条能否实现取决于生态红线能否在地方层面上得以有效划定并得到普遍落实，而生态红线的划定特别是生态红线划定后如何守住"红线"的关键在于建立健全法律制度保障体系。[1] 根据本课题组研究，目前全国各地通过地方立法、制定规范性文件、其他方式积极推进并落实生态红线相关工作，取得了良好成效；尤其值得一提的是，一些地方通过人大常委会"决定"的方式发布生态红线相关法律文件，强化了相关规范的法律效力，具有较大创新性，值得借鉴参考。但是也必须看到，目前除海南、沈阳、湖北、吉林等少数地方外，各地在推进生态红线工作中更多采取的是制定相关规划或规范性文件等方式，具有较强法律效力的相关地方立法总体上仍然较少，需要在下一阶段予以修补，及时将保护与管理生态红线的实践经验提炼、"上升"为地方立法，切实推进生态红线保护与管理工作的"法治化"与规范化。

六、地方人民政府督政问责情况评估

与环境保护行政机关专门负责环境保护事务不同，地方政府处于多任务、多目标发展之中，既要实现环境保护，也要实现经济发展、社会稳定等多种任务目标，特别是经济发展和税收增长，是考核地方政府及其主要领导的重要指标。在这种状况之下，地方政府放松环境监管的情况十分普遍。因此，与1989年《环境保护法》主要关注企业责任相比，新《环境保护法》加强了政府责任，特别是地方人民政府的环境保护责任。新《环境保护法》第6条第2款明确规定："地方各

---

[1] 王灿发、江钦辉：《论生态红线的法律制度保障》，载《环境保护》2014年第1期。

级人民政府应当对本行政区域的环境质量负责。"为了强化地方人民政府环境保护责任的追究，中央通过确立"党政同责、一岗双责"[1]的要求强化了对地方人民政府的约束，并通过督察、约谈等制度安排确保地方政府积极采取措施改善环境质量，实现环境保护政府责任。因此，有必要对督政问责的情况进行系统评估。督察和约谈是目前采用的最为广泛也是最为重要的制度性措施，对于确保政府环境责任得到落实具有重要作用。因此，课题组从督察和约谈的制度规范建设和落实情况入手，对人民政府督政问责情况进行全面评估。

（一）督察情况

督察是中央对地方、上级对下级展开监督的重要制度性措施，在新《环境保护法》实施以后，中央和地方开展了大量督察工作，纠正了各地存在的突出问题，对于统一认识、提高地方政府环境保护责任意识具有重要的价值和作用。

1. 制度建设情况

2014年底，环境保护部制定了《环境保护部综合督查工作暂行办法》（环发〔2014〕113号），明确提出了环境监管执法从单纯的监督企业转向监督企业和监督政府并重，突出政府对环境质量的主体责任，并将地方政府环境保护工作的督察结果作为环境保护部审批、考核、评比和安排专项资金的重要依据，纳入地方政府环境保护目标责任制考核评估体系。2015年7月，中央深改组第十四次会议审议通过了《环境保护督察方案（试行）》，从党的文件的层面建立了环保督察工作机制。该督察方案确立了环保督察工作机制。督察的内容包括检查环境保护责任落实情况、环境保护重点工作开展情况、突出环境问题及处理情况。督察的目标是落实地方党委和政府的环境保护责任。2016年3月，《国民经济和社会发展第十三个五年规划纲要》进一步将"切实落实地方政府环境责任，开展环保督察巡视"作为"改革环境治理基础制度"的一项重要内容列入其中。

在地方的规则制定方面，2008年新疆维吾尔自治区环境保护厅通过了《自治区环保局环境执法后督察工作试行办法》。之后，2012年湖北省环境保护厅出台了《关于开展环境执法后督察工作的通知》（鄂环办〔2012〕336号），2014年云南省环境保护厅出台了《关于开展环境行政执法后督察工作的通知》（云环发

---

[1] "党政同责、一岗双责、齐抓共管、失职追责"，最初是习近平总书记在十八大以后针对安全生产工作对党政领导干部提出的新要求，此后不久，这一要求逐渐拓展到环境保护领域。为了实现地方政府环境保护责任，中央提出要实现环境保护的"党政同责、一岗双责"，即地方党政部门中除了分管部门及其负责人要为环境保护负责之外，党委也要负责；各个分管岗位，除了要做好本职工作外，还要承担相应的环保责任。

[2014] 26号）。并且《甘肃省环境保护督察方案（试行）》《重庆市环境保护督察办法（试行）》《湖南省环境保护督察方案（试行）》《河北省环境保护督察实施方案（试行）》《贵州省环境保护督察方案（试行）》《山东省环境保护督察方案（试行）》《四川省环境保护督察方案（试行）》《浙江省环境保护督察实施方案（试行）》等先后通过并实施。

在机构设置方面，环境保护部在全国设立六大环境保护督察局：华北环境保护督察局、华南环境保护督察局、东北环境保护督察局、华东环境保护督察局、西北环境保护督察局和西南环境保护督察局。六大督察局分管全国不同区域，并且具有十八项具体职责。

2. 督察落实情况

(1) 中央落实情况。

自2015年中央环保督察组首次在河北试点环保督察以来，截至2016年年低，中央环保督察组已经完成对全国半数省份的环保督察。

2015年12月31日至2016年2月4日，中央环保督察试点在河北展开，期间共办结31批2856件环境问题举报，关停取缔非法企业200家，拘留123人，行政约谈65人，通报批评60人，责任追究366人。根据安排，从2016年起，中央环保督察组将用两年左右的时间对全国各省区市全部督察一遍。[1]

2016年7月，第一批中央环境保护督察工作全面启动，对内蒙古、黑龙江、江苏、江西、河南、广西、云南、宁夏8个省、自治区开展环保督察工作。根据中央环境保护督察组的反馈情况，截止到2016年11月23日，8个省份已有3422人被问责。[2] 自2016年11月12日起，中央环境保护督察组开始陆续向被督察的8个省份反馈情况，主要包括督察发现的主要问题及整改要求。[3] 在督察过程中，中央环境保护督察工作组使用的普遍方法有：立案处罚、拘留、约谈、问责、责令整改。不同方法、不用省份使用的具体方法之数量差别比较大（详情见图1.12）。除此之外，针对不同省份的特殊情况，个别地区适用了"关停取缔违法企业""责任追究"和"查封扣押"的处罚措施。内蒙古自治区和宁夏回族自治区也适用了"关停取缔违法企业"的措施，适用的案件数量分别为362件和57

---

[1]《第一批中央环保督察组进驻，你了解他们吗？》，载新华网，http://news.xinhuanet.com/politics/2016-07/15/c_1119227881_2.htm，最后访问日期：2017年1月14日。

[2]《中央环保督察组晒八省份问题 超3400人被问责》，载中国新闻网，http://www.chinanews.com/gn/2016/11-23/8072158.shtml，最后访问日期：2017年1月14日。

[3]《2016年第一批中央环保督察组反馈启动》，载央广网，http://china.cnr.cn/yaowen/20161113/t20161113_523262038.shtml，最后访问日期：2017年1月14日。

件；河南省被追究责任的人员有 1231 人；宁夏回族自治区被查封扣押的企业有 5 家。[1]

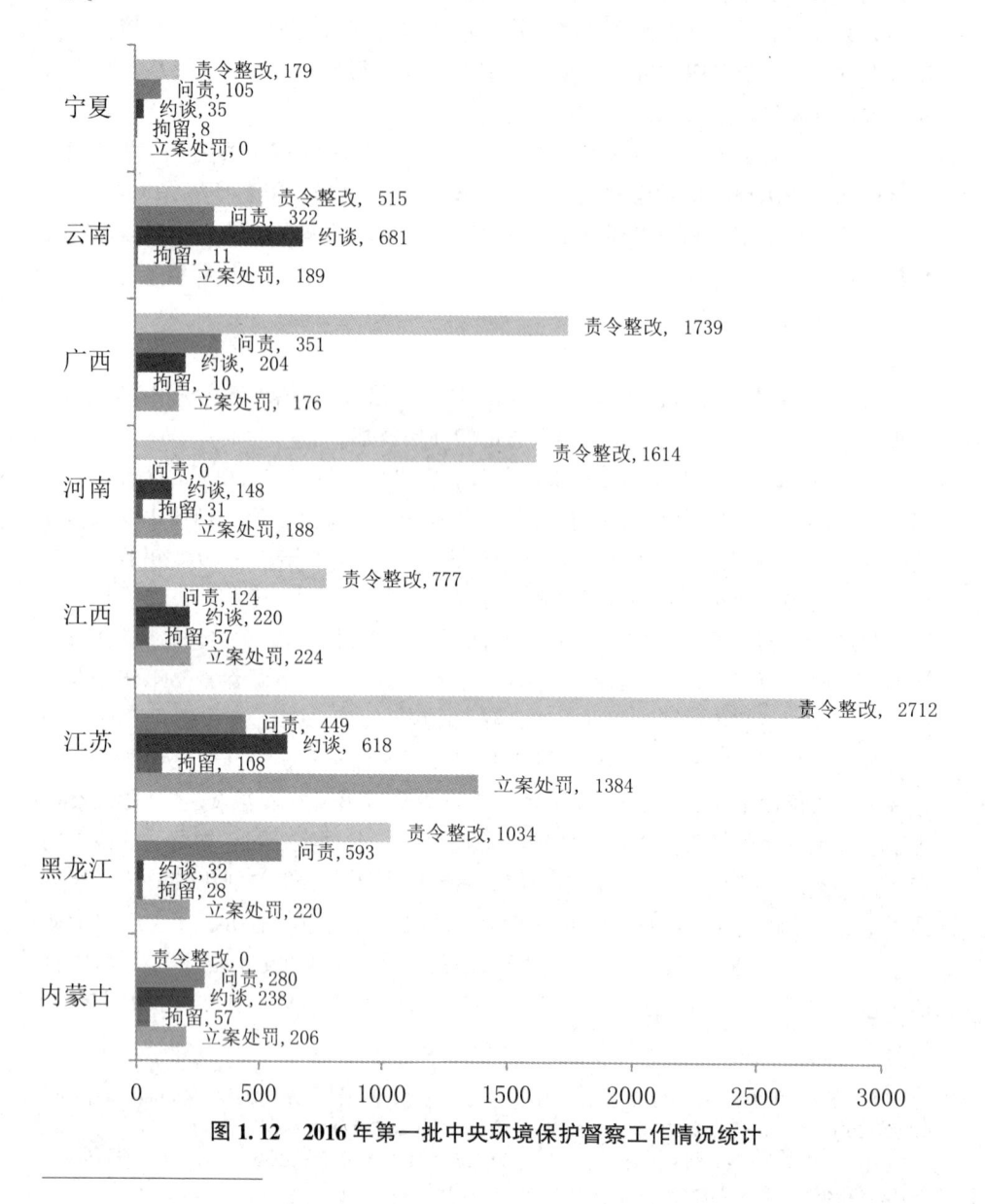

宁夏
- 责令整改, 179
- 问责, 105
- 约谈, 35
- 拘留, 8
- 立案处罚, 0

云南
- 责令整改, 515
- 问责, 322
- 约谈, 681
- 拘留, 11
- 立案处罚, 189

广西
- 责令整改, 1739
- 问责, 351
- 约谈, 204
- 拘留, 10
- 立案处罚, 176

河南
- 责令整改, 1614
- 问责, 0
- 约谈, 148
- 拘留, 31
- 立案处罚, 188

江西
- 责令整改, 777
- 问责, 124
- 约谈, 220
- 拘留, 57
- 立案处罚, 224

江苏
- 责令整改, 2712
- 问责, 449
- 约谈, 618
- 拘留, 108
- 立案处罚, 1384

黑龙江
- 责令整改, 1034
- 问责, 593
- 约谈, 32
- 拘留, 28
- 立案处罚, 220

内蒙古
- 责令整改, 0
- 问责, 280
- 约谈, 238
- 拘留, 57
- 立案处罚, 206

图 1.12　2016 年第一批中央环境保护督察工作情况统计

---

[1]《中央环保督察组晒八省份问题 超 3400 人被问责》，载中国新闻网，http://www.chinanews.com/gn/2016/11-23/8072158.shtml，最后访问日期：2017 年 1 月 14 日。

另外，黑龙江的被问责主体共 593 个，其中 13 个党组织、20 个单位、560 人。江苏的 1384 件立案处罚案件共有 9750 万元处罚金额。

2016 年 11 月 24 日至 11 月 30 日，第二批 7 个中央环境保护督察组陆续对北京、上海、重庆、湖北、广东等 7 省（市）实施督察进驻。至 2016 年 12 月 10 日，7 个督察组均完成第一阶段省级层面督察任务，共计与 275 名领导谈话，其中省级领导 163 人，部门和地市主要负责同志 112 人；累计走访问询 169 个部门和单位，调阅资料 2.8 万余份。进驻期间，督察组及时转办督办群众举报问题。截至 2016 年 12 月 10 日，7 个督察组共受理举报 8657 件，经梳理有效举报并合并重复举报，累计向被督察地区转办 5462 件。其中，广东受理的数量最多，为 1348 件，甘肃、陕西较少，分别为 442 件和 494 件。按照边督边改的要求，目前（2017 年 2 月）7 省（市）已办结中央环保督察组交办的案件 1893 件，责令整改 2425 家，立案处罚 1479 家，罚款金额达 6614 万元。其中，广东罚金数额最大达 2482 万，湖北罚金也超过千万。在处理交办的案件过程中，7 个省（市）立案侦查 213 件，拘留 112 人；约谈 1100 人，问责 687 人。其中陕西被问责人数最多，达 256 人，甘肃、广东分别为 159 人和 112 人，湖北 97 人，北京、上海、重庆三个直辖市问责人数较少，上海仅 2 人被问责。截至 2016 年 12 月 10 日，北京共接到中央环保督察组交办件 716 件，已办结 192 件，其中 40 件经核查不属实。责令整改企业 221 家，立案处罚 195 家，罚款金额 129 万。在处理过程中，拘留 4 人，约谈 215 人，问责 28 人。[1]

2016 年 11 月 23 日，环境保护部公布了 2016 年第一批中央环境保护督察地方整改典型案例，共计 25 例（见表 1.17）。这些案件涵盖了破坏生态和环境污染两种类型，其中惩治污染的案件种类包括有危险废物污染、排污超标、在线监测造假以及群众比较关注的"黑臭水"等问题。此外，这些案件中不仅有对污染者的惩治，还有对环保行政机关不作为行为的问责。

表 1.17　2016 年第一批中央环境保护督察地方整改典型案例[2]

地　　区	案　　例
呼和浩特市	大青山南坡生态综合治理工程

---

〔1〕《第二批中央环保督察组已问责 687 人罚款金额 6614 万》，载中国网，http://www.china.com.cn/legal/2016-12/14/content_39911095.htm，最后访问日期：2017 年 1 月 14 日。

〔2〕《2016 年第一批中央环境保护督察地方整改典型案例》，载中华人民共和国环境保护部网站，http://www.mep.gov.cn/gkml/hbb/qt/201611/t20161123_368060.htm，最后访问日期：2017 年 1 月 14 日。

续表

地　　区	案　　例
呼伦贝尔市	整改北方药业公司环境污染问题
内蒙古自治区	对大兴安岭浆纸公司夜间偷排废气调查不实问题问责
内蒙古自治区	呼伦湖综合治理
巴彦淖尔市	严查联邦制药公司内部员工非法售卖危险废物行为
黑龙江省	强化督导核查以推进群众举报案件边督边改
黑龙江省	对群众举报案件查处不力问题严肃问责
哈尔滨市	推进阿什河流域综合整治
黑河市	严厉打击盗采砂金破坏生态环境违法行为
江苏省	纪检监察机关积极配合环境保护督察工作
泰兴市	严查江苏瑞和化肥有限公司偷排废水环境违法行为
江苏省	严肃查处群众身边的环境污染问题
扬中市	集中整治三茅大港水体黑臭问题
萍乡市	严厉打击中材萍乡水泥有限公司
河南省	狠抓中央环保督察举报案件查办
商丘市	严肃查处商丘化肥总厂环境违法问题
广西壮族自治区	查处百姓投诉案件不力行为严肃追责
贵港市	严肃查处南风化肥厂环境违法行为
昆明市	查处混凝土搅拌站噪声粉尘长期扰民问题
怒江州兰坪县	严查采石厂破坏生态环境问题
吴忠市	严肃查处徐某等人非法处置危险废物案件
银川市	严查查处贺兰县蓝星污水处理厂
宁夏回族自治区	严肃查处中石油宁夏石化公司污染环境问题
中卫市中宁县	大力整治北河子环境问题
石嘴山市大武口区	查处工业废渣处理厂环境污染问题

（2）地方落实环境督察情况。

地方层面，个别省份已经开始了对行政区域内的环保督察，并且效果显著。

例如，根据《山东省环境保护督察方案（试行）》，山东省环保督察工作坚持问题导向，聚焦群众反映强烈、影响群众健康的突出环境问题，发现问题立查立改、立查立纠、注重实效，切实督促环保"党政同责、一岗双责"落实到位。坚持标本兼治，注重倒查问题、严肃追责，对发现的生态环境问题突出、生态环境质量明显恶化、达不到国家和省重点任务目标考核要求，或者党政领导干部在环境保护方面不作为、乱作为甚至失职渎职、滥用职权，需要追究党纪政纪责任的，按程序移交纪检监察机关处理。自2017年起，每两年对17个市开展一次督察。〔1〕又如，云南省强化监管执法督导，2016年对全省16个州市开展专项督查。〔2〕

成绩最为突出的是四川省。2016年12月25日，四川省环保厅通报《2016年四川环保工作报盘》信息，报告显示今年四川省目前已完成对德阳、乐山、广安、泸州、达州5个市的环保督察，共约谈党政领导干部169人，发现问题线索879个，对40名负有环境监管职责的相关部门人员实施了问责，对198家违法违规企业依法进行了处理。〔3〕并且，已经公开了德阳、乐山和广安的环保督察反馈信息。详细情况见表1.18。

表1.18 四川省环保督查情况表〔4〕

地 区	时 间	情 况
乐山市	2016年8月10—25日	截至2016年8月23日中午，督察组已在乐山市接听群众来电举报151起，移交乐山市政府后，收到处理回复111起。

---

〔1〕《山东启动省对市全面环保督察》，载大众网，http://paper.dzwww.com/dzrb/content/20161123/Articel01013MT.htm，最后访问日期：2017年1月15日。

〔2〕《云南省环境保护厅2015年工作总结及2016年工作要点》，载云南省环境保护厅，http://www.ynepb.gov.cn/xxgk/read.aspx?newsid=104052，最后访问日期：2017年1月15日。

〔3〕《我省5市环保督察问责40人对198家违法违规企业依法进行了处理》，载四川省人民政府网，http://www.sc.gov.cn/10462/10464/10797/2016/12/26/10408715.shtml，最后访问日期：2017年1月15日。

〔4〕《省环境保护督察组赴乐山督察》，载四川省人民政府网，http://www.sc.gov.cn/10462/10464/10465/10595/2016/8/24/10393265.shtml，最后访问日期：2017年1月15日。《四川省环保督察组向德阳反馈督察意见蒲波发言》，载新华网四川频道，http://www.sc.xinhuanet.com/content/2016-11/09/c_1119881836.htm，最后访问日期：2017年1月15日。《四川省环保督察组向广安反馈督察意见》，载四川在线，http://sichuan.scol.com.cn/ggxw/201701/55801481.html，最后访问日期：2017年1月15日。

续表

地　区	时　间	情　况
德阳市	2016年6月28日—7月12日	截至2016年10月13日，德阳市对22家企业进行立案查处，处罚金额119.2万元；实施限产停产1起，查封扣押2起，免职1人；行政拘留案件1件，行政拘留2人；移交移送公安机关环境犯罪案件5起，刑事拘留9人。
广安市	2016年9月1日—9月14日	截至2015年11月30日，对督察期间信访投诉和现场检查发现的问题，已立案调查39起，行政处罚30起，处罚金额224.02万元。关闭企业1家，责令停产2起，取缔畜禽养殖场284家；移送司法2件，行政拘留2人，对21个部门和23名责任人实施问责。

（二）约谈情况

在约谈方面，环境保护部门扩大了原先仅适用于企业的约谈制度的适用范围，制定了《环境保护部约谈暂行办法》（环发〔2014〕67号），将约谈制度适用于环境保护工作不力的地方政府。《环境保护部约谈暂行办法》第2条规定："本办法所称约谈，是指环境保护部约见未履行环境保护职责或履行职责不到位的地方政府及其相关部门有关负责人，依法进行告诫谈话、指出相关问题、提出整改要求并督促整改到位的一种行政措施。"约谈是一种具有中国特色的行政措施，尽管约谈本身并不带来相应的责任，但是约谈所带来的仪式感配合中国特有的面子文化会为地方政府党政负责人带来较大的压力，督促其积极履行其职责，因此，约谈制度对于解决地方怠政问题具有重要的价值和作用。

1. 环境保护部对地方政府行政负责人展开约谈情况

在新《环境保护法》实施之后，环境保护部在2015—2016年连续多次开展约谈，据统计，2015年环境保护部共约谈16个地级市（自治州）和2个县的地方政府负责人。[1] 2016年，环境保护部继续使用约谈措施，以督促地方积极履行职责，解决地方较为严重、反响较大的环境问题。例如，2016年4月，环境保护部第一批约谈了山西省长治市、安徽省安庆市、山东省济宁市、河南省商丘

---

〔1〕 2015年约谈情况已经由本报告的上一册评估报告《新〈环境保护法〉实施情况评估报告》进行了统计和分析，在此不再进行统计分析。王灿发主编：《新〈环境保护法〉实施情况评估报告》，中国政法大学出版社2016年版，第65~66页。

市、陕西省咸阳市五地市政府主要负责同志。据通报，2016 年，在全国各地空气质量总体有所改善的情况下，五市一季度空气质量却明显恶化。[1] 课题组对 2016 年约谈情况进行了统计，参见表 1.19。

表 1.19　2016 年环境保护部约谈各城市情况简表

时间	城市	城市性质	约谈原因	主要问题
2016.01	内蒙古自治区锡林郭勒盟	地级市	内蒙古锡林郭勒草原国家级自然保护区核心区和缓冲区内存在大片喷灌农业；实验区内的水泥熟料生产线继续生产；实验区内 5 家工矿企业停产数年后，大量矿石仍无序堆存，未进行生态修复。有关开发活动对草原生态环境产生不利影响。	自然保护区管理
2016.01	河南省三门峡	地级市	河南小秦岭国家自然保护区内有 10 余家采矿企业，涉及可开采的坑口 217 个；矿渣堆存量 2000 余万吨，堆放面积巨大，高差数百米，生态破坏严重，废弃场地生态恢复工作进展缓慢，未将环境保护部 2014 年的相关整改要求落实到位；保护区内部分采矿权到期后，有关部门仍为其办理矿权证。	自然保护区管理
2016.01	宁夏回族自治区石嘴山市	地级市	宁夏贺兰山国家自然保护区核心区和缓冲区内现仍有 35 处工矿企业，2011 年保护区范围调整以来，仍有 37 家企业先后获发采矿证，直至 2015 年 3 月，地方政府仍为 9 家工矿企业协调申办相关手续。只采不治、只挖不填问题突出，采矿活动尤其是大量露天采矿已造成严重生态破坏。保护区内土地用途管制不严，将核心区内大量土地以荒山荒地性质承包给个人进行农业种植。	自然保护区管理
2016.01	山东省烟台市	地级市	山东长岛国家级自然保护区核心区内建有风力发电项目，部分养殖设施和旅游项目未批先建，对编制、报批总体规划和划界、立标等整改要求落实不力。	自然保护区管理

[1]《2016 年环保部第一次公开约谈约了哪些省市》，载中国搜索，http://paper.chinaso.com/sy/detail/20160429/1000200032869521461887889063561466_1.html，最后访问日期：2017 年 1 月 15 日。

续表

时 间	城 市	城市性质	约谈原因	主要问题
2016.01	广东省韶关市	地级市	广东丹霞山国家自然保护区内 3 座水电站未开展环境影响评价；核心区存在养猪场，且废水直排；对 2014 年环境保护部提出的关停缓冲区内原有 4 处养殖场等整改要求未落实；实验区内的凡口铅锌矿 3 号尾矿库仍然在用，不仅破坏生态环境，且其内积水量大，环境安全隐患突出。	大气污染
2016.04	山西省长治市	地级市	长治市 PM2.5、PM10、SO_2、NO_2 浓度均值与上年同比分别上升 44.1%、36.8%、81.5% 和 4.4%。企业环境违法问题突出、面源污染普遍存在、政府环保责任落实不够。	大气污染
2016.04	安徽省安庆市	地级市	安庆市 PM2.5、PM10、SO_2、NO_2 浓度均值同比分别上升 44.6%、28.8%、37.5% 和 77.8%。企业环境违法问题突出、面源污染普遍存在、政府环保责任落实不够。	大气污染
2016.04	山东省济宁市	地级市	济宁市 SO_2 浓度均值略有下降，PM10 浓度均值同比持平，PM2.5、NO_2 浓度均值同比上升 19.3% 和 8.1%。企业环境违法问题突出、面源污染普遍存在、政府环保责任落实不够。	大气污染
2016.04	河南省商丘市	地级市	虽然商丘市 SO_2、NO_2 浓度均值与上年同期基本持平，但 PM2.5 和 PM10 浓度均值同比上升 28.1% 和 36.3%。企业环境违法问题突出、面源污染普遍存在、政府环保责任落实不够。	大气污染
2016.04	陕西省咸阳市	地级市	咸阳市 SO_2 浓度均值虽略有下降，但 PM2.5、PM10、NO_2 浓度均值同比上升 33.8%、36% 和 45.3%。企业环境违法问题突出、面源污染普遍存在、政府环保责任落实不够。	大气污染
2016.11	陕西省阳泉市	地级市	大气和水环境质量恶化、大气污染治理工作不力、水污染问题严重、环境监管工作有待加强、局部区域环境隐患加强。	大气污染、水污染

续表

时间	城市	城市性质	约谈原因	主要问题
2016.11	山西省渭南市	地级市	大气和水环境质量恶化、大气污染治理工作不力、水污染问题严重、环境监管工作有待加强、局部区域环境隐患加强。	大气污染、水污染
2016.12	山西省吕梁市、中国铝业公司	地级市	中国铝业公司下属山西华兴铝业于2016年11月2日发生矿浆泄漏事故,大量矿浆流入黄河一级支流岚漪河,造成环境污染。事故发生后,吕梁市及兴县两级政府重视不够、措施不力、调查处置不全面、信息公开不到位,带来恶劣社会影响。中国铝业公司环境管理存在薄弱环节。事故处置工作被动、2015年约谈整改不到位、中国铝业公司环境管理存在薄弱环节。	水污染

2. 地方开展约谈工作情况

为了贯彻中央精神,强化省一级对地市的督政问责,各地环境保护行政主管部门也在新《环境保护法》出台以后制定配套规范性文件,为开展省一级对地市督政问题提供规范依据,包括《河北省环境保护厅约谈暂行办法》《青海省环境保护厅环境保护约谈制度》《江苏省环境保护厅约谈暂行办法》《新疆维吾尔自治区环境保护厅环境保护约谈办法（试行）》以及《福建省环境保护厅约谈暂行办法》等。除了省一级的规定以外,也有一些地市出台了规范性文件,例如山东省烟台市2015年出台了《烟台市环境保护约谈暂行办法》,提出了13种应当约谈的情况。

在这些文件的指导下,地方也进行了相当数量的约谈,解决了地方一些长期不能得到解决、公众反响强烈的问题,客观上起到了在省内自纠自查的作用。课题组对新《环境保护法》实施以后的部分典型案例进行了统计,参见表1.20。

表1.20　2015年以来部分地方开展约谈案例

时间	地方	约谈原因	主要问题
2015.03	河北省沧县、武安市、唐山市开平区、辛集市、定州市	各类环境问题。	大气污染、水污染

续表

时间	地方	约谈原因	主要问题
2015.07	河南省新乡市	质量不升反降，考核断面达标率偏低。	大气污染、水污染
2015.07	河南省平顶山、新乡市、焦作市、三门峡市	PM10超省控指标、环境违法行为较为普遍、重点工程推进缓慢。	大气污染
2015.09	四川省广安市、达州市	PM10指标不降反升。	大气污染
2016.01	湖北省武汉、黄石市、荆州市、孝感市、咸宁市、随州市、仙桃市、潜江市	武汉市陈家冲生活垃圾卫生填埋场、汉口绿色能源有限公司、府河武汉段流域污染问题，黄石市沈家营水源保护区内建有码头问题，荆州市四湖总干渠环境污染问题，孝感市府河孝感段环境污染问题，咸宁市九宫山国家级自然保护区企业采矿问题，随州市府河随州段环境污染问题，潜江市永安药业股份有限公司违法生产问题、四湖总干渠环境污染问题，仙桃市城南污水处理厂、仙下河污水处理厂环境污染等典型问题。	水污染、自然保护区管理
2016.05	湖北省孝感市、应城市	孝感市8个考核断面中5个不达标，达标率37.5%。孝感市PM10浓度同比有所下降，但仍然与86微克/立方米的年度目标有较大差距。	水污染、大气污染
2016.05	江苏省南京浦口、江阴、新沂、徐州云龙区、昆山、张家港、如皋、海门、建湖、高邮10个县（市、区）	环境违法行为突出。	大气污染、水污染等
2016.09	陕西省渭南市	环境空气质量形势严峻，擅自解除重污染天气预警，治污降霾多项工作落实不到位。	大气污染
2016.12	陕西省临汾市	环境质量下降、监管不力、环境违法行为严重等。	大气污染、水污染

(三) 督政问责情况总体评估

1. 中央督政问责情况评估

从上面对中央开展督察和约谈的统计分析可以得出以下评估结论：首先，中央已经建立了较为健全的规范体系，包括国家规划纲要、党的文件以及部门规章，为中央开展对地方的督政问责提供了规范依据，并且统一了程序，确保督政问责的规范性。其次，中央已经建立了一套较为完善的督察体系，通过多个中央督察组和督察机构，确保专项督察和日常督察能够有序进行。最后，中央已经开展了多轮督察和约谈工作，积累了较为丰富的经验，为今后进一步完善督政问责制度提供了良好的经验支持。

在实践中，督察和约谈还是起到了较为良好的效果，地方政府党政负责人受到的触动较大。大都积极采取了应对措施，妥善解决和处理督察中发现的以及约谈所针对的问题。课题组对部分省市在督察和约谈后的整改情况进行了统计，参见表1.21。

表1.21 部分省市在督查和约谈后整改情况[1]

被督察或约谈时间	被中央督察或约谈省市	整改情况
2015年3月约谈	河南省驻马店市、山东省临沂市、河北省沧州市、河北省承德市	(1) 驻马店市对环保管理工作不力的4名主要干部降职，并关闭整顿不符合产业政策、存在环境污染问题企业。 (2) 临沂市对华东环保督查中心检查发现的13家违法企业全部立案查处，全部实施停产处理，对其中6家企业违法案件责成公安机关进行后续处理。目前，已有20多名责任人受到调查处理。PM2.5改善幅度全省第一。 (3) 沧州市"全面打响环境整改攻坚战"，要求4月底前全面完成闲置标志性烟气排放设施的拆除，2015年取暖季前，禁燃区内114台燃煤锅炉将全部取缔。沧州市空气质量达标率55.8%。 (4) 3月22日起，承德市开展为期15天的大气污染防治专项督查行动，对排放不达标的企业一律停产整改，有偷排偷放行为的立即关停。

---

[1] 2016年底第一批督察部分省市整改情况篇幅较大，不再详细列举，可参见《2016年第一批中央环境保护督察地方整改典型案例》，载法律法规网，http://www.lc123.net/laws/2016-11-23/294842.html，最后访问日期：2017年1月16日。

续表

被督察或约谈时间	被中央督察或约谈省市	整改情况
2016年第一批督察	呼和浩特市	呼和浩特大青山南坡综合治理工程取得重大进展。5年来，累计完成投资72.83亿元，植树1290万株，种草1.5万亩，绿化荒山6.5万亩，森林、草原生态建设面积约118平方公里，大面积的植被恢复，逐渐形成山前小气候，降水明显增多。
2016年第一批督察	呼伦贝尔市	呼伦贝尔市于2016年7月24日下午专门召开市委常委会，部署推进整改问责工作，迅速安排市环保局和公安局组成专项调查组进行调查，对北方药业和生力源肥业公司5名监管人员实行监视居住，2名高管人员进行取保候审。组织全面排查出北方药业27项突出问题，其中涉及环境保护方面11项，并依法对北方药业采取停产整治措施，明确达不到整改要求不能复产。目前，有关整改工作正在推进。针对主厂区及滤渣干燥厂臭气超标的问题，企业已在有关车间加装负压尾气回收装置等设施，7台烘干炉投料口由无组织改为有组织控制。违规填埋的废菌渣经专业机构鉴定不属于危险废物，已全部按规定转运清理完毕。 呼伦贝尔市委、市政府责成市环保局对大兴安岭浆纸公司依法实施了行政处罚，并且该公司制定了详细整改计划，加大运输道路洒水抑尘频次，减少道路扬尘，对200蒸吨碱回收炉和75蒸吨锅炉环保设施实施升级改造，目前改造工作已全部完成。同时，呼伦贝尔市委共对7名相关责任人进行问责。其中，对涉事企业党委书记、总经理给予记大过、党内严重警告处分，对分管环保的副总经理、车间主任及环境保护部长分别给予党纪政纪处分；对负有监管责任的扎兰屯市环保局局长、副局长以及环境监察大队大队长分别给予党纪政纪处分。
2016年第一批督察	内蒙古自治区	内蒙古自治区加快推进呼伦湖环境综合治理一期工程，确定了草原生态保护、湿地生态系统恢复、环境整治、渔业资源恢复等6大类20个项目，总投资21.08亿元。目前已实施2个项目，完成投资3.91亿元，其他项目正在按程序紧锣密鼓地推进。

续表

被督察或约谈时间	被中央督察或约谈省市	整改情况
2016年第一批督察	巴彦淖尔市	巴彦淖尔市环境保护部门依法对联邦制药公司未经批准擅自将危废出售给无危废处置资质的经营者等违法行为予以行政罚款372 540元。对案件当事人移送公安机关行政拘留，依法追缴违法所得。另外，联邦制药公司对事件直接责任人给予了处分。
2016年第一批督察	黑龙江省	督察组共向黑龙江省转办32批次1226个群众来电来信举报问题，全部办结。其中，关停取缔100件，立案处罚220件，共处罚金1775.96万元，立案侦查37件，刑事拘留24人，行政拘留4人，其余案件责令限期整改。同时，对11个地市和农垦总局、森工总局2个省直部门的13个党组织和20个单位作出书面检查和通报处分，并对560人进行问责。其中，党纪政纪处分210人、诫勉谈话161人、约谈和批评教育等处分189人。 黑龙江省对群众举报案件查处不力问题严肃问责。（略）
2016年第一批督察	哈尔滨市	哈尔滨市政府及阿什河途经辖区区政府分别成立专项组织机构，制定黑臭水体综合整治工作计划和实施方案。积极开展沿岸垃圾清理和河道清淤工作，并加强了对沿岸违法企业的清理整顿工作。道外区清运沿岸垃圾9.5万吨，河道清淤1700余米，设置围挡2300余米；香坊区已完成了河道清淤2210米，清运淤泥和河道沉积物18 570吨，清运河道垃圾7432吨。道外区、香坊区分别组织环保、公安、消防、市场监督管理、执法、安监等部门，开展了联合执法行动。全面清理养殖业，彻底关停污染小作坊。阿什河沿岸144家养猪户被迁走，迁出生猪19 933头，拆除猪舍等设施46 000余平方米。关停、清理塑料收购加工点107家，清运废塑料1.3万余吨。阿什河沿岸11家豆腐坊均被断电查封，全部停止营业。水环境得到了初步改善。 在整治水环境过程中，相关地方政府严厉问责，对工作中履职不到的人员，追究相关责任。截至目前，哈尔滨市道外区、香坊区对阿什河流域综合整治工作中履职不到位的42名相关责任人进行了问责，其中，通报批评15人、责令作出书面检查4人、诫勉谈话6人、行政警告6人、党内警告9人、

续表

被督察或约谈时间	被中央督察或约谈省市	整改情况
2016年第一批督察	哈尔滨市	党内严重警告1人、责令限期整改1人，对道外区团结镇党委给予全区通报批评。
2016年第一批督察	黑河市	黑河市在督察组进驻期间持续加大打击力度，对19件盗采砂金破坏生态案件进行了严肃查处。其中督察组转办的13件案件全部按要求办结，并将办结情况通过新闻媒体进行公开，接受社会监督。19件砂金盗采案件共计破坏林地67.58亩，生态破坏较为严重。对此，黑河市处罚相关责任人18人，行政处罚205 740元，先行登记保存及扣押装载机、挖掘机等设备30台。 督察进驻结束后，黑河市自我加压、明确分工、强化措施，严肃盗采砂金破坏环境问题：①启动了砂金禁采"严打活动月"，成立了党政主要领导任组长的领导小组，设立巡查巡视、查办惩处等6个专项工作组，落实专项资金200万元。②设立有奖举报电话，引进生态监测无人机，在重要入山路口安装视频监控，确保早发现、早制止、早打击。③加大警示宣传，在广播、电视、网站等媒体及时公开案件查处结果，达到"查处一件、震慑一片"的效果。通过上述手段，黑河市在督察组离开后又查处类似案件7件。其中，正在侦办2件、刑事诉讼1件、现场移送国土查处4件，处罚相关责任人2人，行政处罚10 620元，先行登记及扣押装载机、挖掘机等设备4台。
2016年第一批督察	江苏省	针对南京、常州、镇江3个市4个水质不达标断面被区域限批的问题，省纪委立即责成相关地市调查核实，严肃追究责任，22名领导干部被给予党政纪处分。 截至8月15日，针对督察组转办的环境问题，江苏省纪检监察机关共问责干部457人，其中，纪律处分87人，组织调整或组织处理15人，诫勉谈话191人，通报批评10人，其他处理154人。
2016年第一批督察	泰兴市	泰兴市严查江苏瑞和化肥有限公司偷排废水环境违法行为。
2016年第一批督察	扬中市	扬中市集中整治三茅大港水体黑臭问题。

续表

被督察或约谈时间	被中央督察或约谈省市	整改情况
2016年第一批督察	萍乡市	萍乡市严厉打击中材萍乡水泥有限公司在线监测弄虚作假行为。
2016年第一批督察	河南省	河南省狠抓中央环保督察举报案件查办。
2016年第一批督察	商丘市	商丘市严肃查处商丘化肥总厂环境违法问题。
2016年第一批督察	岑溪市	广西壮族自治区对岑溪市相关部门查处百姓投诉案件不力行为严肃追责。
2016年第一批督察	贵港市	贵港市严肃查处南风化肥厂环境违法行为。
2016年第一批督察	昆明市	昆明市查处混凝土搅拌站噪声粉尘长期扰民问题。
2016年第一批督察	兰坪县	怒江州兰坪县严查采石厂破坏生态环境问题。
2016年第一批督察	吴忠市	吴忠市严肃查处徐某等人非法处置危险废物案件。
2016年第一批督察	银川市	银川市严肃查处贺兰县蓝星污水处理厂废水超标排放问题。
2016年第一批督察	宁夏回族自治区	宁夏回族自治区严肃查处中石油宁夏石化公司污染环境问题。
2016年第一批督察	中卫市	中卫市中宁县下大力整治北河子环境问题。
2016年第一批督察	石嘴山市	石嘴山市大武口区查处工业废渣处理厂环境污染问题。
2016年4月约谈	山西省长治市、安徽省安庆市、山东省济宁市、河南省商丘市、陕西省咸阳市	长治市对13家环境违法企业立案查处，共开出917万罚单。 安庆市限期整改13家企业，处罚7家，共罚款55万元。 济宁市制定关于有奖举报大气环境违法行为暂行办法，并公示了燃煤机组（锅炉）超低排放改造项目任务清单。 商丘市、咸阳市开展专项整治，并出台了整治方案。

2. 地方督政问责情况评估

从督政问责的进展情况来看，不仅中央在加强对地方的督政问责，地方一级也在加强督政问责，从而确保中央的要求能够从省一级传达到市县一级，同时确保自纠自查，实现责任下沉。具体来说，首先，很多地方制定了各种配套的规范，为地方开展督察和约谈工作提供了规范依据，确保了程序的规范性。其次，很多地方成立了专门的督察组，并且配备了具有较高行政级别的人员，确保了督察和约谈能够对市县党政领导干部产生足够的震慑作用。更为重要的是，很多地方在逐步推进督察和约谈的常态化，避免"运动式执法"带来的负面效应，以督政问责为契机推动地方持续改善环境质量。

从各类信息的反馈情况来看，地方开展督政问责的实施效果良好，很多地方领导受到了较大触动，真正开始高度重视环境保护工作。例如，江西省永修县县长杜少华在受到省环保厅约谈时表示："这次被省环保厅约谈，我感觉心情很沉重，对自己触动非常大，比自己在县里讲1000次重视环保工作还要管用。"[1] 陕西省柞水县县长被省环保厅约谈之后表示："再发展，环境的问题也是头等大事。这次约谈是一个激励，我们有信心做好园区污染治理工作。"[2] 地方在受到督政问责之后，也积极开展整改。例如，2015年3月，唐山市开平区在被河北省环保厅约谈之后，深刻总结经验，采取了大量举措，截至2015年4月20日，由区长挂帅，利用每周五的时间，带领区环保、国土、工信等20多个相关部门及相关镇的主要负责同志，对存在的问题逐一进行现场办公。供电部门先后对51家用电单位实施了断电；区环保分局共立案处罚9家，罚款90万元；书面警告企业17家，行政拘留6人，追究刑事责任2人。[3]

（四）评估结论

尽管从一般的行政法理论来看，督政问责需要避免对于地方行政的过度干预，但是在当前这一特殊的发展阶段，部分环境问题较为严重，对人民生产生活、生命健康和财产安全构成了较大挑战，加上当前部分地方政府对于经济发展和环境保护的关系认识不清、监管不严、执法松懈，有必要通过督政问责来扭转

---

[1]《江西永修县长被省环保厅约谈，称"比自己讲一千次都管用"》，载澎湃新闻网，http://www.thepaper.cn/www/v3/jsp/newsDetail_forward_1328717，最后访问日期：2017年1月17日。

[2]《陕西省环保厅就环境污染问题约谈柞水县县长》，载腾讯网，http://xian.qq.com/a/20150917/036326.htm，最后访问日期：2017年1月17日。

[3]《关于省环保厅约谈后我区环保工作整改情况的汇报》，载唐山政府网，http://www.tangshan.gov.cn/zhuzhan/kaiping/20150422/210456.html，最后访问日期：2017年1月17日。

地方政府发展观念和意识，扭转目前部分地区环境状况恶化、环境质量下降的状况。因此，在新《环境保护法》出台以后，中央和地方政府出台了一系列涉及督政问责的规定，并且展开了多轮环保督察和约谈，给予了地方政府较大触动，对于扭转地方政府发展观念、推动发展转型起到了良好的促进作用。尽管在实施过程中，有一些地方政府在情绪上有抵触、实践中有反复，操作也有一些不规范的地方，但是总体来说，在新《环境保护法》实施以后，督政问责的落实情况较好，效果也较为理想。未来需要进一步发展完善督政问责的相关程序，并且进一步探索、创新督政问责手段，确保地方政府能够切实履行环境保护责任。

第二部分
县级以上人民政府环境保护主管部门履行法定职责及效果评估

新《环境保护法》的特色之一是加强了地方政府在环境保护方面的职责，但其关于地方人民政府环境保护行政主管部门职责的规定仍是该法的重要内容。在这方面，新《环境保护法》的很多规定都具有创新性，比以往的任何一部环境保护法律、法规都要严格。譬如该法系统地规定了环境保护部门公开各类政府环境信息的义务，该法严格了违反环境影响评价制度的法律责任，该法全面建立了排污许可与总量控制指标的框架，该法首次确立了按日连续处罚和行政拘留的行政法律责任，该法首次规定了停产整治等行政强制措施……然而，严格的法律规定仅体现在立法层面，在法律的执行中，这些规定是否能够得到有效落实决定了《环境保护法》的"牙齿"是否够硬。在对 2015 年《环境保护法》实施情况的评估中，课题组认为新《环境保护法》的实施为环境行政执法带来了新气象，一些原本环境保护部门无法运用的管理、强制和处罚措施得到了运用，但新规定的执行仍然不够理想，主要表现在很多地方环境保护部门在执法中仍然不适用新《环境保护法》的规定或者对新《环境保护法》的规定进行变通处理，软化了新《环境保护法》所确立的"铁齿钢牙"。因此，在对 2016 年《环境保护法》执行情况的评估中，课题组仍然对环境保护部门履行法定职责的情况进行了重点评估，分析 2016 年相关环境管理制度与措施的实施情况和实施成效如何。

一、县级以上环境保护部门实施重点环境管理制度履职情况及实施效果评估

新《环境保护法》关于环境保护部门环境保护职责的规定包括环境管理制度与环境管理措施两种。所谓环境管理制度，是指体系化的规定环境保护部门行使某种环境监督管理权的规范的集合。制度的内容较为系统和全面，对环境监督管

理权行使的方方面面都进行了规定，包括行政主体及其权限、行政管理权实施的条件、实施程序、具体的行政管理要求及违反行政管理要求的法律责任等。而环境管理措施则是规定环境保护部门行使某种环境监督管理权的具体内容的单一规范，它一般仅涉及环境监督管理权行使的某一个方面的内容，如行使权力的主体、行使权力的条件或相关的法律责任。在新《环境保护法》中，主要的环境管理制度包括环境信息公开、环境影响评价、排污许可与总量控制、环境监测和环境标准等；主要的环境管理措施则包括区域限批措施、查封扣押措施、限制生产和停产整治措施、按日连续处罚措施以及环境保护部门对严重的环境违法案件移送公安部门处置的移送措施等。本章将分别从重点环境管理制度和重点环境管理措施的角度来分析、评估各地环境保护部门依法履职的情况。

《环境保护法》规定的环境管理制度主要包括环境信息公开、环境影响评价、排污许可与总量控制和环境监测制度等，在此，课题组主要评估了环境信息公开、环境影响评价和排污许可与总量控制制度的执行情况与实施效果。之所以选择上述三个制度进行评估，原因是：①便于与 2015 年的评估结论进行比较。②立法机关和环境保护部在 2016 年对环境影响评价和排污许可与污染物排放总量控制制度作出了新的立法和政策规定，因此这两项制度在 2016 年的实施亮点较多。③虽然中共中央、国务院在 2016 年也发布了关于环境监测和监察制度的垂直改革方案，即《关于省以下环保机构监测监察执法垂直管理制度改革试点工作的指导意见》，但目前（2017 年 2 月）该改革方案仍处于初始推进阶段，除了河北和重庆环保系统正式启动了改革进程外，其他省（自治区、直辖市）目前仍然在草拟改革方案，故全国范围内该项工作仍未全面推开。故课题组主要选取了环境信息公开、环境影响评价和排污许可与污染物排放总量控制三项制度进行评估。

（一）环境保护部门履行环境信息公开义务的情况评估

1. 关于评估内容与评估对象的说明

环境信息公开是公众参与和监督环境保护的前提，鉴此，新《环境保护法》以专章规定的形式对环境信息公开制度的内容作了全面规定。根据新《环境保护法》第 53~55 条的规定，环境信息公开的义务主体包括各级人民政府环境保护主管部门和重点排污单位。在此仅评估环境保护主管部门履行环境信息公开义务的情况，在本报告第五部分将评估重点排污单位的环境信息公开情况。

新《环境保护法》第 54 条第 1、2 款规定："国务院环境保护主管部门统一发布国家环境质量、重点污染源监测信息及其他重大环境信息。省级以上人民政府环境保护主管部门定期发布环境状况公报。县级以上人民政府环境保护主管部门和其他负有环境保护监督管理职责的部门,应当依法公开环境质量、环境监测、突发环境事件以及环境行政许可、行政处罚、排污费的征收和使用情况等信息。"《环境保护法》第 56 条第 2 款规定:"负责审批建设项目环境影响评价文件的部门在收到建设项目环境影响报告书后,除涉及国家秘密和商业秘密的事项外,应当全文公开;发现建设项目未充分征求公众意见的,应当责成建设单位征求公众意见。"此外,《环境保护法》的实施细则之一——《企业事业单位环境信息公开办法》第 7 条第 1 款规定:"设区的市级人民政府环境保护主管部门应当于每年 3 月底前确定本行政区域内重点排污单位名录,并通过政府网站、报刊、广播、电视等便于公众知晓的方式公布。"

在对新《环境保护法》2015 年实施情况的评估中,评估课题组主要对环境保护部门公开环境质量、建设项目环境影响报告书、重点污染源监测信息和重点排污单位名录等信息的情况进行了评估,当时的评估结论表明省级人民政府环境保护主管部门对环境质量的信息公开情况较好,尤其是空气环境质量信息公开情况优秀;建设项目环境影响报告书公开情况一般,有 1/3 的省级人民政府环境保护主管部门未在其官方网站依法公开或者完全公开环境影响报告书的全文;在重点污染源监测信息方面,大部分省级人民政府环境保护主管部门能够对国控污染源的大气和水污染物排放监测信息进行公开,但仍有个别省份未依法公开相关信息;而在重点排污单位名录的公开方面则很不理想,在 39 个样本城市(均为设区的市)中,有 15 个城市的环境保护部门未依法公开本辖区内重点排污单位的名录。[1]

因此,在对 2016 年环境保护部门履行环境信息公开义务情况的评估中,课题组未对去年评估情况较好的环境质量信息公开情况进行再一次的评估,而是选取了 2015 年公开情况不尽如人意的建设项目环境影响报告书、重点污染源监测信息和重点排污单位名录信息的公开情况进行再一次的评估。另外,根据新《环境保护法》第 54 条第 2 款的规定,课题组还对环境保护部门负有公开职责的环境行政许可、行政处罚信息和排污费征收与使用信息的公开情况进行了调查与评估。

在对 2015 年环境信息公开情况进行评估时,课题组主要对省级人民政府环境保护主管部门履行环境信息公开义务的情况进行了评估,还对 39 个样本城市环境保护部门公开重点排污单位名录的情况进行了评估。为了提高评估结论的代表性和精确性,在本次评估中,课题组扩大了评估对象的范围,除了 31 个省级人民政府环境保护主管部门外(包括北京、天津、上海和重庆 4 个直辖市),还囊括了全

---

[1] 具体内容参见王灿发主编:《新〈环境保护法〉实施情况评估报告》,中国政法大学出版社 2016 年版,第 71~98 页。

国 70 个大中城市的环境保护部门（不包括北京、天津、上海和重庆 4 个直辖市）。

2. 建设项目环境影响报告书的公开情况

（1）数据与分析。

《环境保护法》第 56 条第 2 款规定："负责审批建设项目环境影响评价文件的部门在收到建设项目环境影响报告书后，除涉及国家秘密和商业秘密的事项外，应当全文公开；发现建设项目未充分征求公众意见的，应当责成建设单位征求公众意见。"在建设项目环境影响报告书公开方面，2016 年各地环境保护部门的执行情况与 2015 年相比有所改善，但仍然没有做到 100% 公开。

在 31 个省级环境保护部门中，依法全文公开建设项目环境影响报告书的只有 24 个，占比为 77%（2015 年为 71%）。未依法公开或完全公开建设项目环评报告书全文的省级环境保护部门包括河北、青海、西藏、湖北、上海、贵州和广西的环保厅（局）。其中河北省环保厅在 2015 年的评估中就被发现存在较多建设项目环评报告书无下载链接的问题，但到 2017 年 2 月本报告撰写时仍未改正；青海环保厅的网站在 2015 年 10 月 10 日之后就再也未更新过相关信息；西藏、贵州和广西环保厅存在共同的网站技术问题，即经多次查询均无法打开相应链接，因此视为未公开环评报告书全文；而湖北和上海环保厅（局）则存在用建设项目环评报告书简本替代全文公开的问题。

表 2.1　各省级环境保护部门网站建设项目环境影响评价报告书全文公开情况

省 份	是否依法公开	备 注	省 份	是否依法公开	备 注
北 京	√	查询日期：2016.12.11	云 南	√	查询日期：2016.12.12
天 津	√	查询日期：2016.12.11	西 藏	×	查询日期：2016.12.12（部分建设项目环评文件受理情况公示中无报告书全文下载链接）
河 北	×	查询日期：2016.12.11（较多建设项目环评报告书全文无下载链接）	河 南	√	查询日期：2016.12.12
山 西	√	查询日期：2016.12.11	湖 北	×	查询日期：2016.12.12（部分建设项目只公开环评报告书简本）

续表

省份	是否依法公开	备注	省份	是否依法公开	备注
内蒙古	√	查询日期：2016.12.11	湖南	√	查询日期：2016.12.13
黑龙江	√	查询日期：2016.12.11	山东	√	查询日期：2016.12.12
吉林	√	查询日期：2016.12.11	江苏	√	查询日期：2016.12.12
辽宁	√	查询日期：2016.12.11	上海	×	查询日期：2016.12.12（可打开环评报告书公示链接，但公开的报告书一般不超过20页，应属环评报告书简本而非全文）
新疆	√	查询日期：2016.12.11	安徽	√	查询日期：2016.12.12
青海	×	查询日期：2016.12.11（2015年10月10日后未再更新相关信息）	浙江	√	查询日期：2016.12.12
宁夏	√	查询日期：2016.12.11	福建	√	查询日期：2016.12.12
甘肃	√	查询日期：2016.12.11	江西	√	查询日期：2016.12.12
陕西	√	查询日期：2016.12.11	广东	√	查询日期：2016.12.12
四川	√	查询日期：2016.12.12	广西	×	查询日期：2017.01.05（建设项目环评公示信息链接无法打开）
重庆	√	查询日期：2016.12.12	海南	√	查询日期：2016.12.12
贵州	×	查询日期：2017.01.05（行政许可公示系统链接无法打开）			

70个大中城市的公开情况也较好，依法全文公开建设项目环评报告书的市级环境保护部门共有62个，占比为89%。其中银川、乌鲁木齐、武汉、昆明和徐州的市环保局均未公开受理的建设项目环评报告书（既未公开报告书全文，也未公开报告书简本）；唐山市环保局只公开了环评报告书的简本，未公开全文；广州市环保局只在建设项目审批前的公示期内公开建设项目环评报告书，公示期过后

就不再予以公开;[1] 而拉萨市环保局则因课题组未通过搜索引擎查询到其政府网站,故也归类为未公开的处理。

表2.2 各大中城市环境保护部门网站建设项目环境影响评价报告书全文公开情况

城 市	是否依法公开	备 注	城 市	是否依法公开	备 注
拉 萨	×	未查询到政府网站	秦皇岛	√	查询日期:2016.12.14
呼和浩特	√	查询日期:2016.12.14	邢 台	√	查询日期:2016.12.14
银 川	×	查询日期:2016.12.14（未检索到2016年的信息）	保 定	√	查询日期:2016.12.14
南 宁	√	查询日期:2016.12.14	张家口	√	查询日期:2016.12.14
乌鲁木齐	×	查询日期:2016.12.14（只有已通过审批的建设项目信息,无环评报告书全文信息）	承 德	√	查询日期:2016.12.14
石家庄	√	查询日期:2016.12.14	沧 州	√	查询日期:2016.12.14
太 原	√	查询日期:2016.12.14	廊 坊	√	查询日期:2016.12.14
沈 阳	√	查询日期:2016.12.14	衡 水	√	查询日期:2016.12.14
长 春	√	查询日期:2016.12.14	常 州	√	查询日期:2016.12.14
哈尔滨	√	查询日期:2016.12.14	南 通	√	查询日期:2016.12.14
南 京	√	查询日期:2016.12.14	连云港	√	查询日期:2016.12.14
杭 州	√	查询日期:2016.12.14	淮 安	√	查询日期:2016.12.14
合 肥	√	查询日期:2016.12.14	盐 城	√	查询日期:2016.12.14
福 州	√	查询日期:2016.12.14	扬 州	√	查询日期:2016.12.14
南 昌	√	查询日期:2016.12.14	镇 江	√	查询日期:2016.12.14
济 南	√	查询日期:2016.12.14	泰 州	√	查询日期:2016.12.14

---

[1]《环境保护法》第56条第2款规定,环保部门在收到建设项目环评报告书后,除涉及国家秘密和商业秘密的事项外,应当全文公开建设项目环评报告书,且未限定公开的时限。课题组认为该条不应理解为环评报告书全文限于在建设项目公示期内公开,故将广州市环保局不再公开已过公示期的建设项目的环评报告书的行为归类为"未依法公开"。

续表

城市	是否依法公开	备注	城市	是否依法公开	备注
郑　州	√	查询日期：2016.12.14	宿　迁	√	查询日期：2016.12.14
武　汉	×	查询日期：2016.12.14（无2016年的信息，打开乱码）	温　州	√	查询日期：2016.12.14
长　沙	√	查询日期：2016.12.14	嘉　兴	√	查询日期：2016.12.14
广　州	×	查询日期：2016.12.14（建设项目公示期过后就不再公示其环评报告书）	湖　州	√	查询日期：2016.12.14
海　口	√	查询日期：2016.12.14	绍　兴	√	查询日期：2016.12.14
成　都	√	查询日期：2016.12.14	金　华	√	查询日期：2016.12.14
贵　阳	√	查询日期：2016.12.14	衢　州	√	查询日期：2016.12.14
昆　明	×	查询日期：2016.12.14（只检索到拟审批和拟验收的项目的信息，无环评报告书全文信息）	舟　山	√	查询日期：2016.12.14
西　安	√	查询日期：2016.12.14	台　州	√	查询日期：2016.12.14
兰　州	√	查询日期：2016.12.14	丽　水	√	查询日期：2016.12.14
西　宁	√	查询日期：2016.12.14	厦　门	√	查询日期：2016.12.14
唐　山	×	查询日期：2016.12.14（仅公开了环评报告书简本）	深　圳	√	查询日期：2016.12.14
大　连	√	查询日期：2016.12.14	珠　海	√	查询日期：2016.12.14
无　锡	√	查询日期：2016.12.14	佛　山	√	查询日期：2016.12.14
青　岛	√	查询日期：2016.12.14	江　门	√	查询日期：2016.12.14
宁　波	√	查询日期：2016.12.14	肇　庆	√	查询日期：2016.12.14
邯　郸	√	查询日期：2016.12.14	惠　州	√	查询日期：2016.12.14
苏　州	√	查询日期：2016.12.14	东　莞	√	查询日期：2016.12.14
徐　州	×	查询日期：2016.12.14（未检索到相关信息）	中　山	√	查询日期：2016.12.14

（2）评估结论。

通过对环境保护部门履行建设项目环评报告书全文公开义务的情况的统计和分析可以看出来，在共计 101 个调查对象中（31 个省级环境保护部门和 70 个地市级环境保护部门），2016 年依法履行上述信息公开义务的共计 86 个环保厅（局），占所有调查对象的 85%，大体说明各地环境保护部门履行《环境保护法》第 56 条第 2 款规定之信息公开义务的总体情况是良好的。且仅从省级环境保护部门来说，履行义务的整体情况要略好于 2015 年。但遗憾的是，仍有个别环境保护部门做得不到位。不公开环评报告书的信息、用环评报告书简本代替报告书全文进行公开及环评报告书无链接或链接无法打开是三类最主要的问题。

在此，课题组希望各地环境保护部门严格依法履行建设项目环评报告书的信息公开职责。如果尚未公开环评报告书的，应及时在环境保护部门政府网站开辟专栏予以公示公开；存在仅公开建设项目环评报告书简本问题的，应加强对《环境保护法》第 56 条第 2 款规定的学习与理解并破除思想观念的束缚，及时公开环评报告书的全文；因技术原因而造成环评报告书无下载链接或下载链接不能正常打开的，应当及时检查和修复政府网站存在的技术漏洞。

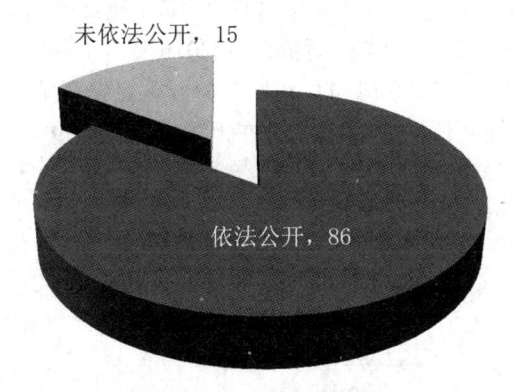

图 2.1　环境保护部门公开建设项目环境影响报告书的情况（单位：个）

3. 重点排污单位名录的公开情况

（1）制度概述和关于评估对象与内容的说明。

新《环境保护法》在环境信息公开方面的一大突破是将环境信息公开的义务主体由政府部门扩展到了排污单位，同时又对履行环境信息公开义务的排污单位的范围作了限制。该法第 55 条的规定："重点排污单位应当如实向社会公开其主要污染物的名称、排放方式、排放浓度和总量、超标排放情况，以及防治污染设施的建设和运行情况，接受社会监督。"可见，履行环境信息公开义务的须是

"重点排污单位"。对哪些排污单位属于"重点排污单位",环境保护部发布的《企业事业单位环境信息公开办法》第7条第1款予以了明确,即"设区的市级人民政府环境保护主管部门应当于每年3月底前确定本行政区域内重点排污单位名录,并通过政府网站、报刊、广播、电视等便于公众知晓的方式公布"。故环境保护部门应当首先依照上述规定公开管辖区域内重点排污单位的名录,这是重点排污单位履行环境信息公开义务的前提。

在对2015年法律实施的评估中课题组发现重点排污单位名录的公开情况非常不理想,在39个样本城市中,只有61%的市级环境保护部门在其网站中依法公开了辖区内重点排污单位的名单。故课题组在2016年的评估中重点关注了重点排污单位名录的公开情况,目的是分析经过《环境保护法》又一年的实施,各地环境保护部门履行上述信息公开义务的情况是否有所好转。在本次评估中,课题组扩大了评估对象的范围,从去年的39个样本城市扩大到全国74个大中城市(包括北京、天津、上海和重庆4个直辖市)。

(2)评估数据。

2016年重点排污单位名录的公开情况依然惨淡。在包括4个中央直辖市在内的全国74个大中城市中,公开辖区内2016年重点排污单位名录的环境保护部门只有46个,占比为62%;而依法在2016年3月31日之前公开的只有18个,占比仅为24%,还不到1/4!在所有公开重点排污单位名录的46个市级环境保护部门中,做到依法定时限公开的比例也仅为39%。具体统计情况请见下表:

表2.3 74个大中城市2016年重点排污单位名录公开情况

城 市	是否公开	公开时间	城 市	是否公开	公开时间
拉 萨	×	—	秦皇岛	√	2016.07.18
呼和浩特	√	2016.04.25	邢 台	√	2016.05.31
银 川	×	—	保 定	×	—
南 宁	×	—	张家口	×	—
乌鲁木齐	×	—	承 德	√	2016.05.30
石家庄	√	2016.09.18	沧 州	√	2016.05.23
太 原	√	2016.06.22	廊 坊	√	2016.07.06
沈 阳	×	—	衡 水	×	—

续表

城 市	是否公开	公开时间	城 市	是否公开	公开时间
长 春	×	—	常 州	√	2016.04.04
哈尔滨	√	2016.03.02	南 通	×	—
南 京	√	2016.01.28	连云港	√	2016.09.29
杭 州	√	2016.03.25	淮 安	×	—
合 肥	×	—	盐 城	√	2016.12.30
福 州	√	2016.05.04	扬 州	√	2016.03.17
南 昌	×	—	镇 江	√	2016.06.01
济 南	×	—	泰 州	√	2016.03.03
郑 州	√	2016.04.06	宿 迁	√	2016.08.12
武 汉	√	2016.04.14	温 州	×	—
长 沙	√	2016.04.01	嘉 兴	√	—
广 州	√	2016.03.31	湖 州	√	2016.03.23
海 口	×	—	绍 兴	×	系统错误，无法打开
成 都	×	—	金 华	√	第一批 2016.03.21 第四批 2016.06.20
贵 阳	×	—	衢 州	√	2016.10.20
昆 明	√	2016.10.11	舟 山	√	第一版 2016.02.24 调整版 2016.06.29
西 安	×	—	台 州	×	2016.07.26
兰 州	√	2016.03.28	丽 水	√	2016.09.20
西 宁	×	—	厦 门	√	2016.03.25
唐 山	√	2016.05.17	深 圳	√	2016.05.16
大 连	×	—	珠 海	×	2016.03.18
无 锡	√	2016.07.06	佛 山	×	—
青 岛	√	2016.03.31	江 门	√	2016.04.28
宁 波	√	2016.06.01	肇 庆	√	2016.04.06
邯 郸	×	—	惠 州	×	—

续表

城 市	是否公开	公开时间	城 市	是否公开	公开时间
苏 州	√	2016.06.13	东 莞	√	2016.03.31
徐 州	√	2016.03.29	中 山	√	2016.04.13
北 京	√	2016.03.16	上 海	×	—
天 津	√	2016.02.01	重 庆	√	2016.03.31

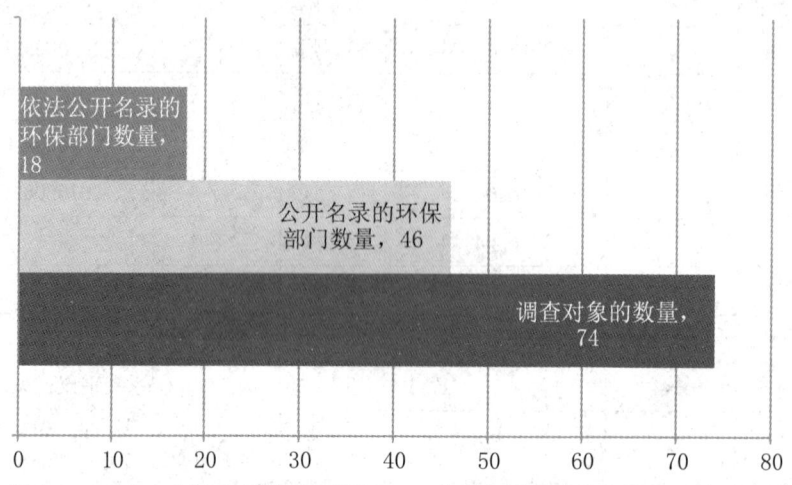

图 2.2　74 个大中城市环境保护部门 2016 年重点排污单位名录公开情况统计

（依法公开名录的环保部门数量，18；公开名录的环保部门数量，46；调查对象的数量，74）

（3）对评估数据的分析和评估结论。

企业事业单位环境信息公开是新《环境保护法》在环境信息公开方面作出的一大创新和突破性规定，使环境信息公开的主体从政府延伸到了企业。从理论上分析，这项制度大大扩展了环境信息公开的义务主体范围，能够使公众更加方便地获得自己感兴趣的环境信息，为进一步参与环境保护、发挥公众力量奠定基础。为此，环境保护部还专门制定了《企业事业单位环境信息公开办法》。然而，法律的实施状况却与理论的预设存在较大差距。如前文所述，市级环境保护部门公开重点排污单位名录是企业事业单位履行环境信息公开义务的前提。如果作为监管者的环境保护部门不能事先将依法需要履行环境信息公开义务的企业名单向社会公布，则作为被监管者的企业或事业单位就不清楚自己是否需要依法履行环境信息公开义务；而作为社会公众，其要求企业或事业单位履行环境信息公开义务的权利也就无法得到法律的保障。

上述调查和统计数据说明在新《环境保护法》已实施一年的情况下，各地环境保护部门2016年履行重点排污单位名录公开义务的情况不够理想。不依法公开重点排污单位名录的市级环境保护部门（包括不公开和不按时限公开）共计56个，占到了全部统计对象的76%。从这一现象可以预见各地企业事业单位履行环境信息公开义务的情况必然也不够理想。[1] 依法公开重点排污单位的名录对地方环境保护部门而言难度不大，但公开情况说明了重视程度不足。希望未依法履行环境信息公开义务的环境保护部门能够严格依照法定权限、期限和程序公开环境信息。

4. 污染源监测信息的公开情况

（1）制度概述和关于评估对象与内容的说明。

污染源监测信息公开是环境信息公开的重要领域，是公众了解污染源污染物排放情况的主要途径，也是公众监督环境保护部门依法履行污染源监管职责的重要前提。相对较长的一段时期内污染源的监测信息可以反映出一个地区污染源的治理水平和环境保护部门的环境执法水平，亦能作为评估一个地区地方政府及其环境保护部门履行环境质量保护职责的重要依据。

新《环境保护法》规定环境保护部门有义务公开重点污染源的监测信息。该法第54条第2款规定："县级以上人民政府环境保护主管部门和其他负有环境保护监督管理职责的部门，应当依法公开环境质量、环境监测、突发环境事件以及环境行政许可、行政处罚、排污费的征收和使用情况等信息。"可见，县级以上地方环境保护部门有公开环境监测信息的义务。根据《环境监测管理办法》第2条的规定，环境监测包括环境质量监测、污染源监督性监测、突发环境污染事件应急监测和为环境状况调查和评价等环境管理活动提供监测数据的其他环境监测活动。故县级以上地方环境保护部门应当依法公开在上述环境监测活动中获得的信息数据。在去年的评估中，课题组选取了污染源监督性监测信息的公开情况进行研究。为方便比较两年数据的变化，本次评估中课题组继续选取上述环境监测信息中的污染源监督性监测信息进行研究。

根据《国家重点监控企业污染源监督性监测信息公开办法（试行）》《国家重点监控企业自行监测及信息公开办法》和《企业事业单位环境信息公开办法》的规定，目前（2017年2月）县级以上地方人民政府环境保护部门主要对各国控重点污染源实施监督性监测。重点污染源包括国控重点污染源和市控重点污染

---

[1] 重点排污单位履行环境信息公开义务的情况将在本报告第五章进行评估，根据相关评估数据，重点排污单位依法履行环境信息公开义务的情况也不够理想。

源，二者合并也可以称之为"重点排污单位"，其名录由设区的市级人民政府环境保护主管部门于每年 3 月 31 日之前向社会发布。对于市控重点污染源，目前很多地方的环境保护部门还没有开展相应的普遍的监督性监测。根据《企业事业单位环境信息公开办法》的规定，市控重点污染源应当由企业事业单位自行开展污染源排放监测，并由企业事业单位自行向社会公开监测信息。而国控污染源则既有义务对污染物排放情况进行自行监测并向社会公开，也有义务接受环境保护主管部门的监督性监测，并由环境保护主管部门向社会发布监督性监测信息。因此，根据上述法律和规章、规范性文件的规定，目前环境保护部门有法定公开义务的监督性监测信息主要是指国控污染源的监督性监测信息。本部分内容将对各省、市级环境保护部门履行国控污染源监督性监测信息公开义务的情况进行评估。

(2) 评估数据。

2016 年，各省级环境保护部门公开国控重点污染源监督性监测信息的情况与 2015 年的情况相比没有任何进步。在 2015 年中，除西藏自治区外，全国其他各省、自治区、直辖市环境保护部门都公开了国控重点污染源的监督性监测信息，但个别地方存在公开不完整或不持续公开的问题。内蒙古自治区环境保护厅自 2015 年 3 月 9 日之后，直至目前（2017 年 2 月），再也没有更新过辖区内国控重点污染源的监督性监测信息；青海省的国控重点污染源监督性监测信息也只更新到 2015 年第三季度。其他省、自治区、直辖市则都按照相关规定依法公开了国控污染源监督性监测信息。总体而言，公开率为 90%。[1] 具体情况请见表 2.4。

表 2.4　各省级环境保护部门履行国控污染源监督性监测信息的情况

省　份	是否公开	公开形式	备　注	公开是否及时
北　京	√	季报	查询日期 2016.12.11	√
天　津	√	季报、月报（重金属）	查询日期 2016.12.11，月报更新至 2016 年 10 月	√
河　北	√	季报	查询日期 2016.12.11，第四季度尚未公开	√

---

〔1〕 2015 年的这一数据为 97%，2016 年的统计数据之所以下降，原因是内蒙古和青海两省区分别于 2015 年第一季度和第三季度公开了相关监测信息，但之后未再进行更新。所以在统计 2015 年数据时，上述两省区被统计在了"公开"项目中；而在统计 2016 年数据时，则将上述两省区统计在了"未公开"项目中。

续表

省　份	是否公开	公开形式	备　　注	公开是否及时
山　西	√	季报	查询日期 2016.12.11，第四季度尚未公开	√
内蒙古	×	—	只能检索到 2015 年 3 月 9 日的监督监测信息	—
黑龙江	√	月报	查询日期 2016.12.11，更新至 2016 年 10 月	√
吉　林	√	季报	查询日期 2016.12.11，更新至 2016 年 8 月	×
辽　宁	√	季报、月报、月报（污水处理）	查询日期 2016.12.11，月报更新至 2016 年 10 月，季报至 2016 年第二季度	√
新　疆	√	季报	查询日期 2016.12.11	√
青　海	×	—	只能检索到 2015 年第三季度的监督性监测信息	—
宁　夏	√	季报	查询日期 2016.12.11，只更新至 2016 年第二季度	×
甘　肃	√	季报	查询日期 2016.12.11，2016 年第四季度尚未公开	√
陕　西	√	月报	查询日期 2016.12.11，仅公开了 2016 年 1 月和 2 月信息	×
四　川	√	季报	查询日期 2016.12.11，仅更新至 2016 年 8 月	×
重　庆	√	季报	查询日期 2016.12.11，2016 年第四季度尚未公开	√
贵　州	√	月报	查询日期 2016.12.11，更新至 2016 年 10 月	√
云　南	√	季报	查询日期 2016.12.11，2016 年第四季度尚未公开	√
西　藏	×	—	未检索到相关信息	—
河　南	√	季报	查询日期 2016.12.11，2016 年第四季度尚未公开	√
湖　北	√	季报	查询日期 2016.12.11	√
湖　南	√	季报	查询日期 2016.12.11	√

续表

省 份	是否公开	公开形式	备 注	公开是否及时
山 东	√	季报	查询日期 2016.12.11，仅更新至 2016 年 8 月	×
江 苏	√	季报、月报（30 万千瓦电厂）	查询日期 2016.12.11，月报更新至 2016 年 11 月	√
上 海	√	季报	查询日期 2016.12.11，2016 年第四季度尚未公开	√
安 徽	√	季报	查询日期 2016.12.11，2016 年三、四季度尚未公开	×
浙 江	√	季报	查询日期 2016.12.11，2016 年第四季度尚未公开	√
福 建	√	定期、实时	查询日期 2016.12.11	√
江 西	√	季报	查询日期 2016.12.11，2016 年第四季度尚未公开	√
广 东	√	季报、月报	查询日期 2016.12.11，2016 年第四季度尚未公开	√
广 西	√	季报	查询日期 2016.12.11，2016 年第四季度尚未公开	√
海 南	√	季报	查询日期 2016.12.11，2016 年第四季度尚未公开	√

2016 年，全国 70 个地级以上主要大中城市（除北京、天津、上海和重庆）中，67 个城市的环境保护部门公开了辖区内国控重点污染源的监督性监测信息，占比为 96%；未查询到拉萨、合肥和惠州三个城市的相关信息。具体情况请见表 2.5。

表 2.5 各大中城市环境保护部门履行国控污染源监督性监测信息的情况

城 市	是否公开	公开形式	备 注	公开是否及时
拉 萨	×	—	查询日期 2016.12.14，未查询到政府网站	—
呼和浩特	√	季报	查询日期 2016.12.14	√

续表

城 市	是否公开	公开形式	备 注	公开是否及时
银 川	√	月报	查询日期 2016.12.14，只查询到 2016 年 1 月的数据	×
南 宁	√	季报、月报	查询日期 2016.12.14，月报公开至 2016 年 11 月，季报第四季度尚未公开	√
乌鲁木齐	√	季报	查询日期 2016.12.14，第四季度尚未公开	√
石家庄	√	季报	查询日期 2016.12.14，第四季度尚未公开	√
太 原	√	季报	查询日期 2016.12.14，第四季度尚未公开	√
沈 阳	√	月报	查询日期 2016.12.14，公开至 2016 年 11 月	√
长 春	√	季报	查询日期 2016.12.14，2016 年第三、四季度尚未公开	×
哈尔滨	√	季报	查询日期 2016.12.14	√
南 京	√	季报、月报	查询日期 2016.12.13，月报公开至 2016 年 11 月，第四季度季报尚未公开	√
杭 州	√	季报、月报	查询日期 2016.12.13，月报公开至 2016 年 11 月，第四季度季报尚未公开	√
合 肥	×	—	查询日期 2016.12.13，未检索到相关信息	—
福 州	√	定期、季报	查询日期 2016.12.13，第四季度季报尚未公开	√
南 昌	√	季报	查询日期 2016.12.13，第四季度季报尚未公开	√
济 南	√	系统实时、月报	查询日期 2016.12.13	√
郑 州	√	月报	查询日期 2016.12.13，只公开至 2016 年 5 月	×
武 汉	√	季报	查询日期 2016.12.13	√
长 沙	√	季报	查询日期 2016.12.13	√
广 州	√	季报	查询日期 2016.12.13	√
海 口	√	季报	查询日期 2016.12.13	√

续表

城 市	是否公开	公开形式	备 注	公开是否及时
成 都	√	季报	查询日期 2016.12.13	√
贵 阳	√	月报	查询日期 2016.12.13，只公开至 2016 年 9 月	×
昆 明	√	季报	查询日期 2016.12.13	√
西 安	√	季报	查询日期 2016.12.13	√
兰 州	√	季报	查询日期 2016.12.13，2016 年第四季度尚未公开	√
西 宁	√	季报	查询日期 2016.12.13，只公开了 2016 年第一季度	×
唐 山	√	定期	查询日期 2016.12.13	√
大 连	√	季报	查询日期 2016.12.13，2016 年第四季度尚未公开	√
无 锡	√	月报	查询日期 2016.12.13，公开至 2016 年 11 月	√
青 岛	√	季报、月报	查询日期 2016.12.13，月报公开至 2016 年 10 月，第四季度季报尚未公开	√
宁 波	√	月报	查询日期 2016.12.13，月报公开至 2016 年 11 月	√
邯 郸	√	季报	查询日期 2016.12.13，第四季度尚未公开	√
苏 州	√	季报	查询日期 2016.12.13，第四季度尚未公开	√
徐 州	√	月报	查询日期 2016.12.13，公开至 2016 年 11 月	√
秦皇岛	√	季报	查询日期 2016.12.13，2016 年第三、四季度尚未公开	×
邢 台	√	季报	查询日期 2016.12.13，2016 年第四季度尚未公开	√
保 定	√	季报	查询日期 2016.12.13，2016 年第四季度尚未公开	√
张家口	√	定期	查询日期 2016.12.13	√
承 德	√	季报	查询日期 2016.12.13，2016 年第四季度尚未公开	√

续表

城 市	是否公开	公开形式	备 注	公开是否及时
沧 州	√	定期	查询日期 2016.12.13	√
廊 坊	√	定期	查询日期 2016.12.13	√
衡 水	√	季报	查询日期 2016.12.13，2016 年第四季度尚未公开	√
常 州	√	季报	查询日期 2016.12.13	√
南 通	√	季报、月报	查询日期 2016.12.13，月报公开至 2016 年 11 月，第四季度季报尚未公开	√
连云港	√	月报	查询日期 2016.12.13，公开至 2016 年 11 月	√
淮 安	√	季报、月报	查询日期 2016.12.13，月报公开至 2016 年 10 月，第四季度季报尚未公开	√
盐 城	√	月报	查询日期 2016.12.13，公开至 2016 年 11 月	√
扬 州	√	季报、月报	查询日期 2016.12.13	√
镇 江	√	季报	查询日期 2016.12.13	√
泰 州	√	定期	查询日期 2016.12.13	√
宿 迁	√	季报	查询日期 2016.12.13	√
温 州	√	月报	查询日期 2016.12.13，公开至 2016 年 11 月	√
嘉 兴	√	定期	查询日期 2016.12.13	√
湖 州	√	定期	查询日期 2016.12.13	√
绍 兴	√	定期	查询日期 2016.12.13	√
金 华	√	定期	查询日期 2016.12.13	√
衢 州	√	月报	查询日期 2016.12.13，公开至 2016 年 11 月	√
舟 山	√	月报	查询日期 2016.12.13，公开至 2016 年 11 月	√
台 州	√	月报	查询日期 2016.12.13，月报公开至 2016 年 11 月，第四季度季报尚未公开	√
丽 水	√	月报	查询日期 2016.12.13，公开至 2016 年 11 月	√

续表

城 市	是否公开	公开形式	备　　注	公开是否及时
厦　门	√	季报	查询日期 2016.12.13，2016 年第三、四季度尚未公开	×
深　圳	√	定期	查询日期 2016.12.13	√
珠　海	√	季报	查询日期 2016.12.13	√
佛　山	√	季报	查询日期 2016.12.13	√
江　门	√	月报	查询日期 2016.12.13，公开至 2016 年 11 月	√
肇　庆	√	月报	查询日期 2016.12.13，公开至 2016 年 10 月	√
惠　州	×	—	查询日期 2016.12.13，未检索到相关信息	—
东　莞	√	季报	查询日期 2016.12.13，2016 年第四季度尚未公开	√
中　山	√	季报	查询日期 2016.12.13	√

(3) 评估结论及反映出的问题。

第一，国控重点污染源监督性监测信息公开不及时问题较为严重。省级和市级环境保护部门公开国控重点污染源监督性监测信息的比例分别达到 90% 和 96%，这方面表现情况良好。但在调查中发现，在 101 个被查询的环境保护部门中，有 13 个环境保护部门存在更新信息缓慢、公开不及时的问题，[1] 这 13 个环境保护部门分别为：吉林省、宁夏回族自治区、陕西省、四川省、山东省、安徽省的环境保护厅和银川、长春、郑州、贵阳、西宁、秦皇岛和厦门市的环境保护局。再加上未公开国控重点污染源监督性监测信息的 3 个省级环境保护部门和 3 个市级环境保护部门，在 2016 年中，共有 19 个环境保护部门存在未依法公开国控重点污染源监督性监测信息的情况，占比为 19%。整体的公开情况请见图 2.3。

---

[1] 课题组查询信息的时间是在 2016 年 12 月中旬，对于采用季报形式公开监测信息的，应至少公开至 2016 年第三季度；采用月报形式公开监测信息的，应公开至 2016 年 11 月（对于只公开至 2016 年 10 月的，调查组也同样作出了"及时公开"的判断）。因此，在查询时发现季报未公开至 2016 年第三季度、月报未公开至 2016 年 10 月份的，课题组均认定为"未及时公开"。

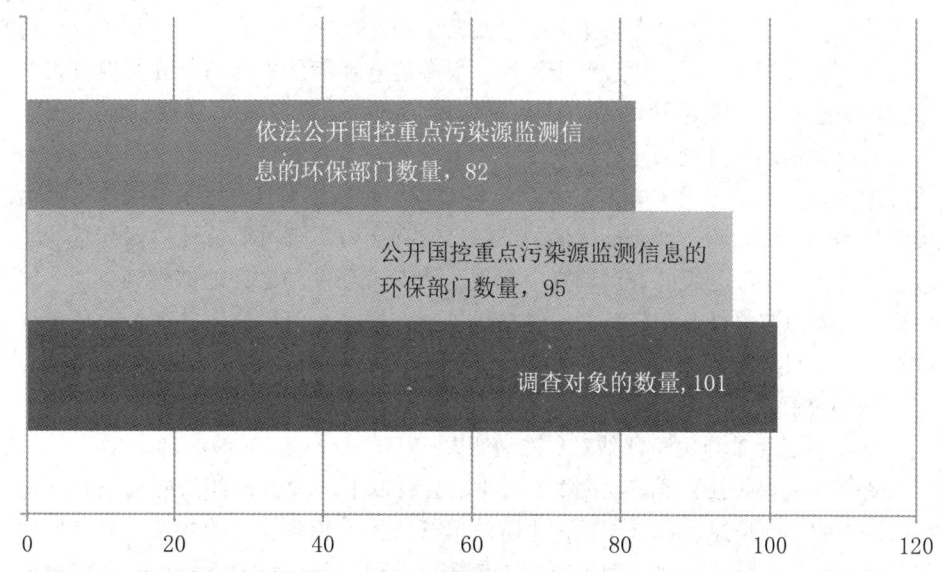

图 2.3　101 个环境保护部门 2016 年国控重点污染源监督性监测信息公开情况统计

第二，现行有关污染源监测信息公开的规定不能完全满足保障公众环境信息知情权的需要。

首先，公众通过政府信息公开渠道获得的污染源监测信息有限。按照目前法律和相关规定，环境保护部门通过政府信息公开渠道向公众公开的污染源监测信息仅限于国控重点污染源的监督性监测信息，立法尚未将非国控重点污染源和其他污染源的监测信息纳入政府信息公开的范畴。对于国控重点污染源以外的其他污染企业事业单位的污染物排放监测信息，公众只能通过企业事业单位信息公开的渠道予以获得，但目前企业事业单位环境信息公开领域中的立法和执法状况难以保障公众的信息知情权：①企业事业单位环境信息公开的前提是企业事业单位属于设区的市级环境保护部门发布的市控重点排污单位名录中的企业事业单位，而如前文所述，目前很多地方的市级环境保护部门尚未发布辖区内的重点排污单位名录。②大量的小、散、乱污染源（非重点排污单位）完全游离于环境保护部门的监测监管之外，公众更不可能获知其具体排放数据，这成为环境监管和环境信息公开中的一大难点。③被列入市控重点排污单位的企业事业单位履行环境信息公开义务的情况不够理想。有很多企业事业单位即便被列入名录，至今也未公开任何环境信息。还有一些企业事业单位虽然公开了自己的环境信息，但公开途径、期限和公开内容等方面不够规范，使公众在事实上很难获得相关数据。

其次，仅针对国控重点污染源监督性监测信息的公开而言，目前相关规定的监测信息公开频率过低。通过调查发现，很多地方环境保护部门公开国控重点污染源监督性监测信息采用的是月报或季报的形式，虽然这并不违反《环境保护法》和相关信息公开的规定，但对于维护公众环境信息知情权来说显然不够。目前（2017年2月）很多环境保护部门已经实现了对排放大气和废水的国控重点污染源的实时在线监测，因此环境保护部门已经有能力实现对监督性监测信息的实时在线发布。在课题组的查询调查中发现，济南市环保局已经能够做到省控、国控重点污染源监督性监测信息的实时在线发布，这一点值得全国其他各地环境保护部门的学习与借鉴。

5. 环境行政许可决定公开情况

（1）制度背景与关于评估对象的说明。

新《环境保护法》第54条第2款规定县级以上环境保护部门应当公开环境行政许可的政府信息。根据相关污染防治单行法律和行政法规的规定，环境保护部门享有许可权限的行政管理事项大体包括建设项目环境影响评价审批、建设项目竣工环境保护验收审批、排污许可证核发、排放污染物申报登记、防止污染设施拆除或闲置许可、建筑施工噪声和夜间连续作业施工噪声审批、放射线装置活动单位辐射安全许可、危险废物转运联单许可和危险废物经营许可等。上述环境行政许可事项中，目前（2017年2月）最主要的是建设项目环境影响评价审批和建设项目竣工环境保护验收审批两项。课题组针对上述两项行政许可，查询调查各地环境保护部门履行环境行政许可决定信息公开义务的情况。

（2）评估数据。

环境行政许可决定的公开情况良好。在101个查询对象中，依法公开建设项目环境影响评价审批结果的环境保护部门有91个，依法公开建设项目环境保护验收审批结果的环境保护部门有88个，分别占比90%和87%。未公开环评审批结果的环保厅（局）包括：吉林、青海、湖北、拉萨、银川、长春、武汉、唐山、无锡和江门；未公开竣工环保验收审批结果的环保厅（局）包括：湖北、拉萨、太原、武汉、贵阳、兰州、唐山、无锡、徐州、邢台、保定、张家口和舟山。既未公开环评审批结果，也未公开竣工环保验收审批结果的有湖北省环保厅和拉萨、武汉、唐山及无锡市环保局，这几个环境保护部门在环境行政许可决定的公开方面做得较差。具体情况请见表2.6和表2.7。

表 2.6 各地环境保护部门公开环境影响报告书（表）审批决定的情况

省市	是否公开	备注	省市	是否公开	备注
北京	√		海口	√	未公开审批决定全文
天津	√		成都	√	
河北	√	许可决定全文链接无法打开	贵阳	√	
山西	√		昆明	√	
内蒙古	√		西安	√	
黑龙江	√		兰州	√	未公开审批决定全文
吉林	×	未检索到许可决定（只有受理、拟审批的通知）	西宁	√	
辽宁	√		唐山	×	未检索到2016年的审批决定信息
新疆	√	未公开审批决定全文	大连	√	
青海	×	没有2016年的信息	无锡	×	只有拟批准通知，没有审批决定公示
宁夏	√		青岛	√	
甘肃	√	9月审批决定未全文公开	宁波	√	
陕西	√	未公开审批决定全文	邯郸	√	
四川	√		苏州	√	
重庆	√		徐州	√	
贵州	√		秦皇岛	√	未公开审批决定全文
云南	√		邢台	√	
西藏	√		保定		
河南	√		张家口		
湖北	×	未检索到相关信息	承德	√	
湖南	√		沧州	√	
山东	√		廊坊	√	未公开审批决定全文

续表

省　市	是否公开	备　　注	省　市	是否公开	备　　注
江　苏	√		衡　水	√	
上　海	√	审批决定全文链接无法打开	常　州	√	
安　徽	√		南　通	√	环保局网站不公示，在行政审批局公示
浙　江	√		连云港	√	
福　建	√		淮　安	√	未公开审批决定全文
江　西	√		盐　城	√	
广　东	√		扬　州	√	
广　西	√		镇　江	√	
海　南	√		泰　州	√	
拉　萨	×	未查询到政府网站	宿　迁	√	
呼和浩特	√		温　州	√	
银　川	×	未检索到2016年的信息	嘉　兴	√	
南　宁	√		湖　州	√	
乌鲁木齐	√		绍　兴	√	
石家庄	√	未公开审批决定全文	金　华	√	
太　原	√		衢　州	√	
沈　阳	√		舟　山	√	
长　春	×	未检索到2016年作出的审批决定，只有拟审批的信息	台　州	√	
哈尔滨	√		丽　水	√	
南　京	√		厦　门	√	
杭　州	√		深　圳	√	
合　肥	√		珠　海	√	
福　州	√		佛　山	√	

续表

省　市	是否公开	备　注	省　市	是否公开	备　注
南　昌	√		江　门	×	只公示了受理与拟审批信息
济　南	√		肇　庆	√	
郑　州	√		惠　州	√	
武　汉	×	无2016年的信息（打开乱码）	东　莞	√	
长　沙	√		中　山	√	
广　州	√				

表2.7　各地环境保护部门公开建设项目竣工环保验收审批决定的情况

省　市	是否公开	备　注	省　市	是否公开	备　注
北　京	√		海　口	√	未公开批准决定的全文
天　津	√		成　都	√	
河　北	√	批准决定全文链接无法打开	贵　阳	×	未检索到相关审批决定（只有拟批准信息）
山　西	√		昆　明	√	
内蒙古	√		西　安	√	
黑龙江	√		兰　州	×	未检索到相关审批决定
吉　林	√		西　宁	√	未公开批准决定的全文
辽　宁	√		唐　山	×	未检索到相关审批决定
新　疆	√	未公开批准决定的全文	大　连	√	
青　海	√		无　锡	×	未检索到相关审批决定（只有拟批准信息）
宁　夏	√		青　岛	√	
甘　肃	√		宁　波	√	
陕　西	√		邯　郸	√	
四　川	√		苏　州	√	

续表

省 市	是否公开	备 注	省 市	是否公开	备 注
重 庆	√		徐 州	×	未检索到相关审批决定
贵 州	√		秦皇岛	√	未公开批准决定的全文
云 南	√		邢 台	×	有清单目录链接，但是文件无法下载和浏览
西 藏	√		保 定	×	未检索到相关审批决定
河 南	√		张家口	×	未检索到相关审批决定
湖 北	×	未检索到相关信息	承 德	√	
湖 南	√		沧 州	√	
山 东	√		廊 坊	√	未公开批准决定的全文
江 苏	√		衡 水	√	
上 海	√	批准决定全文链接无法打开	常 州	√	
安 徽	√		南 通	√	环保局网站不公示，在行政审批局公示
浙 江	√		连云港	√	
福 建	√		淮 安	√	未公开批准决定的全文
江 西	√		盐 城	√	
广 东	√		扬 州	√	
广 西	√		镇 江	√	
海 南	√		泰 州	√	
拉 萨	×	未查询到政府网站	宿 迁	√	未公开批准决定的全文
呼和浩特	√	未公开批准决定的全文	温 州	√	
银 川	√	未公开批准决定的全文	嘉 兴	√	
南 宁	√	未公开批准决定的全文	湖 州	√	
乌鲁木齐	√		绍 兴	√	
石家庄	√	未公开批准决定的全文	金 华	√	
太 原	×	未检索到相关审批决定	衢 州	√	

续表

省　市	是否公开	备　注	省　市	是否公开	备　注
沈　阳	√		舟　山	×	未检索到相关审批决定，只有拟作出的公示
长　春	√	未公开批准决定的全文	台　州	√	
哈尔滨	√	未公开批准决定的全文	丽　水	√	
南　京	√		厦　门	√	
杭　州	√		深　圳	√	
合　肥	√		珠　海	√	
福　州	√		佛　山	√	
南　昌	√		江　门	√	
济　南	√		肇　庆	√	未公开批准决定的全文
郑　州	√		惠　州	√	
武　汉	×	未检索到相关审批决定（打开乱码）	东　莞	√	
长　沙	√		中　山	√	
广　州	√				

(3) 评估结论及反映出的问题。

从上述表格的统计情况可以看出环境行政许可决定的公开情况良好。但在评估中课题组也发现，各地在公开环境行政许可决定的具体形式方面做法并不统一。有的既公开建设项目的基本信息、审批结果，也公开审批决定书的全文；有的则只公开建设项目的基本信息和审批结果，不公开审批决定的全文。

应当肯定的是，只公开建设项目的基本信息和审批结果并不违反法律的规定。《环境信息公开办法（试行）》第11条规定了环保部门应当在职责权限范围内向社会主动公开政府环境信息包括建设项目环境影响评价文件受理情况，受理的环境影响评价文件的审批结果和建设项目竣工环境保护验收结果，其他环境保护行政许可的项目、依据、条件、程序和结果，因此，环境保护部门只要公开受理的环境影响评价文件的审批结果和建设项目竣工环境保护验收结果就已属依法履行相关的信息公开义务。但公众对建设项目环评或竣工环保验收的关注可能并不仅限于了解相关的审批结果，为了能够更好地行使参与权、提出更有价值或说服力的参与性意见，公众往往要对行政机关对建设项目所作的审批决定的具体内容，包括建设项目具体情况及行政审批的依据、条件、程序和结果等予以了解和知悉。因此，环境保护部门如果能在公开相关审批结果的基础上再公开审批决定的全文则更加符合环境信息公开制度的初衷，更具行政合理性。

在调查评估中，课题组发现大多数环境保护部门都在其官方网站公开了环境行政审批决定的全文。在建设项目环评审批公开方面，有80个环境保护部门公开了环评报告审批决定的全文；在建设项目竣工环保验收审批公开方面，有72个环境保护部门公开了建设项目竣工环保验收审批决定全文。以上分别占比79%和71%。课题组建议，为了更好地贯彻履行新《环境保护法》规定的环境保护部门的政府环境信息公开义务，环境保护部门可适时修订《环境信息公开办法（试行）》，将环境行政许可决定全文的公开作为各级环境行政许可机关的法定义务。

6. 环境行政处罚决定的公开情况

（1）制度背景和对评估对象的说明。

新《环境保护法》第54条第2款除了规定县级以上环境保护部门应当公开环境行政许可的信息外，还应当公开环境行政处罚的相关信息。《环境信息公开办法（试行）》第11条第12项也规定环境保护部门应当公开"环境行政处罚、行政复议、行政诉讼和实施行政强制措施的情况"。据此，课题组评估了各省（自治区、直辖市）和全国其他70个大中城市环境保护部门公开环境行政处罚信息的情况。

在实践中，环境行政处罚程序因行为人实施环境违法行为而启动，而大多数环境违法行为均具有持续性的特征，如违法排放污染物，故对需要实施处罚的环境违法行为，如环境保护部门发现违法行为时违法行为仍持续实施的，环境保护部门应依照法律或法规的规定对其作出处罚决定的同时责令其改正违法行为。责令改正违法行为在实践中包括"责令停止生产""责令停止建设""责令停止违法排污行为"等具体形态，根据行政行为的分类，责令改正违法行为属于行政强制措施（或称"行政命令"），其目的不在于惩戒而在于纠正违法状态和保护公共利益免受侵害，因此责令改正违法行为不属于行政处罚。但由于实践中责令改正违法行为这种行政命令往往与行政处罚决定因同一违法行为而引发，并可以同时实施，所以其与行政处罚决定具有极密切的联系。因此，课题组在评估环境行政处罚信息公开情况的同时也评估了责令改正违法行为这种行政命令的信息公开情况，据以分析实践中环境行政处罚与责令改正违法行为这两种行政处理决定的实施情况。

(2) 评估数据。

在环境行政处罚信息的公开方面，全国大多数环境保护部门都能在其官方网站公开行政处罚案件的信息。以上这句话包含了以下几个方面的含义：①少数环境保护部门未公开 2016 年任何环境行政处罚案件的信息，这些环境保护部门是青海省、西藏自治区、黑龙江省、吉林省和辽宁省环境保护厅以及拉萨市、沈阳市、西安市、唐山市、衡水市、湖州市、绍兴市和惠州市环境保护局。在 101 个调查对象中，根本未公开行政处罚信息的占比为 13%。②较多环境保护部门敷衍应付环境信息公开职责，选择性公开行政处罚案件的信息，如内蒙古自治区环境保护厅 2016 年只公开了 4 起行政处罚案件信息，湖南省、山东省和安徽省环境保护厅 2016 年各自只公开了 1 起行政处罚案件信息；江苏省徐州市环境保护局在 316 起行政处罚案件中，只公开了其中 61 起案件的信息……这类不完全公开行政处罚案件信息的环境保护部门（包括公开案件数量明显偏少的）共计 68 个（其中省级环境保护部门 24 个，市级环境保护部门 44 个），占比达 67%。③在行政处罚信息公开方面做得较好的环境保护部门有 20 个，占比 20%。具体情况请见表 2.8 和表 2.9。

表 2.8　各省级环境保护部门公开环境行政处罚决定和责令改正决定的情况[1]

省　份	公开的案件数量	公开行政处罚决定的数量	公开责令改正决定的数量	是否公开行政处理决定全文	案件是否全部公开	备　注
北　京	134	110	24	√	×	未公开 36 份行政处罚决定
天　津	45	41	4	√	×	未公开 6 份行政处罚决定
河　北	32	10	22	√	×	未公开 9 份处罚决定和 505 份责令改正决定
山　西	58	58	0	√	×	未公开 489 份行政处罚决定，无责令改正决定
内蒙古	4	4	0	√	—	无法判断是否公开所有案件

[1]　上述表格中的数据查询日期截至 2016 年 12 月 19 日。

续表

省 份	公开的案件数量	公开行政处罚决定的数量	公开责令改正决定的数量	是否公开行政处理决定全文	案件是否全部公开	备 注
黑龙江	0	0	0	×	×	未检索到2016年的案件信息
吉 林	0	0	0	×	×	
辽 宁	0	0	0	×	×	
新 疆	39	21	18	×	—	只公开3个案件的处理决定全文，案件均未编号，无法判断是否完整公开所有案件
青 海	0	0	0	×	×	未检索到2016年的案件信息（只有2012年之前的案件信息）
宁 夏	13	13	0	×	—	只公开了2个案件的处理决定全文
甘 肃	8	8	0	×	—	只公开6个案件的处理决定全文
陕 西	51	23	28	√	√	
四 川	10	10	0	√	×	未公开15份行政处罚决定
重 庆	583	524	59	√	×	未公开21份行政处罚决定和102份责令改正决定
贵 州	6	2	4	√	×	未公开1份行政处罚决定和4份责令改正决定
云 南	27	15	12	√	×	未公开1份行政处罚决定和1份责令改正决定
西 藏	0	0	0	×	×	未检索到2016年的案件信息（只有2013年之前的案件信息）
河 南	7	6	1	√	×	未公开23份责令改正决定
湖 北	2	2	0	√	×	未公开39份行政处罚决定
湖 南	1	1	0	√	—	无法判断是否公开所有案件

续表

省 份	公开的案件数量	公开行政处罚决定的数量	公开责令改正决定的数量	是否公开行政处理决定全文	案件是否全部公开	备 注
山 东	1	1	0	√	—	无法判断是否公开所有案件
江 苏	37	37	0	√	√	
上 海	157	157	0	×	×	未公开20份行政处罚决定
安 徽	1	1	0	√	—	无法判断是否公开所有案件
浙 江	3	3	0	√	—	无法判断是否公开所有案件
福 建	2	2	0	√	—	无法判断是否公开所有案件
江 西	63	30	33	√	×	未公开2份行政处罚决定和44份责令改正决定
广 东	3	3	0	√	—	无法判断是否公开所有案件
广 西	14	14	0	√	×	未公开14份行政处罚决定。公开的行政处罚与责令改正决定的编号都是"桂环罚"开头
海 南	7	7	0	√	×	未公开1份行政处罚决定

表2.9 70个大中城市（除直辖市）环境保护部门公开环境行政处罚决定和责令改正决定的情况[1]

城 市	公开的案件数量	公开行政处罚决定的数量	公开责令改正决定的数量	是否公开行政处理决定全文	案件是否全部公开	备 注
拉 萨	0	0	0	×	×	未查询到政府网站
呼和浩特	72	72	0	×	—	未注明案件编号，无法判断是否完整公开全部案件

[1] 上述表格中的数据查询日期截至2016年12月31日。

续表

城　市	公开的案件数量	公开行政处罚决定的数量	公开责令改正决定的数量	是否公开行政处理决定全文	案件是否全部公开	备　注
银　川	131	131	0	×	×	未公开34份行政处罚决定
南　宁	299	248	51	×	√	未公开54份行政处罚决定全文和1份责令改正决定全文
乌鲁木齐	71	71	0	√	√	
石家庄	55	55	0	×	√	未公开55份行政处罚决定全文
太　原	14	14	0	×	×	未公开1份行政处罚决定
沈　阳	0	0	0	×	×	未查询到2016年案件信息
长　春	199	199	0	√	√	
哈尔滨	24	21	3	×	—	未公开6份行政处罚决定全文和3份责令改正决定全文，案件无编号，无法判断是否公开所有案件
南　京	309	229	80	√	×	未公开78份责令改正决定
杭　州	71	71	0	×	—	有的案件无编号，无法判断是否公开所有案件
合　肥	16	16	0	√	√	
福　州	31	31	0	×	—	案件无编号，无法判断是否公开所有案件
南　昌	69	69	0	×	√	
济　南	61	61	0	√	×	未公开4份行政处罚决定
郑　州	120	120	0	√	×	未公开5份行政处罚决定
武　汉	81	81	0	×	—	案件无编号，无法判断是否公开所有案件
长　沙	12	12	0	√	√	

续表

城　市	公开的案件数量	公开行政处罚决定的数量	公开责令改正决定的数量	是否公开行政处理决定全文	案件是否全部公开	备　注
广　州	54	54	0	√	×	未公开 3 份行政处罚决定
海　口	37	37	0	×	×	未公开 66 份行政处罚决定
成　都	76	76	0	√	√	
贵　阳	26	26	0	√	×	未公开 3 份行政处罚决定
昆　明	16	16	0	√	√	
西　安	0	0	0	×	×	未查询到 2016 年案件信息
兰　州	30	30	0	×	√	
西　宁	45	45	0	×	×	未公开 15 份行政处罚决定
唐　山	0	0	0	×	×	未查询到 2016 年案件信息
大　连	189	92	97	×	—	案件无编号，无法判断是否公开所有案件
无　锡	45	45	0	×	√	
青　岛	56	50	6	×	—	责令改正案件无编号，无法判断是否公开所有案件；6 份责令改正案件未公开责令改正决定的全文
宁　波	148	97	51	×	×	未公开 5 份责令改正决定
邯　郸	68	41	27	√	×	未公开 42 份行政处罚决定和 295 份责令改正决定
苏　州	89	89	0	×	√	
徐　州	62	61	1	√	×	未公开 255 份行政处罚决定和 101 份责令改正决定
秦皇岛	2	2	0	×	—	案件无编号，无法判断是否公开所有案件
邢　台	78	77	1	√	×	未公开 342 份行政处罚决定和 324 份责令改正决定
保　定	13	13	0	×	×	未公开 189 份行政处罚决定

续表

城 市	公开的案件数量	公开行政处罚决定的数量	公开责令改正决定的数量	是否公开行政处理决定全文	案件是否全部公开	备 注
张家口	12	12	0	×	—	案件无编号，无法判断是否公开所有案件
承 德	10	10	0	√	√	
沧 州	1	1	0	√	×	
廊 坊	6	6	0	×	—	案件无编号，无法判断是否公开所有案件
衡 水	0	0	0	×	×	未检索到2016年案件信息
常 州	54	54	0	√	×	未公开26份行政处罚决定
南 通	16	16	0	√	×	未公开3份行政处罚决定
连云港	10	8	2	√	×	未公开22份行政处罚决定和14份责令改正决定
淮 安	44	44	0	×	√	未公开22份行政处罚决定的全文
盐 城	33	33	0	×	—	案件无编号，无法判断是否公开所有案件
扬 州	18	18	0	√	×	未公开3份行政处罚决定
镇 江	10	10	0	√	×	未公开8份行政处罚决定
泰 州	13	13	0	×	×	未公开1份行政处罚决定
宿 迁	55	55	0	√	×	未公开38份行政处罚决定
温 州	26	26	0	√	√	
嘉 兴	21	21	0	√	×	未公开7份行政处罚决定
湖 州	0	0	0	×	×	只能查询到2015年以前的行政处罚案件信息，责令改正案件的链接有错误
绍 兴	0	0	0	×	×	未查询到2016年案件信息
金 华	150	150	0	×	×	未公开19份行政处罚决定
衢 州	4	4	0	×	—	无法判断是否公开所有案件

续表

城 市	公开的案件数量	公开行政处罚决定的数量	公开责令改正决定的数量	是否公开行政处理决定全文	案件是否全部公开	备　注
舟　山	7	7	0	×	—	无法判断是否公开所有案件
台　州	10	10	0	×	—	无法判断是否公开所有案件
丽　水	63	63	0	√	×	未公开87份行政处罚决定
厦　门	128	65	63	√	×	未公开17份行政处罚决定和23份责令改正决定
深　圳	104	104	0	√	√	
珠　海	383	139	244	√	×	未公开1份行政处罚决定
佛　山	69	30	39	√	×	未公开4份行政处罚决定，责令改正决定未标明编号，无法判断是否公开所有责令改正决定。
江　门	291	152	139	√	×	未公开17份行政处罚决定和8份责令改正决定
肇　庆	113	61	52	√	×	未公开23份责令改正通知
惠　州	0	0	0	×	×	未查询到2016年数据
东　莞	7294	3761	3533	√	√	
中　山	207	207	0	√	√	

（3）评估结论及发现的问题。

第一，大多数环境保护部门只公开了部分行政处罚案件的信息。从上述评估数据可以明显看出，在环境行政处罚信息的公开方面，各地环境保护部门普遍做得不好，大多数环境保护部门都只是公开了部分行政处罚案件的信息。这一特点也可从图2.4中看出：

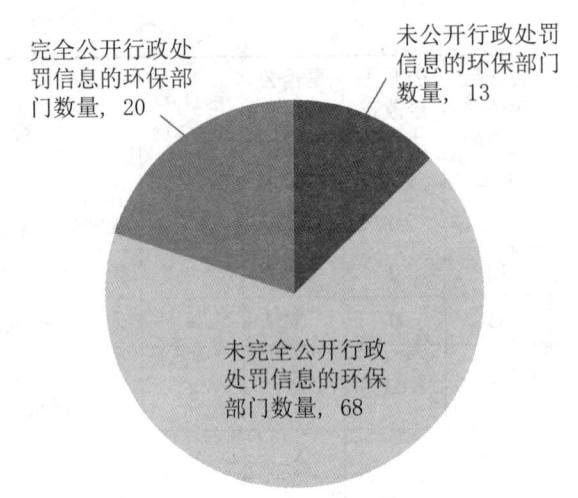

图 2.4　环境行政处罚信息公开情况

（饼图数据：完全公开行政处罚信息的环保部门数量，20；未公开行政处罚信息的环保部门数量，13；未完全公开行政处罚信息的环保部门数量，68）

对于多数环境保护部门只公开部分行政处罚案件信息的问题，课题组成员与部分环境保护部门工作人员进行了交谈。通过交谈得知造成上述问题的主要原因还是思想上重视程度不够。有环境保护部门工作人员解释到，公众一般对环境质量的信息较为关注，而对行政许可、行政处罚之类的信息关注度并不高。这一点从网页的点击量就可以看出来，有很多行政处罚决定公示网页的点击量仅是个位数，使得他们认为行政处罚信息的公开不够重视，认为必要性不大。再加之基层环境保护部门和环境监察机构工作人员工作繁忙，需要将大量的时间和精力花在案件调查、处理及突发环境事件应急上，所以没有过多精力关注环境行政处罚信息的公开。

对此，课题组认为环境行政处罚信息没有过高的关注度是由其内容所决定的，一般只有被处罚人或行政处罚案件的利害关系人会对行政处罚决定的具体内容有所关注。但这不能成为否定环境行政处罚信息公开必要性的理由。除了被处罚人之外，行政处罚案件的利害关系人从维护自身环境权益的角度出发也会极为重视获取行政处罚决定书中陈述的案件事实及作出处罚决定的法定依据和程序等内容，这对于利害关系人维护其合法权益具有极为重要的意义。另外，任何环境行政处罚案件都会影响到不特定公众的环境利益，目前《环境保护法》已经规定了环境公益诉讼制度，公众在对污染者提起环境公益诉讼之前有必要对国家环境保护行政主管部门对污染企业已采取的治理措施进行了解，而相关的行政处罚决定和责令改正决定是公众获取相关信息的重要来源。因此，不能因为信息点击量不大而否定环境行政处罚信息公开的必要性。各级、各地环境保护部门应当正确认识环境信息公开工作的重要性，在日常工作中加强在环境信息公开方面的人员与财政投入。

第二，较多环境保护部门存在在行政处罚决定中作出责令改正决定的现象。

从统计情况中可以看出，很多地方环境保护部门仅公开了行政处罚决定，而没有同时公开对同一违法行为的责令改正决定。之所以出现这一现象，是因为在这些环境保护部门作出的行政处罚决定中包含了责令违法者改正违法行为的强制措施的内容。从行政行为的分类上来看，责令改正决定属于行政强制措施（也称"行政命令"），而行政强制措施是与行政处罚相并列的一种行政行为。二者的区别在于行政处罚的目的在于惩戒，而行政强制措施的目的在于纠正违法行为或违法状态，保护公民合法权益免受不法行为侵害。一般而言，针对具有持续性特征的违法排污等行为，在作出行政处罚决定的同时，还应当同时作出责令改正违法行为的决定，以纠正违法排污的状态。但由于这两个决定分属不同行政行为，故要求查处案件的环境保护部门应当分别作出行政处罚决定和责令改正决定。

这样区分的目的在于环境保护部门作出上述两种行政行为的法律依据不同。行政处罚决定的作出须依照《行政处罚法》所规定的程序和法定权限，而作出责令改正决定须遵守《行政强制法》的规定。由此决定了行政相对人对环境保护部门作出的上述两种行政行为如有不服，则采取救济措施时的法律依据也有所不同。因此，环境保护部门在执法中应当严格区分行政处罚决定与责令改正决定。但从上述统计中可以发现，101个被调查对象中，有62个环境保护部门（16个省级环境保护部门和46个市级环境保护部门）在行政执法中存在用行政处罚决定代替或包含责令改正决定的现象，占比达到61%。

第三，行政处罚决定的全文公开未成为普遍现象。新《环境保护法》第56条第2款规定县级以上环境保护部门应当公开环境行政处罚的信息，但未明确规定环境保护部门应当公开环境行政处罚决定的全文。《环境信息公开办法（试行）》第11条也只是规定环境保护部门应当主动公开环境行政处罚的情况，并未明确说明环境保护部门应当公开行政处罚决定全文。因此，同环境行政许可信息的公开一样，现行立法并不要求环境保护部门公开环境行政处罚决定全文，环境保护部门只需公开行政处罚的相关简要信息即可满足立法规定的信息公开要求。但从上述统计情况可以看出，实践中，已有相当一部分环境保护部门对环境行政处罚决定书的全文进行了公开。在101个被调查对象中，公开处罚决定全文的有55个环境保护部门（包括22个省级环境保护部门和33个市级环境保护部门），占比为54%，且省级环境保护部门公开全文的占比（71%）要显著高于市级环境保护部门（47%）。这是值得称赞的现象，希望能有更多的环境保护部门能够在政府环境信息公开中主动公开环境行政许可和行政处罚等决定的全文，以更好地满足公众环境信息知情权的需要。

7. 排污费征收与使用情况的公开

（1）制度背景。

早在 2007 年制定的《环境信息公开办法（试行）》中就规定环境保护部门应当主动公开"排污费征收的项目、依据、标准和程序，排污者应当缴纳的排污费数额、实际征收数额以及减免缓情况"。新《环境保护法》第 56 条第 2 款又规定县级以上环境保护部门应当公开排污费征收和使用的情况。因此，关于排污费相关信息的公开，新《环境保护法》规定的亮点在于不仅要求环境保护部门公开排污费的征收信息，还要求环境保护部门公开排污费使用方面的信息。所以课题组调查评估了各地环境保护部门征收和使用排污费的政府信息的公开情况。

（2）评估数据。

排污费征收方面，101 个环境保护部门中有 88 个依法主动公开了排污费征收方面的信息，占比为 87%。未依法公开排污费征收信息的环境保护部门有四川省、西藏自治区的省级环境保护部门及拉萨市、昆明市、西安市、西宁市、青岛市、湖州市、舟山市、台州市、丽水市、佛山市和惠州市的市级环境保护部门。

而 101 个环境保护部门中竟然没有一个依法主动公开排污费使用方面的信息，面对《环境保护法》关于排污费使用信息公开的明确规定，这种公开情况不免让人大跌眼镜。具体情况请见表 2.10。

表 2.10　各地环境保护部门排污费征收与使用信息公开情况

省　市	排污费征收	排污费使用	省　市	排污费征收	排污费使用
北　京	√	×	海　口	√	×
天　津	√	×	成　都	√	×
河　北	√	×	贵　阳	√	×
山　西	√	×	昆　明	×	×
内蒙古	√	×	西　安	×	×
黑龙江	√	×	兰　州	√	×
吉　林	√	×	西　宁	×	×
辽　宁	√	×	唐　山	√	×
新　疆	√	×	大　连	√	×
青　海	√	×	无　锡	√	×

续表

省　市	排污费征收	排污费使用	省　市	排污费征收	排污费使用
宁　夏	√	×	青　岛	×	×
甘　肃	√	×	宁　波	√	×
陕　西	√	×	邯　郸	√	×
四　川	×	×	苏　州	√	×
重　庆	√	×	徐　州	√	×
贵　州	√	×	秦皇岛	√	×
云　南	√	×	邢　台	√	×
西　藏	×	×	保　定	√	×
河　南	√	×	张家口	√	×
湖　北	√	×	承　德	√	×
湖　南	√	×	沧　州	√	×
山　东	√	×	廊　坊	√	×
江　苏	√	×	衡　水	√	×
上　海	√	×	常　州	√	×
安　徽	√	×	南　通	√	×
浙　江	√	×	连云港	√	×
福　建	√	×	淮　安	√	×
江　西	√	×	盐　城	√	×
广　东	√	×	扬　州	√	×
广　西	√	×	镇　江	√	×
海　南	√	×	泰　州	√	×
拉　萨	×	×	宿　迁	√	×
呼和浩特	√	×	温　州	√	×
银　川	√	×	嘉　兴	√	×
南　宁	√	×	湖　州	×	×
乌鲁木齐	√	×	绍　兴	√	×

续表

省　市	排污费征收	排污费使用	省　市	排污费征收	排污费使用
石家庄	√	×	金　华	√	×
太　原	√	×	衢　州	√	×
沈　阳	√	×	舟　山	×	×
长　春	√	×	台　州	×	×
哈尔滨	√	×	丽　水	×	×
南　京	√	×	厦　门	√	×
杭　州	√	×	深　圳	√	×
合　肥	√	×	珠　海	√	×
福　州	√	×	佛　山	×	×
南　昌	√	×	江　门	√	×
济　南	√	×	肇　庆	√	×
郑　州	√	×	惠　州	×	×
武　汉	√	×	东　莞	√	×
长　沙	√	×	中　山	√	×
广　州	√	×			

（3）评估结论及反映出的问题。

全国各地排污费信息公开情况较差。首先是因为仍有较多环境保护部门（13个）未依法公开排污费征收方面的信息，未公开的占比为13%。鉴于排污费征收信息公开的立法实施已近十年［从2007年4月11日《环境信息公开办法（试行）》生效时算起至2017年2月］，这个公开情况并不能让人满意。其次是因为没有一个环境保护部门主动公开排污费使用方面的信息。

《排污费征收使用管理条例》第18条第1款明确规定："排污费必须纳入财政预算，列入环境保护专项资金进行管理，主要用于下列项目的拨款补助或者贷款贴息：①重点污染源防治；②区域性污染防治；③污染防治新技术、新工艺的开发、示范和应用；④国务院规定的其他污染防治项目。"第19条第2、3款规定："按照本条例第18条的规定使用环境保护专项资金的单位和个人，必须按照批准的用途使用。县级以上地方人民政府财政部门和环境保护行政主管部门每季度向本级人民政府、上级财政部门和环境保护行政主管部门报告本行政区域内环境保护专项资金的使用和管理情况。"第 20 条规定:"审计机关应当加强对环境保护专项资金使用和管理的审计监督。"可见,《排污费征收使用管理条例》将排污费使用情况的监督完全纳入政府监督的范畴,由本级政府、上级财政部门和上级环境保护部门监督排污费专项资金使用情况,并由审计部门进行审计。而《环境保护法》则将排污费的使用情况纳入公众监督的范畴,明确规定县级以上环境保护部门应当公开排污费的使用情况。但是到目前为止(2017 年 2 月),新《环境保护法》实施已逾两年,其规定的排污费使用信息公开几乎没有被任何环境保护部门贯彻实施过。

8. 各级环境保护部门履行环境信息公开义务的情况总结

(1) 环境保护部门在环境信息公开方面取得了一定的成绩。

在政府信息公开方面,新《环境保护法》生效实施后各地环境保护部门履行环境信息公开义务的情况可以被总结为喜忧参半。喜的是大多数环境保护部门能够按照《环境保护法》的要求主动在其官方网站公开涉及环境质量、环评、环保验收、行政处罚、行政收费和重点排污单位名录等方面的信息,而且有较多环境保护部门在信息公开方面的做法已经超出了法律规定的最低要求。例如,很多省、市环境保护部门不仅公开了环境行政许可、行政处罚的基本信息,还公开了相关行政许可、处罚决定的全文。因此,2015 年、2016 年各地环境保护部门在环境信息公开方面所做的工作给了公众在获取环境信息方面较大的便利,也方便了课题组对新《环境保护法》实施成效的评估工作。本次评估中的大量案例、数据,除了少数来自对地方环境保护部门和企业的调研之外,基本都是通过环境保护部门向社会公开的政府信息公开渠道所获得的。因此,本次评估中涉及的各种数据完全不涉及国家秘密、不能公开的问题。这是环境信息公开制度提供的便利。

(2) 环境保护部门在政府环境信息公开方面存在诸多不足。

而忧的则是各地环境保护部门在环境信息公开方面的工作总是不能让人感到 100% 的满意,总有缺憾,还存在一些普遍问题,这些问题可以概括为以下几个方面:

在环评报告书公开领域,环评报告书的全文公开仍然不是全部受调查环境保护部门的一致做法。在课题组查询的 101 个省、市环境保护部门中,仍有 15 个环境保护部门不予公开建设项目环评信息,或只公开环评报告书的简本而不是全文。

在重点排污单位名录公开方面,全国 74 个主要大中城市环境保护部门中,只有 18 个能完全做到依照法律规定的时限等要求公开重点排污单位的名录,却有 28 个环境保护部门未履行重点排污单位名录公开义务。

在污染源监测信息公开方面，各地环境保护部门普遍能够对国控重点污染源的监测信息予以公开发布，但存在较为普遍的信息更新不及时的问题。课题组查询的101个省、市环境保护部门中，能做到依法公开国控重点污染源监测信息的环境保护部门为82个，虽然占比较高但仍不够理想。当然，在污染源监测信息公开方面也有做得比较好的，比如济南市环保部门，不仅在网上公开了辖区内国控、省控重点污染源的监测信息，还能做到监测信息的实时发布，对于公众及时了解重点污染源的排放情况奠定了良好的技术基础。

在环境行政许可和行政处罚决定公开方面存在的不足主要有两点：一是个别地方环境保护部门未公开任何环境行政处罚和环境行政许可的信息。例如，黑龙江、吉林、辽宁、青海、西藏等省、自治区人民政府环境保护部门未在网站上公开任何2016年的环境行政处罚决定书和责令改正通知书。二是很多地方环境保护部门存在公开行政许可和行政处罚决定不完整的情况，即选择性公开。例如，有很多省、市在其网站上只公开了2016年度1~2起案件的行政处罚决定书，这其中不乏经济发达的省份如山东。难道山东省环保部门在2016年只查处了一起环保违法案件？

在排污费征收和使用信息公开方面，征收信息的公开情况略好，87%的环境保护部门公开了排污费的征收信息，仍有13个环境保护部门未予公开。鉴于排污费征收信息公开的立法实施已近十年［从2007年4月11日《环境信息公开办法（试行）》生效时算起至2017年2月］，这个公开情况并不能让人满意。而排污费使用信息的公开则只能用"非常惨淡"来形容了。新《环境保护法》关于排污费使用信息公开的规定完全被束之高阁，课题组查询的101个环境保护部门中，没有一个环境保护部门主动公开2016年度排污费的使用信息。

总之，相较新《环境保护法》实施之前及2015年的情况，环境保护部门在2016年度履行环境信息公开义务的工作继续推进，取得了一定的进步。但很多环境保护部门仍存在信息不公开或公开不完整的问题，需要继续改进。此外，课题组在环境信息公开制度实施情况的调研和查询中也发现，个别省、市环境保护部门在环境信息公开方面做得不理想，如青海省、西藏自治区和湖北省环境保护厅以及拉萨市环境保护局。为了方便读者了解全国各地环境保护部门在环境信息公开方面的大致情况，课题组做了以下环境信息公开成绩排名表。在这次关于环境信息公开的调研和查询中，课题组共查询了八项法定信息公开义务的履行情况（满分为8分），读者可通过以下图表了解各地环境保护部门在环境信息公开方面的得分及排名情况。详见表2.11。

表 2.11 各地环境保护部门履行环境信息公开义务的汇总情况与排名

排名	省市	环评文件	重点排污单位名录	污染源监测信息	环评审批决定	竣工环保验收决定	环境行政处罚决定	排污费征收情况	排污费使用情况	得分
1	石家庄	√	√	√	√	√	√	√	×	7
1	长沙	√	√	√	√	√	√	√	×	7
1	苏州	√	√	√	√	√	√	√	×	7
1	承德	√	√	√	√	√	√	√	×	7
1	深圳	√	√	√	√	√	√	√	×	7
1	东莞	√	√	√	√	√	√	√	×	7
1	中山	√	√	√	√	√	√	√	×	7
8	北京	√	√	√	√	√	×	√	×	6
8	天津	√	√	√	√	√	×	√	×	6
8	陕西	√	—	√	√	√	√	√	×	6
8	重庆	√	√	√	√	√	√	×	×	6
8	呼和浩特	√	√	√	√	—	√	√	×	6
8	南宁	√	×	√	√	√	√	√	×	6
8	哈尔滨	√	√	√	√	√	√	√	×	6
8	南京	√	√	√	√	×	√	√	×	6
8	杭州	√	√	√	√	—	√	√	×	6
8	福州	√	√	√	√	—	√	√	×	6
8	南昌	√	×	√	√	√	√	√	×	6
8	郑州	√	√	√	√	×	√	√	×	6
8	成都	√	×	√	√	√	√	√	×	6
8	兰州	√	√	√	√	√	√	×	×	6
8	宁波	√	√	√	√	×	√	√	×	6
8	秦皇岛	√	√	√	√	—	√	√	×	6
8	沧州	√	√	√	√	×	√	√	×	6
8	廊坊	√	√	√	√	—	√	√	×	6

续表

排名	省市	环评文件	重点排污单位名录	污染源监测信息	环评审批决定	竣工环保验收决定	环境行政处罚决定	排污费征收情况	排污费使用情况	得分
8	常州	√	√	√	√	√	×	√	×	6
8	连云港	√	√	√	√	√	×	√	×	6
8	淮安	√	×	√	√	√	√	√	×	6
8	盐城	√	√	√	√	√	—	√	×	6
8	扬州	√	√	√	√	√	×	√	×	6
8	镇江	√	√	√	√	√	×	√	×	6
8	泰州	√	√	√	√	√	×	√	×	6
8	宿迁	√	√	√	√	√	×	√	×	6
8	温州	√	×	√	√	√	√	√	×	6
8	嘉兴	√	√	√	√	√	×	√	×	6
8	金华	√	√	√	√	√	×	√	×	6
8	衢州	√	√	√	√	√	—	√	×	6
8	厦门	√	√	√	√	√	√	√	×	6
8	肇庆	√	√	√	√	√	×	√	×	6
40	山西	√	—	√	√	√	×	√	×	5
40	黑龙江	√	—	√	√	√	×	√	×	5
40	辽宁	√	—	√	√	√	×	√	×	5
40	新疆	√	—	√	√	√	—	√	×	5
40	宁夏	√	—	√	√	—	—	√	×	5
40	甘肃	√	—	√	√	√	√	√	×	5
40	云南	√	—	√	√	×	√	√	×	5
40	河南	√	—	√	√	×	√	√	×	5
40	江苏	√	—	√	√	√	√	√	×	5
40	乌鲁木齐	×	×	√	√	√	√	√	×	5
40	太原	√	√	√	√	×	×	√	×	5

续表

排名	省 市	环评文件	重点排污单位名录	污染源监测信息	环评审批决定	竣工环保验收决定	环境行政处罚决定	排污费征收情况	排污费使用情况	得分
40	沈 阳	√	×	√	√	√	×	√	×	5
40	长 春	√	×	√	×	√	√	√	×	5
40	合 肥	√	×	×	√	√	√	√	×	5
40	济 南	√	×	√	√	√	×	√	×	5
40	广 州	×	√	√	√	√	×	√	×	5
40	海 口	√	×	√	√	√	×	√	×	5
40	昆 明	×	√	√	√	√	×	√	×	5
40	大 连	√	×	√	√	√	—	√	×	5
40	无 锡	√	√	×	×	√	√	√	×	5
40	青 岛	√	√	√	√	√	—	×	×	5
40	邯 郸	√	×	√	√	√	×	√	×	5
40	邢 台	√	√	√	√	×	×	√	×	5
40	衡 水	√	×	√	√	√	√	√	×	5
40	南 通	√	×	√	√	√	√	√	×	5
40	湖 州	√	√	√	√	√	×	×	×	5
40	绍 兴	√	×	√	√	√	√	√	×	5
40	丽 水	√	√	√	√	√	√	×	×	5
40	珠 海	√	×	√	√	√	×	√	×	5
40	江 门	√	√	√	×	√	×	√	×	5
70	河 北	×	—	√	√	√	×	√	×	4
70	内蒙古	√	—	×	√	√	—	√	×	4
70	四 川	√	—	√	√	√	×	×	×	4
70	贵 州	×	—	√	√	√	×	√	×	4
70	湖 南	√	—	√	√	√	—	√	×	4
70	山 东	√	—	√	√	√	—	√	×	4

续表

排名	省市	环评文件	重点排污单位名录	污染源监测信息	环评审批决定	竣工环保验收决定	环境行政处罚决定	排污费征收情况	排污费使用情况	得分
70	上海	×	×	√	√	√	×	√	×	4
70	安徽	√	—	√	√	√	—	√	×	4
70	浙江	√	—	√	√	√	—	√	×	4
70	福建	√	—	√	√	√	—	√	×	4
70	江西	√	—	√	√	√	×	√	×	4
70	广东	√	—	√	√	√	—	√	×	4
70	海南	√	—	√	√	√	×	√	×	4
70	贵阳	√	×	√	√	√	×	√	×	4
70	西安	√	×	√	√	×	×	×	×	4
70	西宁	√	×	√	√	√	×	√	×	4
70	徐州	×	√	√	√	√	×	√	×	4
70	保定	√	×	√	√	×	×	√	×	4
70	张家口	√	×	√	√	×	—	√	×	4
70	舟山	√	√	√	√	×	—	×	×	4
70	台州	√	×	√	√	√	×	√	×	4
70	佛山	√	×	√	√	√	×	√	×	4
92	吉林	√	—	√	×	√	×	√	×	3
92	广西	×	—	√	√	√	×	√	×	3
92	银川	×	×	√	√	√	×	√	×	3
92	武汉	×	√	√	×	×	—	√	×	3
92	唐山	×	×	√	√	×	×	√	×	3
92	惠州	√	×	×	√	√	×	×	×	3
98	青海	×	—	×	×	√	×	√	×	2
98	西藏	×	—	×	√	√	×	×	×	2
98	湖北	×	—	√	×	×	×	√	×	2
101	拉萨	×	×	×	×	×	×	×	×	0

（二）建设项目环境影响评价制度实施情况评估

1. 关于评估内容与评估对象的说明

（1）是否存在逾期不补办环评手续才罚款的现象。

新《环境保护法》关于建设项目环境影响评价制度的重大修改主要集中于法律责任领域。自 1989 年原《环境保护法》规定建设项目环境影响评价制度以来，该制度的实施对于预防建设项目的环境污染和生态破坏起到了非常重要的作用，但"未批先建"一直是困扰建设项目环评制度实施效果进一步提升的一大顽疾。鉴于此，新《环境保护法》第 19 条第 2 款明确规定："未依法进行环境影响评价的开发利用规划，不得组织实施；未依法进行环境影响评价的建设项目，不得开工建设。"第 61 条规定："建设单位未依法提交建设项目环境影响评价文件或者环境影响评价文件未经批准，擅自开工建设的，由负有环境保护监督管理职责的部门责令停止建设，处以罚款，并可以责令恢复原状。"

相较于原《环境影响评价法》第 31 条的规定，新《环境保护法》明显强化了对"未批先建"违法行为的制约力度，主要体现在对于"未批先建"的违法行为，新《环境保护法》取消了"限期补办环评手续"这一规定，要求环境保护部门对违法单位直接实施罚款处罚。而原《环境影响评价法》第 31 条则是允许环境保护部门责令违法单位限期补办环评手续，逾期不补办的，再实施罚款处罚。显然，原来的规定使建设单位无需承担违反环评制度的违法成本。由于立法不当，"未批先建"违法行为非常普遍，建设单位逾期不补办环评手续才罚款这一措施的广泛运用极大地削弱了环评制度的制约力，使环评制度难以发挥预防功能。新《环境保护法》关于禁止限期补办、直接处罚的规定则从立法上弥补了上述不足，因而该法关于环评制度的新规定被社会各界寄予厚望。

然而，在对 2015 年新《环境保护法》实施情况的评估中，课题组发现在 2015 年尽管新《环境保护法》已经实施，但逾期不补办环评手续才罚款这一措施仍然被很多环境保护部门普遍运用。[1] 经过分析，课题组认为造成这一问题的原因主要是原《环境影响评价法》第 31 条与新《环境保护法》第 61 条规定不一致；而新《环境保护法》在规定"未批先建"建设单位的法律责任时，又没有明确规定罚款处罚的适用规则。所以，有很多环境保护部门在实践中就选用了规定得更加清晰的原《环境影响评价法》第 31 条的规定。

---

[1] 具体内容参见王灿发主编：《新〈环境保护法〉实施情况评估报告》，中国政法大学出版社 2016 年版，第 36~47 页。还可以参见冯嘉：《论新〈环境保护法〉中重点环境管理制度实施的力度和效果》，载《中国高校社会科学》2016 年第 5 期。

然而，目前（2017年2月）这一立法冲突问题已不存在。首先，环境保护部已于2016年1月8日作出了《关于〈环境保护法〉（2014修订）第61条适用有关问题的复函》（环政法函［2016］6号），对环评执法中面对新《环境保护法》第61条与原《环境影响评价法》第31条规定不一致时的法律适用问题作出了明确规定，即"新法优先于旧法"，不得再适用"限期补办环评手续"的措施。其次，《环境影响评价法》于2016年进行修正，该法第31条对"未批先建"违法行为已经与新《环境保护法》第61条作出了相同的法律责任规定，即对实施"未批先建"违法行为的单位应直接进行处罚，不得限期补办环评手续，且明确了罚款的数额标准，即"根据违法情节和危害后果，处建设项目总投资额1%以上5%以下的罚款"。因此，从理论上来讲，对于在2016年新发现的"未批先建"违法行为，都应按照新《环境保护法》第61条和2016年修正《环境影响评价法》第31条的规定直接实施罚款处罚。在2016年新《环境保护法》实施成效的评估中，课题组将重点关注各地环境保护部门是否还存在沿用逾期不补办环评手续才罚款处置措施的行为。

（2）对"未批先建"违法行为的罚款金额。

根据《关于〈环境保护法〉（2014修订）第61条适用有关问题的复函》的规定，2016年《环境影响评价法》实施前，环境保护部门在对"未批先建"违法行为实施罚款处罚时，应当根据原《环境影响评价法》第31条规定的罚款金额作出罚款决定，即处以5万元以上20万元以下的罚款。显然，最高限20万元的罚款对于很多实施"未批先建"违法行为的单位而言，不足以抵消其因从事违反《环境影响评价法》的行为所带来的利润。这也是之前建设单位较为普遍存在"未批先建"违法行为的重要原因。因此，本着让违法者不能从违法行为中获利的原则，应加大对"未批先建"违法行为的处罚力度。鉴于此，2016年《环境影响评价法》第31条将罚款金额修改为"根据违法情节和危害后果，处建设项目总投资额1%以上5%以下的罚款"。

因此，2016年对新《环境保护法》实施成效的评估中，课题组将重点关注2016年《环境影响评价法》实施前后环境保护部门对"未批先建"行为的处罚金额的变化，分析新《环境保护法》和2016年《环境影响评价法》实施后对"未批先建"违法行为的制约力度是否发生显著变化。

（3）"责令恢复原状"措施的运用。

新《环境保护法》第61条关于对"未批先建"违法行为的法律责任中，除了取消"限期补办环评手续"和对罚款金额作出不同规定外，另外一个引人注意的地方就是授权查处案件的环境保护部门对从事"未批先建"违法行为的违法单位采取责令恢复原状的措施，彻底消除违法状态。相应地，2016 年《环境影响评价法》第 31 条也对此作出了相同的规定。但需注意的一点是，无论是《环境保护法》还是《环境影响评价法》，都将是否采取责令恢复原状措施的决定权授予了查处案件的环境保护部门，而不是通过立法统一规定必须恢复原状。

因此，课题组在 2016 年的评估中，还将关注"责令恢复原状"措施的运用情况，分析"责令恢复原状"措施是否已成为环境保护部门制约"未批先建"违法行为的一项重要手段，以及各地环境保护部门一般在何种条件或情况下倾向于使用"恢复原状"措施和环境保护部门未使用"恢复原状"措施的原因。

（4）环保违法违规项目清理情况。

为贯彻落实新《环境保护法》的规定，彻底解决新《环境保护法》实施前的各类历史遗留问题，2016 年 5 月 9 日，环境保护部办公厅发布了《关于进一步做好环保违法违规建设项目清理工作的通知》（环办环监〔2016〕46 号）（以下简称《通知》），《通知》的目标是确保在 2016 年年底前全面完成环保违法违规建设项目的清理任务。《通知》要求各地环境保护部门应当督促各地方政府按照已制定的建设项目清理方案，对排查发现的违法违规建设项目进行分类处理，落实"三个一批"（淘汰关闭一批、整顿规范一批、完善备案一批）的要求，在 2016 年年底前完成违法违规建设项目的清理整改任务。对于未按要求在 2016 年年底前完成清理整改任务的建设项目，应当一律要求停止建设或停止生产，并将其列入各地环境保护部门 2017 年执法工作，监督落实到位。《通知》的意义主要是彻底解决新《环境保护法》实施前已经存在的大量历史遗留的"未批先建"建设项目，按照相应法律、法规的规定进行清理和处理，在此次清理工作完成后，对于新发现的"未批先建"等环保违法违规项目，一律严格按照新《环境保护法》等法律、法规的规定处理。

由于环保违法违规项目的清理主要涉及新《环境保护法》第 61 条规定的适用，因此课题组将各地环境保护部门和地方政府对环保违法违规项目的排查和清理情况纳入此次评估的范围。

（5）关于评估对象。

在对 2015 年新《环境保护法》实施情况的评估中，课题组选取了全国 31 个省、自治区、直辖市环境保护部门，对其通过政府信息公开渠道向社会公开的行政处罚决定书和责令改正通知书进行了分析。在 2016 年的评估中，课题组继续扩大评估对象范围，除了 31 个省、自治区、直辖市外，还将全国 70 个主要大中城市环境保护部门执行环境影响评价制度的情况纳入评估范围。

2. 对是否存在逾期不补办环评手续才罚款现象的评估

（1）制度背景。

原《环境影响评价法》第 31 条第 1 款规定："建设单位未依法报批建设项目环境影响评价文件，或者未依照本法第 24 条的规定重新报批或者报请重新审核环境影响评价文件，擅自开工建设的，由有权审批该项目环境影响评价文件的环境保护行政主管部门责令停止建设，限期补办手续；逾期不补办手续的，可以处 5 万元以上 20 万元以下的罚款，对建设单位直接负责的主管人员和其他直接责任人员，依法给予行政处分。"此规定在实践中广受批评，重要原因之一是其将环境保护部门对违法单位的处罚建立在违法单位被责令限期补办环评手续后"逾期不补办手续"的前提下，如果违法单位在环境保护部门的限期内补办了环评手续，则环境保护部门依法不对违法单位给予罚款处罚。这意味着实施"未批先建"违法行为的建设单位无需承担任何违法风险：如果"未批先建"行为未被环境保护部门发现，则建设单位可以节省环评文件的编制等费用；即便"未批先建"行为被环境保护部门发现，只要在限期内补办环评手续，就无需缴纳任何罚款。这种"零违法风险"的法律责任条款在实践中成为促使大量建设单位违反环评制度的重要因素。因此，新《环境保护法》明确规定，建设单位只要从事了"未批先建"违法行为，环境保护部门就应当对该单位处以罚款处罚，而无需等待建设单位逾期不补办环评手续后才能实施处罚。这就使违法建设单位必须承担违反环评制度的违法成本。

（2）评估数据。

在对 2015 年环评制度实施情况的评估中，课题组对全国 31 个省、自治区和直辖市人民政府环境保护部门贯彻落实新《环境保护法》规定的情况进行了调查和评估，发现至少有 8 个省级环境保护部门存在建设单位逾期不补办环评手续才罚款的现象。在 2016 年的调查评估中，这一问题得到了很好的改善，在 31 个省级环境保护部门中，根据其公开的有关"未批先建"案件的行政处罚决定书和责令改正通知书，课题组未发现逾期不补办环评手续才罚款的现象。对于环评违法行为，环境保护部门都是直接给予罚款的处罚，并同时作出责令停止生产或责令停止使用的行政决定，有的地方的环境保护部门还在行政处罚决定书或责令改正通知书里要求违法单位补办环评手续或者要求在环境保护部门批准环评文件前不得恢复建设或生产。具体数据请见表 2.12。

表 2.12 各省、自治区、直辖市环境保护部门对"未批先建"案件的处理情况

省 份	对"未批先建"行为作出的处理决定数量	行政处罚数量	责令改正数量	逾期不补办环评手续才罚款的数量	备 注
北 京	8	5	3	0	根据《建设项目环境保护管理条例》第28条对"未批先建"行为实施处罚
天 津	5	2	3	0	其中一起案件根据《放射性污染防治法》第50条责令限期补办环评手续
河 北	4	3	1	0	
山 西	3	3	0	0	
内蒙古	0	0	0	0	未查询到有关"未批先建"案件的行政处理决定,查询日期:2016年12月19日
黑龙江	—	—	—	—	未查询到任何公开的行政处理决定,查询日期:2016年12月19日
吉 林	—	—	—	—	未查询到任何公开的行政处理决定,查询日期:2016年12月19日
辽 宁	—	—	—	—	未查询到任何公开的行政处理决定,查询日期:2016年12月19日
新 疆	5	4	1	0	
青 海	—	—	—	—	未查询到任何公开的行政处理决定,查询日期:2016年12月19日
宁 夏	2	2	0	0	
甘 肃	1	1	0	0	2016年9月7日作出处罚决定,适用原《环境影响评价法》第31条第1款规定直接实施处罚。适用法律错误
陕 西	2	1	1	0	
四 川	3	3	0	0	
重 庆	84	42	42	0	
贵 州	0	0	0	0	未查询到有关"未批先建"案件的行政处理决定,查询日期:2016年12月19日
云 南	3	2	1	0	
西 藏	—	—	—	—	未查询到任何公开的行政处理决定,查询日期:2016年12月19日

续表

省份	对"未批先建"行为作出的处理决定数量	行政处罚数量	责令改正数量	逾期不补办环评手续才罚款的数量	备注
河南	1	1	0	0	根据《河南省建设项目环境保护条例》第 27 条作出限期补办环评手续的决定
湖北	0	0	0	0	未查询到有关"未批先建"案件的行政处理决定，查询日期：2016 年 12 月 19 日
湖南	0	0	0	0	未查询到有关"未批先建"案件的行政处理决定，查询日期：2016 年 12 月 19 日
山东	0	0	0	0	未查询到有关"未批先建"案件的行政处理决定，查询日期：2016 年 12 月 19 日
江苏	0	0	0	0	未查询到有关"未批先建"案件的行政处理决定，查询日期：2016 年 12 月 19 日
上海	3	3	0	0	
安徽	0	0	0	0	未查询到有关"未批先建"案件的行政处理决定，查询日期：2016 年 12 月 19 日
浙江	0	0	0	0	未查询到有关"未批先建"案件的行政处理决定，查询日期：2016 年 12 月 19 日
福建	2	2	0	0	
江西	7	7	0	0	
广东	1	1	0	0	
广西	0	0	0	0	未查询到有关"未批先建"案件的行政处理决定，查询日期：2016 年 12 月 19 日
海南	3	3	0	0	

（3）评估结论及原因分析。

根据课题组的调查分析，目前各地已基本不存在环境保护部门对"未批先建"行为不实施处罚，而先要求逾期补办手续的情况，这一情况与 2015 年相比，得到了极大的改善。关于改善的原因，课题组认为主要缘于相关处罚依据的清晰化和法律适用问题的明晰化。2015 年之所以出现较多地方存在环境保护部门不对"未批先建"违法单位直接实施处罚的情况，主要是新《环境保护法》刚刚出台，与其规定不一致的原《环境影响评价法》也仍在实施，所以较多环保执法人员对两部规定不一致的法律条款如何适用心存疑惑，再加之新《环境保护法》第61条对环境保护部门实施罚款处罚时的具体处罚额度没有作出具体规定，所以很多环保执法人员干脆就仍适用了规定更为清晰的原《环境影响评价法》的规定。

2016年，《关于〈环境保护法〉（2014修订）第61条适用有关问题的复函》明确了"新法优先于旧法"的法律适用原则，为各地环境保护部门指明了法律适用应以新《环境保护法》第61条的规定为准；同时规定具体的罚款数额应根据原《环境影响评价法》第31条规定的罚款额度确定，即5万元以上20万元以下，彻底解决了处罚执法中依据不明、标准不清的问题。此后，2016年版《环境影响评价法》（以下简称"新《环境影响评价法》"）发布并实施，其31条不仅与新《环境保护法》第61条作出了相一致的规定，还明确地规定了处罚区间，即建设项目总投资额1%以上5%以下的罚款，使执法依据进一步明确。以上结论说明立法机关或环境保护部应当及时就执法过程中产生的法律适用等问题作出明确的立法或行政解释，以避免法律适用的混乱。

3. 对"未批先建"罚款金额变化情况的评估

（1）制度背景。

《环境保护法》第61条规定对实施"未批先建"违法行为的建设单位应当给予罚款处罚，但没有规定罚款金额。对此，《关于〈环境保护法〉（2014修订）第61条适用有关问题的复函》明确规定罚款金额应参照《环境影响评价法》第31条之规定，即5万元以上20万元以下。因此，在对"未批先建"案件进行处罚时，环境保护部门应当综合适用《环境保护法》第61条与《环境影响评价法》第31条的规定。2016年9月1日，新《环境影响评价法》开始生效，关于罚款金额，新《环境影响评价法》加大了处罚力度，规定对实施"未批先建"违法行为的建设单位，应按建设项目总投资额1%以上5%以下进行罚款。对此，课题组也查询分析了2016年9月1日新《环境影响评价法》实施前后环境保护部门对"未批先建"行为实施处罚时法律依据与罚款金额的变化。

（2）评估数据。

从表2.13的数据可以看出，新《环境影响评价法》实施前后，各地环境保护部门对"未批先建"案件实施罚款处罚时，罚款金额没有实质变化。根据课题组搜集到的相关行政处罚决定，没有发现因建设单位实施"未批先建"行为而被罚款20万元以上的案件。而环境保护部门作出罚款决定的法律依据，除了《环境保护法》第61条外，还有原《环境影响评价法》第31条和一些地方性法规。具体情况请见表2.13。

表 2.13　各地环境保护部门对"未批先建"案件的罚款情况

地区	行政处罚决定书文号	罚款金额（万元）	处罚决定日期	处罚依据
北京	京环保监察罚字［2016］31~33号	8	2016.05.17	《建设项目环境保护管理条例》第28条
	京环保监察罚字［2016］34号	9	2016.05.19	
	京环保监察罚字［2016］49号	10	2016.05.31	
天津	津市环罚字［2016］3号	15	2016.01.06	原《环境影响评价法》第31条
	津市环罚字［2016］27号	2	2016.06.27	《放射性污染防治法》第50条
河北	冀环罚［2016］1号	17	2016.02.26	《环境保护法》第61条、原《环境影响评价法》第31条
	冀环罚［2016］8号	15	2016.04.22	
	冀环罚［2016］14号	17	2016.06.20	
山西	晋环法罚字［2016］103号	10	2016.06.01	原《环境影响评价法》第31条
	晋环法罚字［2016］104、106号	10	2016.08.01	
宁夏	宁环罚［2016］11号	5	2016.09.20	《环境保护法》第61条、原《环境影响评价法》第31条
	宁环罚［2016］13号	20	2016.11.04	
甘肃	甘环罚字［2016］4号	19.9063（合并处罚）	2016.09.14	原《环境影响评价法》第31条
陕西	陕环罚字［2016］11号	8	2016.02.03	《环境保护法》第61条、原《环境影响评价法》第31条
四川	川环法［2016］罚字001号	20	2016.03.03	《环境保护法》第61条、原《环境影响评价法》第31条
	川环法［2016］罚字017号	12.7227	2016.12.07	原《环境影响评价法》第31条
	川环法［2016］罚字018号	19	2016.12.07	

续表

地 区	行政处罚决定书文号	罚款金额（万元）	处罚决定日期	处罚依据
重 庆	渝环监罚［2016］27号	2	2016.01.20	《重庆市环境保护条例》第99条
	渝环监罚［2016］39号	6	2016.01.20	《重庆市环境保护条例》第109条
	渝环监罚［2016］199号	12	2016.05.30	《环境保护法》第61条、原《环境影响评价法》第31条
	渝环监罚［2016］217号	16	2016.06.13	《环境保护法》第61条、《重庆市环境保护条例》第96条
	渝环监罚［2016］227、228号	6	2016.06.13	
	渝环监罚［2016］241号	6	2016.06.20	
	渝环监罚［2016］263号	5	2016.06.27	
	渝环监罚［2016］268号	7	2016.06.27	
	渝环监罚［2016］298号	5	2016.07.18	
	渝环监罚［2016］306~312号	8	2016.07.18	《环境保护法》第61条、原《环境影响评价法》第31条
	渝环监罚［2016］325号	7	2016.07.26	《环境保护法》第61条、《重庆市环境保护条例》第96条
	渝环监罚［2016］340号	8	2016.08.03	《环境保护法》第61条、原《环境影响评价法》第31条
	渝环监罚［2016］351、352号	5	2016.08.03	《环境保护法》第61条、《重庆市环境保护条例》第96条
	渝环监罚［2016］354~357号	8	2016.08.03	《环境保护法》第61条、原《环境影响评价法》第31条

续表

地区	行政处罚决定书文号	罚款金额（万元）	处罚决定日期	处罚依据
重庆	渝环监罚［2016］358号	10	2016.08.09	《环境保护法》第61条、《重庆市环境保护条例》第96条
	渝环监罚［2016］359、372、379号	8	2016.08.09	
	渝环监罚［2016］401号	10	2016.08.22	
	渝环监罚［2016］402号	8	2016.08.22	
	渝环监罚［2016］412号	7	2016.08.22	
	渝环监罚［2016］448号	1	2016.10.25	
	渝环监罚［2016］464号	12	2016.10.25	
	渝环监罚［2016］465号	10	2016.10.25	
	渝环监罚［2016］483号	6	2016.10.25	《重庆市环境保护条例》第109条
	渝环监罚［2016］498、534号	5	2016.11.30	《环境保护法》第61条、《重庆市环境保护条例》第96条
云南	云环罚字［2016］2号	10	2016.03.10	《环境保护法》第61条、原《环境影响评价法》第31条
河南	豫环罚［2016］3号	15	2016.04.25	《河南省建设项目环境保护条例》第27条
上海	2120160061	5	2016.04.26	《环境保护法》第61条、原《环境影响评价法》第31条
	2120160081	6	2016.06.06	
	2120160163	5	2016.11.10	《环境保护法》第61条、原《环境影响评价法》第31条
福建	闽环罚字［2016］1、2号	15	2016.04.15	《环境保护法》第61条、原《环境影响评价法》第31条

续表

地区	行政处罚决定书文号	罚款金额（万元）	处罚决定日期	处罚依据
江西	赣环辐行罚〔2016〕1号	12	2016.01.14	《环境保护法》第61条、原《环境影响评价法》第31条
	赣环辐行罚〔2016〕2号	10	2016.01.11	《放射性污染防治法》第50条
	赣环辐行罚〔2016〕4号	8	2016.04.06	《环境保护法》第61条、原《环境影响评价法》第31条
	赣环辐行罚〔2016〕5号	13	2016.05.06	
	赣环辐行罚〔2016〕6号	20	2016.05.26	
	赣环辐行罚〔2016〕12号	10	2016.06.03	
	赣环辐行罚〔2016〕24号	5	2016.09.01	
广东	粤环罚字〔2016〕3号	18	2016.07.22	《环境保护法》第61条、《广东省环境保护条例》第72条
海南	琼环罚决字〔2016〕3号	6	2016.01.18	《环境保护法》第61条、《放射性污染防治法》第51
	琼环罚决字〔2016〕7、8号	6	2016.02.14	
银川	银环罚字〔2016〕002号	8	2016.02.26	《环境保护法》第61条、原《环境影响评价法》第31条
	银环罚字〔2016〕005号	8	2016.01.08	
	银环罚字〔2016〕031号	11	2016.09.23	
	银环罚字〔2016〕035号	15	2016.09.23	
	银环罚字〔2016〕049号	10	2016.11.02	
	银环罚字〔2016〕050号	5	2016.11.02	
乌鲁木齐	乌环罚决〔2016〕5-002号	20	2016.06.23	《环境保护法》第61条
南京	宁环罚字〔2016〕37号	6（合并处罚）	2016.08.08	原《环境影响评价法》第31条
	宁环罚字〔2016〕51号	7	2016.09.27	《环境保护法》第61条、原《环境影响评价法》第31条

续表

地区	行政处罚决定书文号	罚款金额（万元）	处罚决定日期	处罚依据
广州	穗环法罚［2016］3号	5	2016.02.23	《放射性污染防治法》第51条
	穗环法罚［2016］5号	8（合并罚款）	2016.03.24	《环境保护法》第61条、原《环境影响评价法》第31条
	穗环法罚［2016］8、9号	5	2016.04.20	《放射性污染防治法》第51条
	穗环法罚［2016］31号	12	2016.07.20	原《环境影响评价法》第31条

（3）评估结论及原因分析。

从上表数据可以看出，新《环境影响评价法》实施前后，各地环境保护部门在对"未批先建"案件实施罚款处罚时，罚款金额未出现显著变化，最高均未超过20万元。课题组专门注意了2016年9月1日之后各地环境保护部门作出的行政处罚决定书，没有环境保护部门查证被处罚建设项目的总投资额，表明环境保护部门在处罚时并未执行新《环境影响评价法》的规定。从行政处罚决定书中载明的处罚依据来看，环境保护部门的处罚依据除了新《环境保护法》第61条外，罚款金额的确定依据主要是原《环境影响评价法》第31条的规定和一些地方性法规的规定。即便是2016年9月1日之后，环境保护部门对"未批先建"案件进行处罚时仍然普遍适用原《环境影响评价法》。课题组认为造成这一现象的原因可能有以下几个方面：

第一，较多被处罚的"未批先建"违法行为发现于2016年9月1日前，按照"法不溯及既往"的原则，2016年9月1日之后环境保护部门作出处罚决定的，仍应当按照原《环境影响评价法》第31条之规定确定处罚金额，即5万元以上20万元以下的罚款。课题组认为对这类违法行为适用原《环境影响评价法》予以处罚是正确的。但也有一些"未批先建"违法行为被发现于2016年9月1日之后，对此类违法行为，则应当严格按照新《环境影响评价法》第31条之规定实施处罚，即根据建设项目总投资额1%以上5%以下确定罚款金额，而不应适用旧法或根据旧法而制定的地方性法规，否则构成法律适用错误。但课题组在一些案件中发现的确存在这种现象。比如重庆市环境保护局所作的渝环监罚［2016］498号行政处罚决定中，"未批先建"违法行为被发现于2016年9月27日，重庆市环境保护局于 2016 年 11 月 30 日对其作出处罚决定，但其处罚依据仍然是依照原《环境影响评价法》而制定的《重庆市环境保护条例》第 96 条的规定。

第二，一些地方环境保护部门在对"未批先建"等环境违法案件进行处理时，习惯于依据地方性法规作出相关行政处理决定。比如《重庆市环境保护条例》《河南省建设项目环境保护条例》等。这些地方性法规在制定时依据的是原《环境影响评价法》，但地方立法机关并未根据新《环境影响评价法》的规定及时修订其地方性法规，因此极可能造成地方性法规与法律规定不一致的情况。譬如《重庆市环境保护条例》（2007）第 96 条规定：建设项目未按规定报批或重新报批环境影响评价文件擅自开工建设的，由环境保护行政主管部门责令停止建设，限期补办手续；逾期未补办手续的，按以下规定处以罚款：①对应当编制环境影响报告书的项目，处 10 万元以上 20 万元以下罚款；②对应当编制环境影响报告表的项目，处 5 万元以上 10 万元以下罚款；③对应当编制环境影响登记表的项目，处 5 万元以下罚款。环境影响评价文件未经批准擅自开工建设的，以及未按本条例规定进行后评价及停止建设或运行的，由环境保护行政主管部门责令停止建设或运行，并按前款规定处以罚款。显然这一地方性立法规定与新《环境影响评价法》第 31 条之规定是不一致的，如果环境保护部门仅依据这一地方性法规作出处理决定，则很容易导致处罚决定不符合法律规定的问题。

第三，新《环境影响评价法》第 31 条规定的建设项目"总投资额"如何认定，是实践中极难解决的问题。譬如有人认为建设项目的总投资额可以以环评文件中的项目总投资额作参考，其真实性和客观性有一定保障，但对于"未批先建"项目而言，根本不存在什么环评文件，所以这种说法基本不具有可操作性；还有人认为建设项目的总投资额可以以企业认缴的注册资本为总投资额，但企业注册资本是企业投资各方交付或认缴的出资额之和，而投资总额则是指企业按照生产规模需要投入的基本建设资金和生产流动资金的总和，所以一般而言，企业注册资本会大于投资总额，将两者混为一谈不具有合理性；另外有观点认为可以委托社会第三方中介机构对建设项目总投资额进行评估，但这种评估耗时、耗财，既降低案件的处理效率，同时也必然带来大量的行政经费支出，可操作性也明显不足……[1]总之，关于建设项目"总投资额"如何理解、如何认定，还

---

[1] 参见刘恩：《新环评法"总投资额"之遐想连篇》，载 https://m. baidu. com/sf? word = 环评法%20 处总投资额的 &mod = 0&tn = nohead&pd = mms_mip&actname = act_sf_mip&title = 360doc 个人图书馆 &top = %7B" sfhs" %3A4%7D&ext = %7B" url" %3A" %252F%252Fmipcache. bdstatic. com%252Fc%252 Fww. 360doc. cn%252Fmip%252F601244645. html" %2C" lid" %3A" 12670446580183845733" %7D&lid = 12670446580183845733&ms = 1&frsrcid = 1599&frorder = 2，最后访问日期：2017 年 1 月 20 日。

没有规定予以明确，故法律规定的可操作性还十分不足。所以很多环境保护部门在实践中不倾向于选用可操作性差的《环境影响评价法》第31条来处理案件。这个问题，需要立法机关或环境保护部尽快出台立法或行政解释予以具体明确。

总之，作为《环境保护法》第61条重要支撑的新《环境影响评价法》第31条在2016年未得到良好的实施。

4. 对"责令恢复原状"措施适用情况的评估

（1）制度背景。

对"未批先建"项目，在管理措施方面，原《环境影响评价法》仅规定环境保护部门应当责令建设单位限期补办环评手续，没有规定如果补办环评手续后环评文件未被批准，已建建设项目如何处置的问题。按理说，环评文件未被批准，已建项目没有存在的合法性基础；况且环评文件未被批准，也在很大程度上说明已建项目在环境影响方面的确存在较大问题。故此对该类已建项目理应拆除，恢复原状。但原《环境影响评价法》并未规定环境保护部门责令建设单位拆除已建项目的权力，所以实践中较多环境保护部门为了避免上述尴尬问题的出现，基本上对补办环评手续的建设项目都是"睁一只眼闭一只眼"，走走过场就批准其环评文件了。

对此，新《环境保护法》第61条规定环境保护部门"可以责令恢复原状"，即环境保护部门有权责令建设单位拆除已建的违法建设项目，恢复环境原状。2016年9月1日新《环境影响评价法》第31条对此也作出了完全一致的规定。但考虑到违规建设项目补办环评手续后仍有被批准的可能，故"责令恢复原状"并不是必然要对违法建设单位实施的一项措施，所以立法上采用"可以"这一授权性字眼，将是否采取恢复原状措施的决定权授予查处案件的环境保护部门。既然是"可以"，责令恢复原状属于环境保护部门自由裁量权的范畴，环境保护部门无论是否责令违规建设单位恢复原状，都不存在行政行为合法性方面的障碍。对本应当恢复原状的建设项目未责令其恢复原状，顶多是会面对行政行为不合理的质疑，而难以受到行政行为不合法的诘难。因此，课题组非常关注环境保护部门行使这一自由裁量权的实效，看看在实践中是否有环境保护部门作出"责令恢复原状"的行政决定以及这一管理措施的运用程度。

（2）评估数据。

在课题组收集到的各省、自治区、直辖市人民政府环境保护部门及主要大中城市环境保护部门政府网站公开的对"未批先建"案件作出的行政处罚决定书和责令改正通知书中，没有发现环境保护部门在2016年作出了"责令恢复原状"

的行政决定。鉴于时间、人力、物力等诸多因素的限制，课题组未能收集到全国各地所有环境保护部门 2016 年对"未批先建"案件作出的行政处理决定，因此仅靠收集到的不完全信息就作出上述结论难免太过于绝对。但目前的信息至少能够表明的一点，"责令恢复原状"确实是各地环境保护部门不愿意行使和极少去运用的一项行政权力。

（3）评估结论与原因分析。

通过与部分环境执法人员的访谈，课题组对造成上述问题的原因作出如下几点的分析和归纳：

第一，建设项目只要符合国家产业政策，在安全生产和环境保护方面没有重大问题，其补办的环评文件一般都能审批通过。建设项目关系到就业、社会稳定等方面，已建项目一般大多与劳动者之间缔结劳动合同，形成劳动关系，拆除已建项目不仅给企业带来巨大损失，还会威胁到大量劳动者的就业，并进而影响社会稳定。故环境保护部门一般对作出责令恢复原状决定秉持极为谨慎的态度。

第二，对于已建项目，建设单位往往已经投入大量资金，其中牵扯极为复杂的利益关系，故环境保护部门一般不会作出责令恢复原状的决定。

第三，对于不符合国家产业政策，需要强制淘汰的已建违法项目，环境保护部门倾向于通过落后产能强制淘汰、退出的机制解决，而一般不采用责令恢复原状的方式。按照现行相关法律、法规和政策的规定，对于不符合国家产业政策的落后产能，由发改、经信等部门制定落后产能目录，实行强制淘汰。这意味着牵头实施淘汰的是发改、经信等部门，而不是环境保护部门，这样，环境保护部门就无需像作出"责令恢复原状"决定一般承受巨大的压力。

总之，基层环境保护部门普遍认为"责令恢复原状"这一规定使环境保护部门承受过多压力，其难以承受，加之法律规定的"可以"实为选择性条款，使环境保护部门有权在具体案件中均衡利弊作出决定。因此，《环境保护法》第 61 条规定的"可以责令恢复原状"在实践中的执行效果不理想。

5. 对环保违法违规项目清理情况的评估

（1）制度背景。

为了解决 1989 年《环境保护法》实施期间对环评"未批先建"行为制约不力的历史遗留问题，为新《环境保护法》的严格实施创造良好的前提基础，国务院办公厅于 2014 年 11 月印发了《关于加强环境监管执法的通知》（国办发〔2014〕56 号），要求各地在 2016 年年底前应当全面清理违法违规建设项目，并完成整改任务。但在 2015 年新《环境保护法》实施生效的第一年里，各地清理违法违规建设项目进展十分缓慢，为了能够确保完成《关于加强环境监管执法的通知》确定的整改任务，环境保护部于 2016 年 5 月发布了《关于进一步做好环保违法违规建设项目清理工作的通知》（环办环监〔2016〕46 号），督促各地加快违法违规项目的清理进度，并要求各省级环境保护部门应当在 2016 年 11 月 30 日前在其网站公开清理结果，确保自 2017 年 1 月 1 日起违法违建项目"清零"。

由于环境保护部在《通知》里专门强调各省级环境保护部门在此次清理活动中的信息公开义务，故公众目前可以获取到除西藏自治区之外其他各省、自治区、直辖市的违法违规建设项目明细及清理结果的信息。[1] 故课题组可以根据目前（2017 年 2 月）获得的各省、自治区、直辖市公开的违法违规项目清理信息，对此次清理活动的内容及效果作出大致的评估。

（2）评估数据与分析。

首先是各省、自治区、直辖市环保违法违规建设项目清理的总体情况。截至 2016 年底，各省、自治区、直辖市环境保护部门排查出环保违法违规建设项目总计 586 132 个。这一数据是课题组根据全国 30 个省、自治区、直辖市省级环境保护部门公开的数据，经过多次核算而得出的。对这一数据要说明三点：①这一数据与早先环境保护部门公开的官方数据有一定差距。早在 2016 年 8 月，环境保护部就通过媒体向社会公布截至 2016 年 7 月底，全国各地共排查发现环保违法违规项目 62.4 万个。[2] 因此理论上讲，截至 2016 年年底，各省、自治区、直辖市省级环境保护部门公开的环保违法违规建设项目的总和应当多于 62.4 万个，起码不少于这一数字，但实际上公开的总数只有 58.6 万个。不知是统计口径的误差，还是信息公开不充分的原因，对此课题组难以作出准确的判断。②课题组获得的公开数据不包括西藏自治区和新疆生产建设兵团的数据，因为未通过政府网站的形式查询到这两个省级环境保护部门公开的相关数据。此外，由于政府信息公开的原因，课题组获得的河南省的环保违法违规建设项目明细中不包括开封、安阳、焦作、濮阳、信阳、周口、驻马店、兰考、汝州、滑县、永城、固始的数据。③以

---

〔1〕 该信息除了可以在各省、自治区、直辖市人民政府环保部门网站上下载、查询外，还可以通过"广州绿网环境保护服务中心"的网站集中获取，参见 http://www.lvwang.org.cn/article/list/? id = 1&nsukey = 6AefS2jgsIK0IIUl2EBjZ54uVDaHgOK0EODaKgqSxUSqtq99p8yBW5MNRPLTvN6bVVmu0nV%2B%2FFDSSNge5yBd36d6PdKUPdROD0TKlAP0d6XIsKQLmFv1EnmZKmn2EkGAX2MtmmRZ7gRVUrKRxoVl1uqCaEDdfqS%2Bvs1sJ7RIvLzxGZ8KAYrty7hLhbjyTx2P.

〔2〕 曹洪艳：《环保部：前 7 月排查发现违法违规建设项目 62.4 万个》，载中国经济网，http://www.ce.cn/xwzx/gnsz/gdxw/201608/24/t20160824_15200582.shtml，最后访问日期：2017 年 1 月 22 日。

下关于环保违法违规项目清理情况的分析和评估都将建立在课题组自己搜索和查询的数据基础之上（以下数据和图表信息均不包含西藏自治区和新疆生产建设兵团的数据信息）。

表2.14 各省、自治区、直辖市环保违法违规建设项目清理情况

省 份	违法违规建设项目总数（A）	对违法违规项目的处理（项目数量及占比）[1]				建设项目违法违规类型（项目数量及占比）[2]		
		规范整顿（B）	完善备案（C）	淘汰关闭（D）	不知处理方式（E）	未批先建（F）	批建不符（G）	未验先投（H）
北 京	846	269/32%	420/50%	157/18%	0/0	581/69%	5/1%	370/44%
天 津	2726	1457/53%	1206/45%	63/2%	0/0	243/89%	62/2%	462/17%
河 北	12 137	4558/38%	4715/39%	2404/20%	460/3%	10 115/83%	137/1%	438/4%
山 西	8644	6213/72%	1789/21%	428/5%	214/2%	2462/28%	32/1%	6073/70%
内蒙古	2664	1290/48%	886/33%	488/19%	0/0	2664/100%	0/0	0/0
黑龙江	14 037	5245/37%	7745/55%	488/4%	559/4%	8514/61%	180/1%	5211/37%
吉 林	5231	3268/60%	1915/35%	248/5%	0/0	2077/38%	677/12%	2995/55%
辽 宁	11 568	5102/44%	4336/37%	1992/17%	138/1%	11 313/99%	59/1%	554/5%
新 疆	1445	906/63%	411/28%	128/9%	0/0	1323/92%	11/1%	127/9%
青 海	1482	1107/75%	341/23%	34/2%	0/0	200/13%	5/1%	1276/86%

---

[1] 根据环境保护部《关于进一步做好环保违法违规建设项目清理工作的通知》的要求，各地环保部门对排查出来的环保违法违规建设项目，应当落实"三个一批"（整顿规范一批、完善备案一批、淘汰关闭一批）要求，因此各地环保违法违规建设项目均应按照整顿规范、完善备案或淘汰关闭的要求进行处置。所以理论上讲，各省、自治区、直辖市整顿规范、完善备案和淘汰关闭的建设项目总和应等于该省、自治区、直辖市环保违法违规建设项目的总和。但课题组在查询中发现，有的地方环保部门在公开的信息数据中未明确说明对部分排查出来的违法违规项目作出了何种处置，故还有一些违法违规建设项目属于不知处理方式的建设项目。因此在该表中，违法违规建设项目总数（A）= 规范整顿项目总数（B）+完善备案项目总数（C）+淘汰关闭项目总数（D）+不知处理方式的项目总数（E）。

[2] 环保违法违规建设项目的主要违法类型包括"未批先建""批建不符"和"未验先投"，有的建设项目的违法类型可能属于其他种类，也有的建设项目可能同时具有多种违法形态，如有较多建设项目同时存在未批先建和未验先投的情况。故在本表中未批先建项目总数（F）+批建不符的项目总数（G）+未验先投的项目总数（H）的总和有可能大于、等于或小于违法违规建设项目的总数（A）。

续表

省份	违法违规建设项目总数(A)	对违法违规项目的处理（项目数量及占比）				建设项目违法违规类型（项目数量及占比）		
		规范整顿(B)	完善备案(C)	淘汰关闭(D)	不知处理方式(E)	未批先建(F)	批建不符(G)	未验先投(H)
宁夏	508	187/37%	291/57%	30/6%	0/0	219/43%	25/5%	264/52%
甘肃	1639	1226/75%	321/20%	92/5%	0/0	904/55%	28/2%	712/43%
陕西	5840	2924/50%	2518/43%	398/7%	0/0	3068/53%	0/0	2772/47%
四川	47 167	10 203/22%	34 066/72%	2838/6%	60/0	41 937/89%	220/1%	6697/14%
重庆	14 015	4190/30%	6816/49%	2943/21%	66/0	12 964/93%	8/0	998/7%
贵州	2575	402/16%	1530/59%	643/25%	0/0	2467/96%	12/0	314/12%
云南	6617	3339/50%	2827/43%	324/5%	127/2%	3900/59%	132/2%	2559/39%
河南	31 285	20 781/66%	8132/26%	2359/8%	13/0	19 624/63%	816/3%	8419/27%
湖北	4585	2576/56%	1420/31%	589/13%	0/0	3492/76%	61/1%	1108/24%
湖南	53 767	32 800/61%	18 895/35%	2072/4%	0/0	38 891/72%	346/1%	22 075/41%
山东	7016	2825/40%	2074/30%	2117/30%	0/0	6337/90%	434/6%	0/0
江苏	125 501	74 571/59%	48 761/39%	2169/2%	0/0	79 400/63%	12 160/10%	39 136/31%
上海	3516	920/26%	983/28%	1613/46%	0/0	2122/60%	97/3%	1296/37%
安徽	4925	2218/45%	1836/37%	871/18%	0/0	2782/56%	189/4%	1924/39%
浙江	112 759	41 205/37%	33 913/30%	35 295/31%	2346/2%	39 876/35%	3992/4%	68 891/61%
福建	19 125	7527/39%	9098/48%	1380/7%	1120/6%	10 343/54%	246/1%	8529/45%
江西	7344	4780/65%	1486/20%	808/11%	270/4%	4332/59%	115/2%	3864/53%
广东	70 758	36 123/51%	29 601/42%	4980/7%	54/0	54 037/76%	599/1%	34 888/49%
广西	1848	509/28%	1099/59%	240/13%	0/0	1426/77%	72/4%	296/16%
海南	4371	3144/72%	1090/25%	137/3%	0/0	1693/39%	7/0	2671/61%
全国总计	586 141	281 865/48.1%	230 521/39.3%	68 328/11.7%	5427/0.9%	369 306/63.0%	20 727/3.5%	224 919/38.4%

根据表 2.14 的数据，课题组做出了以下几组分析图表：

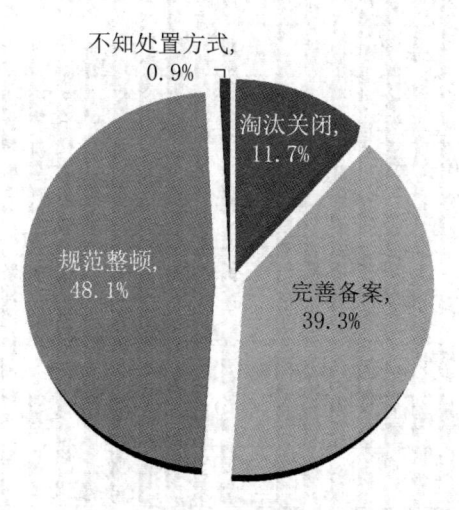

图 2.5 全国环保违法违规建设项目清理情况汇总

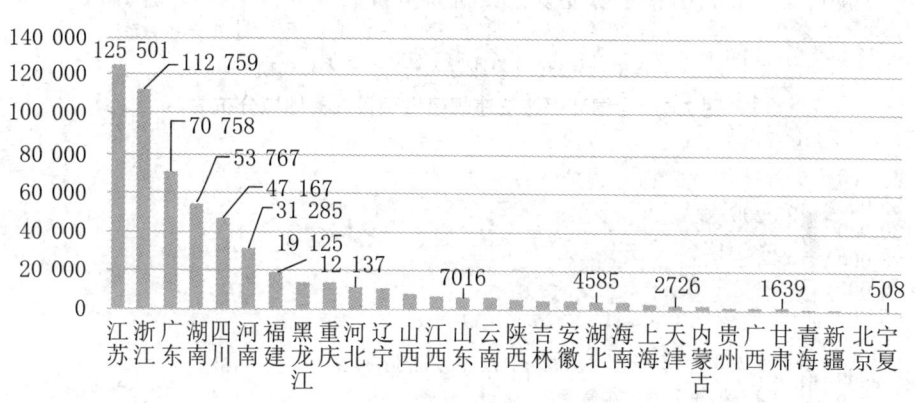

图 2.6 各省、自治区、直辖市环保违法违规项目总数

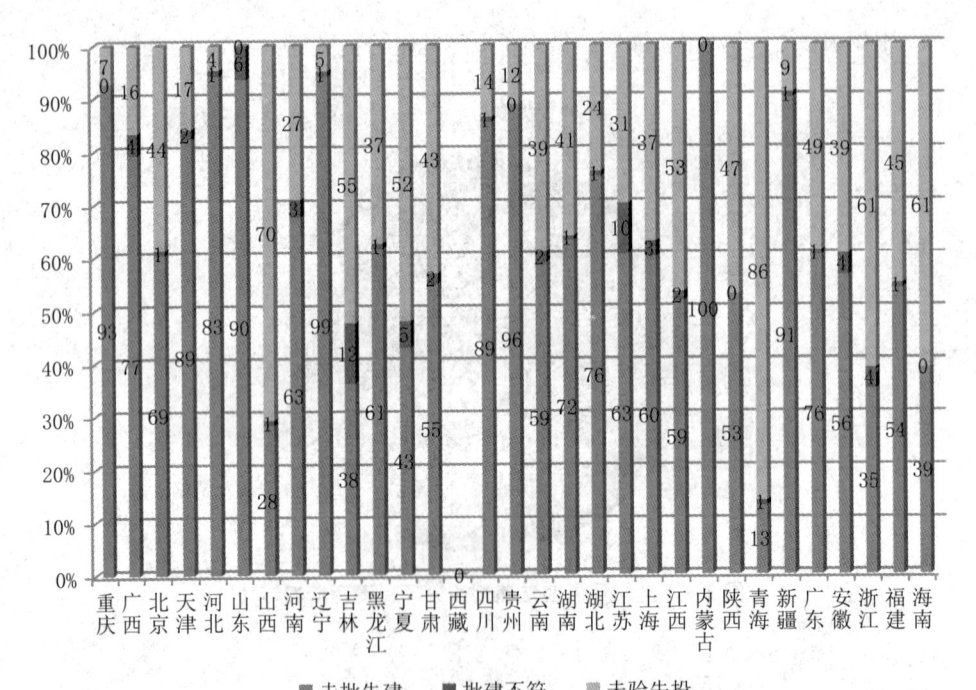

图 2.7　全国环保违法违规建设项目数量地域分布图

图 2.8　各省、自治区、直辖市淘汰关闭环保违法违规项目总数

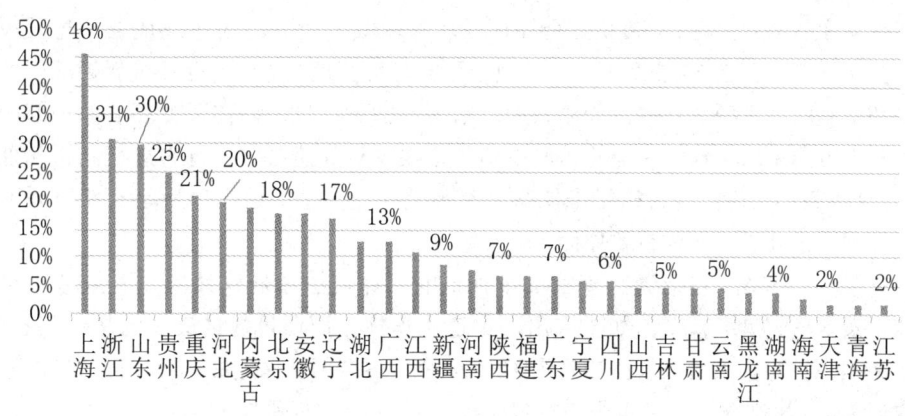

第二部分　县级以上人民政府环境保护主管部门履行法定职责及效果评估 | 161

图 2.9　各省、自治区、直辖市淘汰关闭环保违法违规项目占各地违法项目总数百分比

（柱状图数据：上海 46%、浙江 31%、山东 30%、贵州 25%、重庆 21%、河北 20%、内蒙古 18%、北京 17%、安徽 13%、辽宁 9%、湖北 7%、广西 7%、江西 6%、新疆 5%、河南 5%、陕西 4%、福建 2%、广东 2%、宁夏 、四川 、吉林 、甘肃 、云南 、黑龙江 、湖南 、海南 、天津 、青海 、江苏 2%）

从上述分析图中可以看出这次全国各地环保违法违规建设项目的清理工作具有以下特点：

第一，环保违法违规建设项目总量巨大。根据课题组的查询统计，全国各地环保违法违规建设项目总计达到 58.6 万余个（环境保护部门公布的数据是截至 2016 年 7 月底共排查出 62.4 万个环保违法违规建设项目），平均每个省、自治区、直辖市有 1.9 万个。此次清查出来的环保违法违规建设单位的总量比全国各地各级环境保护部门一年受理的建设项目环境影响评价审批总量还多得多。[1] 这些违法违规建设项目基本上都属于没有编制环评文件就擅自开工建设乃至擅自投产运营或者企业的实际建设生产情况与经过环境保护部门审批通过的环评文件严重不符。而环评制度乃是我国环境管理制度的核心和龙头，是对企业排污行为进行总量控制、分配环境容量的依据，没有合法的环评许可，企业的环保验收、污染源的排污控制和向污染源发放排污许可证、征收排污费等环境管理制度与措

---

[1]　根据广州绿网环境保护服务中心发布的评估数据，本次清理的环保违法违规建设项目的总量相当于 2010—2014 年全国各地环保部门年平均受理建设项目环评审批数量（43.4 万）的 1.5 倍。具体内容，参见《大赦天下——62.4 万违建项目，九成将合法化》，载广州绿网环境保护服务中心，http://www.lvwang.org.cn/article/show?id=19&nsukey=Bb%2FHn3NZZBv8AoPNrzN7WfAxtafgI8Cp1Fka3MfTn9ToOwiet6p4R%2B9S735BsW4ny8vpKahIkqxMWb4pYbYxlsafVoHECrQXRuJPDnrXoXMv6kCnVWjA1rO%2FOwuPkXew3p%2BJbVx6sFhF1JdjI4uSnkWRFAh0zabQ2t9juv%2BjYVtSJsWKMmxOtDRfirMLkrzz，最后访问日期：2017 年 1 月 22 日。需要指出的是，广州绿网环境保护服务中心在此处计算时，关于环保违法违规建设项目的总量数据，引用的是环境保护部发布的 62.4 万的数值。根据课题组的查询和统计，全国环保违法违规建设项目的总量（58.6 万）是 2010—2014 年全国各地环保部门年平均受理建设项目环评审批数量（43.4 万）的 1.35 倍。即便如此，这也是非常巨大的违法项目数量。

施等均无从谈起。存在58.6万个环评或环保验收方面有违法违规现象的建设项目，就意味着存在58.6万个完全游离于国家环境管理之外、不受环境保护部门监督和控制的污染源。这些污染源长期以来大肆污染环境，而实际上环境保护部门对其不可能采取任何日常监管监测措施，也很少对其违法排污行为进行制止和处罚。[1] 其环保违法行为始终未能得到有效的纠正，这些建设项目是长期以来造成各种突出环境问题的重要原因。

第二，各省、自治区、直辖市排查出的环保违法违规建设项目总量差距悬殊，甚至呈数量级差距。如排查出环保违法违规建设项目数量最多的是江苏省，仅江苏一省违法项目数量就达到约12.5万个，占全国环保违法违规建设项目总量的近1/4；而排查出环保违法违规建设项目数量最少的则是宁夏回族自治区，全区仅排查出环保违法违规建设项目508个，占比不足全国总量的0.1%。当然，中西部经济体量和污染源数量本身差距较大是造成这一现象的重要原因。但经济体量与江苏省相仿的山东省排查出的环保违法违规建设项目数量也只有7016个，仅相当于江苏省环保违法违规建设项目总数的1/20。课题组猜测造成这一现象的原因无非是以下两种可能：①山东省环境保护部门日常执法水平和执法的严格程度都显著高于江苏省环境保护部门；②山东省环境保护部门在排查环保违法违规建设项目中存在"懒政"。课题组希望是第一种原因。

第三，绝大多数环保违法违规项目均通过"规范整顿"和"完善备案"的方式被"正名"，全国只有极少数（11.7%）的违法项目被淘汰关闭。环境保护部允许地方环境保护部门通过"规范整顿""完善备案"和"淘汰关闭"三种方式清理环保违法违规建设项目，但《通知》并未指明对于具有不同违法情节、分属不同行业、采用不同生产工艺的各种违法违规建设项目应分别根据什么样的标准和采取哪一种措施予以清理。所以是否保留一家企业或者淘汰关停一家企业便成为各地环境保护部门完全不受拘束的自由裁量权范围之内的事项，不得不说，这是一项非常巨大的权力！因此，对环保违法违规建设项目的清理就事实上成为对环保违法违规建设项目的"大赦"，经过"清理"，成千上万的环保"黑户"被

---

[1] 根据广州绿网环境保护服务中心发布的评估数据，2010—2014年，全国各地环保部门年均处罚环评违法案件仅3.5万件，不足环保违法建设项目总数的1/10；每个案件平均处罚金额仅为4.36万元，远低于修订前的《环境影响评价法》规定的5万元~20万元的处罚区间。具体内容参见《大赦天下——62.4万违建项目，九成将合法化》，载广州绿网环境保护服务中心，http://www.lvwang.org.cn/article/show?id=19&nsukey=Bb%2FHn3NZZBv8AoPNrzN7WfAxtafgI8Cp1Fka3MfTn9ToOwiet6p4R%2B9S735BsW4ny8vpKahIkqxMWb4pYbYxlsafVoHECrQXRuJPDnrXoXMv6kCnVWjA1rO%2FOwuPkXew3p%2BJbVx6sFhF1JdjI4uSnkWRfAh0zabQ2t9juv%2BjYVtSJsWKMmxOtDRfirMLkrzz，最后访问日期：2017年1月22日。

"正名"。根据课题组的统计，58.6 万个环保违法违规项目中，真正被淘汰关闭的只有 6.8 万余个，占比仅为 11.6%；而通过"规范整顿"及"完善备案"方式予以"正名"的违法违规建设项目总数则超过了 51 万个。也许会有人说，既然环境保护部门批准了，那说明这些被"正名"的 51 万个建设项目在生产工艺、污染治理设施方面应该不存在技术问题，而这些企业的存在也应该是符合国家相关产业政策的。对此，本报告将在稍后予以分析，说明很多被"正名"的建设项目其实是严重违反国家相关法律、法规和产业政策的。

第四，各省、自治区、直辖市淘汰关闭违法项目的情况差距悬殊。江苏虽排查出全国最多的环保违法违规建设项目（约 12.5 万个），但仅关闭淘汰了 2169 个，占比仅约 2%，占比排名全国垫底。在淘汰关闭违法项目方面，上海市最为"大方"，淘汰关闭的项目占全部环保违法违规建设项目的 46%。课题组认为，各地对违法违规建设项目的淘汰关闭占比能够反映出该地经济发展对特定污染行业的依赖程度。江苏省经济发展和社会就业对重化工行业依赖过重，而绝大多数环保违法违规建设项目都属于重化工行业，因此江苏省环境保护部门难以对其下"重手"；而上海市经济结构较为均衡，对传统污染行业的依存度较轻，故在淘汰关闭环保违法违规建设项目时不用顾虑太多。

第五，在所有环保违法违规建设项目中，"未批先建""批建不符"和"未验先投"违法案件分布极不均匀。"未批先建"数量最多，达到 39.6 万个，占总量六成以上；"未验先投"次之，接近 22.5 万个；"批建不符"相对较少，但也达到 2 万多个。仅 40 万个"未批先建"违法建设项目充分说明自 1989 年《环境保护法》设立环境影响评价制度后，多年来虽然有《环境影响评价法》《建设项目环境保护管理条例》等法律、法规的制定与不断完善，但环境影响评价制度在全国范围内始终未得到良好贯彻，执行效率低是阻碍环境影响评价制度发挥实效的最大障碍。即便是在新《环境保护法》生效实施的 2015 年以来，全国仍然有 1.2 万个"未批先建"违法建设项目。[1] 自 1989 年原《环境保护法》实施至 2015 年新《环境保护法》生效的 26 年中，全国"未批先建"违法建设项目的年均数

---

〔1〕 此数据参见《大赦天下——62.4 万违建项目，九成将合法化》，载广州绿网环境保护服务中心，http://www.lvwang.org.cn/article/show?id=19&nsukey=Bb%2FHn3NZZBv8AoPNrzN7WfAxtafgI8Cp1Fka3MfTn9ToOwiet6p4R%2B9S735BsW4ny8vpKahIkqxMWb4pYbYxlsafVoHECrQXRuJPDnrXoXMv6kCnVWjA1rO%2FOwuPkXew3p%2BJbVx6sFhF1JdjI4uSnkWRfAh0zabQ2t9juv%2BjYVtSJsWKMmxOtDRfirMLkrzz，最后访问日期：2017 年 1 月 22 日。

量为近 1.5 万个。[1] 可见，新《环境保护法》实施前后，虽然关于"未批先建"的法律责任进一步严格和完善，但"未批先建"案件的数量并没有出现明显减少。这进一步说明《环境保护法》对"未批先建"规定的法律责任在实践中并没有得到很好的落实。

其次是部分地区环保违法违规建设项目清理情况分析。为了进一步发现环保违法违规项目清理中存在的问题，课题组还仔细查询、研究了河北等省违法项目清理明细信息。

根据河北省环境保护部门公开的清理信息，河北省共淘汰关闭环保违法违规建设项目 2404 个，课题组专门研究了这 2404 个关停建设项目的具体信息，包括其所属行业类别、建设单位经营性质等。从被关停项目的所属行业来看，这些被关停的违法建设项目中，有 356 个建设项目属于污染较为严重的钢铁、金属、化工、造纸、电镀、印染、平板玻璃、焦化和制革行业，占河北省关停项目总数的 14.8%，其他被关停项目则主要涵盖餐饮服务、家具建材、机械电子、畜牧养殖等行业。从被关停项目单位的经营性质来看，非公司制单位（包括个体工商户、个人独资企业、合伙企业和村办企业）318 家，公司制单位 38 家。

图 2.10　河北省淘汰关闭的环保违法违规建设单位情况（单位：家）

从上述分析可以看出，河北省淘汰关闭的环保违法违规企业有如下特点：①小，绝大多数企业是非公司制单位，公司制（全部为有限责任公司）单位较少。

---

［1］ 这一数据的计算方法是：用全国"未批先建"违法建设项目的总和（39.6 万）减去 2015 年以来的新发案件数量（1.2 万），再除以 26 年（1989—2015 年）。

②重污染行业企业少。反观河北省通过规范整顿和完善备案方式保留的企业，不乏大中型钢铁、火电、水泥、平板玻璃、焦化等行业的企业。据广州绿网环境保护服务中心发布的《华北五省五大行业违建项目名单》，[1] 河北省共保留环保违法违规钢铁项目298个，水泥项目12个，火电项目3个，平板玻璃项目35个，焦化项目25个，总共373个污染严重的违规项目（总称为"五大行业"）。与之类似，山东省保留了240个"五大行业"项目，河南省保留了154个，山西省保留了182个，天津市保留了5个。也就是说，在北京市周边的河北省、山西省、河南省、山东省和天津省，共保留了954家产能过剩的、污染严重的工业项目。而被清理的绝大多数项目，虽然也普遍存在严重的环境问题，但大多属于规模小、效益低的工业和第三产业项目。虽然这些项目也确实有必要被严格清理，但课题组认为此次环保违法违规项目清理中存在的"抓小放大"现象对违规项目清理工作的成效将会产生严重的负面影响。

（3）评估结论。

从上述数据和分析可以看出，全国各地对环保违法违规建设项目的清理活动虽然"轰轰烈烈"，但结果不能完全令人满意。

第一，全国各地排查出的环保违法违规建设项目总数达到惊人的58.6万个，其中仅违反环评制度的"未批先建"违法建设项目就有39.6万个。这说明环境影响评价制度在实施中未得到有效的贯彻，在如此之多的建设项目上出现"环评失灵"，可想而知我们的环境管理对如此之庞大数量的违法建设项目无法发挥监管作用。

第二，通过此次清理工作，接近九成的环保违法违规建设项目被"洗白"，其中不乏大量钢铁、水泥、平板玻璃、焦化和火电等产能严重过剩的项目，与"去产能、调结构"的中央经济结构调整方针不符。此次清理工作对于大气、水体等公众密切关心的环境要素的质量所能起到的提升作用，恐怕要大打折扣。

6. 对建设项目环境影响评价制度实施情况的评估结论

建设项目环境影响评价制度在2016年的实施情况难免会让评估者失望。除了课题组未发现只责令补办环评手续、不罚款的现象外，其他方面的实施情况也不尽如人意。

---

[1] 有关该名单的详细内容，请参见《新年快到了，我为国务院"送大礼"》，载 https://mp.weixin.qq.com/s?__biz=MzA4MDg4NjY4NA==&mid=2649720208&idx=1&sn=66dea56951d841df284912823eed1479&chksm=87864b63b0f1c275354574ca6bcfd40294ee59c34284d9b0ab06f1baa4443a9fef6921c04101&mpshare=1&scene=1&srcid=0122wydo5ewqvCoS5Wi5JNJV&pass_ticket=dBNn%2BZHryS33W1wpFoV36sUDQx%2ByFYKxCP8pxw3DpxbRmlII4uWrvkodztNpZcBo#rd，最后访问日期：2017年1月22日。

首先，对"未批先建"违法行为的罚款力度没有显著变化。新《环境影响评价法》第 31 条规定按照"未批先建"建设项目总投资额 1% 以上 5% 以下罚款，所以对于一些大中型建设项目而言，基数增大了，罚款数额必然会上升，理应出现罚款数额超过 20 万元的处罚案件。但遗憾的是，课题组未发现罚款数额超过 20 万元的案件。从目前的实施情况来看，新《环境保护法》和新《环境影响评价法》的实施对于加大对违法行为的处罚力度而言，未起到立法者和公众所期望的效果。

其次，"恢复原状"的法律责任条款被束之高阁。在收集到的案件资料中，课题组未发现行政处罚决定书或责令改正决定书中使用"责令恢复原状"措施的情形。"恢复原状"是对环保违法违规建设项目的处置条款，如果经过环评认为建设项目的环境影响对于环境和周边公众而言是不可承受的，则本着对人民负责的态度，环境保护部门应当严格执法，坚决取缔"未批先建"的违法违规建设项目。"恢复原状"条款的零运用说明实践中凡是补办环评手续的违法建设项目，基本上都事后通过了环评审批，不存在环评审批未通过无法处置已建建设项目的尴尬问题。这不禁让人怀疑很多环境保护部门是不是在对待补办手续的违法违规建设项目时是"睁一只眼闭一只眼"，要不然怎么会出现如此之高的补办通过率？实践中查处案件的环境保护部门普遍冷落"恢复原状"措施，说明新《环境保护法》和新《环境影响评价法》规定的"责令恢复原状"条款未发挥应有的作用。

最后，对环保违法违规建设项目的清理"雷声大、雨点小"。虽然全国排查出 62.4 万个环保违法违规建设项目，既令人吃惊也令人振奋。但最终仅一成的"淘汰关闭"比例不免让人质疑此次清理工作的实效。这方面，江苏省的数据令人印象十分深刻。江苏省排查出环保违法违规建设项目 12.5 万个，排名全国第一；但仅淘汰关闭 2169 个，淘汰率仅 1.7%，排名又是全国垫底。公众希望通过此次清理工作，将不符合国家产业政策、严重污染环境的大、中、小、微建设项目全部强制淘汰，不仅从法律实施的形式上解决环保违法老旧账问题，更重要的是能够通过此次清理活动助力产业结构的调整和环境质量的改善。然而此次清理中，仅在冬季空气质量被严重污染的华北地区，各省、市级就保留了近千个钢铁、水泥、平板玻璃、焦化和火电等产能严重过剩的污染项目。这近千个违法违规五大行业项目在此次清理之前的状态始终是不受监管、违法排污；清理之后虽然身份合法了，但其仍在华北地区"喷云吐雾"，继续影响着京津冀地区冬季严重的雾霾天气。总之，此次环保违法违规项目的清理难以对环境质量的改善起到显著的作用。

鉴于以上结论，课题组认为继续强化建设项目环境影响评价制度的实施，使其真正发挥作用，环境保护部门应当从以下几个方面继续采取完善措施：

第一，环境保护部应当尽快出台文件，对新《环境影响评价法》第31条规定的建设项目"总投资额"作出具体明确的解释，使新《环境保护法》和新《环境影响评价法》规定的处罚条款具有实践操作性。

第二，各地应严格执行规划环境影响评价制度。虽然本次评估一直在分析建设项目环境影响评价制度的实施效果，但必须注意的一点是建设项目环评中广泛存在的"放水"现象主要源于规划环评走形式、走过场。关于规划环评与建设项目环评的关系，《环境影响评价法》界定得非常清楚，任何建设项目环评审批都应当以建设项目所在区域的规划环评为前提和依据。凡是不符合规划环评结论及其审批意见的建设项目环评审批申请，都应当不予准许；对于符合规划及其环评结论和审查、审批意见的建设项目类型，审批机关只能在规划环评确定的环境容量、污染物排放总量、水资源开发利用总量等总量控制指标之内作出审批决定。不允许无规划环评依据或违反规划环评作出建设项目环评的审批结论。而规划环评本身则应当严守环境容量和国家的产业政策，确保区域环境质量不退化这一目标的实现。总之，完善规划环评的目的之一是限制建设项目环评审批机关的自由裁量权范围。环境保护部门应具有一定的自由裁量权，但不是放任的"自由"，而应是受到严格监督和制约的有限的"自由"。如果能够严格执行规划环评和建设项目环评的审批制度，则能够有效地杜绝目前实践中存在的建设项目环评中的各种问题。

第三，基层环境保护部门需要严格执法。课题组在调研中发现一些环境保护部门的工作人员缺乏勇于担当的精神，面对企业和其他一些不正当的干扰执法的因素，很多环境保护部门的工作人员退缩了，导致新《环境保护法》中很多严格的制度条款不能有效落实。所以，一方面应继续加强对环保执法人员职业道德和职业情操的教育，培养他们在工作中勇于担当的精神；另一方面应进一步加强对存在违法行为的环保工作人员法律责任的追究；最后，也是最重要的，要继续完善执法机制，为环境保护部门工作人员严格执法创造宽松的外部环境，杜绝人情等因素对执法工作的不当干扰，除了目前正在开展的环境监测与环境监察的垂直管理改革外，还应进一步探索重大、疑难案件的异地处理、上收管辖权等机制的完善。

第四，对于"雷声大、雨点小"的环保违法违规建设项目的清理，课题组呼吁环境保护部审慎对待此次清理结果，对一些在清理工作中存在问题的地区，应当责令其重新清理。必要时可以采取由异地环境保护部门进行清理的方式，督促各地严格按照国家产业政策的要求清理环保违法违规建设项目。

(三) 污染物排放总量控制制度与排污许可证制度实施情况评估

1. 关于评估对象与评估内容的说明

(1) 评估对象。

在新《环境保护法》中，污染物排放总量控制制度与排污许可证制度是两项相互独立但又密切相关的制度。《环境保护法》第44条规定："国家实行重点污染物排放总量控制制度。重点污染物排放总量控制指标由国务院下达，省、自治区、直辖市人民政府分解落实。企业事业单位在执行国家和地方污染物排放标准的同时，应当遵守分解落实到本单位的重点污染物排放总量控制指标。对超过国家重点污染物排放总量控制指标或者未完成国家确定的环境质量目标的地区，省级以上人民政府环境保护主管部门应当暂停审批其新增重点污染物排放总量的建设项目环境影响评价文件。"可见，污染物排放总量控制制度实施的逻辑是污染物排放总量控制指标的行政化分解，即按照国家—省、自治区、直辖市—市和县—企业事业单位的结构层层分解污染物排放总量控制指标，并使该指标成为限制地方政府和企业事业单位排污行为的约束性指标。我国实施的总量控制是指对主要污染物排放量设定五年减排控制目标，然后自上而下层层分解到地方和企业，每年进行考核这样一个指令性控制模式。

在上述指标分解的最后一个阶段，即地方环境保护部门将污染物排放总量控制指标分解给企业事业单位的阶段，其实质是环境保护部门用行政许可的方式对企业事业单位的污染物排放行为作出约束性规定。因而在环境保护部门与企业事业单位之间，污染物排放总量控制指标的分解与落实就变成了排污许可证发放与落实的问题。排污许可证制度是在企业事业单位层面推行和落实污染物排放总量控制制度的重要抓手。新《环境保护法》第45条规定："国家依照法律规定实行排污许可管理制度。实行排污许可管理的企业事业单位和其他生产经营者应当按照排污许可证的要求排放污染物；未取得排污许可证的，不得排放污染物。"故课题组将污染物排放总量控制制度与排污许可证制度放在一起进行评估。

(2) 评估内容。

从上述内容可知，对污染物排放总量控制制度与排污许可证制度实施情况的评估将主要关注总量控制指标通过排污许可证制度予以落实的情况。但这并非排污许可证制度的所有内容，排污许可证是污染源在生产经营期间排放污染物的唯一合法证明，因此许可证除了规定企业排放污染物的总量之外，还要规定污染物排放的种类、浓度要求、排放方式、排污口设置、特殊时期或条件下的额外管制措施等。此外，为了强化对污染源的全过程管理，将预防阶段的管理要求延续到企业的生产和经营阶段，排污许可证还需要体现经审批通过的环境影响评价文件中涉及污染物排放方面的管理要求。

2. 关于污染物排放总量控制指标分解与落实情况的评估

污染物排放总量控制指标的分解与落实包括各级政府之间的分解和政府通过环境保护部门向企业事业单位的分解及企业事业单位按照排污许可证规定的总量控制指标予以具体落实。

(1) 各级政府间的分解。

我国的污染物排放总量控制采用计划指令的模式，通常采用对主要污染物排放设定五年减排目标，再在各级政府间分解落实的方式。对此，国务院于 2016 年 11 月 24 日发布了《"十三五"生态环境保护规划》，对"十三五"期间全国七种主要污染物排放总量设定了总量减排指标。这七种主要污染物包括化学需氧量、氨氮、二氧化硫和氮氧化物四种全国各地均须采取减排措施的主要污染物和挥发性有机物、总氮、总磷三种只在重点地区或重点行业采取减排措施的主要污染物。该规划确定的减排指标是：到 2020 年，全国化学需氧量和氨氮排放总量减少 10%以上，二氧化硫和氮氧化物排放总量减少 15%以上，重点地区、重点行业挥发性有机物排放总量下降 10%以上，沿海 56 个城市及 29 个富营养化湖库总氮下降 10%以上，总磷超标的控制单元及上游地区总磷下降 10%以上。

在法律规定层面，目前国家已经完成了全国各主要污染物的总量控制指标的确定，接下来就是各控制指标在各地区的分解与落实了。但由于《"十三五"生态环境保护规划》刚刚下发不久，因此课题组还尚未查询到各地制定的相关指标的分解与落实方案。希望各地各级政府能够尽快出台本地区的分解落实方案，将《"十三五"生态环境保护规划》确定的指标予以分解，最终通过排污许可证制度在企业事业单位层面予以落实。

在《"十三五"生态环境保护规划》中还可以看出，目前我国已经扩大了实施污染物排放总量控制的重点污染物的种类。《"十三五"生态环境保护规划》确定的需要实施总量控制的重点污染物已扩充为七种，即化学需氧量、氨氮、二氧化硫、氮氧化物、挥发性有机物、总氮和总磷，其中挥发性有机物、总氮和总磷为新加入的受控重点污染物。虽然这三种受控污染物仅适用于重点地区、流域或行业，但相比之前只管控化学需氧量、氨氮、二氧化硫和氮氧化物四种重点污染物，已属显著进步，这一点值得称赞。

(2) 环境保护部门与企业事业单位之间的分解。

由于《"十三五"生态环境保护规划》确定的总量控制指标尚未分解到各地，故目前各级环境保护部门还不大可能通过排污许可证的方式将各主要污染物的总量控制指标分解给企业事业单位。对此，课题组查询了江苏省无锡、常州两市环境保护部门的网站。之所以查询江苏省两市环境保护部门网站，是因为早在2011年，江苏省人民政府就制定了《江苏省排放水污染物许可证管理办法》（江苏省人民政府令第74号），建立了相对成熟和完善的排污许可证管理体系。通过查询无锡、常州两市环境保护部门网站公示的审批发放排污许可信息，课题组发现，目前（2017年2月）江苏省两市排污许可证的主要内容仍是排污单位污染物排放的浓度控制措施，要求排污单位的污染物排放须符合相关国家或地方污染物排放标准，尚不包括污染物排放总量控制的内容。

排污许可证信息

持证单位基本信息				
单位名称：	江阴春兴合金有限公司		许可证编号：	3202812017060007A
有效期：	2017-01-24 ~ 2018-01-24			

排口信息				
排污口编号	污染物名称	国家或地方污染物排放标准		执行的污染物排放浓度限值
		名称	浓度限值	
废水1	总磷（以P计）(mg/L)	太湖地区城镇污水处理厂及重点工业行业主要水污染物排放限值(DB32/T1072-2007)	0.5	0.5
	化学需氧量(mg/L)	太湖地区城镇污水处理厂及重点工业行业主要水污染物排放限值(DB32/T1072-2007)	60	60
	氨氮（NH3-N）(mg/L)	太湖地区城镇污水处理厂及重点工业行业主要水污染物排放限值(DB32/T1072-2007)	5	5
	总氮（以N计）(mg/L)	太湖地区城镇污水处理厂及重点工业行业主要水污染物排放限值(DB32/T1072-2007)	15	15
废气1	铅(mg/m3)	GB18484-2001	1	1
	烟尘(mg/m3)	GB18484-2001	65	65
	二氧化硫(亚硫酸酐)(mg/m3)	GB18484-2001	200	200

图2.11　江苏省无锡市环保局排污许可信息公示

（3）评估小结。

从上述分析可以看出，目前"十三五"全国主要污染物排放总量控制指标已经确定，但其分解工作仍在进行中；环境保护部门通过排污许可证的方式向企业分配排污"配额"尚未全面启动。总体而言，目前主要污染物排放总量控制指标的分解与落实工作仍处于初步发展阶段。

3. 排污许可证其他方面内容的实施情况

许可证除了规定企业排放污染物的总量之外，还要规定污染物排放的种类、浓度要求、排放方式、排污口设置、特殊时期或条件下的额外管制措施等。在2015年的评估中，课题组曾指出："法律关于总量控制与排污许可证制度的规定多为抽象的宏观规定，仅在法律层面设定了总量控制和排污许可证制度，并规定了其适用范围和排污者持证排污的法律义务，对于制度的具体内容、排污量的监测与核定等具体操作内容还欠缺程序性规定，因而制度的实施需要国务院出台相关的实施细则予以配套。但目前国务院尚未出台相关实施细则，从而使排污许可证制度在实践中欠缺可操作性。"[1]但是到2016年年底，上述情况已经发生了显著的变化。

首先是国务院办公厅于2016年11月10日印发了《控制污染物排放许可制实施方案》（国办发〔2016〕81号），对排污许可制度实施中的一些关键问题作出了明确的规定，包括：排污许可制度的地位是固定污染源环境管理的核心制度，是企业守法、部门执法和社会监督的依据；对排污许可实施综合管理和一证式管理，推行一企一证；通过实施排污许可制，落实企事业单位污染物排放总量控制要求，逐步实现由行政区域污染物排放总量控制向企事业单位污染物排放总量控制转变，控制的范围逐渐统一到固定污染源；环境质量不达标地区，要通过提高排放标准或加严许可排放量等措施，对企事业单位实施更为严格的污染物排放总量控制，推动改善环境质量；加强环境影响评价制度与排污许可制度的衔接，实现从污染预防到污染治理和排放控制的全过程监管；实行排污许可分类名录制等。

《大气污染防治法》和《水污染防治法》均规定排污许可制度的实施细则由国务院规定。此次国务院发布《控制污染物排放许可制实施方案》，是对法律中上述规定的回应，自此，我国关于排污许可制度的贯彻实施，终于有了具体明确的操作规则。这无疑将对污染物排放总量控制和排污许可制度的发展乃至环境质量的改善产生巨大的推动作用。

其次是环境保护部根据国务院方案及时制定发布了《排污许可证管理暂行规定》（环水体〔2016〕186号）和《关于开展火电、造纸行业和京津冀试点城市高架源排污许可证管理工作的通知》（环水体〔2016〕189号）两部规范性文件，对排污许可证制度实施中的具体管理问题作出了更为细致的规定，如排污许可的适用范围、一企一证的具体规则、排污许可制度的组织与实施、排污许可证管理信息平台的建设、排污许可证正本和副本的内容、排污许可证的申请、核发与变更的程序和条件、排污许可证的管理要求、执法部门的职权和信息公开与公众参与等。

---

〔1〕 王灿发主编：《新〈环境保护法〉实施情况评估报告》，中国政法大学出版社2016年版，第51~52页。

总之，目前我国排污许可制度已经建立了以《环境保护法》为基础，以《大气污染防治法》和《水污染防治法》为依据，以《控制污染物排放许可制实施方案》和《排污许可证管理暂行规定》等规范性文件为支撑的、较为完善的法律规则体系。相比2015年，2016年年底发布的一系列关于排污许可制的规范性文件使排污许可证制度的内容日益完善，可操作性日渐增强。

4. 对排污许可证制度与环境影响评价制度衔接情况的评估

《控制污染物排放许可制实施方案》明确规定了环境影响评价制度是建设项目的环境准入门槛，排污许可制是企事业单位生产运营期排污的法律依据，必须做好充分衔接，实现从污染预防到污染治理和排放控制的全过程监管。新建项目必须在发生实际排污行为之前申领排污许可证，环境影响评价文件及批复中与污染物排放相关的主要内容应当纳入排污许可证，其排污许可证执行情况应作为环境影响后评价的重要依据。这一规定非常符合环评制度与排污许可制度的立法定位。长期以来，我国环境管理中环境影响评价文件编制和审批工作虽取得了显著的成绩，但环评与企业建设、生产和运营中的环境管理严重脱节，环评与企业后续环境管理"两张皮"，极大地制约了环评制度预防作用的进一步延伸。因此《控制污染物排放许可制实施方案》提出"环境影响评价文件及批复中与污染物排放相关的主要内容应当纳入排污许可证，其排污许可证执行情况应作为环境影响后评价的重要依据"是对环评与排污许可制度的重新定位，是真正建立在环境质量改善的管理目标基础之上的环境管理制度体系。今后，固定污染源的环境管理将以排污许可证制度为核心，而实施排污许可等环境监管制度的技术依据则是经过批准的环评文件及其批准决定。

对此，课题组仍以江苏省无锡市和常州市环保局网站公开的企业事业单位排污许可公示信息为研究对象，分析目前实践中排污许可制度与环境影响评价制度的衔接情况。但遗憾的是，无锡和常州两市环境保护部门公开的企业事业单位排污许可公示信息仅涉及排污许可证的部分内容，包括排污口的数量、受控污染物种类和浓度控制指标，而未公示排污许可证的全部内容，因此无法据此全面判断企业的排污许可证与其环境影响报告书的衔接性。但课题组在无锡市环保局网站公开的环评报告书拟批准公示信息里随机选取了"无锡铭骏环保有限公司"的拟批准公示信息（该公司新建项目涉及污水、废气、噪声、粉尘、废活性炭等污染物的排放，其中污水和废气的排放按法律规定应申请办理排污许可证），随后又在无锡市环保局排污许可证公示系统中通过查询该公司名称，找寻到公司的排污许可公示信息，并将环评公示信息与排污许可公示信息进行了比对。具体内容请见图2.12和图2.13。

项目名称	基板粉末综合处置利用项目和电子元器件综合利用项目
建设地点	金山四支路 11 号租用光电新材料科技园一期 B1 地块 2#楼第二层厂房
建设单位	无锡铭骏环保有限公司
环评机构	江苏科易达环保科技有限公司
项目概况	建设单位拟投资 220 万新增租用无锡光电新材料科技园 B1 地块 2#楼第 2 层西侧 1421 平方米厂房，建设基板/封装粉末利用生产线，同时提高废电子元器件回收生产能力。
主要环境影响及预防或者减轻不良环境影响的对策和措施	1. 不增加废水，原有污水经园区处理达到接管标准后接入市政污水管网，送城北污水处理厂集中处理。 2. 生产中产生的粉尘由负压抽风系统捕集后经布袋除尘器处理达标、非甲烷总烃由集气罩捕集经风冷降温后采用活性炭吸附处理达标后通过 27 米高排气筒排放。 3. 选用低噪声设备并合理布局，按报告书中落实消声、隔音等降噪措施，确保厂界噪声满足《工业企业厂界噪声排放标准》（GB18918—2002）中 3 类环境功能区排放限值要求。 4. 生产产生的封装粉末、废边角料、除尘粉尘、不合格脂塑产品回用于生产，废活性炭、废布袋等危险废物委托有资质单位安全处置。 5. 按环境影响报告书提出的措施，制定相应环境风险应急预防，防范风险事故的发生。
受理公示反馈情况	无反对意见
公示反馈意见的联系方式	0510-81825605 85035327@163.com

图 2.12　无锡市环保局公示的无锡铭骏环保有限公司的环评信息

排污许可证信息

持证单位基本信息			
单位名称：	无锡铭骏环保有限公司	许可证编号：	32021320161500018B
有效期：	2016-12-21 ~ 2017-12-21		

排口信息					
排污口编号	污染物名称	国家或地方污染物排放标准		浓度限值	执行的污染物排放浓度限值
		名称			
废水1	总磷（以P计）(mg/L)	污水排入城镇下水道水质标准（CJ343-2010）		8	8
	化学需氧量(mg/L)	污水综合排放标准(GB8978-1996)		500	500
	氨氮（NH3-N）(mg/L)	污水排入城镇下水道水质标准（CJ343-2010）		45	45
	总氮（以N计）(mg/L)	污水排入城镇下水道水质标准（CJ343-2010）		70	70
	pH值(mg/L)	污水综合排放标准(GB8978-1996)		6-9	6-9
	悬浮物(mg/L)	污水综合排放标准(GB8978-1996)		400	400
	动植物油(mg/L)	污水综合排放标准(GB8978-1996)		100	100
废气1	粉尘(mg/m3)	北京《大气污染物综合排放标准》（DB11/502-2007）		30	30
	锡及其化合物(mg/m3)	北京《大气污染物综合排放标准》（DB11/502-2007）		5.0	5.0
	非甲烷碳氢化合物(非甲烷总烃)(mg/m3)	北京《大气污染物综合排放标准》（DB11/502-2007）		80	80
废气2	颗粒物(mg/m3)	大气污染物综合排放标准 北京市地方标准（DB11/501-2007）		30	30
	锡及其化合物(mg/m3)	大气污染物综合排放标准 北京市地方标准（DB11/501-2007）		5.0	5.0
	非甲烷碳氢化合物(非甲烷总烃)(mg/m3)	大气污染物综合排放标准 北京市地方标准（DB11/501-2007）		80	80

图 2.13　无锡市环保局公示的无锡铭骏环保有限公司的排污许可信息

通过比对发现，该公司的排污许可公示信息中的要求基本符合环评公示信息中提出的污染物排放要求。之所以说"基本",是因为仅从目前公示的信息来看,排污许可信息并未完全体现环评报告书关于废水与废气排放的所有要求,而仅是在适用的浓度控制标准方面符合环评文件及其批准决定的要求。譬如环评公示信息中要求该公司在废气排放方面需要对"生产中产生的粉尘由负压抽风系统捕集后经布袋除尘器处理达标、非甲烷总烃由集气罩捕集经风冷降温后采用活性炭吸附处理达标后通过27米高排气筒排放",但排污许可信息中并未对如此详细的管理要求作出明确表述。鉴于这可能是排污许可信息公示不完整所致(因为环境保护部门很可能未公示该企业的排污许可证全部内容),故课题组认为该公司的排污许可信息与环评信息"基本"符合。

可以看出,在目前的排污许可实践中,已经有环境保护部门开始注意核发的排污许可证与企业环评文件及其批准文件在管理要求上的一致性与衔接性。但这种衔接还不是全面的衔接。未来排污许可证将是企业排放污染物的唯一合法凭证,将全面记载企业关于污染物排放的所有信息和相关管理要求,这些管理要求既包括浓度控制要求,也包括总量控制要求、排污口设置、排污去向等,而这些管理要求均应来源于企业已通过环境保护部门批准的环评文件及其批准决定。因此,目前在二者衔接性方面,排污许可制度的实施仍处于初步发展阶段。

5. 评估结论

2016年,国家出台了一系列有关污染物排放总量控制和排污许可证制度的规划与政策性文件,极大地完善了排污许可证制度的规则体系。相较2015年,仅就这一点而言,该制度在实施方面已取得了长足的进步。尽管目前排污许可证制度在实施的各方面仍处于初步发展阶段,还未全面实施,但由于具备了充分的规则基础,相信在2017年及之后的几年,污染物排放总量控制与排污许可证制度的实施情况会有极大的改善。

此外,课题组希望各地环境保护部门不仅能逐步完善排污许可证制度,贯彻污染物总量控制要求,还要继续夯实排污许可制度实施的基础——环境影响评价。环境影响评价文件及其批准决定是环境保护部门实施排污许可的技术基础和前提依据,如果一个建设项目属"未批先建"违法建设项目,则意味着该建设项目在生产运营中不可能受到排污许可制度的制约,污染物排放总量控制制度对该建设项目也不可能发挥作用。总而言之,如果环评"失守",那么排污许可、污染物排放总量控制也无济于事。这就好比由整个环境管理制度组成一个木桶,木桶承载水的多少则完全取决于木桶中的最短板的长度。但如前文所言,目前(2017年2月)我国建设项目环境影响评价制度的实施情况不尽如人意,所以环境质量是否能够得到改善以及改善的程度,需要各级环境保护部门从环境管理制度的最薄弱之处入手。目前环境管理制度的薄弱之处不仅是排污许可（尚未全面实施），还包括环境影响评价（执行率低）。因此，强化排污许可制度在环境管理制度中的核心地位，不意味着环境保护部门可以放松环评管理，反而应当更加强化环境影响评价制度的实施。

二、重点环境管理措施实施情况评估

（一）查封、扣押措施实施情况评估

1. 概况

实践中一些严重的违法排污行为如果不及时制止可能造成重大的或不可逆的环境污染后果。由于法律没有赋予环境保护部门相应的强制权力，这种情形若按照申请法院强制执行的程序则耗时甚久，无法满足制止这些违法行为的时效性要求。基于此，新《环境保护法》第25条规定：企业事业单位和其他生产经营者违反法律法规规定排放污染物，造成或者可能造成严重污染的，县级以上人民政府环境保护主管部门和其他负有环境保护监督管理职责的部门，可以查封、扣押造成污染物排放的设施、设备。

这是我国环境保护法律中首次赋予环境保护部门查封扣押的行政强制措施实施权，大大提高了环保执法的强制力。为进一步明确查封扣押措施的实施细则，环境保护部于2014年12月19日公布了《环境保护主管部门实施查封、扣押办法》，规定了环境保护主管部门实施查封、扣押的适用情形及具体对象，规定了调查取证、审批、决定、执行、送达、实施期限、保管、解除、移送以及检查监督等实施程序。

新《环境保护法》颁布之后，地方各级环境保护部门也先后制定了关于实施查封、扣押措施的规范性文件。例如，上海市环保局于2014年9月29日率先发布了《上海市环保局实施查封、扣押措施的试行规定》；四川省环保厅制定了《四川省环境保护查封、扣押裁量权适用规则（试行）》；辽宁省环保厅制定了《关于环境保护部门实施查封、扣押暂行规定》。这些规范性文件为地方环境保护部门实施查封、扣押措施提供了具体的制度依据。

2. 2016年查封、扣押措施的实施情况

根据环境保护部公开的数据统计，2016年全国范围内适用查封、扣押措施的案件总数为9836件，其中1月份153件，2月份172件，3月份340件，4月份573件，5月份714件，6月份990件，7月份694件，8月份820件，9月份531件，10月份907件，11月份1379件，12月份2563件。2016年平均每月适用查

封、扣押措施的案件数量为820件。与2015年的案件总数相比，适用查封扣押的案件数量增加了135%。

表2.15 2016年1—12月查封、扣押案件数量

月份	1月	2月	3月	4月	5月	6月	7月	8月	9月	10月	11月	12月	平均
数量	153	172	340	573	714	990	694	820	531	907	1379	2563	820

总体上看，2016年1—12月份适用查封、扣押措施的案件数量呈稳步增长趋势。2016年1月份适用查封、扣押的案件数量最少，仅为153件；1—6月份，适用查封、扣押的案件数量逐渐增多，6月份的案件数量达到了第一个峰值990件。经历了7—9月3个月的徘徊后，查封扣押案件数量再次开始快速增长，12月份适用查封、扣押的案件数量达到了2563件，为全年最高值。

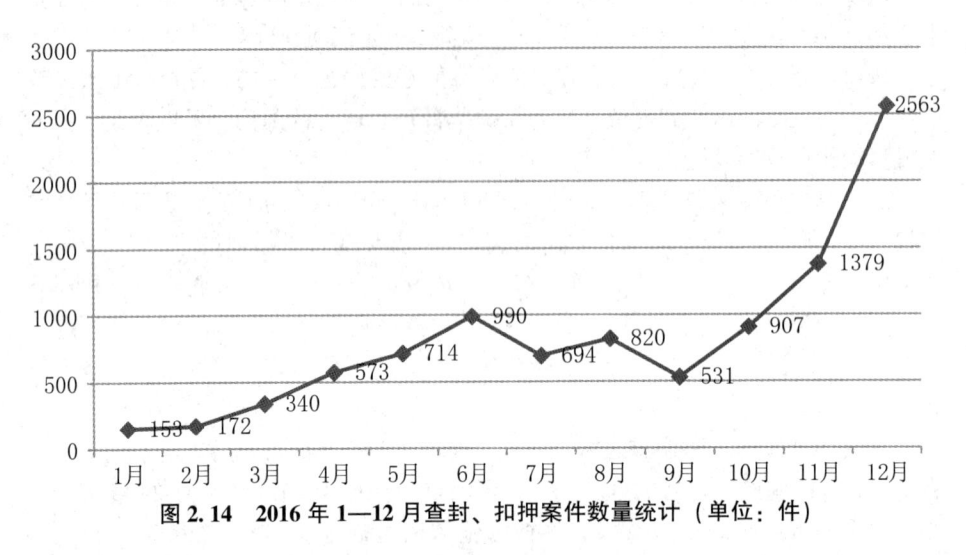

图2.14 2016年1—12月查封、扣押案件数量统计（单位：件）

通过对环境保护部公布的数据进行分析发现，各省（直辖市、自治区）实施查封、扣押案件的数量存在较大差异。广东、浙江、福建、江苏、安徽5省案件数量最多，分别是广东1865件、浙江1325件、福建1212件、江苏843件、安徽818件；上述5个省的案件数量总计为6063件，占到2016年全国适用查封、扣押措施案件总数的61.6%。而西藏、新疆生产建设兵团、宁夏、青海、河北5个地区案件数量最少。

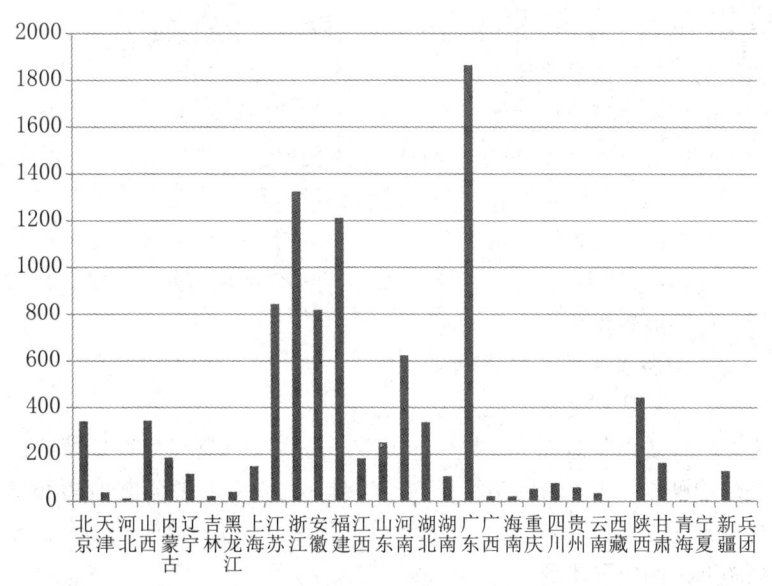

图 2.15　2015 年全国各地查封、扣押案件数量统计（单位：件）

2016 年 1—12 月份全国范围内适用查封、扣押措施的案件总数为 9976 件，月平均案件数量为 831.3 件。而 2015 年 1—12 月份全国范围内适用查封、扣押措施的案件总数为 4191 件，月平均案件数量为 349.3 件。与 2015 年相比，2016 年全国范围内适用查封、扣押措施的案件总数大幅增加，增加幅度达到 138%。2016 年与 2015 年相似，1—12 月份适用查封、扣押的案件数量在总体上呈现上升趋势，并都在 11—12 月份达到年度最高值。与其他措施相比，查封、扣押案件总数增速最快，这说明查封、扣押已经成为遏制违法排污行为的首选措施。

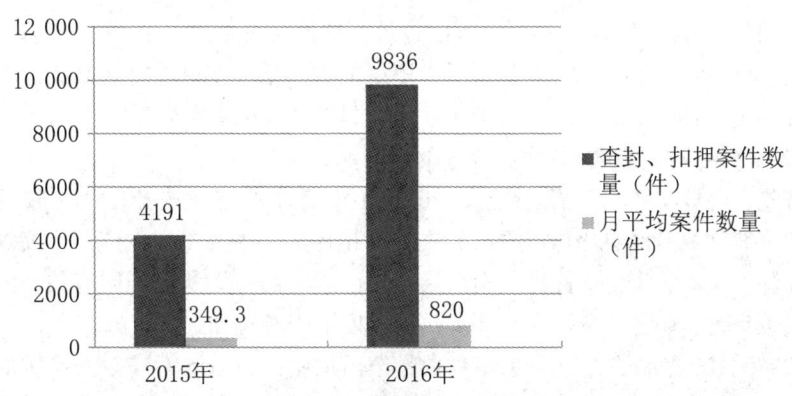

图 2.16　2015 年、2016 年查封、扣押案件数量比较分析

2015年平均每个省（自治区、直辖市、新疆生产建设兵团）实施查封、扣押的案件数量为131件，案件数量超过100件的有11个。2016年平均每个省（自治区、直辖市、新疆生产建设兵团）实施查封、扣押的案件数量为311.75件，案件数量超过100件的有18个。可见，与2015年相比，各省实施查封、扣押的力度总体有所增长，但地区间存在较大差异的现象没有得到改变。其中广东明显加大了对查封、扣押的实施力度，案件数量位居全国首位；广东、江苏、福建等地延续了2015年的良好势头，查封、扣押案件数量继续排在前列；西藏、青海等地查封、扣押案件依旧较少。

3. 查封、扣押措施的实施成效与问题

（1）查封、扣押措施的实施成效。

作为一种行政强制措施，查封扣押可以通过国家强制权力直接行使，及时制止正在进行的可能产生严重污染结果的违法排污行为。相对于其他的处罚手段而言，查封、扣押的重点不在于事后的制裁，而在于事前预防严重污染结果的出现，是预防原则的重要体现。

从实施情况看，通过查封、扣押措施的大量适用，一方面减少了严重污染结果的风险，另一方面也有力地配合了按日连续处罚、移送行政拘留等措施的实施。查封、扣押与按日连续处罚、限产停产等处罚措施相互衔接，已经形成了针对违法排污行为的组合拳；形成了从发现违法行为到实施查封、扣押，再到最终的行政处罚衔接有序、密切配合的追究违法排污企业责任的严密法网。

例如，2016年1月5日，福建省宁德市环保局、蕉城区环保局执法人员对某汽车拆解厂现场检查，发现该汽车拆解厂存在将切割后的零部件露天堆放在未硬化、未防渗的场地上，废机油（危废代码：HW08）漫流地面，通过土壤浅坑渗排地下等严重污染环境的行为。为防止进一步污染环境，宁德市环保局对该汽车拆解厂的5台气割机、1台供电箱予以查封，查封期限为30日，并明确告之应当妥善保管就地查封的设施、设备，不得擅自损毁封条、变更查封状态或者启用已查封的设施设备。随后又对其涉嫌污染环境罪行为移送公安机关追究刑事责任。

（2）查封、扣押措施的实施存在的问题。

首先，各地实施力度差别较大，助长污染企业的逆向选择。从各省适用查封、扣押案件数量的对比可以看出，查封、扣押案件主要集中在广东、浙江、福建、江苏、河南等省份。此种差别固然与地区之间的污染状况不同有关，但案件数量的悬殊也表明了部分地区在环境执法力度上仍有待加强。例如，2015年污染严重的河北省适用查封、扣押的案件数量全国垫底；2016年污染较为严重的河北省适用查封、扣押措施的案件数量也仅为12件，与其污染状况相比案件数量明显不成比例。实施查封、扣押措施总数多的地方多为经济发达的沿海地区，相应地，实施查封、扣押数量较少的地区多为经济欠发达地区。发达地区污染企业数量多，在经济转型背景下通过查封、扣押这种强制措施提高环保执法严厉性，可以倒逼企业产业转型。而欠发达地区一来污染源数量少，二来又面临经济发展压力，不愿过多采用查封、扣押这种高压措施。

当前，我国经济正在进行供给侧结构性改革，需要通过加强环境执法，提高环境准入门槛，推动改革向前发展。地区间执法力度差异的存在，可能会对企业形成逆向激励，会导致污染企业向执法宽松地区转移，从而形成污染转移和污染范围的扩大。

其次，企业对环保查封、扣押措施的认知程度不高。作为新《环境保护法》赋予环境保护部门的一项新的执法手段，排污企业对查封、扣押措施的认知程度还不高，缺乏必要的敬畏。

例如，2016年4月27日，浙江省绍兴市柯桥区环保局执法人员对位于漓渚镇新建路与兴园路交叉口的一家台板印花作坊进行检查时，发现该作坊内的三条台板印花生产线均未经环境保护部门审批，且生产中产生的废水也未经处理直接外排到厂区外，造成了环境污染，属于环境违法行为。对此，环保执法人员立刻依法对其作出责令整改的决定书，并在三条非法印花生产线上张贴了印有"绍兴市柯桥区环境保护局"字样的封条，给予查封。同时，执法人员明确告知作坊负责人，不得撕毁封条、擅自生产，若出现封条脱落等情况及时联系环境保护部门，否则将追究相关责任。然而，对执法人员的明确告知，该作坊负责人张某却置若罔闻。4月29日，环保执法人员赶赴现场复查时发现，该作坊仍在生产，三台印花生产线上张贴的封条也"不翼而飞"。撕毁封条，私接电源，恢复生产，面对现场的证据，张某承认，是他本人抱着侥幸心理撕毁封条并擅自生产的。

与之相反，在宁德市凯达报废汽车回收利用有限公司通过土壤浅坑渗排危险废物案中，宁德市环境保护部门通过书面形式明确告知排污者妥善保管查封物的重要性。在该案中，宁德市环保局下达的查封决定书明确指出"查封设施、设备存放于该拆解场内，你公司在此期间应当妥善保管，不得擅自损毁封条、变更查封状态或者启用已查封的设施、设备"有其合理性。依照《环境保护主管部门实施查封、扣押办法》第16条第1款"对就地查封的设施、设备，排污者应当妥善保管，不得擅自损毁封条、变更查封状态或者启用已查封的设施、设备"，该规定为宣告性条款，应作为环境保护部门在实施查封、扣押时必须履行的程序，目的是使违法者知晓擅自损毁封条、变更查封状态或者启用的行为，将面临更严厉的行政、刑事责任，同时也是对环境保护部门尽职免责的要求。

对此，环境保护部门应当通过典型案例宣传和企业环境保护法律培训，提高排污企业对查封、扣押措施法律效力的认知程度，保障查封、扣押措施的实施效果。

再次，部门联动配合机制有待完善。在查封、扣押措施实施过程中，封条被撕问题较为严重。这一方面反映了企业对查封、扣押措施的认知程度不高，另一方面也表明环保执法过程中部门联动配合有待完善。

按照《环境保护主管部门实施查封、扣押办法》第23条第2款规定："排污者阻碍执法、擅自损毁封条、变更查封状态或者隐藏、转移、变卖、启用已查封的设施、设备的，环境保护主管部门应当依据《中华人民共和国治安管理处罚法》等法律法规及时提请公安机关依法处理。"

但是在实践中对阻碍执法、擅自损毁封条、变更查封状态的违法者，有的环境保护部门没有提请公安部门依法处理；有的在提请公安部门处理后，公安机关认为环境保护部门的封条被撕，理应由该环境保护部门负责案件的调查，而自己只有根据环境保护部门的调查结果配合环境保护部门对撕毁封条者采取行政拘留。因此，现实中往往出现"能调查的不愿调查，想调查的没有能力调查"的困境，一定程度上纵容了撕封条的行为，导致各地环境保护部门封条被撕事件频频发生，削弱了环保执法的严肃性和权威性。

对此，应当进一步完善部门联动配合机制，明确撕封条的调查责任归属，发挥公安机关的强制执行权，克服环境保护部门在执法过程中力量相对薄弱、缺乏足够威慑力的弊端，提高环保执法的权威性和效率。

最后，查封扣押实施情况的信息公开有待加强。《环境保护主管部门实施查封、扣押办法》第7条规定："环境保护主管部门实施查封、扣押的，应当依法向社会公开查封、扣押决定，查封、扣押延期情况和解除查封、扣押决定等相关信息。"该条明确了环境保护部门对查封、扣押决定及其相关信息的公开义务，公开这些信息一方面有利于社会公众了解企业违法信息从而形成对污染企业的舆论压力，促使其合法生产，另一方面有助于监督环境保护部门严格依法实施查封、扣押，维护企业的合法权益。

通过网络、报纸等渠道调查发现，与2015年的评估情况相类似，2016年大部分环境保护部门在实施查封、扣押之后并没有依法公开相关信息。有些环境保护部门仅仅公布了案件数量，有些环境保护部门仅仅公布了被查封、扣押的企业名称，大部分环境保护部门都没有公布解除查封、扣押的相关信息，总之在查封、扣押信息公开方面，环境保护部门还需作出更多努力。

（二）按日连续处罚措施实施情况评估

1. 概述

为遏制持续性违法排污行为，提高违法排污者的违法成本，解决长期以来中国环境执法面临的"守法成本高，违法成本低"的问题，新《环境保护法》第59条规定了"按日连续处罚"制度，即企业事业单位和其他生产经营者违法排放污染物，受到罚款处罚，被责令改正，拒不改正的，依法作出处罚决定的行政机关可以自责令改正之日的次日起，按照原处罚数额按日连续处罚。2016年实施的《大气污染防治法》第123条、2016年修改的《海洋环境保护法》第73条也对按日连续处罚制度作出了明确的规定。

按日连续处罚是支撑新《环境保护法》成为史上最严格的环境保护法的重要手段。为了规范实施按日连续处罚，环境保护部随后专门制定了《环境保护主管部门实施按日连续处罚办法》（以下简称《按日连续处罚办法》），对按日连续处罚的适用对象、程序等问题作了具体规定。

在新《环境保护法》将按日连续处罚纳入法律规定之前，重庆市于2007年9月1日实施的《重庆市环境保护条例》第111条第2款就规定了按日连续处罚制度。2009年，广东省深圳市修订了《深圳经济特区环境保护条例》，该条例第69条也规定了按日连续处罚制度。在《环境保护法》修订之后，全国各地纷纷制定相应的规定，截至2016年底，已有40个地方性法规、规章对按日连续处罚作出了规定。[1]

2. 2016年按日连续处罚措施实施情况

根据环境保护部公开的数据统计，2016年全国范围实施按日连续处罚案件共1007件，罚款数额累计81 435.54万元。其中1月份56件，罚款数额3208.94万元；2月份29件，罚款数额2669.75万元；3月份60件，罚款数额5718.505万元；4月份47件，罚款数额4107.37万元；5月份47件，罚款数额4532.129万元；6月份68件，罚款数额6210.93万元；7月份84件，罚款数额17 270.02万元；8月份57件，罚款数额5118.9万元；9月份67件，罚款数额5897.236万元；10月份67件，罚款数额13 231.05万元；11月份206件，罚款数额6382.9万元；12月份219件，罚款数额6422.72万元。2016年平均每月处罚案件数量为83.92

---

[1] 通过北大法宝"法律法规"数据库，以"按日连续处罚"为全文关键词进行精确检索，初步检索到含有"按日连续处罚"规定的地方性法规43件、地方政府规章2件，共45件。经对初步检索结果进行逐一查看，排除不符合要求的地方性法规5件，最终确定截至2016年底，共有40件地方性法规、规章对按日连续处罚作出了规定。

件，平均每月处罚金额为 6786.30 万元，平均每件案件处罚金额为 80.30 万元；与去年同期相比，适用按日连续处罚措施的案件数量增加了 41%。

表 2.16　2016 年 1—12 月全国按日连续处罚案件数量及处罚金额

月　份	数量（件）	数额（万元）	平均处罚数额（万元）
1 月	56	3208.94	57.30
2 月	29	2669.75	92.06
3 月	60	5718.505	95.31
4 月	47	4107.37	87.39
5 月	47	4532.129	96.43
6 月	68	6210.93	91.34
7 月	84	17 270.02	205.60
8 月	57	5118.90	89.81
9 月	67	5897.236	88.02
10 月	67	13 231.05	197.48
11 月	206	6382.90	30.98
12 月	219	6422.72	29.33
平　均	83.92	6786.30	80.30

2016 年，每月适用按日连续处罚措施的案件数量存在一定幅度的波动，其中 2 月份适用按日连续处罚措施的案件数量最少，仅为 29 件；12 月份适用按日连续处罚措施的案件数量最多，达到 219 件；多数月份适用按日连续处罚措施的案件数量基本稳定在每月 60 件左右。

2016 年，每月按日连续处罚的罚款数额与案件数量的发展趋势基本一致，案件数量多的月份，其处罚数额也相应较多。但是 11 月、12 月较为反常，其为 2016 年全年 12 个月中案件数量最多的 2 个月，分别达到 206 件和 219 件，但 2 个月的处罚数额分别为 6382.90 万元和 6422.72 万元，并非 2016 年全年最高处罚数额。而 7 月份处罚数额为 2016 年全年最高，达到 17 270.02 万元；2 月份案件数量为全年最少，该月罚款数额也为全年最低，仅为 2669.75 万元。

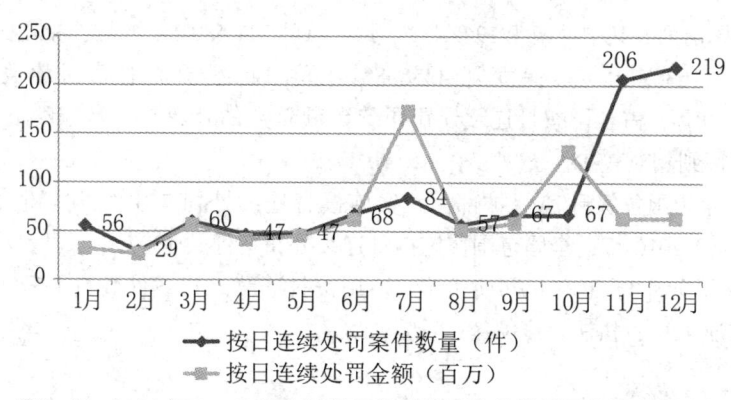

图 2.17　2016 年 1—12 月全国按日连续处罚案件数量及处罚金额分析

2016 年的统计数据显示，江苏、辽宁、浙江、内蒙古、广东等地适用按日连续处罚措施的案件数量排在全国前列。其中，江苏 143 件，辽宁 84 件，浙江 79 件，内蒙古 76 件，广东 72 件，上述 5 个地区案件数量合计 454 件，占全国适用按日连续处罚措施案件总数的 44.6%。西藏、宁夏等地案件数量相对较少。

2016 年的统计数据显示，河南、辽宁、内蒙古、江苏、黑龙江等地的罚款数

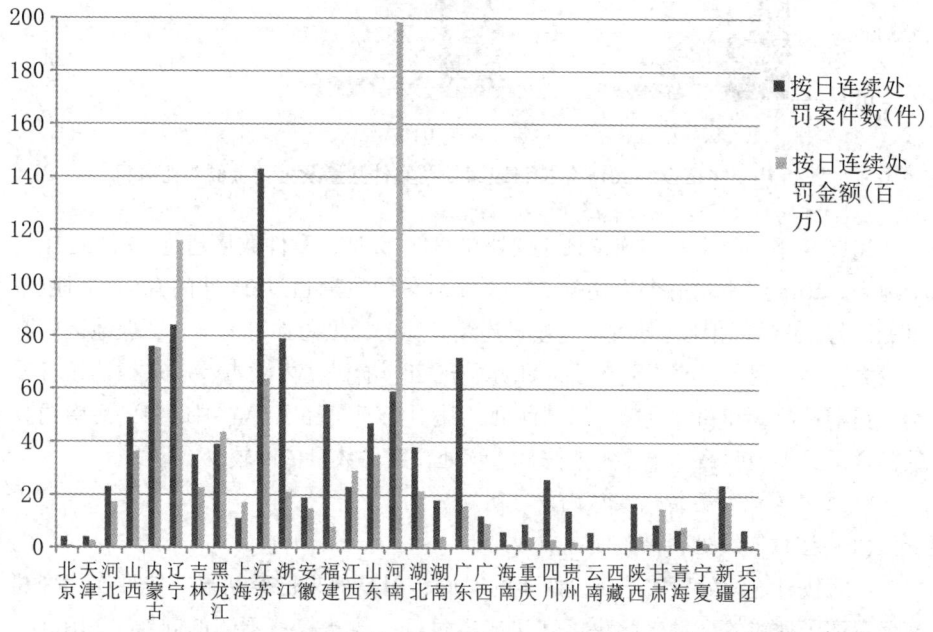

图 2.18　2016 年各省、自治区、直辖市按日连续处罚案件数量及处罚金额分析

额居于全国前列，其中河南为 19 844.37 万元，辽宁 11 589.58 万元，内蒙古 7553.67 万元，江苏 6367 万元，黑龙江 4358.88 万元，上述 5 个地区罚款数额合计 49 713.50 万元，占全国按日连续处罚罚款数额总数的 61.05%。西藏、云南等地的罚款数额则相对较少。

2015 年全国各级环境保护部门，实施按日连续处罚 715 件，处罚数额总计 56 900 万元。2016 年，全国范围实施按日连续处罚案件共 1007 件，罚款数额达到 80 860.45 万元。与 2015 年同期相比，适用按日连续处罚案件数量上升 41%，罚款数额增加 42%，执法力度持续、稳定加大。

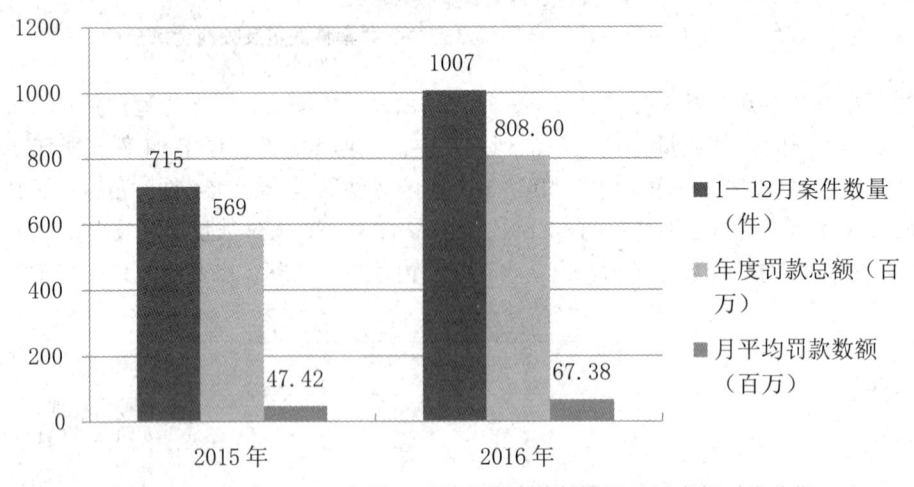

图 2.19　2015 年、2016 年按日连续处罚案件数量及处罚金额对比分析

2015 年平均每个省实施按日连续处罚案件 22 件，案件数量超过 25 件的有 11 个地区。2016 年平均每个省实施 31.78 件，案件数量超过 25 件的有 13 个地区。可见，与 2015 年相比，各省实施按日连续处罚的力度总体有所增长，但地区间存在较大差异的现象没有得到改观。江苏、辽宁、浙江、内蒙古、广东等地按日连续处罚案件数量和罚款金额均居于前列，其中江苏案件数量全国最多，河南罚款数额全国最多。西藏、宁夏等地按日连续处罚案件数量依旧较少。

3. 按日连续处罚措施实施成效与问题

（1）按日连续处罚措施实施成效。

尽管按日连续处罚实施仅仅两年的时间，但是效果已经初显。按日连续处罚显著提高了处罚的金额，解决了守法成本过低、执法权威不够的问题。2016 年，全国多个地方都开出了高额罚单，有效地震慑了环境违法者。例如，湖北华丽染料工业有限公司因超标排放及私设暗管排污两项违法行为,受到荆州市环保局处以2196.006万元的巨额罚款,成为湖北省历史上最大数额的环保罚单,同时该案被移送公安部门,对相关责任人进行行政拘留。[1] 河南省洛阳市新安县一家铝业公司因为氮氧化物排放超标,且一年半内整改不到位,当地环保局对其进行按日连续处罚,开出高达9663万元的巨额罚单。这一数额比新《环境保护法》实施一年以来,洛阳市立案处罚环境违法案件的罚款总额还要多出2000余万元。[2]

根据环境保护部公开的数据,一般环境违法案件的平均罚款数额约为4.4万元;而2016年按日连续处罚的平均罚款数额已达到80.1万元左右。而对于企业而言,按日连续处罚对企业形成了处罚压力,促使企业尽快改正违法行为,提高了违法行为的改正率。例如,湖南省株洲市环保局芦淞分局执法人员在执法检查过程中,发现好棒美食品有限公司的废水处理设施运行不正常,生产废水不能做到达标排放。经责令改正后,环保局在复查时发现该公司的改造工作仍未动工,遂依据新《环境保护法》第59条的规定启动了按日连续处罚程序。迫于环保执法的强大压力,违法企业于2016年9月启动废水升级改造工程,并上缴罚款。[3]

可见,按日连续处罚给企业形成了一种高压态势下的新常态。处罚额度的累加使企业不得不考虑自己的违法成本,有效解决了"违法成本低,守法成本高"的问题;同时按日连续处罚实施后,停止生产等手段也对企业形成了很大的震慑。

(2) 按日连续处罚措施实施存在的问题。

问题一,对按日连续处罚存在认识上的差异。部分地方环境保护部门还存在"不敢罚、不敢用"的问题。一是反映了现有地方执法面临的地方保护主义困境,特别是在经济增速放缓,地方政府面临经济增长压力的背景下,执法机构不敢过严执法。二是存有对执法问责的顾虑。作为一个新生事物,按日连续处罚是一把双刃剑,一些执法机构担心实施过程中的任何把握不准会使自己受到追责的风险。三是按日连续处罚存在制度设计方面的问题,特别是按日连续处罚在适用范围、复查要求、适用条件、改正日期的限定等方面,都会与上述因素叠加进而对按日连续处罚的执行产生影响。

---

[1] 尹卫国:《环保罚款既要罚得"疼"还要收得回》,载《民主与法制时报》2016年7月23日,第2版。

[2] 余嘉熙、冯国鑫、石磊:《洛阳"按日连续处罚"开出近亿元环保罚单》,载《工人日报》2016年8月20日,第2版。

[3] 参见《株洲市首例按日连续处罚环境违法案件执行到位》,载株洲市人民政府网站,http://www.zhuzhou.gov.cn/articles/628/2016-11/117738.html,最后访问日期:2017年2月3日。

此外，按日连续处罚作为一种严格的处罚对于执法机构的能力要求比较高，特别是复查的要求，会给执法机构带来比以往更大的执法负担，这也是各地按日连续处罚案件数量不均衡的原因之一。

同时实践中，也存在着对按日连续处罚过度推崇的现象。按日连续处罚并非万能措施，其作用范围也是有限的，它必须建立在罚款金额确实超过其改正违法或者治理的成本、违法者确实有能力治理污染和执法部门确实严格执法的基础之上。如果这些条件不具备，那么按日连续处罚的作用就难以发挥。比如有些地方，即使出现了"天价罚款"，但其地区的环境污染问题依然严峻。因此，在治理环境污染进行环境执法时需要结合环境执法的实际情况，采用综合执法手段，打出"组合拳"，全面治理环境污染，预防环境违法行为的产生。

问题二，配套规则还需进一步完善。尽管环境保护部制定的《按日连续处罚办法》对于规范实施按日连续处罚发挥了重要作用，但在具体的实施过程中仍然存在一些盲点和模糊地带，导致了执法的困难和不足。

第一，对于按日连续处罚是"可以"实施还是"必须"实施的问题的理解。新《环境保护法》规定对符合条件的违法行为，"可以"按日连续处罚。实践中，执法人员对"可以"的理解不一致，导致对按日连续处罚的启动标准产生了疑惑，即对符合按日连续处罚条件的违法者，什么时候"可以"按日连续处罚，什么时候"可以不"按日连续处罚？

第二，尽管按日连续处罚适用的违法行为类型较为明确，但是实践中如何认定这些排污行为还存在着一定困难。例如，同一单位不同时间段不同污染物超标，是否被认定为同一个违法行为？一个排污单位同时登记有数个排污口，当数个排污口同时存在超标情形的，是根据排污口所属的排污单位认定为一个违法排污行为，还是根据不同排污口认定为不同违法排污行为？在线监测认定的违法排污行为是否适用按日连续处罚？若可以，则日均值、超标小时数哪一个是认定违法排污行为的依据？

第三，连续处罚与单个案件处罚的关系。在安装在线监测设备的理想状况下，在线监测设备将如实记录排污单位的排污状况，环境保护部门根据监测数据可以非常快捷、准确地识别出排污单位的每一次违法排污行为，并进行处罚。按日连续处罚是一种基于效率考虑和技术制约而创造出来的违法推定，一旦有了在线监测数据作为认定违法排污行为的技术支撑，对每一次违法排污行为单独进行处罚就有了现实基础，而无需推定。

第四，关于拒不改正的解读问题。新《环境保护法》将"拒不改正"规定为实施按日连续处罚的前置条件，实践中如何认定"拒不改正"也遇到了很多难题。归纳起来，争议点在于"拒不改正"的最终认定标准是主观标准还是客观标准，抑或同时适用两个标准？例如，复查时发现企业超标排污情况有所改善，但还未达标排放；或者企业确实想积极改正，但为其提供第三方服务的单位无法完成改造任务，致使企业在复查时依然超标排污。在上述两种情况下，主观上很难说企业"拒不改正"，但客观上确实未改正。

第五，关于责令改正时间的设定。在《按日连续处罚办法》讨论之初关于是否给予责令改正时间的问题也有较多争议。当时占上风的一种强硬的执法观点认为，对于任何违法行为都可以立即改正，比如超标行为，可以通过停产限产的方式实现；对于以逃避监管的方式排污，可以立即纳入正常的排污渠道接受监控。实际上，《按日连续处罚办法》中规定的四种适用情形，确实都是可以立即改正的。但是对于其他的一些违法行为，比如，新修订的《大气污染防治法》规定的"未依法取得排污许可证排放大气污染物的"行为，并不见得能立即改正；一些排污单位治理技术不成熟无法实现达标排放，等等。此外，一些企业的违法改正还需要管理上的反应时间，比如对于一些大型企业，其决策权并不在工厂，改正或者向上级报告申请都需要一些时间。但《按日连续处罚办法》回避了不可立即改正的违法情形，以求按日连续处罚操作上的简化。从长远看，这只能是一种暂时性制度安排，如果要扩展按日连续处罚的适用范围，责令改正的时间设定上需要作出相应的调整。

第六，计罚期间内是否应该扣除企业守法的时间阶段以鼓励企业守法问题。环境保护部在给广东省环保厅《关于按日连续处罚计罚日数问题的复函》中明确解释：排污者在计罚周期内，即使存在停产停业或者达标排放的日数，也不能从计罚日数中扣除。这种制度设计有其合理性：一方面旨在打击违法行为，促进持续稳定守法；另一方面也可以减轻执法取证的负担。但是，这种制度设计并不利于鼓励企业尽快守法，虽然能打击故意违法行为，但也有可能会挫伤企业守法的积极性，造成执法者与企业之间的对立关系。

（三）限产停产措施实施情况评估

1. 概述

根据环境保护部公开的数据统计，2016 年全国范围实施限制生产、停产整治案件共 5540 件。其中，1 月份 42 件，2 月份 87 件，3 月份 172 件，4 月份 165 件，5 月份 230 件，6 月份 506 件，7 月份 367 件，8 月份 315 件，9 月份 363 件，10 月份 1020 件，11 月份 1010 件，12 月份 1263 件。2016 年平均每月实施限制生产、停产整治案件 462 件。2016 年与 2015 年同期相比案件数量增加了 78%。

表 2.17　2016 年 1—12 月全国实施限制生产、停产整治措施案件数量

月份	1月	2月	3月	4月	5月	6月	7月	8月	9月	10月	11月	12月	平均
数量	42	87	172	165	230	506	367	315	363	1020	1010	1263	462

2016 年 1—12 月适用限制生产、停产整治措施的案件数量整体呈上升趋势。其中，1 月份适用限制生产、停产整治措施的案件数量最少，仅为 42 件；12 月份适用该措施的案件数量最多，达到 1263 件。

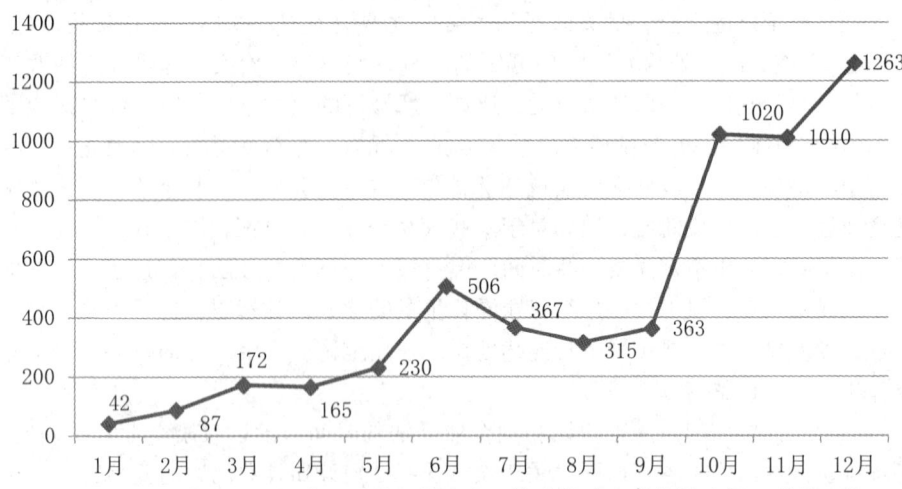

图 2.20　2016 年 1—12 月全国实施限制生产、停产整治案件数量分析（单位：件）

根据环境保护部公开的数据统计，2016 年各地区适用限制生产、停产整治的案件数量分布表现出明显的区域性特征。江苏、安徽、广东、浙江、山西等地适用限制生产、停产整治措施的案件数量较多，其中江苏适用限制生产、停产整治措施的案件数量最多，达到 1280 件。安徽 869 件，广东 431 件，浙江 347 件，山西 280 件。上述 5 个省案件总数为 3207 件，占全国案件总数的 56.53%。西藏、青海、海南、北京、天津等地适用的案件数量较少。

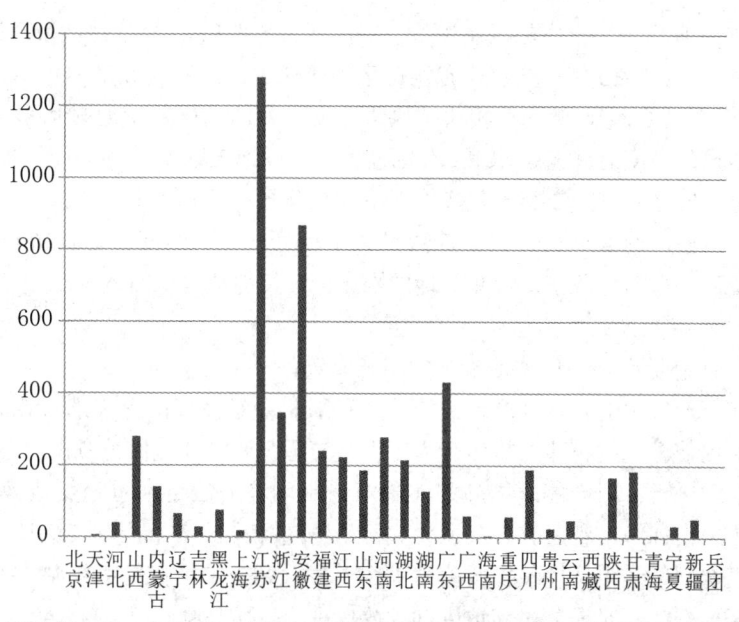

图 2.21　2016 年各省、自治区、直辖市实施限制生产、停产整治案件数量统计（单位：件）

2015 年全国范围实施限制生产、停产整治的案件共 3106 件，月平均实施案件 259 件。2016 年全国范围内实施限制生产、停产整治案件共 5540 件，月平均实施案件 462 件。与 2015 年同期相比，2016 年实施限制生产、停产整治的案件数量上升了 78%，执法力度明显增大。

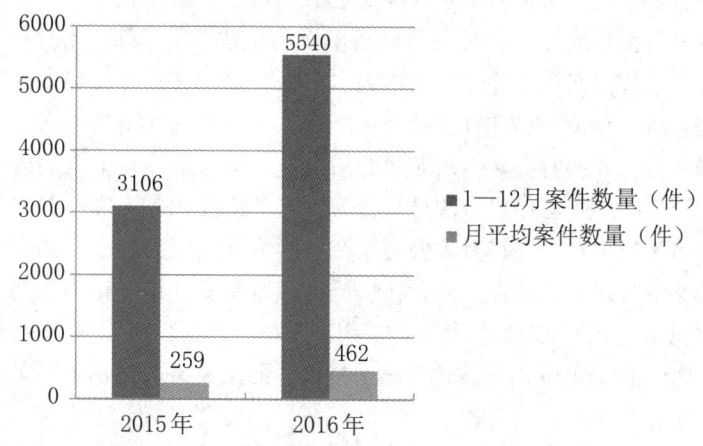

图 2.22　2015 年、2016 年全国实施限制生产、停产整治案件数量对比分析

2015年平均每个省实施限制生产、停产整治案件97件，案件数量超过100件的地区有9个；2016年平均每个省实施案件177.3件，案件数量超过100件的地区有15个。可见，与2015年相比，执法力度加大的地区数量明显增多，各省实施限产停产的力度总体有所增长，但执法力度存在较大差异的状况也维持不变。其中江苏、安徽、广东3个省限产停产案件数量居于全国前列；江苏和山西明显加大了限产停产的实施力度，案件数量有了较大增长，江苏更是跃居全国首位。西藏、青海、海南、北京、天津等地的限产停产案件数量依旧较少。

2. 限产停产措施的实施成效与问题

（1）限制生产、停产整治措施的实施成效。

限产停产通过对企业生产行为的约束和限制，能够直接影响排污者的经济效益，从而促使企业改正违法排污行为，提高排污企业的环境保护意识。

从实践来看，限产停产措施的实施对遏制环境违法行为也初见成效。例如，在肇庆市中信针织染整厂有限公司大气污染物超标排放案中，肇庆市环境保护局执法人员会同肇庆市环境保护监测站工作人员对肇庆市中信针织染整厂有限公司进行现场检查，并对该公司锅炉废气排放口进行采样监测。《监测报告》[（肇）环境监测（Q）字（2015）第1209520-JD号]显示该公司锅炉废气排放口烟尘折算后排放浓度为249.4mg/m³，超标1.08倍，对周围环境造成污染。鉴于该企业在2015年间四次出现污染物排放超标的违法行为，且已经责令其采取了限制生产的措施，但仍然再次超标；2016年1月20日，肇庆市环境保护局依法对企业作出《行政处罚决定书》（肇环罚字[2016]4号），对该企业处罚3.2万元，并责令其实施停产整治。责令该企业自收到本决定书之日起立即停止生产，并采取整改措施，制定并落实整改方案。在15个工作日内将整改方案报肇庆市环保局备案并向社会公开。整改方案应当确定整改措施、工程进度、资金保障和责任人员等事项；整改完成后，在15个工作日内将整改完成情况和整改信息社会公开情况报肇庆市环保局备案，并同时提交整改期间的用电量、用水量等与整改前的对比情况等材料；停产期间不得有任何违法排污行为，未将整改任务完成情况报肇庆市环保局备案不得恢复生产；并将对该公司停产整治情况实施后督查，如发现该企业有拒不停产整治、擅自恢复生产或者在恢复生产后又实施违法行为的情况，将报肇庆市政府批准，责令该企业停业、关闭。2016年1月26日，该企业签收了《行政处罚决定书》，并立即采取停产整治措施，购买设备改进锅炉工艺，改善防治设施，落实各项整改。

（2）限制生产、停产整治措施的实施存在的问题。

问题一，配套规则仍需细化。作为一种处罚措施，限产停产属于一种行为制裁，即通过对企业生产行为的限制实现制裁目的。根据《环境保护主管部门实施限制生产、停产整治办法》的规定，限制生产、停产整治措施的解除是依靠违法企业自觉改正违法行为、向社会公开整改任务完成情况和整改信息，并将报告和相关材料报作出限制生产、停产整治决定的环境保护主管部门备案。限制生产、停产整治决定自排污者报环境保护主管部门备案之日起解除。可见，限产停产决定的解除主要依靠的是企业的自我声明，对于企业是否真实完成整改任务需要通过后督察来核查。

然而，当前对于限产停产的后督察的规定简略，后督察发现企业并未确实完成整改任务时如何处理也缺乏明确的规定。尽管《环境保护主管部门实施限制生产、停产整治办法》第8条规定，被责令停产整治后拒不停产或者擅自恢复生产的或者停产整治决定解除后，跟踪检查发现又实施同一违法行为的，由环境保护主管部门报经有批准权的人民政府责令停业、关闭。但实践中的情形远比此复杂，还需要进一步细化。

问题二，部门联动配合还需完善。限产、停产措施的有效实施需要多部门配合，需要联合公安、经信、工商、供水、供电等部门通过行政强制措施落实环境违法企业的整改行为。

实践中部分地区开始了有益的尝试。例如，浙江省奉化市环境执法监察大队建立由环保牵头，发改、安监、经信、质监、公安、国土、卫生、地税、工商、供电及有关镇（街道）配合的市环境污染整治工作领导小组，以24小时响应的拉电停产强制措施为重要手段，确保企业停产整改到位。辽宁省环保厅与金融机构形成联动机制，充分利用金融信贷限制机制促进企业守法。被列入绿色信贷限制的企业中，先期已有8家完成整改任务，有36家企业停止生产或停止违法排污，其他大部分企业都在积极整改中。但是地方试点有其特定的背景，如果没有全国层面的统一规范，就不能形成可反复的制度实践。

问题三，地区之间执法力度差别较大。2016年全国各地区适用限制生产、停产整治的案件数量分布表现出明显的区域性特征。江苏、安徽、广东、浙江、山西等省适用限制生产、停产整治措施的案件数量较多，上述五省全年案件总数为3207件，占全国案件总数的56.53%。西藏、青海、海南、北京、天津等地适用的案件数量较少。案件数量多少与各地的经济、社会条件具有紧密的联系，适用案件较多的地区多为沿海经济发达地区，工业企业较多，或者煤炭产业发达的地区，如山西等。适用此类措施数量较少的地区主要有两类：一类是经济欠发达地区，工业等较为落后，污染也相对较少，如青海、西藏、海南等地；另一类则是以高新技术为核心产业的地区，可适用的污染情形较少，如北京、天津等地。但同时必须警惕的是，案件数量的巨大差异也可能在一定程度上暗示着执法力度的差别，因此案件数量相对较少的地方应该及时了解自身的实际执法情况，及时作出相应的调整。

（四）环境违法案件移送措施实施情况评估

1. 概述

环境保护部门与公安机关的合作是从环境污染犯罪案件的查处开始。为打击环境犯罪，早在 2007 年 5 月 17 日，原国家环境保护总局、公安部、最高人民检察院就联合发布了《关于环境保护行政主管部门移送涉嫌环境犯罪案件的若干规定》（环发〔2007〕78 号），对环保行政机关向公安机关移送环境犯罪案件的证据材料以及注意事项进行了规定。为了进一步加强环保行政机关与公安机关在环境执法上的衔接，2013 年 11 月 4 日环境保护部与公安部共同发布了《关于加强环境保护与公安部门执法衔接配合工作的意见》（环发〔2013〕126 号），提出了建立联动执法联席会议制度、联动执法联络员制度、完善案件移送机制、重大案件会商和督办制度、紧急案件联合调查机制等制度。2017 年 1 月 25 日，为进一步健全环境保护行政执法与刑事司法衔接工作机制，依法惩治环境犯罪行为，切实保障公众健康，推进生态文明建设，环境保护部、公安部和最高人民检察院联合研究制定了《环境保护行政执法与刑事司法衔接工作办法》，原《关于环境保护主管部门移送涉嫌环境犯罪案件的若干规定》同时废止。

新《环境保护法》颁布前，环境保护部门移送公安机关的案件仅限于治安管理处罚案件和环境污染犯罪案件。公安机关依据《治安管理处罚法》的有关规定，对违法排放、倾倒危险物质的违法行为人，以及盗窃、损毁环境监测设施的违法行为人依法予以治安管理处罚；依据《刑法》等相关规定，对涉嫌构成环境污染犯罪的，依法立案侦查。

鉴于公安部门的威慑力，新《环境保护法》扩大了环境保护部门移送公安机关的案件范围。《环境保护法》第 63 条规定："企业事业单位和其他生产经营者有下列行为之一，尚不构成犯罪的，除依照有关法律法规规定予以处罚外，由县级以上人民政府环境保护主管部门或者其他有关部门将案件移送公安机关，对其直接负责的主管人员和其他直接责任人员，处 10 日以上 15 日以下拘留；情节较轻的，处 5 日以上 10 日以下拘留；①建设项目未依法进行环境影响评价，被责令停止建设，拒不执行的；②违反法律规定，未取得排污许可证排放污染物，被责令停止排污，拒不执行的；③通过暗管、渗井、渗坑、灌注或者篡改、伪造监测数据，或者不正常运行防治污染设施等逃避监管的方式违法排放污染物的；④生产、使用国家明令禁止生产、使用的农药,被责令改正,拒不改正的。"

2014年12月24日,公安部、工业和信息化部、环境保护部、农业部以及国家质量监督检验检疫总局联合印发了《行政主管部门移送适用行政拘留环境违法案件暂行办法》(公治〔2014〕853号)。该办法对环境违法行为适用"行政拘留"的情形、程序等进行了更加细致和严格的规定,指导了环保行政执法机关与公安机关的工作衔接。

2. 2016年环境违法案件移送措施的实施情况

根据环境保护部的公开数据统计,2016年全国实施移送行政拘留案件4025件。其中,1月份67件,2月份76件,3月份170件,4月份282件,5月份332件,6月份364件,7月份329件,8月份352件,9月份317件,10月份417件,11月份552件,12月份767件。平均每月实施移送行政拘留案件335件。2016年与2015年相比,移送行政拘留案件数量上升93.6%。

表2.18　2016年1—12月全国环保主管部门移送行政拘留案件数量

月份	1月	2月	3月	4月	5月	6月	7月	8月	9月	10月	11月	12月	平均
数量	67	76	170	282	332	364	329	352	317	417	552	767	335

根据环境保护部的公开数据统计,2016年全国实施移送涉嫌环境污染犯罪案件1982件。其中,1月份72件,2月份76件,3月份117件,4月份201件,5月份195件,6月份179件,7月份164件,8月份168件,9月份146件,10月份145件,11月份221件,12月份298件。平均每月实施移送涉嫌犯罪案件165件。2016年与2015年相比,移送涉嫌环境污染犯罪案件数量上升17.63%。

表2.19　2016年1—12月全国环保主管部门移送涉嫌环境污染犯罪案件数量

月份	1月	2月	3月	4月	5月	6月	7月	8月	9月	10月	11月	12月	平均
数量	72	76	117	201	195	179	164	168	146	145	221	298	165

2016年1—12月,全国范围内移送行政拘留案件数量呈现逐渐增多的趋势,其中1月份移送行政拘留案件数量最少,仅为67件;12月份移送行政拘留案件数量最多,达到767件。

2016年1—4月,全国范围内移送涉嫌犯罪案件数量呈逐渐增多的趋势,在4—12月之间,案件数量有所浮动,在145~298件之间。

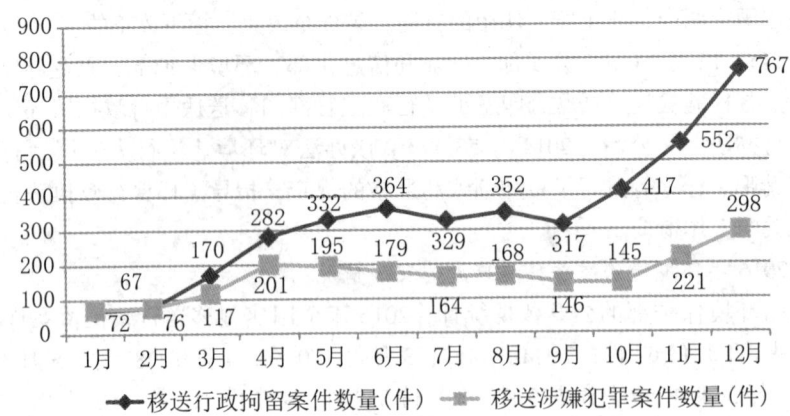

图 2.23 2016 年 1—12 月全国环保主管部门移送行政拘留、涉嫌犯罪案件数量统计

根据环境保护部的数据统计，2016 年浙江、山东、福建、广东、江苏等地移送行政拘留的案件数量较多，其中浙江移送行政拘留案件数量达到

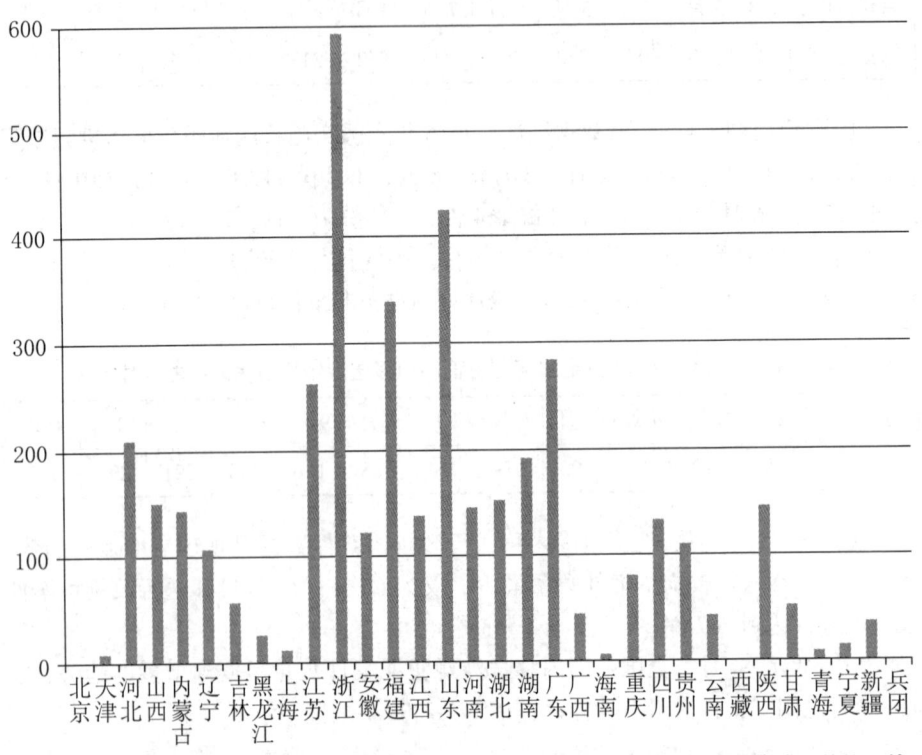

图 2.24 2016 年各省、自治区、直辖市环保主管部门移送行政拘留案件数量统计（单位：件）

591 件，山东为 425 件，福建为 339 件，广东为 284 件，江苏为 261 件，上述 5 个省案件数量总数为 1900 件，占全国移送行政拘留案件总数的 47.2%。西藏、北京等地移送行政拘留的案件较少。

2016 年 1—12 月份，浙江、广东、江苏、福建、山东等地移送涉嫌犯罪案件数量居于全国前列，其中浙江移送涉嫌犯罪案件数量最多，达到 457 件，广东为 383 件，江苏为 226 件，福建为 178 件，山东为 166 件。前述 5 个省移送涉嫌犯罪案件数量总数为 1410 件，占全国移送涉嫌犯罪案件总数的 71.14%。西藏、海南、北京等地移送涉嫌犯罪案件数量较少。

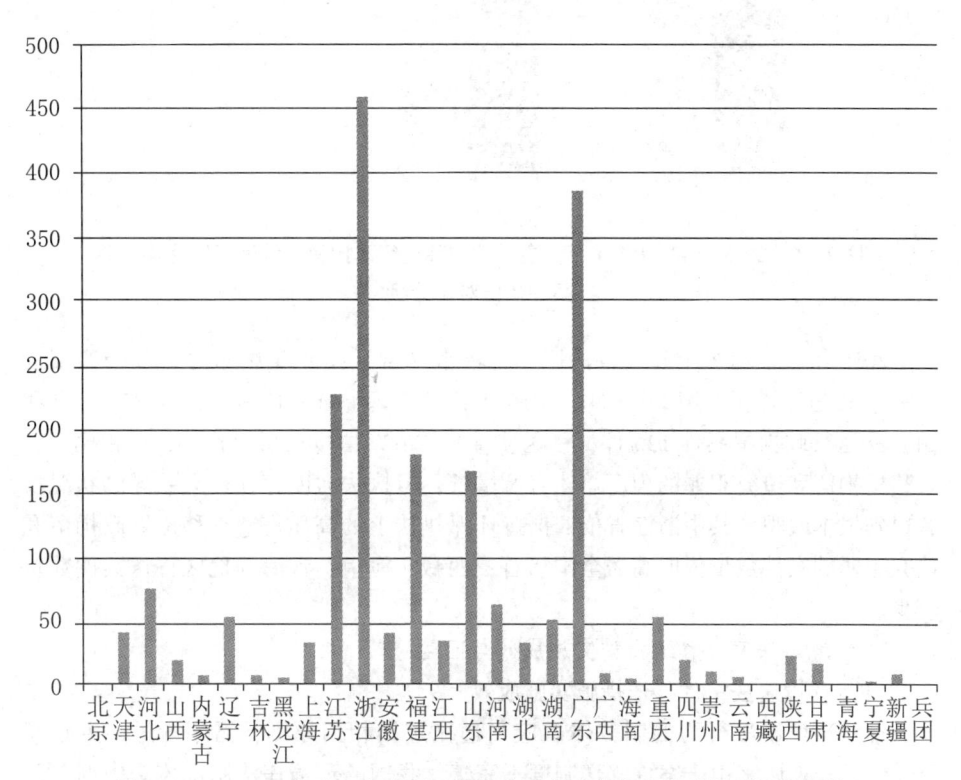

图 2.25　2016 年各省、自治区、直辖市环保主管部门移送涉嫌环境污染犯罪案件数量统计（单位：件）

2015 年 1—12 月，全国范围内实施移送行政拘留案件共 2079 件，移送涉嫌环境污染犯罪案件共 1685 件。而 2016 年全国范围内实施移送行政拘留案件 4025 件，移送涉嫌环境污染犯罪案件 1982 件。与去年相比，移送行政拘留案件数量上升 93.6%，移送涉嫌环境污染犯罪案件数量上升 17.63%。

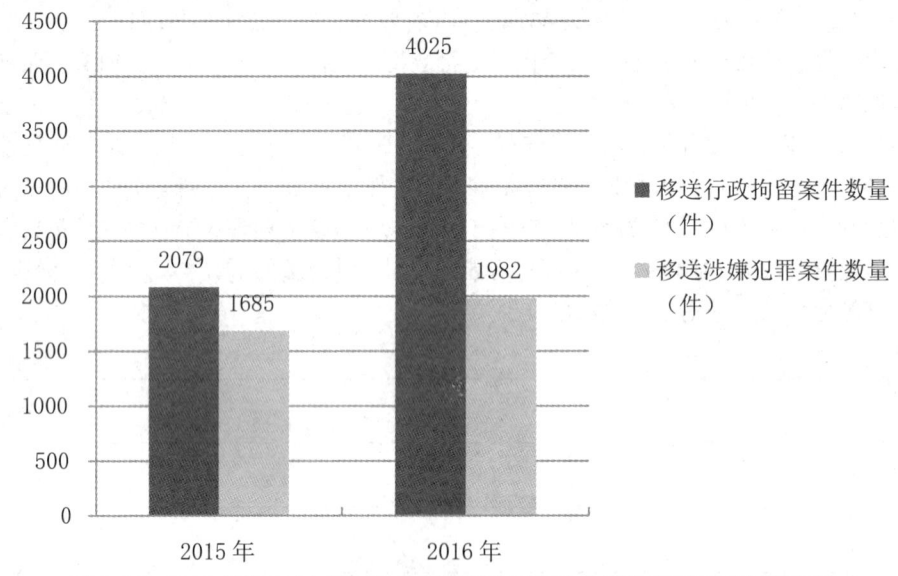

图 2.26　2015 年和 2016 年环保主管部门移送行政拘留和涉嫌环境污染犯罪案件数量对比分析

2015 年，平均每个省、自治区、直辖市（含兵团）实施移送行政拘留案件 65 件，移送涉嫌犯罪案件 53 件；2016 年，平均每个省、自治区、直辖市（含兵团）移送行政拘留案件 126 件，移送涉嫌犯罪 62 件。可见，与 2015 年相比，各省移送拘留和追究犯罪的力度总体有所增长，但执法力度存在较大差异的状况没有得到根本改观。其中浙江省依旧保持环保执法上的高压态势，移送行政拘留和追究犯罪的案件数量依旧高居全国榜首；西藏、海南、青海等地区移送案件数量较少。

3. 环境违法案件移送措施实施成效与问题

（1）环境违法案件移送措施实施成效。

针对环境违法行为的制裁体系应当遵循过罚相当原则，循序渐进、由轻及重。但是长期以来由于案件移送制度不完善，我国的环境违法制裁体系中刑事制裁和行政制裁是脱节的。其主要原因之一就是行政处罚中人身罚的缺位。新《环境保护法》修改之前，仅 2008 年修改的《水污染防治法》第 90 条规定，违反本法规定，构成违反治安管理行为的，依法给予治安管理处罚。全国人大常委会法工委在《对违法排污行为适用行政拘留处罚问题的意见》（法工委复 [2008] 5 号）中对该条的具体适用作了具体解释。事实上，2008 年《水污染防治法》和全国人大常委会法工委《对违法排污行为适用行政拘留处罚问题的意见》实施以来，很少有污染者因为违反了《水污染防治法》的规定而被行政拘留。人身罚在环境行政违法制裁体系中仍处于缺位状态。

新《环境保护法》实施以来，每年上千件的行政拘留移送案件大大提高了环保执法的威慑力，实现了行政处罚的体系性和渐进性，也弥合了行政处罚和刑事处罚之间的裂隙，形成了严密的环境违法行为制裁网络。例如，2016年，湖南省仅在打击涉危险废物环境违法犯罪行为专项行动中就移送行政拘留43人，移送涉嫌污染环境犯罪案件23件。2016年湖南全省公安机关全年受理环境主管部门移送行政拘留案件达到179件，较2015年同比增长33%；行政拘留176人，同比增长50%。[1]

（2）环境违法案件移送措施实施存在的问题。

问题一，案件移送标准、移送程序有待进一步明确。对于环境保护部门移送行政拘留和移送涉嫌犯罪案件，有些公安机关往往以材料不全等为由，拒绝接受移送案件。在移送程序上，则存在着公安机关未出具接受案件回执等现象。环境保护部门有案不移、公安机关对移送案件该接不接的问题仍然存在。因此，需要从制度层面对移送案件的条件、时限、移送材料的要求、公安机关受案要求等方面作出进一步的规定。

问题二，案件办理质量不一，法律适用有待统一。全国在移送行政拘留和移送涉嫌犯罪案件的实施上存在显著的地区差异，这种地区差异不仅表现在案件数量上，同时也表现在案件质量上。例如，浙江、广东、江苏、福建、山东等地移送行政拘留和移送涉嫌犯罪案件数量均居于全国前列，同时其案件质量也明显高于全国平均水平。相较而言，中西部地区不仅案件数量偏少，案件办理质量也偏低。

问题三，案件证据收集标准不一，难以满足刑事司法要求。行政处罚所用证据材料与刑事侦查所需证据材料不同，这影响到公安机关对环境违法行为和环境犯罪行为的认定。环保行政执法机关认定环境违法给予行政处罚的证据要求与公安机关认定环境违法以及环境犯罪的证据要求不相符，环保行政执法机关工作人员取证能力以及对证据材料的保全等不能满足公安机关的要求，这些都可能导致环保行政执法机关移送给公安机关的案件无法满足公安机关的要求而使公安机关无法认定环境违法行为或环境犯罪行为，最终导致案件的退回。实践中存在的这些问题，都需要环保机关与公安机关的进一步协商，在环境执法中促进环境行政

---

[1] 黄亮斌、邱正玉、张洪峰：《环保、公安联手严打环境污染违法犯罪》，载《湖南日报》2017年1月5日，第8版。

机关与公安机关的合作与衔接。

问题四，涉案物品的移交与处置缺乏明确的规定。在案件移送过程中，由于衔接不当，涉案物品出现损毁、灭失、隐匿等情况。对于具有严重环境危害性或其他高度危险性的涉案物品的处置，则需要环境保护部门和公安部门以及其他部门之间的高度配合。而对涉案物品的移交与处置尚缺乏详细的规定，需要及时对此进行完善。

对违法、犯罪案件的移送措施的适用，并非环境保护部门可以独立完成的，还需要公安机关的配合。因此，对违法、犯罪案件的移送措施的适用需要环境行政机关与公安机关的无缝衔接，需要环境保护部门与公安机关在明确职责分工基础上开展深度合作，建立联合机制，共同打击环境违法犯罪行为。

十八届四中全会通过的《中共中央关于全面推进依法治国若干重大问题的决定》提出，要健全行政执法和刑事司法衔接机制，完善案件移送标准和程序，建立行政执法机关、公安机关、检察机关、审判机关信息共享、案情通报、案件移送制度，坚决克服有案不移、有案难移、以罚代刑现象，实现行政处罚和刑事处罚无缝对接。这为环境违法案件查处中行政处罚与刑事处罚对接机制的完善提供了契机，环境保护部、公安部、最高检应当进行协商，就两者对接的具体程序规则进行规范，指导各地的移送实践。

为进一步健全环境保护行政执法与刑事司法衔接工作机制，依法惩治环境犯罪行为，切实保障公众健康，推进生态文明建设，环境保护部、公安部和最高人民检察院于2017年1月25日联合印发了《环境保护行政执法与刑事司法衔接工作办法》，对包括移送在内的环境保护行政执法与刑事司法衔接工作作出了进一步的完善。

（五）小结

查封扣押、限产停产、按日连续处罚、移送违法和犯罪案件是环境保护部门进行环境执法的主要措施，对于打击环境违法犯罪行为具有重要作用。《环境保护法》修订后，环境保护部就颁布了《环境保护主管部门实施查封、扣押办法》《环境保护主管部门实施按日连续处罚办法》《环境保护主管部门实施限制生产、停产整治办法》《行政主管部门移送适用行政拘留环境违法案件暂行办法》四个配套办法，明确了查封扣押、按日连续处罚、限产停产、移送行政拘留的适用情形和程序，为新《环境保护法》的实施提供了规则储备，便于这四种措施在环境执法过程中的实施。

2016年，新《环境保护法》所规定的查封扣押、限产停产、按日连续处罚、移送行政拘留、移送涉嫌犯罪等措施都得到不同程度的实施。全国实施按日连续处罚案件1007件，实施查封、扣押案件9836件，实施限产、停产案件5540件，移送行政拘留案件4025件，移送涉嫌环境污染犯罪案件1982件。与去年同期相比，各类案件数量均有所上升，执法力度持续加大。其中，适用查封、扣押案件数量上升138%，适用限产、停产案件数量上升83%，适用按日连续处罚案件数量上升42%，移送拘留案件数量上升94%，移送涉嫌环境污染犯罪案件数量上升20%。全国所有地级城市均有适用《环境保护法》四个配套办法的案件。其中，浙江、广东、江苏、福建、安徽、河南、山东等省案件数量达1000件以上。

表2.20　2016年各类措施使用案件数量情况（单位：件）

措　施	查封、扣押	限产、停产	按日连续处罚	移送行政拘留	移送涉嫌犯罪	总　计
案件数量	9836	5540	1007	4025	1982	22 390

根据环境保护部公开的数据统计，2016年，查封、扣押案件数量占五类案件总数的44%，限制生产、停产整治的案件数量占五类案件总数的25%，按日连续处罚的案件数量占五类案件总数的4%，移送行政拘留的案件数量占五类案件总数的18%，移送涉嫌犯罪的案件占五类案件总数的9%。由此可知，查封、扣押措施在实践中适用的数量最多，随后依次是限产停产、移送行政拘留、移送涉嫌犯罪，最后是按日连续处罚，只占到五类案件总数的4%。

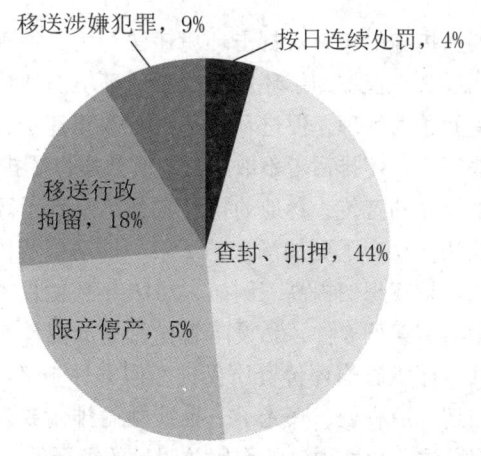

图2.27　2016年适用各类措施案件数量占比

分析其原因，一方面可能是因为按日连续处罚措施会大大增加企业的违法成本，故在企业被处以罚款并被责令改正违法行为后，会积极改正违法行为，在复查时其行为已恢复合法状态的，无需启动按日连续处罚。由此可见，按日连续处罚对于督促排污企业改正违法行为，预防环境违法行为具有威慑力，通过坚持教育与处罚相结合的原则，能够引导和督促排污者及时改正环境违法行为。而另一方面，有关按日连续处罚措施的程序性操作规定在实践中也暴露出不足，这影响了按日连续处罚措施效用的发挥。按照现行立法规定，环保主管部门对存在违法排污行为的排污单位作出处罚和责令改正违法行为的决定后，应当在法定期限内组织复查；复查发现排污单位拒不改正违法排污行为的，方可启动按日连续处罚程序。如果复查发现排污单位已经改正违法排污行为的，则此轮处罚程序到此结束，不再启动按日连续处罚；即使之后排污单位再次出现相同或其他违法排污行为的，环保主管部门也只能重新作出单次处罚决定，而不能将两次违法排污行为合并处理，不能按照按日连续处罚措施予以处置。因此，在执法实践中，一些排污单位摸清了环保主管部门的行动，在法律规定的复查期限内，企业采取措施有效限制自己的污染物排放；一旦得知环保主管部门已经完成复查，或者法定复查期限已过，则排污单位又会重新开始违法排污。如此看来，尽管处罚严厉，但现行规则下的按日连续处罚措施并不是无机可乘的，这造成在很多地方按日连续处罚措施难以达到法定的启动条件。虽然相比2015年，按日连续处罚案件数量有所上升，但2016年按日连续处罚案件数量占五类案件的比例仅为4%。实践中环保主管部门更倾向于使用查封、扣押这种成效立竿见影的措施来解决企业违法排污的问题。

总体上看，前四大措施的实施对打击环境违法行为、治理环境问题、保护生态环境具有积极作用。其不仅增加了环境违法者的环境违法成本，真正实现损害担责；还推动了环境问题的治理，促进环境违法者改正违法行为，合法排污；更严厉打击了环境违法行为，使排污者不敢违法，有效震慑了排污者。

此外，经过网络媒体的宣传，各地的排污者都感受到了环境执法的严厉，也使社会公众对环境执法活动有了更加深入的了解，推动了我国政府、企业、公众等各类社会主体环境保护意识的提高。例如，2016年环境保护部组织查处了污染源自动监控弄虚作假典型案例8件，私设暗管偷排偷放案件3件，机动车尾气排放弄虚作假案件2件，环境影响评价资质弄虚作假案件16件，共拘留22人。地方各级环境保护部门还先后查处、曝光了一批涉嫌偷排偷放、超标排放的典型违法案件，起到了以案释法、以案说法的作用及明显的震慑效果。

简而言之，上述五项重点措施构建起了较为完整的环境违法行为制裁体系，大幅提高了环境违法成本，增强了环保执法的威慑力度；企业守法意识提高，重复违法现象有所减少；环保执法部门联动机制基本建立并有效运转，执法效果显现，环境质量开始改善。可资对比的是，2016年1—9月案件数量较少的有铜川市、阜新市、辽源市、太原市、珠海市，水环境质量同比变差；而执法案件数量较少的曲靖市、朔州市、齐齐哈尔市、池州市、宝鸡市，城市大气环境质量同比变差。

与此同时，必须看到四大措施在执行中也遇到了一些问题。概括来看，首要的是规则的细化问题。虽然环境保护部门对查封扣押、按日连续处罚、停产限产以及移送行政拘留四种执法措施的适用情形和程序进行了较为详细的规定，但随着执法实践的深入，新的问题又不断涌现，需要对现有的规定作出更为细致的解释和规定。对于规则的细化问题，虽然环境保护部门也已经作出了努力，例如对于逃避监管非法排放污染物情形认定的有关问题，环境保护部便通过《环境保护部关于逃避监管违法排污情形认定有关问题的复函》（环政法函［2016］219号）进行了解释。但是，与实践的巨大需求相比，现有的努力仍有待进一步的加强。

由于同一违法排污行为可能同时符合适用查封扣押、限产停产、按日连续处罚、行政拘留等行政强制与处罚措施的条件，此时就涉及多种措施如何选择适用的问题。《按日连续处罚办法》第20条规定："环境保护主管部门针对违法排放污染物行为实施按日连续处罚的，可以同时适用责令排污者限制生产、停产整治或者查封、扣押等措施；因采取上述措施使排污者停止违法排污行为的，不再实施按日连续处罚。"也就是说，按日连续处罚与限制生产、停产整治或者查封、扣押等措施是平行关系，在满足各自的适用条件时可分别适用或合并适用。但实践中，到底如何运用各种措施打好治污组合拳，还需要进一步研究。只有合理界定这些行政措施的适用关系，才能形成一个体系协调、功能互补、过罚相当的制裁体系，进而形成遏制持续性违法排污行为的组合拳，为生态文明建设提供更有力的法律保障。

此外，执法力度地域性差异较大，部分地区执法力度明显偏弱，需要进一步加大执法力度。根据环境保护部的通报，葫芦岛市、四平市、萍乡市、新余市、清远市、北海市、防城港市、来宾市、钦州市、广元市、雅安市、资阳市、临沧市、普洱市、延安市、固原市16个城市在2016年前9个月内，适用配套办法案件数量为零。上述16个城市在被环境保护部通报之后，有8个城市在10月份开始加强执法力度，并开始有适用配套办法的案件。而新余市、防城港市、来宾市、钦州市、雅安市、资阳市、临沧市、固原市8个城市案件数依旧为零。经过再次通报之后，截止到2016年11月底，全国所有地级城市才均有适用《环境保护法》四个配套办法的案件。可见，执法力度不足的问题在部分地区依然十分严峻，需要进一步加大督查问责，强化执法力度，确保环境保护各项措施落到实处。

三、环境执法机构能力建设效果评估

徒法不能以自行。新《环境保护法》要产生预期的立法效果，必须得到切实实施，而主动实施《环境保护法》的国家主力部队就是全国各级环境执法机构。我国环境执法机构实施新《环境保护法》的能力到底如何？近两年为了实施新《环境保护法》，环境保护部门进行了哪些能力建设活动，其成效如何？还存在哪些方面的问题？因此，有必要对于新《环境保护法》实施两年来环境执法机构能力建设效果进行评估，以便为进一步优化环境执法机制、提高执法效能提供建议。

（一）环境执法机构设置概况

1. 执法机构

（1）历史沿革。

1988年7月，国务院将环保工作从城乡建设部分离出来，成立独立的国家环境保护局，作为国务院直属机构，明确为国务院综合管理环境保护的职能部门。1989年颁布的《环境保护法》第7条规定："国务院环境保护行政主管部门，对全国环境保护工作实施统一监督管理。县级以上地方人民政府环境保护行政主管部门，对本辖区的环境保护工作实施统一监督管理。国家海洋行政主管部门、港务监督、渔政渔港监督、军队环境保护部门和各级公安、交通、铁道、民航管理部门，依照有关法律的规定对环境污染防治实施监督管理。县级以上人民政府的土地、矿产、林业、农业、水利行政主管部门，依照有关法律的规定对资源的保护实施监督管理。"该法规定了"统一监管与分级、分部门监管相结合"的环境保护监管体制。1998年，国家环境保护局升格为国家环境保护总局，是国务院主管环境保护工作的直属机构。2008年，国家环境保护总局升格为环境保护部，成为国务院组成部门。

在行政区划上，我国实行中央、省、市、县、乡五级人民政府设置，环境执法的组织体系大致如图2.28：

我国环境保护部门分为国务院环境保护主管部门与地方环境保护部门。与国务院环境保护部门相一致，县级以上地方人民政府环境保护部门属于本级人民政府的环保业务主管部门，服从于本级人民政府的统一领导，同时又接受上级环境保护部门的业务指导，即属于领导与指导并存的双层体制。在乡（镇）人民政府

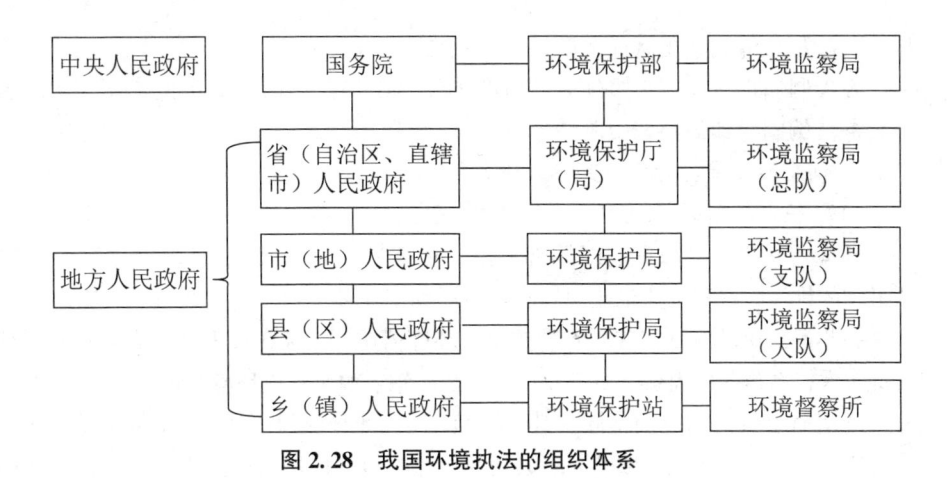

图 2.28　我国环境执法的组织体系

所设置的环境保护站属于县（区）人民政府的派出机构，不隶属于乡（镇）人民政府。各级人民政府及其所属环境保护部门属于国家行政机关，具有法定的行政权限。尽管地方环境保护部门在业务上受上级环境保护部门指导，但在人事安排和财政上仍受本级政府的支配。

（2）执法机构的设置及其编制。

环境执法即环境监察执法，是指环境保护机关监督检查公民、法人和其他组织遵守环境保护法律规范的情况，依据法律、法规、规章和其他规范性文件惩处违反环境保护法律规范但尚未构成犯罪的行为，主要包括环保监督、检查和行政处罚等活动。据 2012 年 7 月颁布的《环境监察办法》规定，环境监察机构是各级环境保护部门所属的、专业从事现场环境监管执法的机构，主要负责现场执法、监察稽查、纠纷调处和排污费征收等。

从现行的机构设置来看，各级环境监察机构多称为环境监察局。省级、设区的市级、县级环境监察机构，也可以分别以环境监察总队、环境监察支队、环境监察大队命名。县级环境监察机构的分支（派出）机构和乡镇级环境监察机构的名称，可以命名为环境监察中队或者环境监察所。不同层级的环境保护部门，因其职责权限不同，其机构设置也有所差异。国家环境保护部的机构设置分为部机关、派出机构、直属事业单位和社会团体。在省级行政区域内，省、市、县三级环保机构的设置在不同行政区域内略有不同，一般包括机关内设机构和直属事业单位，而多数环境监察机构被列为直属事业单位。环境执法的最大任务在基层，即在市（地）和县（区）环保局，而负责日常环境保护行政执法的是环境监察机构，一般是环境监察支队或大队。[1]

在编制属性方面，很多地方政府的环保系统仍保持以事业单位编制为主，参照公务员编制为辅的混合编制情形。

2. 执法的职责、对象与外部环境

（1）职责范围。

环境监察执法的职责范围非常宽泛。根据"三定方案"，环境监察执法已经从最初的排污收费和工业企业现场监察拓展到工业环境监管及行政处罚、自然保护区生态监察、建设项目"三同时"监察、环境信访调处和污染事件调查、农业秸秆禁烧及农村畜禽养殖监察、机动车尾气执法、辐射源监管等环境监管的各个方面。

环境监察机构的级别不同，其职责范围也不同。同时，因地方性环境保护立法有所差异，不同行政区域的同一级别环境监察机构的职责范围也略有不同。在国家、省、市（地）、县四级环境监察机构中，市（地）级环境监察机构在执法上起着承上启下的作用，其职责范围最具有代表性，最能反映出我国大多数基层环境执法机构的职责范围。我们以广东省中山市为例，该市环境保护局权责统计如下表：

表2.21 广东省中山市环境保护局各项权责统计表

权责	行政审批日常管理	行政处罚	行政强制	行政征收	行政检查	其他	总计
项数	83	398	16	8	91	24	620

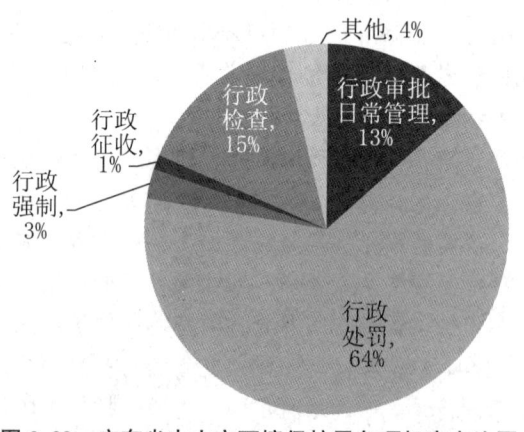

图2.29 广东省中山市环境保护局各项权责占比图

（行政审批日常管理, 13%；行政处罚, 64%；行政检查, 15%；行政强制, 3%；行政征收, 1%；其他, 4%）

---

[1] 在调研中发现，有的地方推行政府机构改革，政府内部职能发生整合，环境执法机构的称谓在这些地方有所调整。

从以上图 2.29 和表 2.21 可以看出，广东省中山市环境保护局环境执法涉及行政审批日常管理、行政处罚、行政强制、行政检查以及其他执法权项多达 620 项，非常广泛。而理解并把握这些执法权项，行使好这些执法权项，非一般专业人士难以胜任。在这些执法权责中，超过半数以上的权责是行政处罚，其次是行政检查，再次就是行政审批日常管理，此三项占比超过 90%。这说明环境监察执法的主要任务是查处违法行为和行政审批。

（2）执法对象。

总体而言，全国环境执法对象数量大范围广。以污染防治监察为例，据《第一次全国污染源普查公报》，2007 年全国普查对象包括工业源、农业源、生活源、集中式污染治理设施等总数 592.6 万个，当年的全国 GDP 总额为 26.80 万亿元。而到 2014 年，全国 GDP 总额为 63.59 万亿元，是 2007 年的 2.4 倍，按年均 3% 的增长速度计算，2014 年全国污染源数量可达到 729 万个。实际上污染防治对象应该远不止这个数目，环境执法对象范围广，总数惊人。

（3）执法的外部环境。

我国正处于工业化、城镇化快速发展的时期，虽然主要污染物排放总量下降，但由于我国环境排放总量基数大，环境容量不足，即使排污企业在严格监管下做到达标排放，仍然会增加环境负担，整体环境质量的根本改善难度大。与此同时，公众环境意识普遍觉醒，对环境质量要求日益提高。

环境监察执法不仅局限在城市，而且还涵盖广大农村地区，不仅地域广，而且地形复杂；不同于税务执法等只在白天工作时段进行，环境监察执法经常全天 24 小时不间断；不仅如此，无论刮风下雨，烈日炎炎，还是冰天雪地，环境执法都不能停息。环境执法工作条件艰苦，任务十分繁重。

当前我国经济发展进入了新常态，经济下行压力明显。一些地方政府仍然以 GDP 增长作为第一要务，环境优先未见付诸实际行动。另外，有些执法对象拒绝配合环境执法人员执法，环境保护部门需要其他部门的支持和协助，而其他部门能否提供充分的支持和协助有时处于不确定状态。

（二）环境执法机构能力建设效果评估

根据环境保护部 2011 年发布的《全国环境监察标准化建设标准》（以下简称《建设标准 2011》），环境执法机构能力建设包括队伍建设、装备建设和业务用房三大部分，涉及机构与人员、基础工作、经费保障、交通工具、取证设备、通信工具、办公设备、信息化设备、各项业务办公用房等众多项目。由于受可得信息数据的限制，我们拟选取可获得的近三年（2014年、2015年和2016年[1]）机构建设情况、人员学历构成与专业背景情况、经费保障情况、人员培训情况、环境执法管理及移动执法系统建设和使用情况、执法车辆配备情况、环境监察执法业务效果等数据进行对比分析，考察相应级别的环境监察机构在一些指标上的达标情况，同时点评一下其他执法能力提升措施及活动的效果，最终对环境执法机构能力建设的总体效果作出评估。

1. 机构建设情况

（1）环境监察机构的设立情况。

环境保护部积极推进全国环境监管体系建设，国家、省、市、县四级环境监察机构网络得到进一步完善。2014年和2016年各级环境监察机构的数据具体见下表：

表2.22　2014年和2016年各级环境监察机构统计表

	国家和省级	地市级	区县级	总　数
2014年	51	369	2523	2943
2016年	51[2]	495	3110	3656
增长率	0%	34%	23%	24%

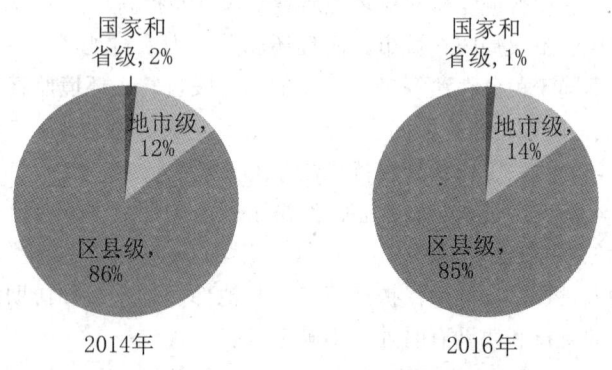

图2.30　2014年和2016年各级环境监察机构占比情况

---

[1]　截至我们的报告撰写完成之时，2016年的部分数据尚未出炉，我们只能使用2015年的数据进行对比分析，文中有注明。

[2]　《中国环境年鉴（2015年）》上统计的2014年国家级环境监察机构有12个。据环境保护部有关同志介绍，因为推行机构改革，当前对于国家级环境监察机构的认定有不同的看法，他们内部认为只有环境保护部环境监察局1个国家级环境监察机构，其他11个职能已经发生转变。在此我们仍然沿用原来的公开数据。

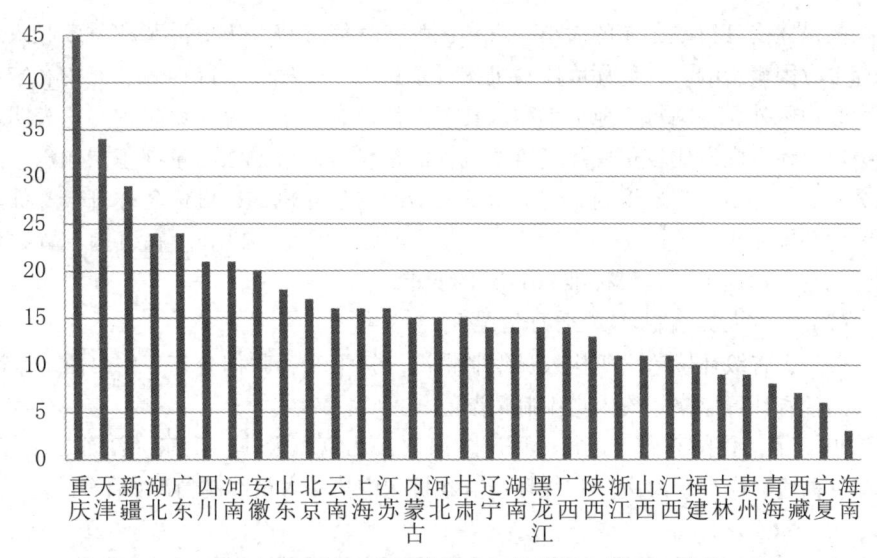

图 2.31　2016 年各省地市级环境监察机构的设立情况（单位：个）

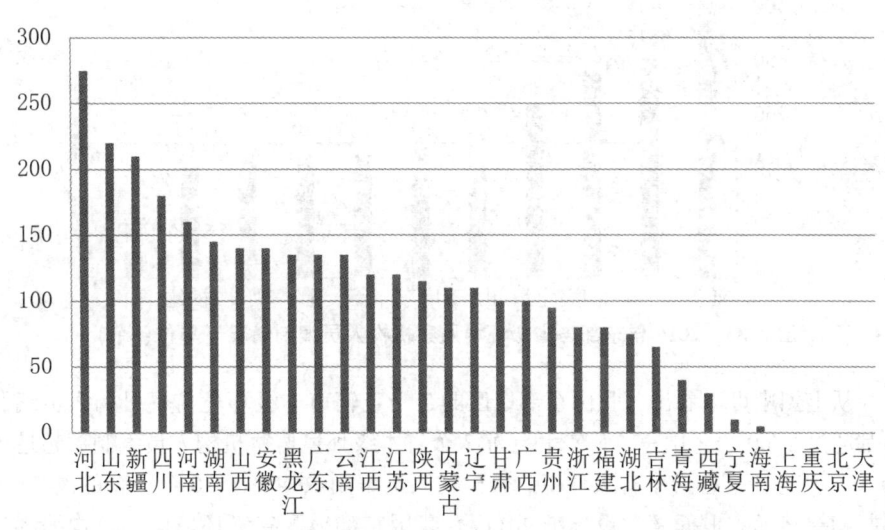

图 2.32　2016 年各省区县级环境监察机构的设立情况（单位：个）

从以上图表中可以看出，经过两年的建设，2016 年我国环境监察执法机构总数比 2014 年增长 24%，这是一个比较高的增长率。除了国家级和省级环境监察机构外，各地（市）级、区县级环境监察机构都呈现较快增长，其中，地（市）级环境监察机构增长超过三成，县（区）级增长超过二成。总体上，各省环境监察机构的设立受其行政区域的大小、市县区划、环境形势、历史沿革和财政收入水平等多方因素影响。各地环境监察机构设置虽然不平衡，但除西藏、海南、宁夏等少数地区外，全国每个地级市和区县至少都设有一个环境监察机构。这表明各县级以上地方政府比较重视环境监察机构的建设，监察执法力量向基层倾斜。这些机构显然都是经当地编制主管部门发文批准的独立机构，机构名称符合文件规定或为环境监察（分）局，组织健全，正式运行。因此，2016年在机构设置数量上已经基本达到了《建设标准2011》的要求。

（2）机构人员编制[1]及管理情况。

第一，省级环境监察机构人员编制情况。接下来，我们分东、中、西部来考察我国各省环境监察机构人员编制情况。

2016年，我国东部11个（辽宁、河北、北京、天津、山东、江苏、上海、浙江、福建、广东、海南）省级环境监察机构中执法人员编制情况如下图：

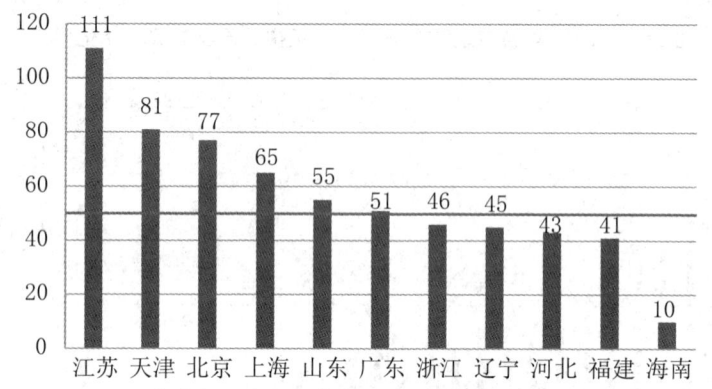

图2.33　2016年东部各省级环境监察机构人员编制情况（单位：个）

从上图中可以看出，我国东部地区的3个直辖市本级环境监察机构人员编制数都超过了60个，山东、广东和江苏3个省本级环境监察机构人员编制数超过了50个，其他5个省份中省级环境监察机构人员编制数均少于50个，有的离50个编制相差甚远。根据《建设标准2011》，我国东部地区省级环境监察机构编制数量达标需不少于50个，因此2016年东部省份省级环境监察机构人员编制数量只有6个省份达到了此标准，达标率为55%。

2016年，我国中部8个（黑龙江、吉林、山西、河南、安徽、湖北、江西、

---

[1] 有的省份不止一个省级环境监察机构，我们这里采用的是平均编制，地县级环境监察机构也采用的是平均编制。

湖南）省级环境监察机构中执法人员编制情况如下图：

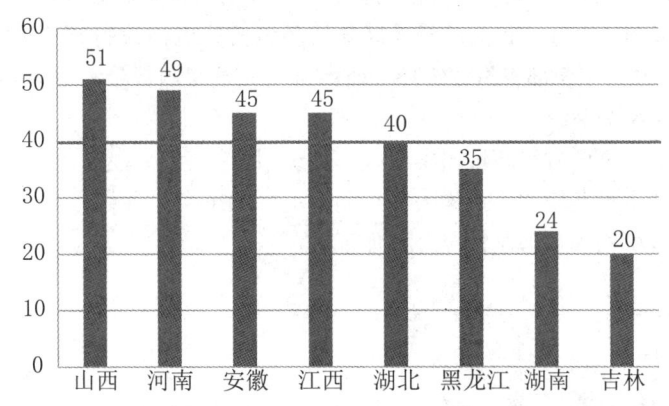

图 2.34　2016 年中部各省级环境监察机构人员编制情况（单位：个）

山西 51、河南 49、安徽 45、江西 45、湖北 40、黑龙江 35、湖南 24、吉林 20

从上图可以看出，我国中部地区有 5 个省级环境监察机构人员编制数在 40 个及 40 个以上，其他 3 个省级环境监察机构人员编制数均少于 40 个。根据《建设标准 2011》，我国中部地区省级环境监察机构编制数量达标需不少于 40 个，因此 2016 年中部省份省级环境监察机构人员编制数量有 5 个省份达到了此标准，达标率为 62.5%。

2016 年，我国西部 12 个（广西、重庆、四川、贵州、云南、西藏、陕西、甘肃、宁夏、内蒙古、青海、新疆）省级环境监察机构中执法人员编制情况如下图：

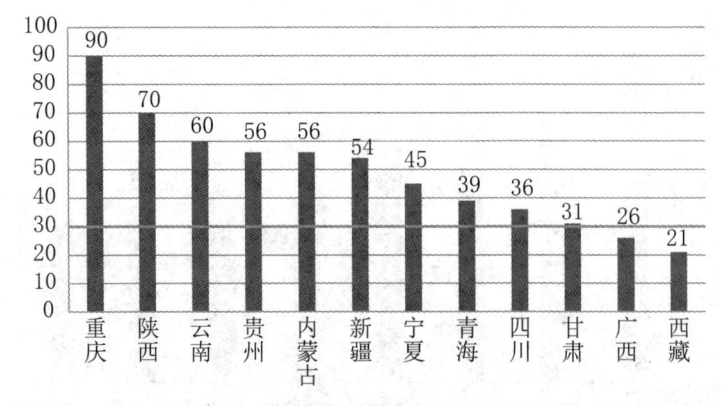

图 2.35　2016 年西部各省级环境监察机构人员编制情况（单位：个）

重庆 90、陕西 70、云南 60、贵州 56、内蒙古 56、新疆 54、宁夏 45、青海 39、四川 36、甘肃 31、广西 26、西藏 21

从图 2.35 中可以看出，我国西部地区有 10 个地区的省级环境监察机构人员编制数在 30 个以上，其他 2 个省份的省级环境监察机构人员编制数均少于 30 个。根据《建设标准 2011》，我国西部地区省级环境监察机构编制数量达标需不少于 30 个，因此 2016 年西部省份省级环境监察机构人员编制数量有 10 个省份达到了此标准，达标率为 83%。

由此可知，全国省级环境监察机构人员编制总体达标率为 67%。

第二，地市级环境监察机构人员编制情况。2016 年，我国东中西部各省份地市级环境监察机构人员编制情况分别如下图：

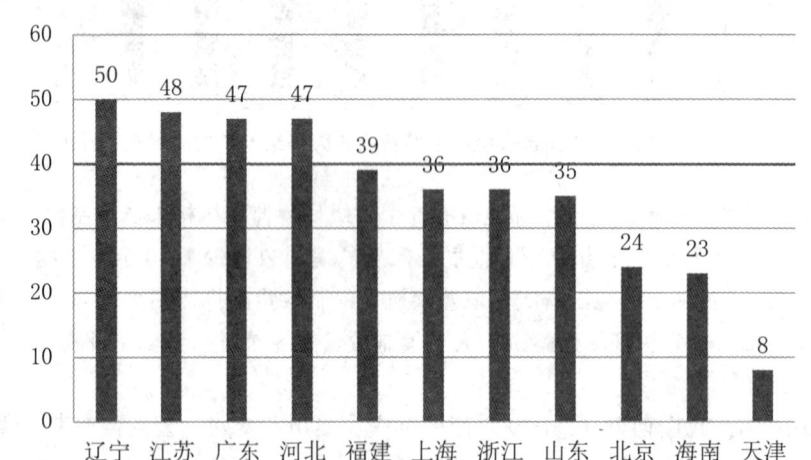

图 2.36　2016 年东部省份各地市级环境监察机构人员编制情况（单位：个）

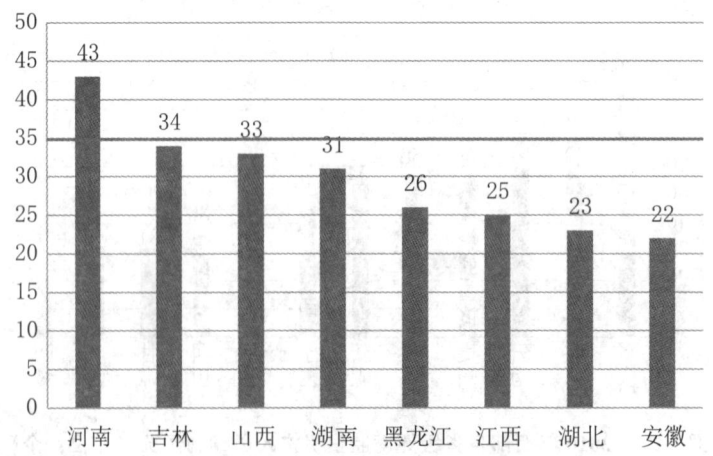

图 2.37　2016 年中部省份各地市级环境监察机构人员编制情况（单位：个）

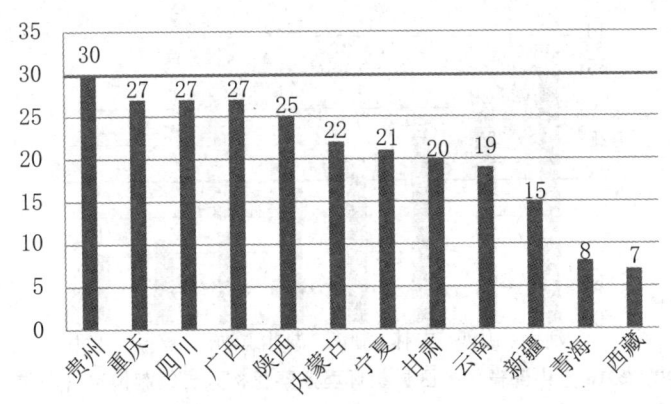

图 2.38　2016 年西部省份各地市级环境监察机构人员编制情况（单位：个）

对于地市级环境监察机构人员编制的标准，《建设标准 2011》采用的是按城市人口数量来确定环境监察机构人员编制数量，即对于"东、中、西部 100 万人口以上城市本级分别不少于 50 人、45 人、40 人，东、中、西部 50~100 万人口中等地市本级不少于 40 人、35 人、30 人"。我们这里不再按照每个城市的人口数量来进行一一估算，只是简单地采用一个较低的指标作为衡量标尺，即东中西部地市级环境监察机构人员编制分别为 40、35、30 达标。据此，我们发现东部 11 个省份中只有 4 个达标，达标率为 36%；中部 8 个省份中只有 1 个达标，达标率为 12.5%；西部 12 个省份中也只有 1 个达标，达标率为 8%。全国地市级环境监察机构人员编制总体达标率为 19%。

第三，区县级环境监察机构人员编制情况。2016 年，我国东中西部各省份地市级环境监察机构人员编制情况分别如下图：

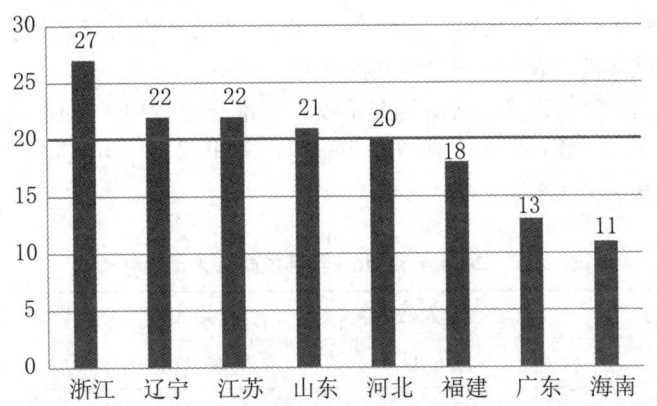

图 2.39　2016 年东部省份各区县级环境监察机构人员编制情况（单位：个）

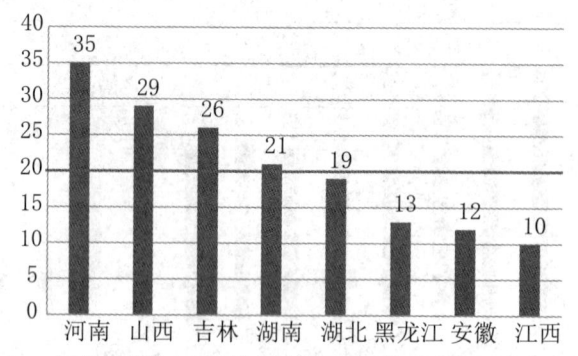

图 2.40　2016 年中部省份各区县级环境监察机构人员编制情况（单位：个）

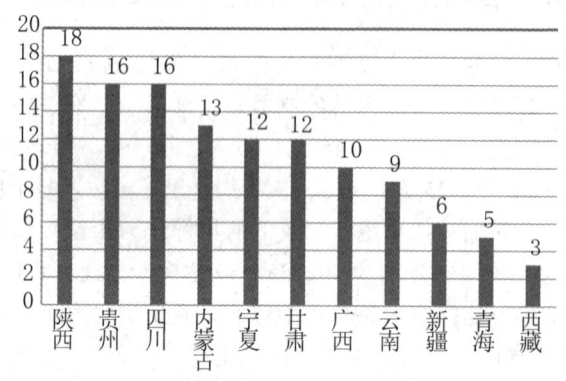

图 2.41　2016 年西部省份各区县级环境监察机构人员编制情况（单位：个）

除了 4 个直辖市没有设区县级环境监察机构外，我们以每个区县级环境监察机构编制数不少于 20 个作为标尺来衡量的话，东部有 5 个省份达标，达标率为 62.5%；中部有 4 个省份达标，达标率为 50%；西部没有省份达标。由此，全国区县级环境监察机构人员编制总体达标率为 37.5%。

第四，人员缺编情况。缺编情况不仅从标准化建设中可以反映出来，同时，从执法人员在岗人数和在编人数对比中也可以看出端倪。2014 年和 2015 年环境执法人员编制情况如下表：

表 2.23　2014 年和 2015 年环境执法人员编制情况

年　份	在岗人数	在编人数	缺编数
2014 年	72 631	65 418	7213
2015 年	77 529	70 294	7235

从上表中可以看出，在 2014 年和 2015 年，环境执法人员的编制缺口较多，每年都缺 7200 多个编制，占比 1/10 左右，即大概 10 个执法人员中，就有 1 个人员没有编制。每个省份平均缺编 230 多个，这对那些尚无编制的执法人员在安心工作、勤勉执法方面显然会产生一些消极影响。

第五，人员编制管理。根据《建设标准2011》的要求，环境监察机构人员全部纳入公务员管理或参照公务员管理方为达标。据环境保护部环境监察局的统计资料，2014 年全国环境监察人员编制构成如下图：

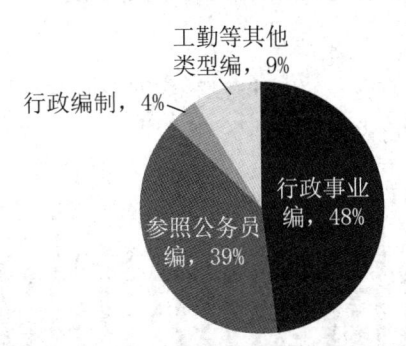

图 2.42　2014 年我国环境监察机构人员编制构成情况

由于缺少最新的统计数据，我们拟选取公开或调研获取数据的几个不同级别的环境监察机构人员编制构成情况作一下简单的考察，以评估这方面是否有大的变化及其趋势。

2016 年，公开的数据显示：安福县环境监察大队编制有 13 人，全部为事业编制；黄冈市环境监察支队有事业编制 37 人，工勤编制 4 人；景洪市环境监察大队在职人员编制 11 人，全部为参照公务员编制；阳江市环保局环境监察分局行政编制 30 人；泸溪县环境监察大队编制共 7 人，行政编制 2 人，工勤编制 5 人；昌吉州环境监察支队编制总数为 25 人，事业单位编制为 25 人；宜宾市南溪区环境监察执法大队属参照公务员编制，等等。以上各环境监察机构在人员编制构成上差别较大，但反映出环境监察机构人员编制主要为行政编制、事业编制、参照公务员编制、工勤编制等几大类型。可以肯定的是，截至 2016 年，全国环境监察机构人员编制管理仍然没有达标。

2. 人员学历构成与专业背景情况

这里我们将分别对执法人员学历构成与专业背景情况进行考察分析。

(1) 人员队伍数量情况。

近年来环境监察执法队伍不断发展壮大。据环境保护部环境监察局的统计，截至 2015 年底,[1] 全国环境监察机构执法人员在岗 77 500 多人,比上一年增长 6.7%,增幅平稳。

表 2.24 近两年环境执法人员保有情况

年 份	在岗人数	增 幅
2014 年	>72 600	6.75%
2015 年	>77 500	

(2)执法人员的学历构成情况。

据环境保护部环境监察局的统计数据[2]调研所获得的 2016 年各省份环境监察执法人员大专以上学历占比情况如下图:

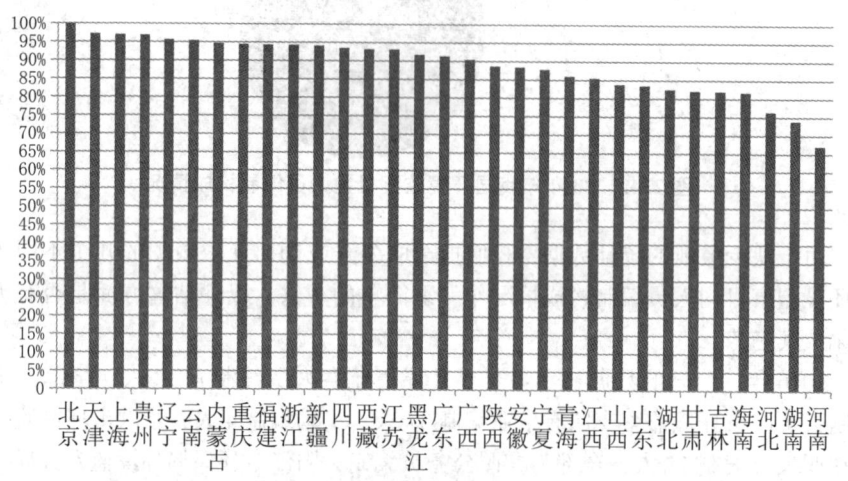

图 2.43 2016 年各省份环境监察执法人员大专以上学历占比情况

从上图可以看出,2016 年全国环境监察执法人员大专以上学历占比达到 95% 以上(一级标准)的省份有 6 个,达到 90% 以上(二级标准)的省份有 11 个,达到 85% 以上(三级标准)的有 5 个。其达标总体情况如下图:

---

[1] 2016 年的数据尚不完善,暂无法使用。
[2] 该数据是从环境监察局证件管理系统中提取的数据,执法人员须填报个人信息申领执法证件,故信息较为全面。但因为人员流动较大,不少人在申请之时填写,离职之时并未主动注销。该数据对学历分布情况仍有一定参考意义。

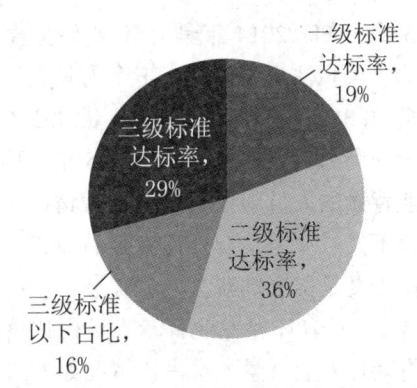

图 2.44　2016 年全国环境监察执法人员大专以上学历达标情况

如上图所示，全国环境监察执法人员大专以上学历达到一级建设标准的省份占 19%，达到二级标准的占 36%，达到三级标准的占 29%，总体达标率为 86%。因此，我国环境执法人员大专以上学历总体达标率不是很高，特别是河南、河北执法人员较多的省份，人员大专以上学历占比达标任务较重。

（3）执法人员的专业构成情况。

第一，全国环境执法人员具有环保专业背景情况。在执法人员专业构成方面，我们仅获取到了 2014 年和 2015 年的数据，从现有的数据中我们可以看出其中存在一定的问题，具体数据见下图表：

表 2.25　2014 年和 2015 年具有环保专业背景人员情况

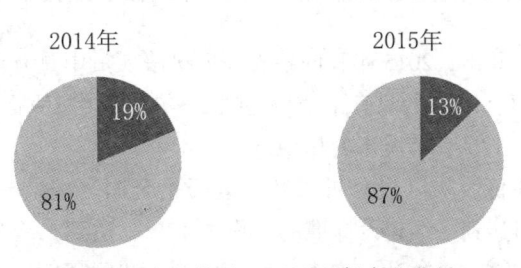

年　份	有环保专业背景人数
2014 年	13 469
2015 年	10 380

图 2.45　2014—2015 年环境执法人员具有环保专业背景构成变化情况

从图 2.45 和表 2.25 中可知, 2014 年具有环保专业背景的执法人员 13 469 人, 占比 19%, 即差不多 5 个执法人员中才有 1 个人具有环保专业背景。2015 年具有环保专业背景的人员 10 380 人, 减少近四成, 占比 13%, 平均 7 个执法人员中勉强有一个具有环保专业背景。从 2014 年到 2015 年, 环境执法人员总数在增加, 而其中具有环保专业背景的人员却在减少, 这种情况表明新进环境执法人员中环保专业背景的人占比不高或原来具有环保专业背景的人员流失比例较大, 这对于环境执法能力的提高无疑是釜底抽薪。

第二, 2015 年各省份[1]具有环保专业背景人员占比情况。2015 年, 全国各省份环境执法人员中具有环保专业背景人员占比情况如下图:

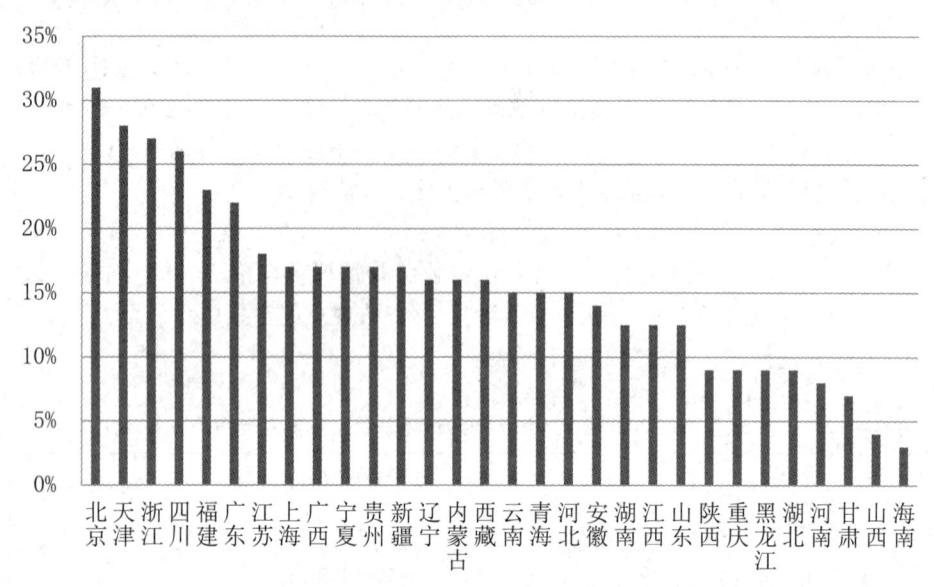

图 2.46　2015 年各省份环境执法人员中具有环保专业背景人员占比情况

从上图中可以看出, 2015 年我国各省环境执法人员中具有环保专业背景的达到 30% 以上 (二级标准) 的只有 1 个, 达到 25% 以上 (三级标准) 的只有 3 个, 全国总体达标率为 13%, 情况不容乐观。

第三, 基本评价。从以上分析可知, 近两年全国环境监察执法人员增幅平稳, 大专以上学历达到一级建设标准的省份占 19%, 达到二级标准的占 36%, 达到三级标准的占 29%, 总体达标率为 86%。因此, 我国环境执法人员大专以上学

[1] 因吉林省缺少数据, 故未将其列入图中。

历总体达标率不是很高，少数执法人员较多的省份，人员大专以上学历占比达标任务较重。从 2014 年到 2015 年，环境执法人员总数在增加，而其中具有环保专业背景的人员却在减少，这种情况表明新进环境执法人员中环保专业背景的人占比不高或原来具有环保专业背景的人员流失比例较大，这种情况不利于环境执法能力建设。2015 年全国环境执法人员中具有环保专业背景的总体达标率为 13%，因此，我国环境执法人员中具有环保专业背景人员的比例有待大幅度提高。

（4）经费保障情况。

按照《建设标准 2011》的要求，在执法经费保障上需要考核的有两项：一是基本支出，二是执法经费。基本支出包括人员工资、日常公用经费等，而执法经费包括执法工作经费和执法装备运行维护费用等。《建设标准 2011》要求这些经费支出全部纳入财政预算安排并且要达到同级财政预算安排定员定额标准即可达标。我们在查看中央和各地方环境保护部门预算时，发现各地环境执法经费基本全部纳入财政预算安排，而在同级财政预算安排定员定额标准方面，我们缺少相关信息来源。因此，就此项目而言，我们考察一下环境执法能力建设的总体投入情况，从侧面反映我国环境执法经费保障程度。

第一，全国环保与环境执法监察资金投入分析。广义的环保机构环境执法能力建设包括环境保护管理工作的方方面面，它涉及人员的教育培训、环境保护管理事务、环境监测与监察、污染防治、自然生态保护、能源节约利用、污染减排以及其他节能环保支出。从各地环保机构近三年（2016 年、2015 年和 2014 年）年度预算决算报表中，除少数有说明外，我们没有看到用于环境执法能力建设支出的专门数据，它们只是包含在不同的列支项目之中，往往缺少可比性。为了从宏观上考察环境执法能力建设投入，我们对近三年国家层面在环保方面的投入、省级地方政府对环保的投入以及它们占全国与本地当年财政总支出的比例进行分析。因为环境执法能力建设投入与政府在环保方面的投入呈正相关的关系，这种分析虽不能准确地反映政府对于环境执法能力建设投入的具体情况，但也在一定程度上反映了执法能力建设资金保障的趋势。

除此之外，为了增加可比性，我们在支出数据上进行了选择，选取教育支出、污染减排项下的环境监察执法支出和"三公"经费中的公务用车及运行支出三项数据来进行考察。由于 2016 年的决算报表尚未公布，我们对 2015 年和 2014 年的数据分别采用相应项目的支出决算数据来进行对比。

表 2.26 全国一般公共预算支出中环保投入与污染减排环境执法监察支出情况（单位：亿元）

年 份	全国一般公共预算支出		
	总支出	节能环保支出	污染减排环境执法监察支出
2014 年	151 662	3816	16.42
2015 年	175 768	4814	14.14

从该表可以看出，相较于 2014 年，2015 年全国在节能环保的投入增长速度（26.15%）超出全国一般公共预算支出速度，但是在污染减排环境执法监察方面投入却没有同步增长，而是下降 13.89%，这表明在污染减排方面环境执法监察全国投入呈波动趋势。2014—2015 年全国节能环保投入在公共财政支出中的占比分别为 2.51% 和 2.74%，虽有增长但仍然偏低，环保投入与发达国家相比还有较大的差距。

第二，近三年环境保护部在环境执法能力建设相关投入情况。从环境保护部近三年部门财政预算决算报表中可以看出，与环境执法能力建设相关的投入主要有：环境保护管理事务-环境保护宣传、污染减排-环境执法监察、污染减排-减排专项、公务用车和培训支出。其中，环境保护宣传支出有一部分用于环境保护人才队伍建设；减排专项主要用于环境监管能力建设及运行项目支出。

表 2.27 近三年环境保护部在环境执法能力建设相关投入情况（单位：万元）

年 份	2014 年	2015 年	2016 年（预算）
环境保护管理事务-环境保护宣传	3189.66	3347.55	6284.65
污染减排-环境执法监察	7137.99	6346.16	8785.84
污染减排-减排专项	12 022.13	17 953.36	45 480.75
公务用车	1975.23	2054.83	1011.74
培 训	101.01	89.89	111.47
总 计	24 426.02	29 791.79	61 674.45

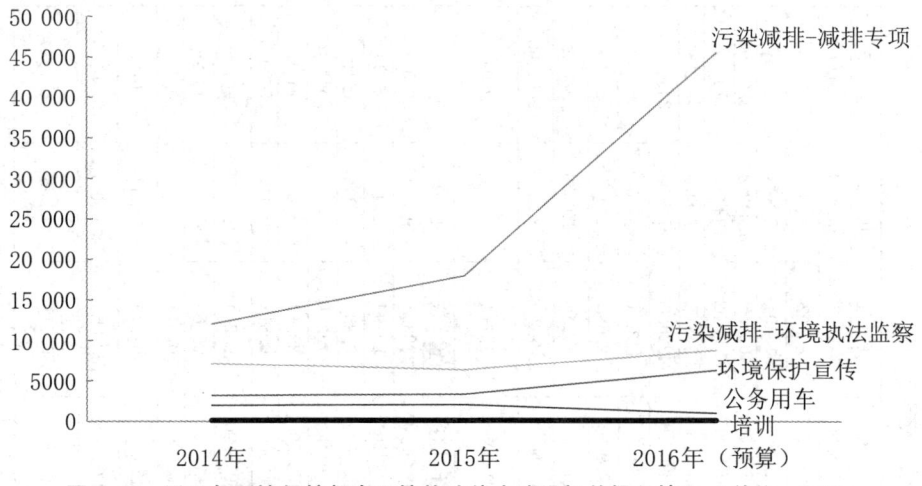

图 2.47　近三年环境保护部在环境执法能力建设相关投入情况（单位：万元）

从上图可以看出，近三年环境保护部在环境执法能力相关建设投入上呈明显增长态势，其中，2016 年的预算增长超过 1 倍。而在污染减排-环境执法监察、培训支出方面呈波动增长态势，继在 2015 年有所消减之后，2016 年又呈增长状态；而公务用车则是在小幅增长之后又呈大幅下降状态。

第三，各省级行政区近三年在环境执法能力建设相关投入情况。我们通过查阅公开的地方政府财政信息，发现各地在节能环保上的支出非常不平衡。由于一些省份政务信息公开不及时且不充分，导致这些省份的数据不能与其他及时充分公开相关政务信息的省份的数据形成对比，在此我们把这些信息公开较为零散的省份给隐去，只考察数据公开比较充分的 18 个省份的情况。具体数据[1]参见下面图表：

〔1〕 多数省份用的是当年政府财政决算中的数值，有部分省份因 2016 年的财政决算尚未公布而使用的是当年预算中的数值。由于很多财政报表中的信息并没有出现节能环保支出的明细，我们没有办法就环境保护管理事务-环境保护宣传、污染减排-环境执法监察、污染减排-减排专项、公务用车和培训支出等与环境监察执法投入有关的支出进行细致考察分析，这里只考察其节能环保的总投入，因为一般来说环境监察执法投入与节能环保投入成正比例关系。

表2.28 近三年各省节能环保投入情况（单位：亿元）

		吉林	北京	青海	河北	广东	陕西	黑龙江	山西	天津
2014年	财政总支出	2200.13	4119.60	1366.00	4765.94	9134.33	4075.90	3434.20	3578.38	2826.60
	节能环保支出	134.00	157.81	34.50	194.43	254.55	111.25%	48.02	94.01	40.00
	比重	6.09%	3.83%	2.53%	4.08%	2.79%	2.73%	1.40%	2.63%	1.42%
2015年	财政总支出	2864.69	4782.74	1506.60	5632.19	9364.76	4637.70	4020.66	3443.41	3205.00
	节能环保支出	117.70	219.60	87.50	282.71	335.34	154.00	155.52	99.58	73.10
	比重	4.11%	4.59%	5.81%	5.02%	3.58%	3.32%	3.87%	2.89%	2.28%
2016年	财政总支出	2837.53	6161.40	1522.60	6038.00	10113.95	4390.60	4228.00	2779.80	3436.06
	节能环保支出	191.81	347.58	73.40	257.12	318.15	128.50	113.40	57.04	79.92
	比重	6.76%	5.64%	4.82%	4.26%	3.15%	2.93%	2.68%	2.05%	2.33%
近三年	节能环保总支出	443.51	724.99	195.40	734.26	908.04	393.75	316.94	250.63	193.02
	财政总支出	7902.35	15063.74	4394.60	16436.13	28613.04	13104.20	11682.86	9801.59	9467.66
	节能环保支出占财政总支出的百分比	5.61%	4.81%	4.45%	4.47%	3.17%	3.00%	2.71%	2.56%	2.04%

		江西	湖南	新疆	福建	内蒙古	上海	重庆	山东	辽宁
2014年	财政总支出	3882.20	7168.10	3322.70	3300.70	3884.20	4923.40	3303.70	7933.40	5075.20
	节能环保支出	65.90	129.20	70.30	25.57	44.70	44.20	29.00	2.18	5.90
	比重	1.70%	1.80%	2.12%	0.77%	1.15%	0.90%	0.88%	0.03%	0.12%
2015年	财政总支出	4419.90	7662.10	3805.00	3995.77	4352.00	6191.60	4726.10	8982.77	6937.80
	节能环保支出	87.50	147.80	68.80	42.36	41.20	59.30	38.10	4.03	14.10
	比重	1.98%	1.93%	1.81%	1.06%	0.95%	0.96%	0.81%	0.04%	0.20%
2016年	财政总支出	4619.50	6337.00	4930.80	4287.41	4615.00	6918.90	4982.00	9164.58	3901.50
	节能环保支出	117.20	155.50	65.10	46.96	48.40	67.20	25.60	46.29	10.20
	比重	2.54%	2.45%	1.32%	1.10%	1.05%	0.97%	0.51%	0.51%	0.26%
近三年	节能环保总支出	270.60	432.50	204.20	114.89	134.30	170.70	92.70	52.50	30.20
	财政总支出	12921.60	21167.20	12058.50	11583.88	12851.20	18033.90	13011.80	26080.75	15914.50
	节能环保支出占财政总支出的百分比	2.09%	2.04%	1.69%	0.99%	1.05%	0.95%	0.71%	0.20%	0.19%

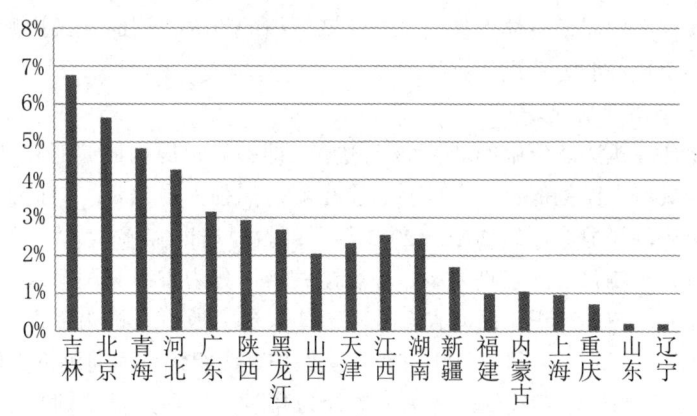

图 2.48　近三年各省节能环保支出在财政总支出占比情况

从以上图表中可以看出，近三年各地环保投入情况非常不平衡：北京和广东的环保投入相对较高与其相对发达的经济发展水平和庞大的政府财政支出明显相关；河北和天津的环保投入相对较多与其严重的环境污染有关，但山西的环境污染也相当严重，却没有那么多的环保支出。从环保投入占财政支出的比例来看，吉林一枝独秀超过6%，北京、青海、河北三地超过4%，广东超过3%，而上海、重庆、山东和辽宁则在1%以下，总体上来说我国各地方环保投入水平偏低。以节能环保支出比例最高的吉林为例，其近三年节能环保支出也只占到GDP总额的0.3%，[1] 更遑论与发达国家平均超过当年GNP的2%环保投入水平相提并论了。环保投入水平反映了当地政府对于环境保护的重视程度，它直接制约着我国各地环境监察执法能力建设的资金保障程度。毋庸置疑，以上判断只是一个大致概况，有的地方虽然节能环保投入总体水平不高，但并不一定不重视环境监察执法能力的建设。事实上，有的地方由于历史欠账或其他原因，近几年在总量有限的环保投入中，仍拿出相当比例的专款来进行环境执法能力建设。

第四，小结。从以上对国家环境保护部和地方政府在节能环保方面的投入分析来看，近三年中央和地方政府在环境保护方面的投入总体呈逐年平稳增长状态，各地方政府对于环境保护方面的投入非常不平衡。环境保护部在环保总体投入上的增长明显，而在污染减排−环境监察执法投入方面呈波动状态。各地方环保投入与其当地的环境质量形势、社会经济发展水平以及财政总体支出水平相关，当前我国环境保护总体投入水平偏低。而环境保护投入总体水平决定了我国环境监察执法能力建设资金的保障程度，因此，为了进一步改善我国环境监察执

---

[1]　2014 年、2015 年和 2016 年，吉林省三年 GDP 总额为 42 753.17 亿元。

法能力建设，我国需要总体上加大对于环境保护的投入，同时在政府财政支出中增加对于环境执法能力建设的支持力度。

(5) 人员培训情况。

要改变环境执法队伍中的"两低"现象，即整体学历构成偏低和具有环保专业背景的人员所占比例低，一个重要的途径就是加强人员培训。为此，环境保护部印发《全国环境监察系统2015—2017年干部教育培训实施方案》，各省（自治区、直辖市）也制订三年培训方案。环境监察培训分为省级和国家级两类：国家级培训由环境保护部组织，面向省级机构全体人员、地市级机构负责同志和区县级机构主要负责同志；省级培训由省级环境保护部门组织，面向剩下人员。

《建设标准2011》考核的是环境监察岗位培训率，而人员培训是一个多年累积的过程，在此，我们以近三年各省份接受国家级培训和省级培训的环境监察人员总数与其本省环境监察执法在岗人员总数的比例情况来进行考察。

第一，近三年环境保护部培训地方环境监察人员。从近三年环境保护部公开的年度业务培训计划中，环境保护部开展的明确以环境执法监察为主题的国家级培训情况如下表：

表 2.29　近三年环境保护部开展的环境监察执法培训情况

年　　份	2014 年	2015 年	2016 年
期　　数	30	34	25
天　　数	43	111	45
人　　数	2820	3523	2740

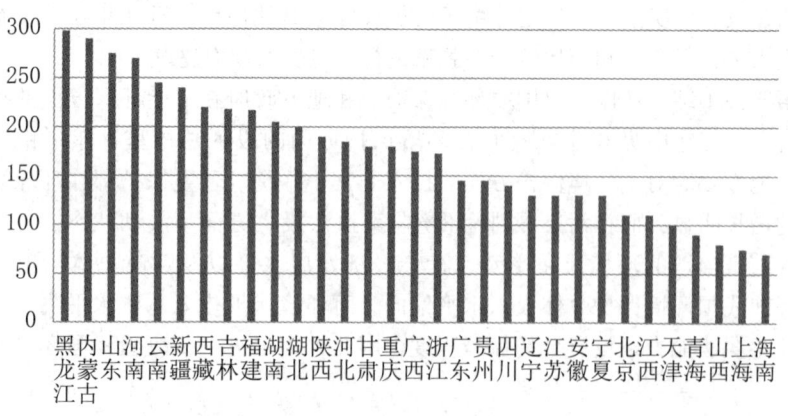

图 2.49　近三年环境保护部培训各省环境监察执法人员情况（单位：人）

从以上图表中可以看出，近三来环境保护部非常重视各省环境监察执法人员的培训工作，每年都培训相当数量的地方环境监察执法人员。其中 2015 年比 2014 年增长明显，说明新《环境保护法》实施后，各省环境监察执法人员需要学习相关知识以更快地适应工作需要。从近三年环境保护部培训的各省环境监察执法人员总数情况来看，各省环境监察执法人员参加环境保护部培训的情况非常不平衡，这可能和各省的实际情况密不可分，也从另一个侧面反映出各省环境监察执法人员需要获得培训的紧迫程度以及各省级环境保护部门对环境监察执法人员参加培训的重视程度。

第二，近三年各省份培训本地环境监察人员情况。近三年各省份培训本地环境监察人员情况如下图：

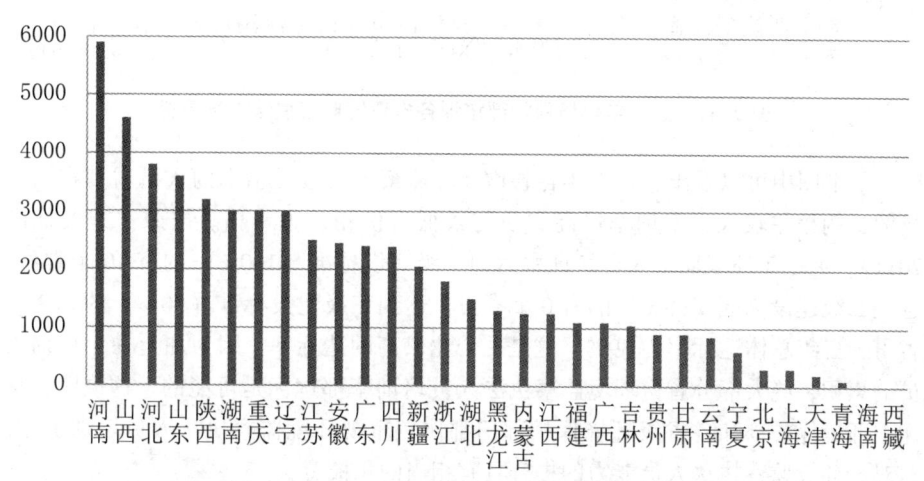

图 2.50　近三年各省级环境保护部门培训本地监察执法人员情况（单位：人）

从上图中可以看出，近三年各省级环境保护部门培训监察执法人员总数悬殊。其中，河南培训人数最多，有近 6000 人，山西紧随其后，也超过 4000 人，河北、山东、陕西、湖南、重庆和辽宁则超过 3000 人，而西藏、海南则人数很少。各省获得培训的环境监察执法人数的多少，一方面可以反映出该省对于相关培训的重视程度，另一方面也反映出该省环境监察执法人员的培训任务繁重程度，这也从侧面反映出该省人员的整体素质和该省的环境质量状况。

第三，近三年各省环境监察人员培训率。近三年各省份接受国家级培训和省级培训的环境监察人员总数在其本省环境监察执法在岗人员的占比（即培训率）情况如下图：

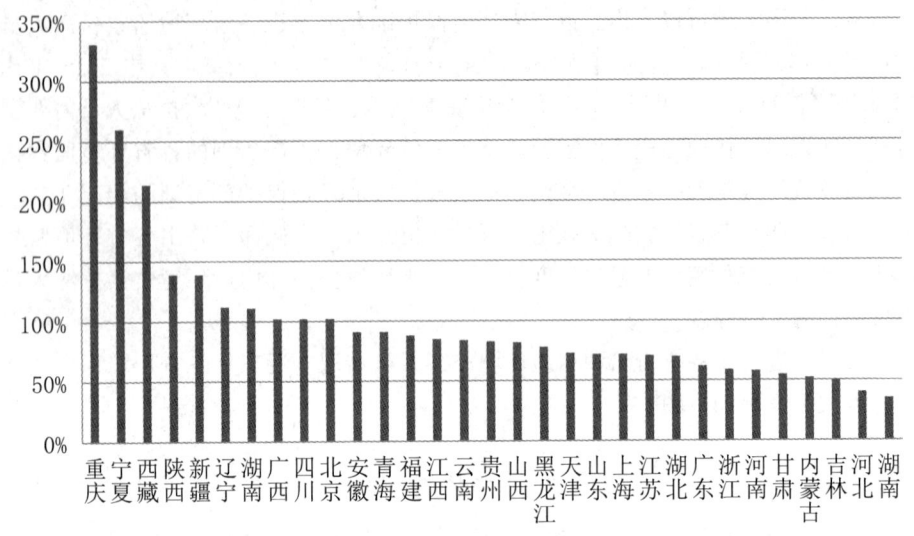

图 2.51　近三年环境保护部培训各省环境监察执法人员情况

从上图中可以看出，近三年各省份环境监察人员接受培训的人员占其在岗人员的比例相差较大，培训率最高省份与最低省份相差近十倍。按照《建设标准2011》，近三年环境监察人员培训率达到一级建设标准（100%）的有10个省份，达到二级建设标准（95%）的有0个省份，达到三级建设标准（90%）的有2个省份，三年总体达标率为39%。这是一个比较高的达标率，因为加上往年培训人员的累积，绝大部分省份环境监察执法人员培训率都达标是可能的。这说明，总体上环境保护部和各省级环境保护部门都比较重视环境监察执法人员培训工作，这对于环境监察执法人员能力的提升具有相当的积极意义。

第四，小结。从以上分析可以得知，总体上近三年环境保护部和各省级环境保护部门对于环境监察执法人员的培训工作非常重视。近三年全国各省份环境监察人员培训率总体达标率为39%，加上历年累积的培训人员，全国各省份环境监察人员培训率总体情况良好。

（6）环境执法管理及移动执法系统建设和使用情况。

第一，环境执法管理及移动执法系统建设和使用情况。环境监察移动执法系统是监察机构利用现代通信技术，对具有移动性、突发性和紧急性的现场环境执法信息进行动态采集和综合应用的一种现代化执法方式，以期实现机动、灵活、快捷的现场执法目标。移动执法现在已经成为执法部门发展的一种趋势，加强移动执法系统建设与使用是各执法部门增强能力建设的一个重要途径和目标。2014 年 11 月，国务院办公厅发布《关于加强环境监管执法的通知》，要求到 2017 年底 80%以上的环境监察机构要配备使用便携式手持移动执法系统，规范执法行为。

根据环境保护部环境监察局的调度信息显示，截至 2016 年 10 月，全国已配备移动执法终端的有 14 365 人。环境执法管理及移动执法系统在各省份中呈四种情况：基本全覆盖、2016 年底全覆盖、2016 年底 60%覆盖和 2016 年底仍不能 60%覆盖。具体情况见下表：

表 2.30　各省环境执法管理及移动执法系统覆盖情况

基本全覆盖	北京、重庆、河南、江苏、广西、新疆生产建设兵团
2016 年底全覆盖	天津、上海、浙江、湖北、内蒙古、福建、四川
2016 年底 60%覆盖	黑龙江、湖南、山东、新疆、江西、贵州、广东、青海、宁夏
2016 年底仍不能 60%覆盖	河北、云南、辽宁、安徽、甘肃、山西、陕西、吉林、海南、西藏

从以上表中可以看出，截至 2016 年底，全国有四成以上的省份能达到基本全覆盖，有近三成的省份能达到 60%的覆盖率，不过，仍有超过三成的省份达不到 60%的覆盖率。这说明在不到两年的时间里，我国环境执法管理及移动执法系统建设取得了较大进展，各地在建设进度上非常不平衡。

按照《建设标准 2011》的要求，环境执法管理及移动执法系统达标要求是配备一套系统（每车一套移动执法工具箱和/或每人一台手持 PDA），由于缺少相关的数据，我们只能用环境执法管理及移动执法系统的覆盖率来评估其达标情况。据此，能在 2016 年底实现全覆盖的即视为达标，那么 2016 年全国环境执法管理及移动执法系统的达标率为 41%，仍有近六成省份没有达标，任重道远。

第二，小结。近两年来，各省非常重视环境执法管理及移动执法系统的建设和使用工作，环境执法管理及移动执法系统达标率已经达到 41%，成绩斐然。但是，各省份建设与使用情况不平衡，仍有 10 个省份没有达到 60%的覆盖率，建设与使用任务很重。

（7）执法车辆配备情况。

按照《建设标准 2011》对于执法车辆的建设要求，一级建设标准为：1 辆/2 人；二级建设标准为 1 辆/3 人；三级建设标准为 1 辆/4 人。

第一，省级环境监察机构执法用车人均配备情况。对于执法车辆的评估，由于缺少较为详细的数据，我们对 2015 年中一些有公开数据的省级环境保护部门中的一般执法执勤用车[1]情况进行考察。需要说明的是，有些省级环境保护部门公开的公务用车情况并没有指明执法用车的具体数量，我们会估算出一个合理的执法用车数量[2]用作评估。我们以2015年各省级环境保护部门财政决算报告中的执法执勤用车数量与其在岗执法人员数量相除得出各省级环境保护部门执法车辆配置情况[3]如下图：

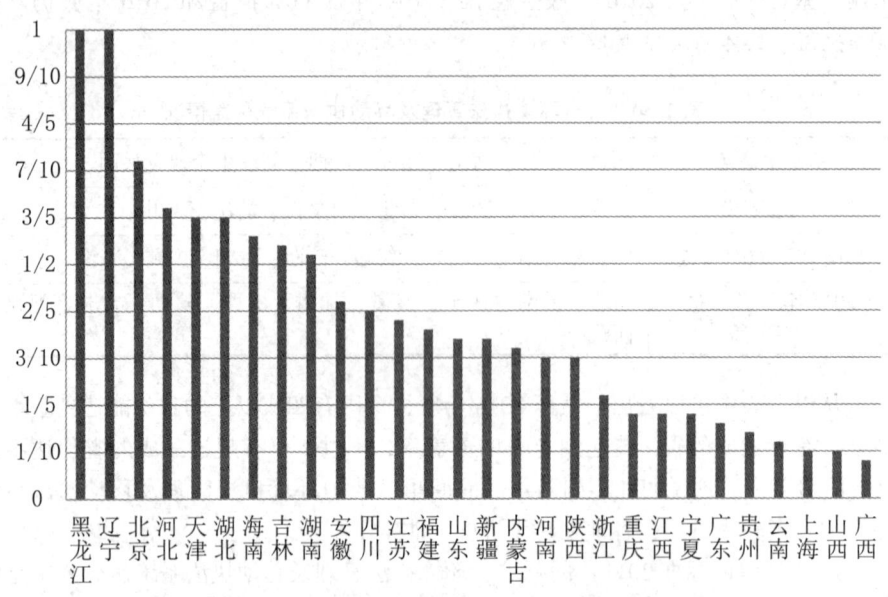

图2.52　2015年省级环境监察机构执法用车人均配备情况

2015年，在各省级环境监察执法机构中，就人均一般公务执法执勤用车而言，有9个省份达到一级建设标准，有9个省份达到二级建设标准，另有1个省份达到三级建设标准，全国达标率为66%。因为该图中的执法执勤公务车数据不包括特种专业技术用车或单位价值200万元以上大型设备，因此，如果将这些车辆或设备中用于执法执勤的车辆计入的话，将会有更多的省份达到三级以上建设标准。这说明，经过多年的努力，省级环境监察机构执法用车建设有了较大进

---

[1]　这里的一般执法执勤用车不包括特种专业技术用车或单位价值200万元以上大型设备。

[2]　估算时，我们主要考虑部门预算中包括的下属单位数量、当地环境质量状况、人员数量等，一般取其公务用车总数的1/10至1/3作为估算数。

[3]　因缺少数据，该图中不包括西藏和新疆生产建设兵团的情况。甘肃省推行公务用车改革，我们也将其排除。

展，有六成以上的省级环境监察机构在执法用车建设上达到了三级建设标准，另有一些省份仍需加大建设投入力度。

第二，省会市级环境监察机构执法用车人均配备情况。接下来，我们再考察一下地级市环境监察机构执法用车人均配备情况。由于缺少可以查到的公开数据，我们选择了7个能查到2015年环境监察执法用车和环境监察执法人员数量的省会城市作为评估对象。这几个省会城市环境监察支队执法用车人均配备情况如下图：

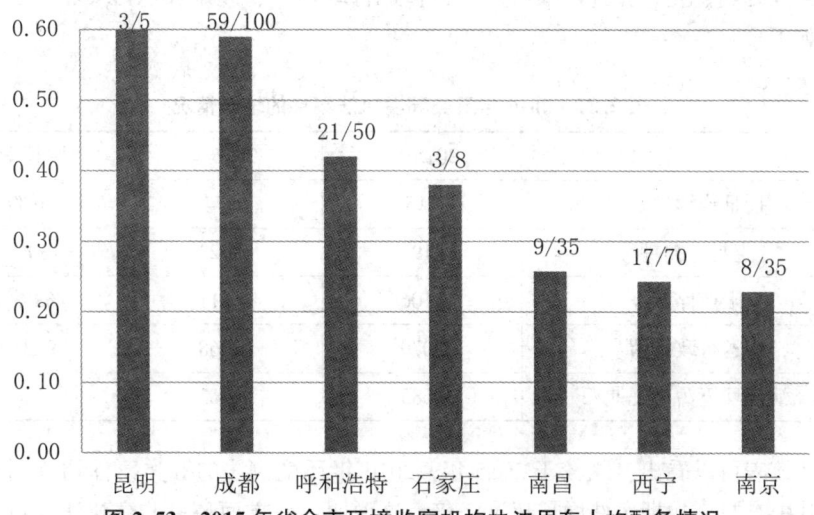

图 2.53　2015 年省会市环境监察机构执法用车人均配备情况

从上图可以看出，7个城市的环境监察机构中达到一级建设标准的有2个，达到二级建设标准的有1个，达到三级建设标准的有4个，达标率为100%。这7个省会城市分别位于我国的东西南北中等不同区域，具有一定的代表意义。因此，我国省会城市的环境监察机构因地处该省份的首府地位，具有各种有利条件，其环境监察机构执法用车人均配备情况总体上比较好，其达标率也较高。

第三，小结。从以上分析中我们可以看出，经过多年的努力，我国省级环境监察机构执法用车建设有了较大进展，据较为保守的评估，有六成以上的省级环境监察机构在人均执法用车建设上达到了三级建设标准，而省会城市环境监察机构执法用车人均配备情况则更为乐观。各省级和省会城市环境监察机构执法用车人均配备达标率较高，说明这些层级环境保护部门比较重视环境执法用车的保障。当然，另有一些省份的同级环境执法机构并没有达标，相关环境保护部门应加大投入。广大的区县级基层环境监察机构执法用车的配备情况由于缺少公开可用的数据而无法评估，从我们调研获得的信息来看，区县级基层环境监察机构执法用车的配备情况不容乐观。

（8）环境监察执法业务效果。

在此，我们对于执法案件、排污费收缴和环境质量变化三类能反映近两三年来执法效果的有代表性数据进行对比分析，以考察环境监察执法能力建设反映在监察执法业务上的效果。

第一，五类环境执法案件数呈普遍增长态势。2015年和2016年[1]全国实施按日连续处罚、查封扣押、限产停产、移送行政拘留、涉嫌环境污染犯罪五类案件数如下表：

表2.31　2016年五类环境执法案件的增长情况

	2015年	2016年	增长率
按日连续处罚	715	974	36%
查封、扣押	4191	9622	130%
限产停产	3106	5211	68%
移送行政拘留	2079	3968	91%
涉嫌环境污染犯罪	1685	1963	16%

从该表可以看出，相较于2015年，2016年环境执法的五类案件均有明显增长，其中查封、扣押案件增长超过一倍。这说明：一方面环境监察执法人员更加认真履行职责，执法态度更为端正，敢于对一些违法行为动真格；另一方面也反映出执法能力建设取得了积极进展，执法人员办案能力有了较快提升。

第二，排污费的收缴户数与金额双下降。据环境保护部统计的数据显示，近三年来，各级环境监察执法机构收缴的排污费总户数与总额如下表：

表2.32　近三年全国排污费收缴情况

	2014年	2015年	2016年
总户数	326 000	323 000	277 000
总金额（亿元）	207	198	200

从上表可以看出，从2014年到2016年，我国排污费收缴总户数逐年下降，

---

[1] 以下分析中2016年的数据来自于2017年1月11日，陈吉宁部长在全国环境保护工作会议上的讲话。

排污费收缴总额总体上也呈下降趋势。这说明，近三年需要缴纳排污费的污染企业在逐步减少，从侧面反映出污染执法工作取得了积极进展。

第三，空气质量和地表水质量双改善。我们以近两年城市环境空气质量和近三年地表水质量数据来考察老百姓最为关心的大气和水的质量改善情况。

首先是总体空气质量得到改善。近两年全国 338 个地级以上城市空气细颗粒物 PM2.5 和 PM10 平均浓度、达标城市数量以及平均达标天数比例情况如下表：

表 2.33　近两年全国地级城市总体空气质量情况

	2015 年	2016 年
PM2.5 平均浓度	50 微克/立方米	47 微克/立方米
PM10 平均浓度	87 微克/立方米	82 微克/立方米
达标城市数量	73 个	84 个
平均达标天数比例	76.7%	78.8%

从上表可以看出，经过近两年的努力，全国 338 个地级以上城市空气细颗粒物 PM2.5 和 PM10 平均浓度都在下降，与此同时，达标城市数量以及平均达标天数比例都在上升。这说明，我国地级城市空气总体质量有了较大改善，从另一个侧面反映出我国环境执法能力得到了提升，环境执法出现了积极成果。

其次是地表水质量得到改善。近三年来，全国地表水国控监测断面Ⅰ~Ⅲ类水体比例和劣Ⅴ类断面比例如下表：

表 2.34　近三年全国地表水总体质量情况

	2014 年	2015 年	2016 年
Ⅰ~Ⅲ类水体比例	63.1%	64.5%	66.3%
劣Ⅴ类断面比例	9.2%	8.8%	7.7%

从上表可以看出，近三年来，全国地表水国控监测断面Ⅰ~Ⅲ类水体比例呈逐年上升趋势，而劣Ⅴ类断面比例呈逐年下降趋势。这说明，我国地表水总体质量得到了平稳改善，也从另一个侧面反映出我国环境执法工作成绩不错。

第四，小结。从以上分析中可以看出，新《环境保护法》实施两年以来，我国环境执法五类案件数量呈普遍增长态势，排污费收缴户数和总额呈下降状态，地级城市空气质量总体有了改善，地表水总体质量平稳改善。这说明我国各级环境保护部门对于环境监察执法能力建设在执法工作业绩上有了积极成果，各级环境监察执法机构和人员的执法能力总体上有了提升。但是不可否认，我国环境质量整体改善的幅度还有待提高，各级环境监察执法机构和人员的执法能力建设还有待进一步加强。

（9）其他执法能力提升措施及活动情况。

2015年新《环境保护法》生效以来，在人员编制得不到大幅度增加的情况下，环境保护部在全国环保系统内采取有针对性的措施提高地方各级环境执法机构的执法效能。由于缺少较为详细的数据信息，我们只能对一些有代表性的措施或活动的效果作出点评。

第一，"12369"环保微信举报平台[1]情况。2015年，在各级环境保护部门的共同努力下，全国"12369"环保举报工作平稳推进，成效显著。其中"12369"环保微信举报于2015年6月5日正式开通，已覆盖除西藏外的所有省份和地市，以及40%以上区县。截至2015年底，"12369"环保微信举报平台收到并办理公众举报13 719件，同期，环境保护部"12369"环保举报热线受理群众电话及网上举报只有1145件。"12369"环保微信举报平台大大提高了环境监察机构发现和查处环境违法案件的时效。各级"12369"环保举报热线比较重视电话和网络举报的受理和查处工作，与其他类型举报的办结时间相比，微信举报的办结周期缩短了一半。这说明，环保微信举报平台能在较大程度上提高环境监察执法工作效率，是利用新的技术手段推进监察执法能力建设的一项重要措施。各地环保监察执法机构应加大培训学习力度，尽快将其推广普及开来。

第二，环境监管网格划分情况。根据国务院办公厅《关于加强环境监管执法的通知》，2015年，各地普遍建立了网格化环境监管体系，形成"定人、定责、履责、问责"的工作机制。据环境保护部环境监察局的统计，截至2015年10月底，全国30个省（区、市）和新疆兵团（除西藏外）的434个地级市（含部分国家级新区和开发区等）中，67%已完成网格划分工作。在2850个县区（含部分省级开发区、产业聚集区等）中，60%已完成网格划分工作。可以预计，2016年环境监管网格化率会进一步提高。环境监管网格化的稳步推进，可以推动环境执法责任制度"落地"。

第三，省以下环保机构监测监察执法垂直管理制度改革。2016年9月，中共中央办公厅、国务院办公厅印发《关于省以下环保机构监测监察执法垂直管理制度改革试点工作的指导意见》，根据中央统一部署，在一些地方开展对省以下环

---

[1] 参见环境保护部网站：http://www.mep.gov.cn/gkml/hbb/bgth/201603/t20160302_331049.htm，最后访问日期：2017年1月10日。

保机构监测监察执法垂直管理制度改革试点工作，希望通过解决制约环境保护事业发展的体制机制障碍，进一步厘清基层环境执法部门与当地政府的职责，有效破除执法阻力。环境保护部研究制定试点方案，河北、上海、江苏、福建、山东、河南、湖北、广东、重庆、贵州、陕西、青海12个省（自治区、直辖市）提出了改革试点申请。其中，2016年12月中旬，重庆市和河北省率先在全国出台环保机构监测监察执法垂直管理制度改革实施方案，湖南、广西、重庆等省（自治区、直辖市）推进乡镇环境监管机构建设，而江苏、内蒙古等省（自治区、直辖市）要求2016年底前完成所有环境监察人员参照公务员管理的工作。

本次垂直管理改革试点内容丰富，可简单概括为"三垂半"，即环境监察省以下垂管；环境监测省以下垂管；县级环保局调整为市级环保局的派出分局，由市级环保局直接管理，领导班子成员由市级环保局任免；市级环保局实行以省级环保厅为主的双重管理，仍为市级政府工作部门。实施垂直管理制度改革，就是要切实解决现行以块为主的地方环保管理体制存在的突出问题，改变一些地方重发展轻环保、干预环保监测监察执法，环保责任难以落实，有法不依、执法不严、违法不究现象大量存在的现状。但是，调研中发现基层执法人员对于改革存在不少忧虑：改革后，把环保审批权基本都放到了地市级，但地市级在人员数量、素质上难以达到要求，出了问题，问责压力大；监察、监测的力量收到省里以后，地市级的执法工作难免会受影响，没有自己的监测队伍作支持，无凭据则无执法；有的地级市中小企业就有二十多万家，几十个执法人员如何应付得了？所以，在推进环境监察体制改革时，一定要深入实际，多听听基层执法人员的心声。总体上来看，2016年启动的省以下环保机构监测监察执法垂直管理制度改革在部分试点省份已经取得了进展，改革需要"接地气"，消除基层执法人员的忧虑，方能取得更大成功。

第四，其他开展执法能力提升活动情况。首先是开展环保大检查活动。国务院办公厅《关于加强环境监管执法的通知》要求在2015年底前，地方各级人民政府要组织开展一次环境保护全面排查。2015年，全国共检查企业177万家次，查处各类违法企业19.1万家，责令关停取缔2万家、停产3.4万家、限期改正8.9万家。2016年，全国共排查违法违规建设项目64.7万个，已完成清理整顿61.8万个，约占总任务量的95.6%；排查出"十小"企业2641家，完成取缔2465家，取缔完成数量占比93.3%。通过此次环保大检查活动，各地环境执法部门比较全面地掌握了辖区企业遵守环境法律法规的状况，提高了执法效率，从整体上锻炼并提高了执法能力。

其次是开展环境执法大练兵活动。2016年9—11月，环境保护部在全国范围内组织开展环境执法大练兵活动,通过评比先进、树立典型的方式,营造"比学赶帮超"的工作氛围,提升全国环境执法队伍规范执法意识和能力。根据环境保护部统一部署,各地分别印发了大练兵活动实施方案。大练兵活动期间,地方各级环境保护部门结合日常或专项执法工作,规范开展排污单位现场监督检查、环境违法案件处理处罚、案件移交移送和环境监察稽查等各项执法工作。截至本报告出炉之日,环境执法大练兵活动仍在按部就班地进行之中。通过对参评案卷的评析,发现各地执法规范化程度整体上有了很大的提高,本次执法大练兵活动必将全面地促进基层执法人员执法水平和工作效率的提高。

第五,小结。通过开通"12369"环保微信举报平台、划分环境监管网格、开展省以下环保机构监测监察执法垂直管理制度改革等措施,开展环保大检查以及执法大练兵等活动,一方面用新的科学技术手段武装广大基层环境执法人员,提高工作效率;另一方面理顺环境执法的体制,挖掘执法人员自身潜力,端正执法态度,规范执法过程。这种由外及内、内外结合地进行环境监察执法能力建设,整体上对于促进执法人员提高执法效率、规范执法过程、加强执法监督等具有良好的效果。

(三) 环境执法能力建设中发现的一些问题与对策建议

以上只是对于新《环境保护法》实施两年来我国环境监察执法能力建设效果作了一个粗略评估,由于受可得信息数据的限制,总体粗线条评估之下往往难以反映出一些实践中的具体问题。我们在对基层环境监察执法人员的调研中,发现当前环境监察执法能力建设中不同程度地存在着如下问题,并给出对策建议。

1. 发现的问题

(1) 一些地区环境执法监管不到位,覆盖面不全,执法偏软。基层环境执法人员少,业务能力弱,经费保障不足,不适应繁重的监管任务。

(2) 很多地方环境执法机构未被纳入行政执法序列,环境监察机构属于委托执法,不能施行强制措施,授权执法的规定在很多地方落实不到位。

(3) 在新的督政问责环境下,环境执法压力较大,执法风险明显增加,基层环境执法人员思想容易出现波动,不利于环境监管工作开展。

(4) 环境保护部门内部信息沟通不畅,环境监察执法缺少源头信息。例如,一些地方项目环评审批,环评机构和环境监察执法机构完全分离,机构间缺少信息沟通。在项目验收时,环评机构通知环境监察执法机构派员到场,但是环境监察执法人员对项目一无所知,环境监察机构执法缺乏信息来源。

(5) 环保相关法条众多且内容复杂,部分条款缺少可操作性,基层执法人员存在环境保护法条适用上的困惑。调研发现，一些基层执法人员普遍反映我国环境保护法律规范太多，自己平时各种任务繁重，无暇研究这些法条，执法实践中常常遇到法条适用的问题。[1]

（6）部门联动执法不足。由于公安部门缺少专职办理环境案件的机构，环境保护部门与公安部门对于环境污染犯罪案件和治安拘留的移送以及公安部门介入调查时间节点上还存在分歧；在一些重点领域的环境监管执法工作中，政府内部没有建立一套成熟的多部门联动、联合执法机制，单靠环境保护部门一家执法威慑和影响力不足，导致重复检查和罚而不止，效率与效果都不够明显。

（7）环境监管执法腐败风险大。在环境监察执法过程中，执法人员与被执法对象频繁接触，深度干预企业生产经营，极大增加了权力寻租、腐败的风险空间，造成人情执法、选择性执法高发。

（8）环境执法的机制与方式创新不足。现行环境执法大都采用传统的"灭火式"，执法者如同消防员，哪里出现环境违法行为的火星，就奔向那里去灭火，执法力量分散。执法人员疲于奔波，违法者与执法者有时与老鼠躲猫一样，执法成本高，效率低，环境执法机制与方式创新不足。

2. 优化对策建议

在调研中，基层执法人员对于以上存在的诸问题纷纷提出应对建议，总结起来如下：

（1）加大环境监察执法投入，补足历史欠账。应重点解决环境监察执法专业化水平低的问题，科学核算环境执法所需专业人员的种类和数量，大力引进具有环保专业背景化的人才充实到环境监察执法队伍中来，采取妥善措施使现有非专业人员逐渐淡出环境监察执法队伍。加大执法经费、装备、执法用车、办公用房等投入，重点保障调查取证所需执法装备仪器、监察执法用车、扣押暂存场所、执法应急物资等一线执法需求。

（2）进一步加快环境监察体制改革，将环境监察执法编制全部转为行政公务员编制，并提高其执法补贴，使其总体收入略高于当地其他机关公务员收入。

（3）在提高基层执法人员待遇的情况下，注意为执法人员减轻压力，扩宽执法人员正常晋升渠道，为那些敢于正确高效执法的人提供更多的上升空间。尽快

---

[1] 比如有基层执法人员反映，《畜禽规模养殖污染防治条例》第39条规定："违反本条例规定，未建设污染防治配套设施或者自行建设的配套设施不合格，也未委托他人对畜禽养殖废弃物进行综合利用和无害化处理，畜禽养殖场、养殖小区即投入生产、使用，或者建设的污染防治配套设施未正常运行的，由县级以上人民政府环境保护主管部门责令停止生产或者使用，可以处10万元以下的罚款。"他们对于畜禽养殖类企业如何执行"责令停止生产或使用"的规定普遍感到困惑。

梳理出台环境监管执法的权责清单，建立健全环境监管执法责任制。

（4）建立环境保护部门内部信息管理系统，使部门内部纵向与横向信息能够及时共享，消除部门内部信息鸿沟，减少行政运行成本。

（5）成立环境保护法条应用研究中心，组织人才研究开发环境保护法条智能适用软件，借助于科技力量来帮助执法人员解决法条适用上的困惑。同时，开发专门的在线解答系统对于环境执法中遇到的困惑及时予以解答。

（6）进一步探讨环保执法与公安办案的衔接机制，成立环保警察，使环保与公安衔接更顺畅、更高效、更专业，增大环保执法威慑力。在政府内部建立完善环保与其他部门的多部门联动联合执法机制，增强执法威慑力和效能。

（7）探讨环境执法腐败预防机制。一方面增强执法的透明度，推行"阳光执法"，将执法信息及时公开；另一方面要求企业加大环境信息公开力度，接受民众监督。同时，探讨环境执法人民监察员制度，让公众更多地参与到环境执法程序之中，让监督贯穿于执法程序的每个环节。

（8）探讨环境执法的机制与方式创新，提高执法效率。人少事多，提高执法效率是关键。各地可以根据当地实际情况，尝试探讨如下环境执法的社会化机制与方式：建立环境监管执法社会化服务保障机制，实行政府购买环保网格化管理服务；建立环境监管执法"第三方参与制"，通过政府购买第三方核查服务、环保专家参与执法服务、专业律师驻点指导服务等方式，为迅速增强环境监管执法机构和人员的专业能力提供有力保障；实行"查管分离"打击环境违法的新机制，将日常监管和查案办案适度分离，将专业手段、监管保障、基础信息等资源集中起来最大限度地查办环境违法大案要案。另外，尝试建立属地化环境监管信息系统，乡镇、社区、街道等基层组织对本区域环境要素、污染源信息、商事主体的环保信息进行属地采集、搜集、动态更新，进行大数据分析，结合环境监测手段，实行精准环境执法。

（四）评估结论

综合以上分析评估，我们得出如下评估结论：

第一，经过两年的建设，2016年我国环境监察执法机构总数比2014年增长明显，特别是各地市级、区县级环境监察机构增长迅速，环境监察机构设置在数量上已经基本达到了《建设标准2011》的要求。截至2016年，总体上我国环境监察机构人员编制达标率都不高，省级环境监察机构人员编制达标率为61%；地市级的达标率仅为19%；而区县级的达标率为33%。我国环境监察机构人员编制缺编严重，特别是基层执法机构缺编更为严重，而西部地区比东中部地区缺编尤为严重。

我国环境监察机构人员编制由行政编制、事业编制、参照公务员编制、工勤编制等几大类型构成，全国环境监察机构人员编制管理方面在2016年仍未达标。

第二，近两年我国环境监察执法人员增幅平稳，我国环境执法人员大专以上学历总体达标率不高。2016年，环境执法人员中大专以上学历达到一级建设标准的省份占19%，达到二级标准的占36%，达到三级标准的占29%，总体达标率为86%。2015年全国环境执法人员中具有环保专业背景人员的总体达标率仅有13%，我国环境执法人员中具有环保专业背景人员的比例有待大幅度提高。

第三，近三年中央和地方政府在环境保护方面的投入总体呈逐年平稳增长状态，各地方政府对于环境保护方面的投入不平衡，当前我国环境保护总体投入水平偏低。我国需要总体上加大对于环境保护的投入，同时在政府财政支出中增加对于环境执法能力建设的支持力度。

第四，近三年环境保护部和各省级环境保护部门对于环境监察执法人员的培训工作非常重视。近三年全国各省份环境监察人员培训率总体达标率为39%，加上历年累积的培训人员，全国各省份环境监察人员培训率总体情况良好。

第五，近两年来，各省非常重视环境执法管理及移动执法系统的建设和使用工作，环境执法管理及移动执法系统达标率已经达到41%，成绩斐然。但是，各省份建设与使用情况不平衡，仍有近三成的省份没有达到60%的覆盖率，建设与使用任务较重。

第六，经过多年的努力，我国省级环境监察机构执法用车建设有了较大进展，有六成以上的省级环境监察机构在人均执法用车建设上达到了三级建设标准，而省会城市环境监察机构执法用车人均配备情况则更为乐观。各省级和省会城市环境监察机构执法用车人均配备达标率较高，说明这些层级环境保护部门比较重视环境执法用车的保障。当然，另有一些省份的同级环境执法机构并没有达标，广大的区县级基层环境监察机构执法用车的配备情况不够理想。

第七，新《环境保护法》实施两年以来，我国环境执法五类案件数量呈普遍增长态势，排污费收缴户数和总额呈下降状态，地级城市空气质量总体改善，地表水总体质量平稳改善，我国各级环境保护部门在环境监察执法能力建设方面产生了积极成果。

第八，我国各级环境监察执法机构执法能力总体上有了提升。但是，我国环境质量整体改善的幅度还有待提高，各级环境监察执法机构和人员的执法能力建设还有待进一步的加强。不可否认，粗线条的环境监察执法能力建设效果评估报告中难以反映出环境监察执法机构执法能力实践中存在的一些具体问题，这些问题仍然需要得到重视并加以妥善解决。

第三部分
县级以上人民政府有关主管部门履行法定职责及效果评估

新《环境保护法》不仅规定了政府及其环境保护主管部门的职责，还规定了县级以上人民政府有关行政主管部门（以下简称"其他有关部门"）的环境保护职责。

其他有关部门的环境保护法定职责在不同的法律中都有所规定，而本部分将仅围绕《环境保护法》相关条文中所规定的政府部门环境保护法定职责的履行情况加以评估。由其他法律，包括环境保护的单行法（如《大气污染防治法》《水污染防治法》等）所规定的政府职责的履行情况，则不在本评估报告的评估范围之内。另外，由于市县其他有关部门（除了环境保护部门）环保职责的划分在不同地方有不同的特色，不仅职能划分不完全重合，部门名称也有不一致的地方，在一定程度上丧失了横向比较的意义，因此本部分将以国家、各省（级）的评估为主，在职责统一的前提下评估各省会城市相应的职能部门，而其他县级以上部门的评估仅在典型意义上予以列举说明。为此，本部分首先需要交代的是《环境保护法》中涉及的政府职能部门的职责，尤其是相对于1989年《环境保护法》新增或有改动的部分。

新《环境保护法》对其他部门的职责规定分五种情况：第一种情况是理念性和原则性规定（第1、4、5、8条），第二种情况是第10条第2款采用的"转至"技术，把对资源保护和污染防治等环境保护工作的具体职责转至相应环境部门法的适用；第三种情况是通过法条直接明确部门职责（如第9条第2款、第49条）；第四种情况则是只规定具体的职责，却没有明确应由哪些部门承担这些职责（如第35条、第40条第2款）；第五种情况则是第26条所规定的考核责任："国家实行环境保护目标责任制和考核评价制度。县级以上人民政府应当将环境保护目标完成情况纳入对本级人民政府负有环境保护监督管理职责的部门及其负责人和下级人民政府及其负责人的考核内容，作为对其考核评价的重要依据。考核结果应当向社会公开。"对于这五种情况，本部分的评估取舍思路如下：第二种情况的转至其他部门法的部门职责应在其他部门法的评估中予以明确，因此不在本评估之列。第一种情况和第四种情况是本部分需要评估的重点。第三种情况需要结合其他部门法和相应的政策来判断需要评估的具体内容。第五种情况在本评估报告的其他部分会有涉及，所以本部分只在涉及其他有关部门职责时提及。

其他有关部门的生态环境保护职能主要由相应领域的部门法、党中央和国务院的规范性文件所规定。现阶段，《环境保护法》还不是真正意义上的环境保护基本法，《环境保护法》规范的主体仍被理解为主要是环境保护部门，这种理解在课题组走访、调研的部门中（无论是环境保护部门还是其他部门）是一种普遍认识。当然，这也和《环境保护法》在涉及其他部门职能时的规定有关。而规定得比较具体的制度和措施，如按日连续处罚、查封扣押、行政拘留和环境公益诉讼制度在实践中还是由环境保护部门或公检法等司法部门适用，其他职能部门无法直接适用。因此，要评估《环境保护法》在其他部门中的实施效果，无法直接运用《环境保护法》中规定的具体措施，而是需要一种思路上的转化，即从《环境保护法》规定的生态环境保护基本理念和基本原则出发，结合法条中规定的政府和其他部门需要建构或运行的具体制度，找到这些原则和制度对应的、具体化的相关部门法，确定相应部门环境保护的具体职责，在这个基础上评估新《环境保护法》实施以来各有关的主要职能部门做了哪些工作（如制定了哪些新的规章，采取了哪些新的措施），这些工作对现实产生了哪些影响（主要反映在具体的数据指标的变化上）。因此，相对于其他部分，本部分的内容在一定程度上超出了对《环境保护法》具体制度和措施的评估，而涉及整个国家的环境保护目标和生态文明建设方面，但这些目标和生态文明的最终实现却又反映在《环境保护法》的基本原则和理念中。

《环境保护法》规定了各个方面需要由相应职能部门来完成的制度，选取哪些职能部门作为评估对象涉及选择的标准问题，本部分根据三个原则选取被评估的部门：一个是《环境保护法》直接规定其职责的部门，一个是环境保护部门之外传统的环保职责较多的部门，一个是新《环境保护法》中修订较大的部门。根据这三个原则，选取的评估对象为：经济综合主管部门（除了环境保护部之外环境保护职责最多）、经信部门（节能降耗）、农业部门（新《环境保护法》大幅增加了农业面源污染防治的条款）和住建部门（城市环境）。至于其他部门，如海洋、水利、工商、税务乃至军队，都有法定（相应的法律）的环境保护职责，但和新《环境保护法》本身的法条关联度较小，不在本部分展开。

需要指出，《环境保护法》对各领域环保制度的规定可分为两种情况：其一，承认既有制度和其他有关部门的职责，这是主要的；其二，为其他有关部门创建新的职责，限于《环境保护法》目前的实际定位（并非环境保护领域的基本法），这是很难做到的。既然《环境保护法》对其他有关部门职责的规定是承认既有制度和职责，对现实中的既有做法进行立法确认，因此对其他有关部门的评估面临一个最主要的问题，即新《环境保护法》的直接影响并不如新《环境保护法》对环境保护部门或环境司法的影响大。新《环境保护法》的影响主要还是渐进式的，其他有关部门在既有轨道上沿着其他部门法规定的路径继续前行，《环境保护法》更多的是在基本理念和原则的层面对其他部门有所影响（这种影响更多的是通过党政政策性文件直接体现出来）。新《环境保护法》的施行、中央的环保理念和政策的转型共同促进了生态文明的进程，其他部门在事实上已经卷入了生态文明的整体进程。

一、经济综合主管部门履行环境保护法定职责及其效果评估

国家发展和改革委员会是我国经济综合主管部门，根据第十一届全国人民代表大会第一次会议批准的《国务院机构改革方案》和《国务院关于机构设置的通知》（现已失效），发展改革委的环保职责为：推进可持续发展战略，负责节能减排的综合协调工作，组织拟订发展循环经济、全社会能源资源节约和综合利用规划及政策措施并协调实施，参与编制生态建设、环境保护规划，协调生态建设、能源资源节约和综合利用的重大问题，综合协调环保产业和清洁生产促进有关工作。和环境保护部门不同，发展改革委主要是通过经济产业政策从宏观上履行其环保职责，在环保职能的履行过程中一般来说并不具备具体的执法手段。

除了原则性和理念性条款外，新《环境保护法》涉及发展改革委职责的条款如下：

第21条 国家采取财政、税收、价格、政府采购等方面的政策和措施，鼓励和支持环境保护技术装备、资源综合利用和环境服务等环境保护产业的发展。

第36条 国家鼓励和引导公民、法人和其他组织使用有利于保护环境的产品和再生产品，减少废弃物的产生。

国家机关和使用财政资金的其他组织应当优先采购和使用节能、节水、节材等有利于保护环境的产品、设备和设施。

第40条 国家促进清洁生产和资源循环利用。

国务院有关部门和地方各级人民政府应当采取措施，推广清洁能源的生产和使用。

企业应当优先使用清洁能源，采用资源利用率高、污染物排放量少的工艺、设备以及废弃物综合利用技术和污染物无害化处理技术，减少污染物的产生。

根据国务院职能设定和新《环境保护法》规定，各地陆续出台了地方政府部门的生态环保职责，进一步明确了地方发展改革委和其他部门的生态环保职责。例如《江苏省生态环境保护工作责任规定（试行）》第15条规定了江苏省发展改革部门的责任：

（1）将生态文明建设和环境保护纳入经济和社会发展规划，制定和实施主体功能区规划。参与编制环境保护规划，负责编制饮用水安全保障规划。

（2）加强节能减排工作，综合协调循环经济、清洁生产有关工作，组织实施自愿性清洁生产审核。提出全社会能源消费总量控制目标的建议，会同有关部门制定能源结构调整规划并组织实施。配合环境保护部门制定和实施污染物排放总量控制计划。

（3）编制太湖流域水环境综合治理方案，牵头做好太湖治理省级专项资金安排工作。

（4）推进产业结构调整，支持节能环保产业发展。制定和实施有利于资源节约和环境保护的产业政策、产业结构调整目录和负面清单。

（5）积极应对气候变化。牵头制定并协调实施应对气候变化和推进绿色低碳发展重大战略、规划和政策。组织实施温室气体排放控制目标责任考核，组织推进控制温室气体排放核算企（事）业单位的温室气体排放报告制度和基础能力建设，加强碳排放权交易市场建设和管理。适应气候变化工作，组织实施有关减缓和适应气候变化的具体措施和行动。

（6）依照环境保护法律规定，依法办理基础设施建设及其他有关建设项目的审批、核准、备案手续。

（7）会同有关部门争取中央预算内资源节约和环境保护项目资金，拓宽环境保护筹融资渠道，协调落实项目资金。

（8）会同有关部门开展环境经济、生态补偿等政策研究，组织制定推动生态文明建设的激励政策。

表3.1 各地方出台的有关部门环境保护工作职责规定以及涉及发展改革委环境保护职责的汇总[1]

省 份	职责来源	印发日期	发展改革委环境保护职责（项）
重 庆	重庆市环境保护工作责任规定（试行）	2016年11月	7
内蒙古	党委、政府及有关部门环境保护工作职责	2015年12月	7
宁 夏	党委、政府及有关部门环境保护工作责任	2016年7月	
山 西	山西省环境保护工作职责规定（试行）	2016年7月	
辽 宁	党委、政府及有关部门环境保护工作责任规定（试行）	2016年10月	
黑龙江	党委、政府及有关部门环境保护工作职责	2016年7月	
江 苏	江苏省生态环境保护工作责任规定（试行）	2016年8月	8
浙 江	浙江省生态环境保护工作责任规定	2016年9月	
山 东	山东省各级党委、政府及有关部门环境保护工作职责（试行）	2016年7月	
湖 北	关于进一步明确生态环境和资源保护工作职责的通知	2016年11月	
湖 南	湖南省环境保护工作责任规定（试行）	2015年2月	4
四 川	四川省环境保护监督管理责任规定（草案代拟稿）	2015年9月	6
贵 州	贵州省各级党委、政府及相关职能部门生态环境保护责任划分规定（试行）	2016年9月	7
云 南	各级党委、政府及有关部门环境保护工作责任规定（试行）	2016年8月	6

---

[1] 数据来源：网络搜索整理，其中职能数空缺是因为能够确定该省制定了职责规定，但却无法搜索到规定的具体内容。

续表

省　份	职责来源	印发日期	发展改革委环境保护职责（项）
陕　西	陕西省各级政府及部门环境保护工作责任规定（试行）	2015年12月	10
甘　肃	甘肃省环境保护监督管理责任规定	2013年8月	4
青　海	青海省生态环境保护工作责任规定	2016年12月	

据此，新《环境保护法》涉及发展改革委的职责主要包括循环经济发展（资源综合利用，降低单位GDP能耗等）、清洁生产制度建设、推广新能源的生产和使用等。其中清洁生产及推广新能源的生产和使用其实属于循环经济发展的一部分内容。因此，本部分选择循环经济发展作为最重要的评估抓手，在量化指标中评估单位GDP能耗等具体指标。

（一）循环经济工作评估

国务院2005年印发《关于加快发展循环经济的若干意见》，2008年《循环经济促进法》颁布施行，循环经济发展建设已有较长时间的经验积累。新《环境保护法》颁布以来，发展改革委在循环经济发展建设上又有新的举措。其中两个最重要的动作是2015年印发了《2015年循环经济推进计划》（发改环资〔2015〕769号）和2016年底印发了《循环经济发展评价指标体系（2017年版）》（发改环资〔2016〕2749号）。

《2015年循环经济推进计划》是发展改革委为了落实《循环经济促进法》和《循环经济发展战略及近期行动计划》（国发〔2013〕5号）印发的年度推进计划。该推进计划从循环经济整体性的角度对建设循环型社会所涉及的方方面面给出了具体的行动指南。该推进计划分为总体要求、加快构建循环型产业体系、大力推进园区和区域循环发展、推动社会层面循环经济发展、推行绿色生活方式、强化组织保障六大部分。各大部分又详细列举了发展循环经济需要推进的具体工作，例如该推进计划在第二部分"促进生物质能发展"中指出，要制定《促进生物质能供热发展的指导意见》，加快出台成型燃料、成型设备、生物质锅炉、工程建设和锅炉排放等标准，实施生物质成型燃料锅炉供热工程，在京津冀鲁、长三角、珠三角地区建设120个大型先进生物质锅炉供热项目，替代燃煤锅炉供热；在粮食主产区有序推进生物质热电联产，鼓励对常规生物质发电实行热电联产改造，到2015年底热电联产机组容量超过100万千瓦。在第三部分"开展园区循环化改造"中指出，要制定发布《园区循环化改造示范试点中期评估及终期验收管理办法》，完善园区循环化改造评估标准，对已实施循环化改造的部分园区进行中期评估；开展25家左右园区循环化改造示范试点。出台《园区循环化改造实施方案编制指南》，开展园区循环化改造专家巡诊活动，组织召开园区循环化改造现场会，推动各地开展园区循环化改造，力争实现50%的国家级园区和30%的省级园区循环化改造的目标。

《循环经济发展评价指标体系（2017年版）》是对2007年指标体系的修改、完善、升级。在印发的通知中，国家发展改革委强调了如下五点要求：①各省级循环经济发展综合管理部门、财政部门、环境保护部门、统计部门要高度重视循环经济发展评价指标体系的测算和评价工作，抓紧制定细化工作方案，健全工作机制，层层落实责任，抓好跟踪督促。②各地要根据此次印发的评价指标体系，结合本地实际和工作重点，制定市县级循环经济发展评价指标体系，并逐步将相关指标纳入评价内容。③各地要加强本地指标的归口管理，由统计部门会同循环经济发展综合管理部门对相关数据指标进行收集、汇总和梳理分析，财政部门、环境保护部门要给予必要的支持和配合。支持各地通过建立调查分析制度，完善相关数据的核算基础。④国家发展改革委、国家统计局将适时会同有关部门，适时委托第三方机构对各省循环经济发展水平开展独立评价，评价结果将作为今后申请相关资金、政策支持的重要参考，并向社会公布。⑤各地要在使用循环经济评价指标体系的基础上，将本地应用中出现的问题和建议及时报送国家发展改革委、财政部、环境保护部、国家统计局。国家有关部门将根据实际情况对指标体系进行补充完善。

循环经济发展的量化指标对建设循环型社会意义重大，根据社会发展的实际情况及时更新指标项目和评测方法对发展循环经济而言具有重要意义，评价指标是对行动计划完成情况的量化评估，发展改革委在这方面的工作值得肯定。由于新指标刚刚公布，一系列的评测尚在进程中，尚无具体的评测数据可供评估，暂列评价指标体系如下表，供读者参考。

表3.2 循环经济发展评价指标体系（2017年版）

分 类	指 标	单 位
综合指标	主要资源产出率	元/吨
	主要废弃物循环利用率	%
专项指标	能源产出率	万元/吨标煤
	水资源产出率	元/吨

续表

分　类	指　标	单　位
专项指标	建设用地产出率	万元/公顷
	农作物秸秆综合利用率	%
	一般工业固体废物综合利用率	%
	规模以上工业企业重复用水率	%
	主要再生资源回收率	%
	城市餐厨废弃物资源化处理率	%
	城市建筑垃圾资源化处理率	%
	城市再生水利用率	%
	资源循环利用产业总产值	亿元
参考指标	工业固体废物处置量	亿吨
	工业废水排放量	亿吨
	城镇生活垃圾填埋处理量	亿吨
	重点污染物排放量（分别计算）	万吨

除了推进计划和评价指标外，新《环境保护法》施行以来，发展改革委还实行了与新《环境保护法》有关的如下重要举措：

第一，在循环经济产业园区原有工作的基础上，2016年5月，国家发展改革委、财政部印发了《关于请组织推荐2016年园区循环化改造重点支持备选园区的通知》（发改办环资〔2016〕1205号）。两部委联合组织专家对各地上报的园区循环化改造实施方案进行了论证。

根据专家论证结果，拟入选2016年园区循环化改造重点支持的备选名单为：冀州经济开发区；常熟经济技术开发区；泰兴经济开发区；杭州大江东产业集聚区；浙江吴兴工业园区；安庆高新技术产业开发区；安徽霍山经济开发区；南昌经济技术开发区；十堰经济技术开发区；湖南安化经济开发区；珠海经济技术开发区；南宁经济技术开发区；德阳经济技术开发区；泸州高新技术产业开发区；重庆潼南工业园区；贵州钟山经济开发区；贵州安顺西秀工业园区；阿拉尔经济技术开发区。

第二，在全国确定了一批国家循环经济示范城市。确定的循环经济示范城市建设应纳入"十三五"循环经济发展总体规划，作为实现转型发展、建设生态文明的重要途径。各示范城市要以提高资源产出率为核心，在生产、流通、消费各环节，推行循环型生产方式和绿色生活方式，构建覆盖全社会的资源循环利用体系，通过开展建设工作推动本地区超额完成节能减排约束性目标，推动建立绿色低碳循环产业体系。

《关于将天津静海县等61个地区确定为国家循环经济示范城市（县）建设地区的通知》（发改办环资〔2016〕36号）确定的国家循环经济示范城市（县）建设地区名单为：

（1）天津市：静海区
（2）内蒙古自治区：包头市、托克托县
（3）辽宁省：沈阳市、鞍山市、建平县
（4）吉林省：洮南县
（5）黑龙江省：通河县
（6）江苏省：徐州市、扬州市、丹阳市
（7）浙江省：台州市、安吉县、海宁市
（8）安徽省：阜阳市、凤阳县、繁昌县
（9）江西省：吉安市、丰城市、樟树市
（10）山东省：聊城市、平原县、招远县
（11）青岛市：城阳区
（12）河南省：洛阳市、新乡市、长葛市
（13）湖北省：荆门市、枝江市、潜江市
（14）湖南省：长沙市、安化县、安乡县
（15）广东省：湛江市、广宁县、罗定市
（16）广西壮族自治区：柳州市、富川瑶族自治县
（17）四川省：泸州市、浦江县、西充县
（18）重庆市：綦江区、合川区、梁平县
（19）云南省：曲靖市、祥云县
（20）贵州省：六盘水市、铜仁市、岑巩县
（21）陕西省：韩城市
（22）西藏自治区：拉萨市
（23）甘肃省：白银市、临夏市、泾川县
（24）宁夏回族自治区：石嘴山市、永宁县、青铜峡市
（25）青海省：大通县
（26）新疆维吾尔自治区：玛纳斯县
（27）新疆生产建设兵团：二师34团、一师10团

第三，生产者责任延伸制度的推进。《循环经济促进法》规定了生产者责任延伸制度，经过多年的经验总结，2016年12月25日国务院通过《国务院办公厅关于印发生产者责任延伸制度推行方案的通知》（国办发［2016］99号）同意了发展改革委制定的《生产者责任延伸制度推行方案》，该方案的推行对循环经济发展具有重要意义。《生产者责任延伸制度推行方案》中规定的具体职责划分和工作时间进度见下表：

表 3.3　《生产者责任延伸制度推行方案》中规定的具体职责划分和工作时间进度

序号	重点任务	责任单位	时间进度安排
1	完善废弃电器电子产品回收处理制度	国家发展改革委、环境保护部、财政部在各自职责范围内分别负责	2017年年底前提出方案
2	制定强制回收的产品和包装物名录及管理办法，确定特定品种的国家回收利用目标	国家发展改革委牵头，工业和信息化部、环境保护部、住房和城乡建设部、财政部、商务部、质检总局参与	2018年完成
3	率先在北京市开展废弃电器电子产品新型回收利用体系建设试点	北京市组织实施，国务院有关部门加强指导	2017年启动
4	开展饮料纸基复合包装回收利用联盟试点	相关行业联盟组织实施，国务院有关部门加强指导	2017年启动
5	探索铅酸蓄电池生产商集中收集和跨区域转运方式	环境保护部牵头，国家发展改革委、工业和信息化部参与	2017年启动
6	在部分企业开展生态设计试点	工业和信息化部、国家发展改革委	持续推动
7	在部分企业开展电器电子、汽车产品生产者责任延伸试点，率先开展信用评价	工业和信息化部、科技部、财政部、商务部组织试点，国家发展改革委牵头组织信用评价	持续推动
8	率先在上海市建设铅酸蓄电池回收利用体系	上海市组织实施，国务院有关部门加强指导	2017年启动

续表

序号	重点任务	责任单位	时间进度安排
9	建立电动汽车动力电池产品编码制度和全生命周期追溯系统	工业和信息化部、质检总局负责	2017年完成
10	支持建立铅酸蓄电池全生命周期追溯系统,推动实行统一的编码规范	工业和信息化部、质检总局、国家发展改革委负责	持续推进
11	建设生产者责任延伸的信用信息采集系统,制定生产者责任延伸评价管理办法,并制定相应的政策指引	国家发展改革委牵头,工业和信息化部、环境保护部、商务部、人民银行参与	2019年完成
12	修订《报废汽车回收管理办法》,规范报废汽车产品回收利用制度	国务院法制办、商务部牵头,工商总局、国家发展改革委、工业和信息化部等部门参与	2017年完成
13	制定铅酸蓄电池回收利用管理办法	国家发展改革委牵头,工业和信息化部、环境保护部参与	2017年完成
14	健全标准计量体系,建立认证评价制度	质检总局牵头,国务院相关部门参与	持续推进
15	研究对开展生产者责任延伸试点的地区和履行责任的生产企业的支持方式	国家发展改革委、财政部	持续推进
16	加大科技支持力度	科技部牵头,国家发展改革委、工业和信息化部、环境保护部参与	持续推进
17	加快建立再生产品和原料推广使用制度	国家发展改革委、工业和信息化部、财政部、环境保护部、质检总局	2018年完成
18	实施绿色采购目标管理	财政部牵头,国务院相关部门参与	2019年完成
19	加强宣传引导	国家发展改革委牵头,国务院各部门参与	持续推进
20	加强工作统筹规划和分类指导	国家发展改革委牵头,国务院各部门参与	持续推进

第四,公布了循环经济重点工程示范试点单位名单,包括2015年园区循环化

改造示范试点名单；第六批国家"城市矿产"示范基地名单；第五批餐厨废弃物资源化利用和无害化处理试点城市名单。

(二) 生态文明建设评估

1. 颁布生态文明考核体系指标

为回应新《环境保护法》第 26 条考核责任的规定，[1] 根据中共中央办公厅、国务院办公厅《关于印发〈生态文明建设目标评价考核办法〉通知》的要求，国家发展改革委、国家统计局、环境保护部、中央组织部共同制定了《绿色发展指标体系》和《生态文明建设考核目标体系》，作为生态文明建设评价考核的依据。这两份体系对量化生态职责在党政考核体系中的地位意义重大，可以说是对新《环境保护法》第 26 条的直接回应。

2. 生态文明先行示范区工作继续推进

2014 年，国家发展改革委公布了第一批共 57 个生态文明先行示范区建设地区。为贯彻落实中共中央、国务院《关于加快推进生态文明建设的意见》（中发〔2015〕12 号）、国务院《关于加快发展节能环保产业的意见》（国发〔2013〕30 号）关于开展生态文明先行示范区建设的工作要求，2015 年底国家发展改革委公布了第二批生态文明先行示范区建设名单（共 45 个），限于篇幅，不再一一列举。

(三) 量化指标评估

国家发展改革委等部委于 2016 年 12 月 12 日印发了《绿色发展指标体系》。根据该体系，由发展改革委负责提供数据的指标有"能源消费总量""单位 GDP 能源消耗降低""单位 GDP 二氧化碳排放降低"和"绿色产品市场占有率"。实践中，由于发展改革委是经济综合管理部门，在环境保护职责中与其他部委多有交叉、合作，因此有些指标实际上也与发展改革委的工作有关。结合新《环境保护法》的规定、实际的工作和《绿色发展指标体系》，下文通过如下四个指标进行评估。

1. 重点流域水污染治理中央预算内投资

新《环境保护法》第 20 条第 1 款规定："国家建立跨行政区域的重点区域、流域环境污染和生态破坏联合防治协调机制，实行统一规划、统一标准、统一监测、统一的防治措施。"为推进重点流域水污染治理工作，国家发展改革委于 2015 年下达了各省中央预算内投资计划，通过中央投资和地方配套，这些资金在

---

〔1〕《环境保护法》第 26 条："国家实行环境保护目标责任制和考核评价制度。县级以上人民政府应当将环境保护目标完成情况纳入对本级人民政府负有环境保护监督管理职责的部门及其负责人和下级人民政府及其负责人的考核内容，作为对其考核评价的重要依据。考核结果应当向社会公开。"

污水处理的各个环节起到了重要作用,提高了污水处理量(万吨/日)、污水改造量(万吨/日)、中水回用量(万吨/日)、管网建设量(公里)和污泥处理量(吨/日)等污水处理建设中的重要指标。2016年5月,国家发展改革委印发《关于下达重点流域水污染防治2016年中央预算内投资计划的通知》,下达26个省(自治区、直辖市)中央预算内投资共47亿元,用于支持重点流域水污染防治相关设施建设。根据发展改革委网站提供的数据,整理投资额如下图:

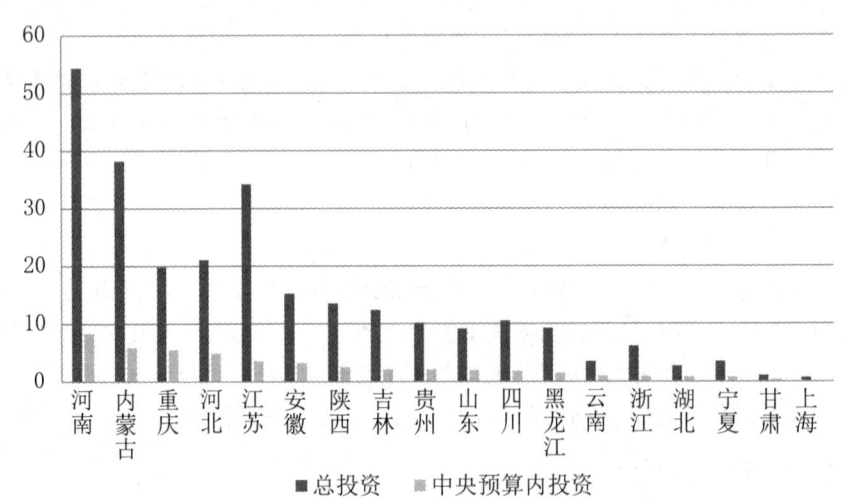

图 3.1　2015 年重点流域水污染治理投资计划图(单位:亿元)

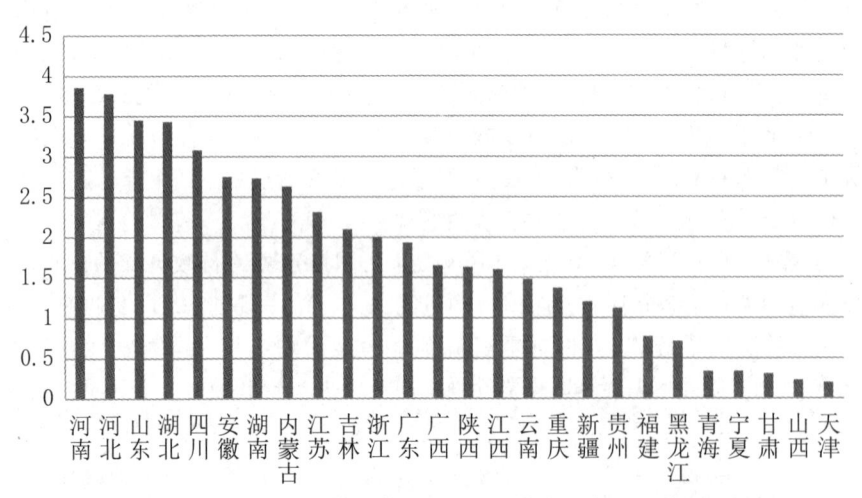

图 3.2　2016 年重点流域水污染治理中央预算内投资图(单位:亿元)

这些投资为各地污水处理能力的增强提供了资金支持和政策引导。以江苏省为例，如表3.4所示，可以看出该省污水处理能力从1980年到2015年持续增强，当然，污水处理能力的增强并非仅靠中央预算资金的支持，而是综合建设投资的结果，但中央资金的政策导向性不可忽视。

表3.4　1978—2015年江苏省污水处理相关数据统计[1]

年份（年）	排水管道长度（公里）	城市污水日处理能力（万吨）	建成区排水管道密度（公里/平方公里）	污水处理率（%）
1978	1503			
1980	1650	0.1		0.2
1985	2277	1.8	5.3	0.6
1989	3782	91.3	5.7	23.0
1990	4099	103.5	5.7	16.4
1991	4872	133.2	5.4	13.4
1992	5721	155.5	5.6	16.7
1993	6653	160.7	4.7	22.9
1994	7019	236.7	6.0	31.8
1995	8262	273.5	7.5	38.7
1996	8860	390.3	7.5	42.7
1997	8812	434.3	7.1	47.5
1998	9574	589.3	7.6	49.3
1999	10 382	632.9	8.0	58.1
2000	11 097	712.9	8.0	61.8
2001	13 974	736.7	9.0	65.3
2002	16 744	800.4	8.6	66.0
2003	20 343	906.6	9.6	69.9
2004	25 537	1017.8	11.3	76.1

[1]　数据来源：江苏省统计年鉴。

续表

年份（年）	排水管道长度（公里）	城市污水日处理能力（万吨）	建成区排水管道密度（公里/平方公里）	污水处理率（%）
2005	28 568	1084.7	12.0	77.7
2006	31 215	1224.9	12.1	81.8
2007	34 050	1184.1	12.6	84.4
2008	38 062	1432.2	13.1	84.1
2009	42 826	1411.2	14.1	85.4
2010	46 867	1590.0	14.3	87.6
2011	51 735	1555.5	14.8	89.9
2012	56 887	1564.5	15.6	90.7
2013	62 194	1606.5	16.3	92.1
2014	66 256	1622.4	19.5	93.5
2015	70 048	1673.2	16.7	93.9

2. 能源消费总量

2016年12月20日，国务院印发《"十三五"节能减排综合工作方案》，明确了"十三五"节能减排工作的主要目标和重点任务，对全国节能减排工作进行全面部署。《"十三五"节能减排综合工作方案》指出，到2020年，全国万元（人民币）国内生产总值能耗比2015年下降15%，能源消费总量控制在50亿吨标准煤以内。全国化学需氧量、氨氮、二氧化硫、氮氧化物排放总量分别控制在2001万吨、207万吨、1580万吨、1574万吨以内，比2015年分别下降10%、10%、15%和15%。全国挥发性有机物排放总量比2015年下降10%以上。以江苏省为例，2009—2015年间的能源消费总量和构成见表3.5与图3.3。由图表信息可见，该省原煤消费量在2013年达到峰值，之后两年开始下降，这与清洁能源的推广政策和能源结构的转型政策密不可分，发展改革委履行新《环境保护法》第40条第2款（"国务院有关部门和地方各级人民政府应当采取措施，推广清洁能源的生产和使用"）的效果已经显现。

表 3.5　2009—2015 年江苏省规模以上工业企业主要能源消费量（单位：万吨）[1]

年份 名称	2009 年	2010 年	2011 年	2012 年	2013 年	2014 年	2015 年
原　煤	19 726.52	22 159.36	24 268.18	24 627.54	25 927.40	25 646.36	24 601.86
焦　炭	2519.04	2784.16	3151.45	3169.66	3210.61	3558.65	3588.63
原　油	2652.49	2992.16	2974.73	2942.17	3382.97	3498.79	3810.32
汽　油	44.60	47.54	41.24	38.37	36.51	37.46	38.31
煤　油	2.24	2.53	1.91	1.97	1.51	1.32	1.20
柴　油	108.36	111.37	105.08	96.13	94.32	93.87	79.61
燃料油	116.47	110.60	87.32	70.71	61.43	54.27	38.74
液化 石油气	44.64	38.03	42.03	33.39	41.86	34.19	33.85

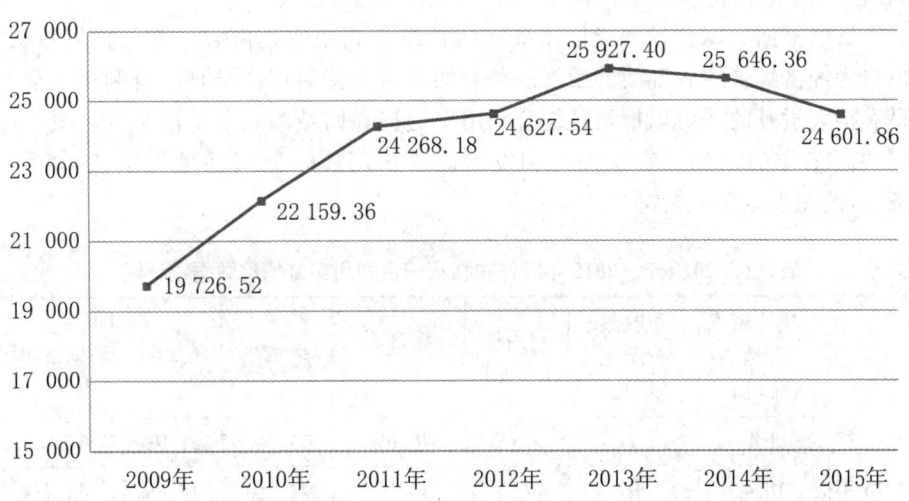

图 3.3　2009—2015 年江苏省规模以上工业企业原煤消费量统计表（单位：万吨）

3. 秸秆综合利用

2016 年 12 月，国家发展改革委办公厅、农业部办公厅印发了《关于印发编制"十三五"秸秆综合利用实施方案的指导意见》，要求各省依据各自资源禀赋、利用现状和发展潜力编制"十三五"秸秆综合利用实施方案，明确秸秆开发利用

---

[1]　参见《江苏省统计年鉴 2016》。

方向和总体目标，统筹安排好秸秆综合利用建设内容，完善各项配套政策，破解秸秆综合利用重点和难点问题，力争到 2020 年在全国建立较完善的秸秆还田、收集、储存、运输社会化服务体系，基本形成布局合理、多元利用、可持续运行的综合利用格局，秸秆综合利用率达到 85% 以上。

据调查统计，2010 年全国秸秆理论资源量为 8.4 亿吨，可收集资源量约为 7 亿吨。秸秆综合利用率达到 70.6%，利用量约 5 亿吨。其中，作为饲料使用量约 2.18 亿吨，占 31.9%；作为肥料使用量约 1.07 亿吨（不含根茬还田，根茬还田量约 1.58 亿吨），占 15.6%；作为种植食用菌基料量约 0.18 亿吨，占 2.6%；作为人造板、造纸等工业原料量约 0.18 亿吨，占 2.6%；作为燃料使用量（含农户传统炊事取暖、秸秆新型能源化利用）约 1.22 亿吨，占 17.8%，秸秆综合利用取得明显成效。2015 年全国秸秆理论资源量为 10.4 亿吨，可收集资源量约为 9 亿吨，利用量约为 7.2 亿吨，秸秆综合利用率达到 80.1%；其中肥料化占 43.2%、饲料化占 18.8%、燃料化占 11.4%、基料化占 4.0%、原料化占 2.7%，秸秆综合利用途径不断拓宽、科技水平明显提高、综合效益快速提升。

虽然根据《绿色发展指标体系》秸秆综合利用率是由农业部门提供数据，但作为经济综合主管部门的发展改革委的政策支持对提高秸秆综合利用率显然是有很大贡献的，可以把秸秆综合利用率的提高归结为农业部门和发展改革部门共同工作的结果。农业部门和发展改革部门履行新《环境保护法》第 49 条[1]的职责显现了成效。

表 3.6　2010 年、2015 年农作物秸秆综合利用实施情况数据统计[2]

	理论资源量（亿吨）	可收集资源量（亿吨）	利用量（亿吨）	综合利用率	肥料化	饲料化	燃料化
2010 年	8.4	7	5	70.6%	15.6%	31.9%	17.8%
2015 年	10.4	9	7.2	80.1%	43.2%	18.8%	11.4%
增　幅	23.8%	28.5%	44.0%	13.5%	177.0%	-41.1%	-36.0%

---

[1]《环境保护法》第 49 条第 1 款规定："各级人民政府及其农业等有关部门和机构应当指导农业生产经营者科学种植和养殖，科学合理施用农药、化肥等农业投入品，科学处置农用薄膜、农作物秸秆等农业废弃物，防止农业面源污染。"

[2] 根据《"十二五"农作物秸秆综合利用实施方案》和《关于印发编制"十三五"秸秆综合利用实施方案的指导意见》所提供的数据制作。

4. 单位 GDP 能耗降低

2013—2015 年，全国单位 GDP 能耗分别比上年降低 3.7%、4.8% 和 5.6%，降幅一年比一年扩大，累计降低 13.5%，为顺利完成"十二五"节能减排规划发挥了决定性作用。特别是 2015 年，除单位 GDP 能耗以外，单位 GDP 电耗比上年降低 6.0%，全国规模以上工业单位增加值能耗比上年降低 8.4%，这三个指标均为 2005 年实行节能降耗约束性管理以来降幅最大的，节能降耗成效十分显著。

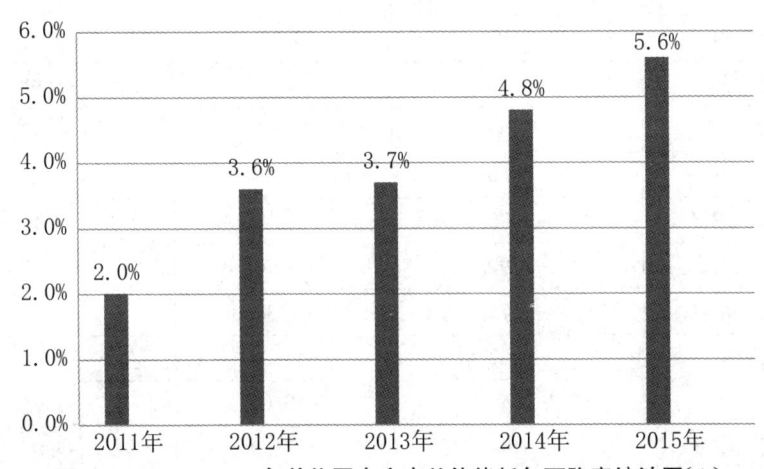

图 3.4　2011—2015 年单位国内生产总值能耗年下降率统计图[1]

表 3.7　2015 年各省、自治区、直辖市万元地区生产总值（GDP）能耗降低率等指标[2]

省　份	万元地区生产总值能耗上升或降低（±%）	万元工业增加值能耗上升或降低（±%）	万元地区生产总值电耗上升或降低（±%）
北　京	-6.17	-8.16	-4.87
天　津	-7.21	-13.25	-7.77
河　北	-6.14	-6.02	-10.28
山　西	-5.31	-7.48	-7.52
内蒙古	-4.00	-8.80	-2.29

---

[1] 本图根据国家统计局数据制作。
[2] 数据来源：2015 年各省（自治区、直辖市）万元地区生产总值能耗降低率等指标公报（国家统计局、国家发展和改革委员会、国家能源局 2016 年 4 月发布）。

续表

省份	万元地区生产总值能耗上升或降低（±%）	万元工业增加值能耗上升或降低（±%）	万元地区生产总值电耗上升或降低（±%）
辽宁	-3.52	-1.97	-5.44
吉林	-10.69	-14.44	-8.33
黑龙江	-4.01	-6.52	-4.31
上海	-3.92	0.15	-4.00
江苏	-6.73	-7.79	-5.98
浙江	-3.53	-4.37	-6.12
安徽	-5.58	-9.04	-4.87
福建	-7.70	-16.43	-8.42
江西	-3.92	-6.70	-2.12
山东	-3.72	-7.88	-6.49
河南	-6.57	-11.54	-8.94
湖北	-7.66	-10.05	-7.65
湖南	-6.98	-12.69	-6.82
广东	-5.71	-10.47	-6.08
广西	-5.11	-12.30	-5.62
海南	-1.27	-0.56	0.31
重庆	-6.31	-8.36	-9.06
四川	-7.25	-12.05	-8.35
贵州	-7.46	-10.84	-9.66
云南	-8.83	-16.84	-13.43
西藏			
陕西	-3.21	-2.70	-7.70
甘肃	-7.46	-10.66	-7.20
青海	-4.26	-5.49	-15.89
宁夏	1.20	-2.96	-4.16
新疆	-3.63	-2.95	2.75

根据国家统计局数据，2015年多数工业产品的单位产品能耗较2012年明显下降。在统计的重点用能工业企业的39项单位产品综合能耗指标中，85%的指标较2012年下降。其中，原煤生产单耗下降7.3%，制纸及纸板生产单耗下降7.5%，烧碱单耗下降9.0%，乙烯单耗下降4.4%，合成氨单耗下降3.7%，电石单耗下降1.7%，水泥单耗下降4.6%，平板玻璃单耗下降7.9%，吨钢综合能耗下降4.4%，铜、铝、铅、锌冶炼单耗分别下降17.6%、2.8%、6.4%和3.1%，火力发电煤耗下降2.4%。能源加工转换效率明显提高。与2012年相比，2015年规模以上工业能源加工转换总效率提高2.0个百分点，其中火力发电提高1.0个百分点，热电联产提高1.5个百分点，原煤洗选提高1.8个百分点，炼焦提高0.5个百分点，天然气液化提高2.6个百分点，煤制品加工提高2.1个百分点。能源回收利用水平不断提高。2015年，规模以上工业企业回收利用能源14 908万吨标准煤，比2012年增长19.6%；回收利用率为2.5%，比2012年提高0.2个百分点。

2016年3月5日，国家发展改革委发布"十三五规划纲要"草案称，"十三五"时期单位GDP能源消耗累计降低15%。之后，国家发展改革委向各省下达"十三五"节能减排任务，各地已开始进行任务的分解。部分省份已公布了相应的指标，例如，北京确定"十三五"单位GDP能耗下降17%，甘肃确定"十三五"单位GDP能耗下降14%。这与"十二五"的情况类似，即东部省份节能减排指标更高，而西部因高耗能产业比重大，完成难度大，减排指标相对较低。

从表3.7可见，我国各省级单位GDP能耗持续显著降低，新《环境保护法》第4条第2款"国家采取有利于节约和循环利用资源、保护和改善环境、促进人与自然和谐的经济、技术政策和措施，使经济社会发展与环境保护相协调"的原则性规定体现了较好的实施效果。

（四）经验及问题分析

第一，循环经济促进方面还存在理念偏差。目前循环经济的量化指标还停留在工业生产指标上，尚缺乏完整的衡量整个循环型社会的综合指标。循环型社会的建成不能仅仅局限于循环经济产业园区层面。虽然循环经济产业园区的发展确实在一定阶段很大程度上推动了循环型社会的建设，但循环型社会的最终建成和生态文明的内在要求都需要一套可以衡量全社会循环经济现状的指标体系。

第二，生态文明先行示范区和环境保护部生态文明示范区存在重复建设的问题。在今后的工作中，生态文明先行示范区和生态文明示范区应统合评价指标，统一制度框架，减少重复建设。

第三，作为经济综合主管部门的发展改革委环保职能定位尚不清晰，与很多其他部位的职能存在交叉。《环境保护法》第5条规定，当经济发展与环境保护发生矛盾时，应当坚持环保优先。保护优先也是新《环境保护法》规定的环境保护的基本原则之一。由此可见，作为经济综合主管部门的发展改革委，在环境保护工作上应该起到至少和环境保护部门相当的作用。环境问题是现代工业文明发展过程中难以避免的现象，环境保护是一项社会系统性工程，仅仅依靠环境保护部门的监管是不可能完成的。甚至可以说，当今中国的环境问题若要从根本上得到解决，主要着力点并不在环境保护部门，也不在作为部门法的《环境保护法》，而在于能源结构的转变、生产方式的转型、消费模式的转化乃至公民整体环保意识的提升。这些都并非是环境保护部门或现行《环境保护法》所能解决的问题。以雾霾治理为例，雾霾的产生在人为因素方面主要是发展阶段、能源结构的问题，依靠环境保护部门的末端监管，是不可能解决这些问题的。按照现有职能划分，最有可能协调各个部委统一推进环保工作的除了党中央和国务院，其实就是经济综合主管部门，因此发展改革委的环境保护职责在源头治理层面上来说其重要性甚至高于环境保护部门。气候变化职能的归属最能说明此问题。气候变化实际上是现代工业文明对自然界产生的最重要的影响，涉及整个工业文明的能源结构这一基本问题。延缓、限制、适应气候变化涉及现代人类的整个生产和生活方式，由于二氧化碳在我国并不属于污染物，且基于此问题的综合性、系统性，确实也应该由经济综合主管部门主管，这更加突出了发展改革委在环境保护工作乃至生态文明进程中的根本作用。因此，经济综合主管部门的职能应当集中在规划、综合投资和政策牵头上，而不宜涉及具体的行政执法和审批，这也是今后经济综合主管部门职能改革的一个重要方向。

（五）评估结论

环境保护涉及经济发展的方方面面，作为经济综合主管部门，发展改革委在环境保护工作中占据了一个十分重要和特殊的位置，国家发展改革委下设环资司和气候变化司，直接主管有关环境保护的工作，地方司则通过中央财政预算拨款对有关的环保项目进行投资。循环经济产业园区的建设和生态文明先行示范区的探索，是整体环境保护工作重要的有机组成部分。新《环境保护法》通过前文所列相应条文规范了发展改革委的环保职责。除了这些直接的环保职能，发展改革委更为重要的工作在于制定环境保护和生态文明建设的规划和考核评价体系，从顶层制度设计上引导、推进环境保护工作的进展。对于环境保护工作而言，切实有效、符合实际的量化评价体系是非常重要的观测工具，虽然目前来看数据的搜集和统计可能还存在口径上的差异和百姓观感上的矛盾，但必须承认，量化指标是环境保护工作未来发展的基本方向，离开量化指标谈考核、谈环保，是不可能有说服力的。问题不在于是否应该量化一切指标（当然应该），而在于如何通过实践探索，设计更为合理的评价指标，获得更为真实的统计数据。

通过前文评估可以看出，发展改革委在环境保护优先原则上的工作是满足新《环境保护法》要求的，发展改革委较好地完成了新《环境保护法》对其法定职责的重述和新设（考核体系的建立），但在循环经济发展制度设计和理念更新方面仍有改进空间，尤其是在转变生产方式和引导公民转变消费方式乃至生活方式的制度设计上，还有更大的值得发挥的空间。

二、工信部门履行环境保护法定职责及其效果评估

（一）工信部门的环境保护法定职责

工业与信息化部门（省级及其以下称为"经济与信息化委员会"）作为主要履行节约资源，减少能源污染职责的部门，承担了新《环境保护法》中大部分的节能降耗职责。考察新《环境保护法》实施情况，离不开对工信部门节能降耗职责的履行情况的考察。调研组在对工信部门履行法定职责进行评估时，选择了与其环保职责最相关的节能降耗和去产能两个指标。

工信（经信）部门环保职责主要来源于新《环境保护法》和《节约能源法》等法律和地方环保条例等地方性法规的规定。

1. 新《环境保护法》和《节约能源法》规定的环保职责

新《环境保护法》第4条规定："保护环境是国家的基本国策。国家采取有利于节约和循环利用资源、保护和改善环境、促进人与自然和谐的经济、技术政策和措施，使经济社会发展与环境保护相协调。"

新《环境保护法》第10条第2款规定："县级以上人民政府有关部门和军队环境保护部门，依照有关法律的规定对资源保护和污染防治等环境保护工作实施监督管理。"

根据新《环境保护法》中第4条环境保护基本国策和第10条中赋予的防止污染、保护资源的职责要求，以及《节约能源法》的相关规定，工信部门的职责与新《环境保护法》联系最紧密的是《工业和信息化部主要职责内设机构和人员编制规定》"主要职责"的第7条："拟订并组织实施工业等的能源节约和资源综合利用、清洁生产促进政策，参与拟订能源节约和资源综合利用、清洁生产促进规划，组织协调相关重大示范工程和新产品、新技术、新设备、新材料的推广应

用。"该条赋予工信部门制定生产过程中高耗能产品的单位产品能耗限额标准、淘汰高耗能产品技术和设备，即制定节能降耗、去产能规划、政策、措施并进行监督。

新《环境保护法》只对工信部门的职责作出了原则性规定，对于《环境保护法》规定的工信部门的环境保护职责需要由相关的部门法、党中央、国务院的规范性文件甚至是地方性法规、地方政府规章予以具体明确。

如《节约能源法》相关条文规定了工信部门及地方经信部门在节约能源方面应该制定节能标准、监督节能工作、制定高耗能产品的能耗限额标准、制定政策淘汰高耗能产品、设备和生产工艺、制定主要耗能行业的节能技术和政策。

2. 地方环保条例中的环保职责

自2015年新《环境保护法》实施以来，黑龙江省、广西壮族自治区、新疆维吾尔自治区、山西省和广东省等地纷纷制定或修正了本地方的环保条例，对工信部门的环保职责在不同程度上予以明确。

表3.8 2015年之后各省环保条例中经信部门职能

省份	职责来源	环境保护职责（项）	具体职责
黑龙江	黑龙江省环境保护条例	第11、22、29条	会同有关部门制定生态环境规划及考核指标和办法；拟定地方环境质量标准及污染物排放标准
广西	广西壮族自治区环境保护条例	第3、15、27、30、34、46、52、55条	促进节能降耗新措施的应用；公开环境监测等情况及企业守法情况，采取鼓励措施推动企业履行环境社会责任的职能
新疆	新疆维吾尔自治区环境保护条例	第6、14、19、24、42条	监督环境保护、污染防治工作、健全生态环境监测网络体系；建立监测数据共享机制、建立环境信息共享机制；建立网络举报平台、有奖举报；细化重点污染物排放控制指标及环境质量目标
山西	山西省环境保护条例	第3、15、27、30、34、46、52、55条	防止污染、保护环境、促进节能降耗新措施的应用；公开环境监测等情况及企业守法情况；采取鼓励措施推动企业履行环境社会责任
广东	广东省环境保护条例	第39、42、49条	加强重金属污染防治；加强环境风险控制

从上述所列条文来看，各地方在逐步细化新《环境保护法》对工信部门环保职责的规定。在规范性文件层面贯彻新《环境保护法》的内容，并在实际操作层

面为工信部门落实环保职责予以制度保障。

(二) 新《环境保护法》实施后举措

新《环境保护法》赋予工信部门的最重要的环保职责之一是去产能,根据"十二五规划纲要"规定,去产能的主要对象是重工业,即钢铁、煤炭、水泥、玻璃、石油、石化、铁矿石和有色金属八大行业。淘汰落后产能作为"十二五规划纲要"的重中之重,要求建立以工艺、技术、能耗、环保、质量、安全等为约束条件的推进机制,强化行业规范和准入管理,坚决淘汰落后产能。设立工业企业结构调整专项奖补资金,通过兼并重组、债务重组等,加快钢铁、煤炭等行业过剩产能退出。

新《环境保护法》第 10 条第 2 款规定工信部门对资源保护和污染防治等环境保护工作负有监督管理职责。根据新《环境保护法》《节约能源法》《工业和信息化部主要职责内设机构和人员编制规定》的规定,工信(经信)部门应该参与拟订能源节约和资源综合利用、清洁生产促进规划,即拟定节能降耗规划。工信部制定了一系列规范性法律文件、具体措施。例如,在淘汰落后产能方面,不断采取综合措施,确保完成预期目标任务;加强协调配合,研究建立了严格标准,实施淘汰落后产能工作机制;落实产能置换,构建淘汰落后与转型升级的良性互动机制等。这为落实节能降耗、去产能目标提供了依据。

1. 编制工业节能发展规划,规范行业发展

课题组调查了工信部的官方网站,发现工信部在新《环境保护法》实施后制定了《产业技术创新能力发展规划 (2016—2020 年)》(工信部规 [2016] 344 号),旨在促进重工业节能降耗新技术、新设备的推广应用;制定《钢铁工业调整升级规划 (2016—2020 年)》、《石化和化学工业发展规划 (2016—2020 年)》(工信部规 [2016] 318 号)、《化纤工业"十三五"发展指导意见》和《有色金属工业发展规划 (2016—2020 年)》,上述规划为钢铁、石化、有色金属行业执行更加具体、严格的能耗指标及环保指标提供了依据;制定了《废钢铁加工行业准入条件》,对能耗指标作出了明确规定,要求"废钢铁加工配送企业加工生产系统综合电耗应低于 30 千瓦时/吨废钢铁,新水消耗应低于 0.2 吨/吨废钢铁"。此外,还制定了《铁合金行业准入条件 (2015 年修订)》(征求意见稿)、《稀土行业规范条件 (2016 年本)》、《钨行业规范条件》(工信 [2016] 1 号) 和《电镀行业规范条件》(工信 [2015] 64 号),在工业领域贯彻节约资源、保护环境的基本国策,加强工业用能管理,以降低能源消耗,减少污染物排放,高效合理地利用能源。

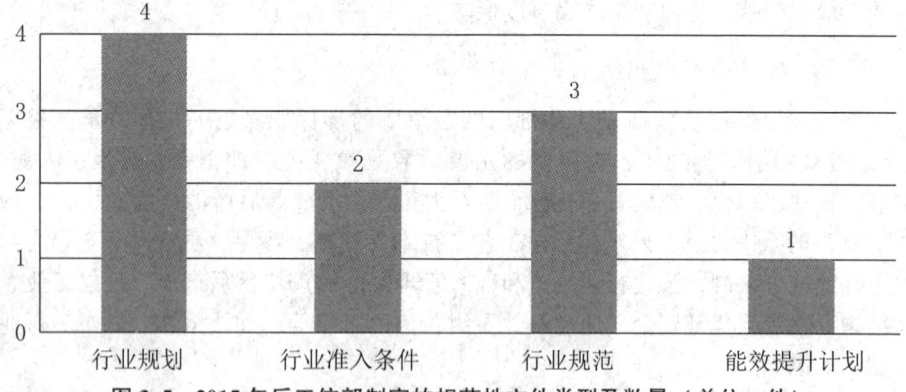

图 3.5　2015 年后工信部制定的规范性文件类型及数量（单位：件）

这些规范性文件规定了严格的能耗、物耗、环保、质量和安全等标准，要求从严控制新增产能，依法淘汰落后产能，加快化解过剩产能。通过制定行业准入条件，严格控制新增产能，通过安全环保和差别化电价、水价等措施，积极引导企业转型升级，淘汰落后产能，化解过剩产能。

2. 出台节能管理办法、节能产品目录、高耗能产品淘汰目录

工信部发布了先进工业节能技术、高效节能设备（产品）推荐目录，以及达不到强制性能效标准的落后工艺技术装备淘汰目录。此外工信部为加快先进工业节能技术、工艺和设备的推广应用，出台《工业节能管理办法》（工业和信息化部令第 33 号）、编制《节能机电设备（产品）推荐目录（第七批）》（工信部〔2016〕58 号），引导节能机电设备（产品）的生产和推广应用，推动企业应用新技术新设备，完成节能降耗目标；制定《"能效之星"产品目录（2016 年）》（工信部〔2016〕59 号），促进高效节能技术的应用；与科学技术部和环保部联合制定《国家鼓励的有毒有害原料（产品）替代品目录（2016 年版）》，为企业削减生产过程中有毒有害物质的产生和污染物排放，提供节能减耗新产品、新技术；制定《建材工业鼓励推广应用的技术和产品目录（2016—2017 年本）》（工信部〔2016〕15 号），着力化解水泥、平板玻璃严重产能过剩矛盾；制定《通信行业节能技术指导目录（第二批）》（工信部〔2016〕42 号），加快推进通信行业节能减排技术应用。

为加快淘汰高耗能落后机电设备（产品），工信部结合工业节能减排工作实际情况，组织制定了《高耗能落后机电设备（产品）淘汰目录（第四批）》（工信部〔2016〕36 号）。

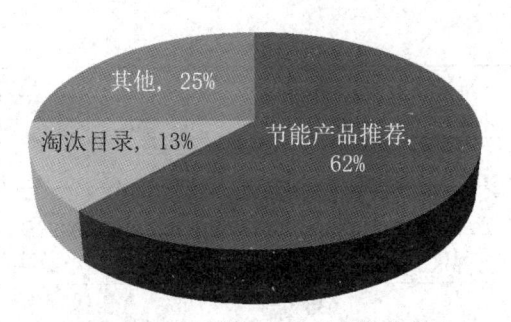

图 3.6　工信部节能降耗具体措施类型

图 3.6 中形式多样的"其他"措施包括制定《全民节水行动计划》（发改环资〔2016〕2259 号）、阶梯水价措施、惩罚性电价制度、实行能效标识制度和节能产品认证制度，在工业、建筑、交通和消费品等领域实施能效领跑者制度、定期更新《国家鼓励发展的重大环保技术装备目录》等。

（三）指标落实情况与实施效果评估

1. 去产能落实情况

去产能，即化解产能过剩，是指为了解决产品供过于求而引起的产品恶性竞争的不利局面，寻求对生产设备及产品进行转型和升级的方法。

工信部、国家发展改革委会同相关部门，推动国务院发布《关于钢铁行业化解过剩产能实现脱困发展的意见》和《关于印发推动钢铁行业兼并重组处置"僵尸企业"工作方案的通知》，抓紧落实化解过剩产能措施，配合制定奖补资金、职工安置、金融等八个配套政策，联合开展淘汰落后、违法违规建设项目清理和联合执法三个专项行动，促使钢铁行业顺利完成 2015 年和 2016 年淘汰落后和过剩产能目标。

表 3.9　2015 年分地区分行业淘汰落后和过剩产能情况统计表

行业 地区	炼铁 （万吨）	炼钢 （万吨）	焦炭 （万吨）	电力 （万千瓦）	煤炭 （万吨）
天　津				33.5	
河　北	609	751	270	75.2	90
山　西				2.4	
内蒙古	110	110	20	24.1	
辽　宁					51

续表

行业 地区	炼铁 （万吨）	炼钢 （万吨）	焦炭 （万吨）	电力 （万千瓦）	煤炭 （万吨）
吉 林					77
黑龙江					1311
江 苏	110	150		52.7	
浙 江		36.9			
安 徽					76
福 建				25	302
江 西		50			171
山 东	119.4	365	40	116.9	938
河 南			90	72	
湖 北	64.2				213
湖 南	10				1410
广 西					337
重 庆			77.9	27.5	1141
四 川	180	170		4.7	260
贵 州	8	18	26	1.5	2274
云 南	117	25	50		
陕 西				3.6	967
甘 肃					184
青 海				63.1	12
宁 夏			50		
新 疆	50	30	317.5	25	353
新疆兵团			7		
合 计	1378	1706	948	527.2	10 167

注：2015年北京、上海、海南、西藏无淘汰落后和过剩产能任务，天津、山西、辽宁、吉林、陕西、甘肃因任务很少，完成数据根据省级人民政府自查报告核定。

2015年各地区均完成了淘汰落后和过剩产能任务，尤其是煤炭、钢铁行业去产能目标得到落实。这为我国环境质量改善做出了很大贡献，能源利用率也得到提升。全国脱硫、脱硝机组容量占煤电总装机容量比例分别提高到99%和92%，完成煤电机组超低排放改造1.6亿千瓦。

课题组基于对各省经信委网站公开信息的查阅，选取去产能、节能降耗效果明显的钢铁、煤炭等行业进行统计分析。

图3.7　2010年和2015年分行业淘汰落后和过剩产能情况对比（单位：万吨）

图3.7的数据表明各行业节能环保再上新台阶，主要污染物排放和能源消耗指标均有所下降。其中2015年炼铁、焦炭和煤炭三大高耗能行业淘汰落后和过剩产能总量较2010年下降明显，说明我国行业去产能目标取得阶段性成果，也是对新《环境保护法》第4条"节约和循环利用资源，保护和改善环境"规定的落实。

2. 节能降耗落实情况

节能环保再上新台阶，主要污染物排放和能源消耗指标均有所下降。

课题组在资料收集过程中，为更直观地展示节能降耗成果，选取部分重点行业指标，从图3.8可知，各个指标的2015年综合能耗水平普遍低于2010年水平，综合能耗水平的降低说明我国节能降耗工作取得了明显成效，新《环境保护法》第4条"节约和循环利用资源"的要求得到了具体落实。

2014年全国一般工业固体废物综合利用率为61.9%，2015年粉煤灰综合利用率为86.4%，炉渣综合利用率为88.2%，脱硫石膏综合利用率为86.1%，相较于2014年均有所提高。工业固体废物利用率有所提高。

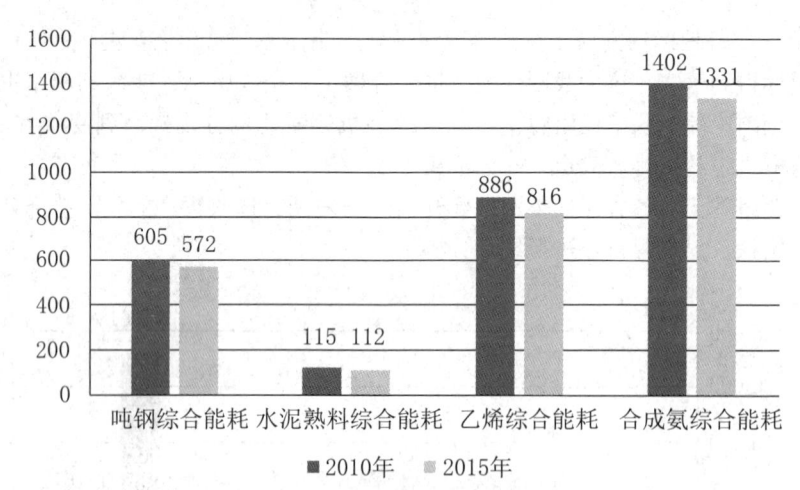

图 3.8　2010 年与 2015 年综合能耗对比情况（单位：万千瓦时）

从图 3.8 可以发现，钢铁能源消耗总量呈下降趋势，反映出钢铁行业节能降耗工作取得明显成效。工信部节能降耗工作取得较好实施效果。

此外，各省纷纷出台相应政策，如江苏省为推进节能量交易制度，发布实施了《江苏省项目节能量交易管理办法（试行）》（苏政办发［2015］27 号），利用"江苏省节能量交易平台"，结合国家和省对钢铁、有色、建材、石化和化工等高耗能行业新增产能实行能耗等量或减量置换，先行在苏南地区开展项目节能量交易试点，并逐步扩大至苏中和苏北地区，取得较好收益，主要耗能产品单位

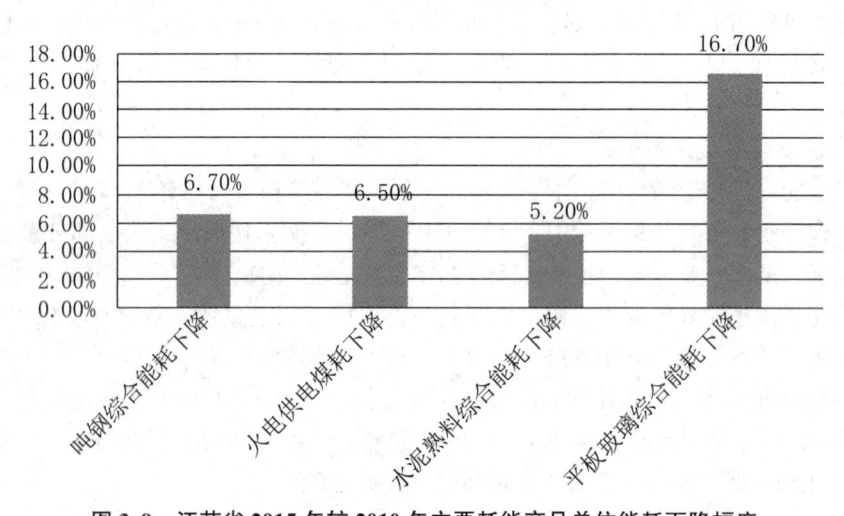

图 3.9　江苏省 2015 年较 2010 年主要耗能产品单位能耗下降幅度

能耗持续下降。2015 年，吨钢综合能耗、火电供电煤耗、水泥熟料综合能耗和平板玻璃综合能耗分别比 2010 年下降 6.7%、6.5%、5.2% 和 16.7%。全省单位地区生产总值能耗逐年降低，2015 年为 0.46 吨标准煤/万元，比 2010 年下降 22.9%。

图 3.9 反映出 2015 年江苏省主要耗能产品单位能耗持续下降，完成重点行业节能降耗指标，也反映出新《环境保护法》的节能降耗任务得到较好执行。

（四）经验及问题分析

1. 重点行业去产能、节能降耗目标取得良好效果

工信部、国家发展改革委会同相关部门，推动国务院发布《关于钢铁行业化解过剩产能实现脱困发展的意见》和《关于印发推动钢铁行业兼并重组处置"僵尸企业"工作方案的通知》，抓紧落实化解过剩产能措施，配合制定奖补资金、职工安置、金融等八个配套政策，联合开展淘汰落后、违法违规建设项目清理和联合执法三个专项行动，带队赴地方开展专项督查、验收抽查和调研工作，严肃处理了一批违法违规企业。顺利完成 2015 年淘汰落后和过剩产能目标，2016 年也超额完成了化解钢铁过剩产能 4500 万吨的年度目标任务。

钢铁行业化解产能过剩初见成效，产能盲目扩张态势得到有效遏制。首先，钢铁企业各工序配备节能减排设施、采用先进工艺技术。例如，2014 年钢铁行业全面推广烧结脱硫、能源管控等节能减排技术，提高资源能源利用效率。其次，制定产能置换方案，实施等量或减量置换，尤其是在京津冀、长三角、珠三角等环境敏感区域，实施减量置换，严控新增钢铁。再次，保证淘汰落后和过剩产能目标的具体落实。2014 年全国粗钢产量 8.2 亿吨，2015 年全国粗钢产量 8 亿吨，出现明显降幅，化解产能过剩矛盾初见成效。最后，固定资产投资下降。2014 年，我国钢铁行业固定资产投资 6479 亿元，同比下降 3.8%，产能盲目扩张态势得到明显遏制。

2. 淘汰落后产能任务依然艰巨

在有色金属行业，尽管在淘汰落后产能方面已取得积极进展，但从整体上看，能源消耗高、环境污染大的落后产能在有色金属工业中仍占相当大的比例，尤其是铅锌冶炼行业，中小企业居多，淘汰落后产能任务仍十分艰巨。

而钢铁行业，截至 2014 年底，我国粗钢产能已达 11.6 亿吨，仍处于较高水平。从企业效益看，重点大中型企业中实现利润前 20 名企业总体盈利 280 亿元，占行业利润总额的 92%；亏损企业 19 家，累计亏损 116 亿元，企业盈利水平两极分化严重。《钢铁工业调整升级规划（2016—2020 年）》显示，粗钢产能利用率由 2010 年的 79% 下降到 2015 年的 70% 左右，但仍未达到"十二五规划纲要"

60%的目标。虽然去产能任务得到很好落实，但也反映出钢铁产能已由区域性、结构性过剩逐步演变为绝对过剩。去产能任务任重道远。全行业长期在低盈利状态运行，2015年亏损严重。

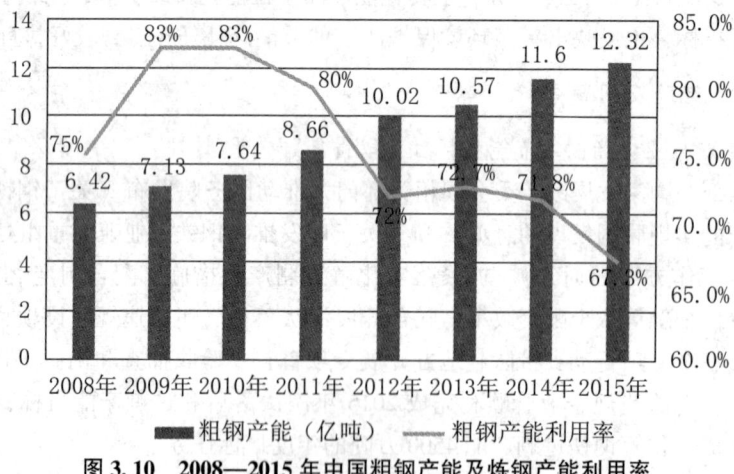

图3.10　2008—2015年中国粗钢产能及炼钢产能利用率

2010—2014年，炼钢淘汰落后产能任务完成累积量达9377.15万吨，但2014年粗钢产能达到11.6亿吨，相较2010年产能增加39 579.27万吨，新增炼钢产能远远超过淘汰落后产能的完成量，实际净增炼钢产能为3亿吨，钢铁产能实际上还在持续扩张。吨钢能源消耗、污染物排放量虽逐年下降，但抵消不了因钢铁产量增长导致的能源消耗和污染物总量增加。特别是京津冀、长三角等钢铁产能集聚区，环境承载能力已达到极限，绿色可持续发展刻不容缓。

课题组通过查阅各省市工信（经信）部门网站公开的信息、制作调查问卷、走访调查等途径，发现有些地方钢铁去产能针对性不强，简单将压减任务目标分解，对产业发展考虑不周，一压了之。不少地方在减压过剩产能时，不考虑企业市场竞争力、生产经营、节能环保等实际情况，强硬分解目标，没有和企业沟通；有些企业甚至不知道自己已被列入压减名单，这种情况下，可能会削减某些合法合规、效益良好的企业的竞争力。

在煤炭行业，打压落后产能的小煤矿、违法违规煤矿等是供给侧改革的主要目标，但也存在各方利益博弈，保供应阶段扩产政策无法收放自如。《关于进一步规范和改善煤炭生产经营秩序的通知》要求从2016年开始，全国所有煤矿按照276个工作日规定组织生产。随着煤炭供给端不断收紧，2016年7月以来，煤炭供给缺口不断扩大，库存持续走低，推动价格快速上涨。

产能过剩严峻问题不仅存在于钢铁行业，解决煤炭、水泥、玻璃、石油、石化、铁矿石和有色金属等行业产能过剩问题仍任重道远。

（五）评估结论

1. 工信（经信）部门环保职责落实情况良好

新《环境保护法》实施后的两年，工信（经信）部门环保职责履行情况良好，去产能、节能降耗年度目标任务顺利完成。

各省市工信（经信）部门积极采取形式多样的措施，落实下达到地方的环保指标，并取得了较好成效。课题组通过梳理各省市工信（经信）部门网站公开的信息，对下达给各省市的去产能、节能降耗指标落实情况进行归纳，整理为下表：

表3.10　分地区工信（经信）部门环保职责落实情况

省份	去产能举措	节能降耗措施	创设性措施	备注	是否分解去产能、节能降耗目标
北京	9	14	1	设立节能环保服务平台、发展新能源汽车	√
天津	7	6	1	融资租赁平台	未知
上海	5	5	1	"四新"经济创新基地	未知
重庆	13	10	2	"重庆经信委"微信平台服务；"中国西部（重庆）塑料生态产业园"	√
河北	11	7	2	河北省工业节能与清洁生产协会；开展企业IC卡排污总量监控试点	√
山西	6	6	1	大力发展新能源	√
内蒙古	7	4	1	清洁能源发电	√
山东	15	14	1	实施"工业绿动力"计划	√
河南	10	9	0		√
江苏	11	12	0		√
安徽	12	14	1	皖江城市带承接产业转移示范区	√
浙江	17	10	2	节能砖与农村节能建筑项目（绿色墙砖计划）	√
江西	10	12	0		√

续表

省份	去产能举措	节能降耗措施	创设性措施	备注	是否分解去产能、节能降耗目标
福建	19	31	1	省级重点用能单位能源利用状况"双随机"抽查工作	√
湖北	10	4	0		未知
湖南	12	14	1	新能源汽车	未知
贵州	9	4	1	电煤保供"三纵三横"责任制	√
云南	14	19	1	长江经济带产业发展准入负面清单	√
四川	15	23	0		√
广东	17	21	2	省级技术改造专项基金、省级节能降耗专项资金	√
海南	4	13	0	注重高新技术发展	未知
陕西	11	15	0		√
甘肃	16	16	0		√
宁夏	16	19	2	新能源发电，开展国家高端装备制造业标准化试点项目	√
青海	9	10	1	发展光伏产业	√
新疆	6	4	1	开展国家高端装备制造业标准化试点项目	√
黑龙江	11	16	0		√
吉林	8	5	0		√
辽宁	10	7	0		√
广西	11	12	0		未知
西藏	3	4	0		未知

从表3.10各省市工信（经信）部门针对去产能、节能降耗目标采取措施的数量情况来看，大部分省市重视程度、实施效果较好。2015年下达淘汰落后和过剩产能任务的省市均完成目标。2016年内蒙古、新疆、重庆等部分地区提前完成2016年去产能任务。各地区结合本地方实际情况或采取财政奖励措施促进企业采用新技术、新设备、新方法，减少资源消耗、提高资源利用效率；或大力发展清

洁能源产业；或通过政策引导企业淘汰落后产能。新《环境保护法》实施后的两年，各省工信（经信）部门在新《环境保护法》和《能源节约法》等法律的要求下，认真履行其去产能、节能降耗的职能，通过政策引导、正面激励、反面严惩等多维度措施，将各省的去产能和节能降耗任务分解落实到相关企业、单位。

2. 去产能仍任重道远

课题组在调研过程中发现，工信（经信）部门履行去产能、节能降耗职责虽取得了较大成效，但作为供给侧改革的主战场，我国去产能任务仍然艰巨，少数省市对去产能工作的重要性、紧迫性认识不足，面对工作中的困难，信心不足，办法不多，尤以钢铁、煤炭产业为甚。

虽然2015年、2016年钢铁、煤炭去产能目标提前并超额完成，但这一过程也暴露出供需失衡、价格飙升甚至好坏不分、一压了之等问题。未来几年钢铁煤炭去产能任务仍十分艰巨，并将真正步入深水区。

以钢铁去产能为例。2016年钢铁去产能很大程度上去掉的是"无效产能"，2017年将真正进入到实质性推进阶段。在目前已明确的炼铁淘汰能力中，"在产"产能比例高达39%。也就是说，"去产能"将进一步推进到直接的"去产量"。

而煤炭方面，在去产能过程中出台"276天限产制度"，实际上是在"去产能"的同时"去产量"。双重作用下，煤炭供需缺口持续扩大，价格不断攀升。为此国家出台三级响应制度，要求部分煤矿分批次增产。但先进产能目前已达到满负荷生产状态，而可增产的时间段又限制在四季度，人员、设备等问题难以解决，增产进度不及预期。因此允许在采暖季结束前，符合要求的煤矿企业按照330天工作日进行生产。这存在政策前后不一致之处。

工信（经信）部门在制定去产能、节能降耗政策措施时，应加快摸底调查进程，合理调整去产能进度。相关部门对于去产能进度的摸底调查需进一步加快，从而使得政策的制定和调整可以建立在合理的事实基础之上。同时，支持政策的期限可以相对更为长远和稳定，从而打消煤企疑虑，提高政策有效性。如中长期合同的签订对于抑制当前煤价过快上涨可起到较好作用，但长期看来，市场化定价仍是最有效、最值得提倡的方式。政府根据调查反馈信息，合理调整去产能体量、推出产能标准和去产能推进力度才是控制煤炭市场供需平衡的合理方式。

去产能的最终目的是实现经济效益和社会效益的提升，因此，必须坚定不移地推进去产能，进一步提升经济效益和社会效益水平。

三、农业部门履行环境保护法定职责及其效果评估

(一) 农业部门的环境保护职责

1. 《环境保护法》及地方法规中的农业部门职责

作为环境保护领域的基本法,新《环境保护法》第33条第1款规定:"各级人民政府应当加强对农业环境的保护,促进农业环境保护新技术的使用,加强对农业污染源的监测预警,统筹有关部门采取措施,防治土壤污染和土地沙化、盐渍化、贫瘠化、石漠化、地面沉降以及防治植被破坏、水土流失、水体富营养化、水源枯竭、种源灭绝等生态失调现象,推广植物病虫害的综合防治。"

第49条第1款规定:"各级人民政府及其农业等有关部门和机构应当指导农业生产经营者科学种植和养殖,科学合理施用农药、化肥等农业投入品,科学处置农用薄膜、农作物秸秆等农业废弃物,防止农业面源污染。"

第50条规定:"各级人民政府应当在财政预算中安排资金,支持农村饮用水水源地保护、生活污水和其他废弃物处理、畜禽养殖和屠宰污染防治、土壤污染防治和农村工矿污染治理等环境保护工作。"

以上条文构成了各级政府农业部门环保职责的基础和基本依据。虽然第33条、第50条并未明确提及农业部门,但其所表述的"促进农业环境保护新技术的使用、加强农业污染源的监测预警""支持畜禽养殖和屠宰污染防治、土壤污染防治"很显然与农业部门的职责相关。值得注意的是,修订后的《环境保护法》新加入的第49条特意提到了"农业等有关部门",可以说是此次修法对农业部门环保职责的着重强调。部分省市根据上述条文,对各地方的环境保护条例进行了重新修订,为有效贯彻实施新《环境保护法》,对农业主管部门的环保职责进行了细化规定,具体内容详见下表:

表3.11 部分省市地方环境保护法规对农业部门环保职责的规定

省 份	职责来源	施行日期	环境保护职责(项)
上 海	《上海市环境保护条例》(第三次修正)	2016.10.01	第51条:市环保、农业部门应当会同规划国土等有关行政管理部门,划定农用地土壤环境质量类别,并分别采取相应的管理措施,保障农产品质量安全。本市农业等有关行政管理部门应当采取有效措施,加强对畜禽、水产养殖污染的防治以及对使用化肥、农药、农用薄膜、养殖环节投入品的监督管理和指

续表

省　份	职责来源	施行日期	环境保护职责（项）
上　海	《上海市环境保护条例》（第三次修正）	2016.10.01	导，防止污染土壤、水体。 农业生产者应当科学地使用化肥、农药、农用薄膜和养殖环节投入品。畜禽养殖场应当保证其畜禽粪便和污水的综合利用或者无害化处理设施正常运转，保证污水达标排放，防止污染水环境。 禁止将含重金属、难降解有机污染物的污水以及未经检验或者检验不合格的城市垃圾、污水处理厂污泥、河道底泥用于农业生产。 非农业用地转变为农业用地的，应当开展土壤和地下水环境质量评估，经评估符合农业用地和地下水环境质量标准的，方可用于农业生产。
广　西	《广西壮族自治区环境保护条例》（第二次修订）	2016.09.01	第21条第3款：县级以上人民政府农业主管部门应当开展耕地土壤环境监测和农产品质量检测，对已被轻度污染的耕地实施分类种植指导，采取农艺调控、种植业结构调整、土壤污染治理与修复等措施，保障耕地安全利用；污染严重且难以修复的，县级人民政府应当依法将其划定为特定农产品禁止生产区域。
新　疆	《新疆维吾尔自治区环境保护条例》（第二次修订）	2017.01.01	第33条：各级人民政府应当加强农业污染源的监测预警，促进农业环境保护新技术的使用，推广沼气、秸秆固化等清洁能源，推行生物防治、无公害防治措施，合理使用化肥农药，发展生态农业，科学处置农业废弃物，及时回收利用废旧农田地膜，防止农业面源污染。
广　东	《广东省环境保护条例》	2015.07.01	第38条第3款：农业主管部门应当开展耕地土壤环境监测和农产品质量检测，对已被轻度污染的耕地实施分类种植指导，采取农艺调控、种植业结构调整、土壤污染治理与修复等措施，保障耕地安全利用。 第48条第2款：县级以上人民政府农业主管部门会同有关部门定期组织对农业灌溉水、农产品进行监测和评价。 第76条：违反本条例第48条第2款规定，单位或者个人使用超过农业灌溉标准和水产养殖标准的污水进行灌溉和养殖，或者将有毒有害的污泥作为农用肥料使用的，由县级以上人民政府农业或者渔业主管部门责令改正，对个人处5000元以上10 000元以下罚款，对单位处20 000元以上50 000元以下罚款

2. 政府规章规定的农业部门环保职责

在实践中，大多数地方并未选择以修订环境保护条例的方式对农业部门的环保职责进行列举，而是选择由省市政府出台环境保护工作职责规定，并在规定中对农业等各部门的环境保护职责作出更加具体细化的规定。大体来讲，各地职责规定中的农业部门环保职责主要集中在以下几个方面：首先是对于农药、化肥合理施用的监督和指导，防止面源污染；其次是对于耕地质量的监测；再次是对于农膜和秸秆的回收再利用；最后是对畜禽、水产养殖的污染防治和对于农业生态建设规划的制定等。例如，《重庆市环境保护工作责任规定（试行）》规定：农业部门环境保护工作责任：①开展农用地土壤环境质量调查。划定农用地土壤环境质量类别。实施农用地分类管理，开展耕地土壤污染治理与修复，保障农业生产环境安全。②按照职能职责，做好高山生态扶贫搬迁集中安置点、农民新村等农村居民聚居点有关环境保护工作，开展有机、绿色、无公害农产品种植和秸秆综合利用。指导农业节能减排工作，推广农业清洁能源。③牵头负责畜禽和水产养殖污染防治。指导区县依法关闭或者搬迁禁养区内的畜禽养殖场（小区）和养殖专业户，按照畜禽养殖污染防治规划实行畜禽养殖总量控制，指导和服务畜禽养殖废弃物综合利用，推进农牧业废弃物减量化、资源化和无害化。实施渔业水域生态环境保护，依法查处渔业水域违法行为。负责对渔业水体污染事故和畜禽养殖引发的突发环境事件的预防和应急工作实施监督管理。④负责农业生态环境监测和管理。控制农业污染，监督指导化肥农药合理使用、废弃农膜回收利用和农药包装废弃物回收处理，控制农业面源污染，防止和减少农业生产资料形成的污染。⑤法律法规、规章和市委、市政府规定的其他环境保护职责。各省市制定的"职责规定"详见下表：

表 3.12　各省（自治区、直辖市）环境保护职责规定

省　份	职责来源	印发日期	环境保护职责(项)	备　注
重庆	重庆市环境保护工作责任规定（试行）	2016年11月	5	
内蒙古	党委、政府及有关部门环境保护工作职责	2015年12月	4	
宁夏	党委、政府及有关部门环境保护工作责任	2016年7月	6	
山西	山西省环境保护工作职责规定（试行）	2016年7月		未搜索到具体内容

续表

省　份	职责来源	印发日期	环境保护职责（项）	备　注
辽　宁	党委、政府及有关部门环境保护工作责任规定（试行）	2016年10月	5	
黑龙江	党委、政府及有关部门环境保护工作职责	2016年7月	5	
江　苏	江苏省生态环境保护工作责任规定（试行）	2016年8月	5	
浙　江	浙江省生态环境保护部门主要工作责任	2016年9月		未搜索到具体内容
山　东	山东省各级党委、政府及有关部门环境保护工作职责（试行）	2016年7月	5	
湖　北	关于进一步明确生态环境和资源保护工作职责的通知	2016年11月		未搜索到具体内容
湖　南	湖南省环境保护工作责任规定（试行）	2015年2月	4	
四　川	四川省环境保护监督管理责任规定（草案代拟稿）	2015年9月	5	尚未正式印发
贵　州	贵州省各级党委、政府及相关职能部门生态环境保护责任划分规定（试行）	2016年9月	5	
云　南	各级党委、政府及有关部门环境保护工作责任规定（试行）	2016年8月	4	
陕　西	陕西省各级政府及部门环境保护工作责任规定（试行）	2015年12月	4	
甘　肃	甘肃省环境保护监督管理责任规定	2013年8月	5	
青　海	青海省生态环境保护工作责任规定	2016年12月		报省委审议阶段

从上述笔者所列举的条文来看，各地方都在逐步细化新《环境保护法》对于农业主管部门相关环境保护职责的规定，尤其强调了农药、化肥等的减量化和秸秆及废弃物的处理等内容。这一系列立法活动使得农业部门在环境保护活动中的职责更加清楚、明晰，在规范性文件的层面上较好地贯彻了新《环境保护法》的

内容，既是其有效实施的明确体现，也为其在具体操作层面的落实形成了很好的保障。同时仍需注意到，受各地污染程度和类型以及其他实际情况的影响，这一类型的规范性文件在一些省市仍然处于缺失状态，新《环境保护法》实施以后，农业环保具体化的立法工作仍有待进一步推进。

（二）新《环境保护法》实施后的制度措施

《环境保护法》新增加的第 49 条第 1 款规定："各级人民政府及其农业等有关部门和机构应当指导农业生产经营者科学种植和养殖，科学合理施用农药、化肥等农业投入品，科学处置农用薄膜、农作物秸秆等农业废弃物，防止农业面源污染。"其中指导科学种植和养殖的主要措施为举办学习班，其缺乏具体的评价指标，而且通常是其他措施的组成部分，所以笔者只在关于农药和化肥的制度措施中顺带提及；另外处置秸秆废弃物等内容与发展改革委职责有所重合，所以笔者在此部分将研究限定在农药和化肥的施用之内。

1. 针对化肥的制度措施

（1）相关文件的出台。

依据新《环境保护法》第 49 条提到的各级人民政府及其农业等有关部门和机构应当指导科学合理施用化肥，各级人民政府及其农业等有关部门对化肥的合理施用负有相关责任。为贯彻该条规定，2015 年农业部出台了《到 2020 年化肥使用量零增长行动方案》，提出"以保障国家粮食安全和重要农产品有效供给为目标"，并且要"牢固树立'增产施肥、经济施肥、环保施肥'理念，依靠科技进步，依托新型经营主体和专业化农化服务组织，集中连片整体实施，加快转变施肥方式，深入推进科学施肥，大力开展耕地质量保护与提升，增加有机肥资源利用，减少不合理化肥投入，加强宣传培训和肥料使用管理，走高产高效、优质环保、可持续发展之路，促进粮食增产、农民增收和生态环境安全"。并以下几点为重点任务：①施肥结构进一步优化；②施肥方式进一步改进；③肥料利用率稳步提升。并且"到 2020 年，初步建立科学施肥管理和技术体系，科学施肥水平明显提升。2015—2019 年，逐步将化肥使用量年增长率控制在 1% 以内；力争到 2020 年，主要农作物化肥使用量实现零增长"。与此同时，为配合该文件，农业部制定了《"到 2020 年化肥使用量零增长"技术措施与推进落实计划》对关键技术进行突破和落实。

在地方上，为贯彻新《环境保护法》以及农业部《到 2020 年化肥使用量零增长行动方案》，部分省市如江苏和福建分别制定了《到 2020 年江苏省化肥使用量零增长行动方案》《福建省到 2020 年化肥使用量零增长行动方案》，其他多个省市也制定了虽然名称不同但同样以化肥使用量零增长为内容的方案，如上海《推进化肥农药施用减量化，有效削减农业面源污染》和山东《2016—2020年化肥减量使用行动方案》等。各个地方在其各自出台的方案中细化了本辖区内的化肥减量方案和目标，并以此为依据，出台了多项具体举措。

（2）具体制度措施。

总体上，从中央到地方主要作出了以下努力：

第一，加强督促检查和政策扶持。农业部组织开展督导，及时发现问题，推动化肥减量整改落实。中央财政安排15亿资金实施测土配方施肥、耕地质量保护与提升。据统计，2015年各地共落实专项资金7.9亿元，整合相关项目资金28.8亿元支持化肥使用量零增长行动。在地方上，浙江、四川等省份将化肥使用量零增长行动作为全省民生工程、生态文明建设的重点工作，对各级政府进行目标责任考核。

第二，深化农企合作和新型农业经营主体典型示范。种植业司与全国供销合作总社、中化化肥有限公司等签署农企合作协议，共同推进科学施肥和农化服务，为化肥使用量零增长行动顺利展开提供支持。在地方上，湖北省创新农企合作机制，联合新洋丰、祥云等肥料企业，建立配方肥配送中心651个，乡村供肥店3140个，推动配方肥田入户。各地采取多种措施，鼓励和支持种粮大户、家庭农场、专业合作社等参与化肥使用量零增长行动。安徽省合肥市联合上百个家庭农场、上万户20亩以上大户的"百场万户行动"以大户增产增效为典型示范，助推化肥使用量零增长行动。

第三，推进技术集成创新。深入实施测土配方施肥，以配方肥应用为重点，选择玉米、蔬菜、果树等，以农企合作和新型农业经营主体为辅，并且从全国范围内选择200个县作为化肥减量增效试点。按照农艺农机融合、基肥追肥统筹的原则，因地制宜推进化肥机械深施、机械追肥、种肥同播等技术。在全国建立10个水肥一体化技术集成示范区，示范推广滴灌施肥、喷灌施肥等技术。加大缓释肥料、水溶肥料、生物肥料、土壤调理剂等高效新型肥料研发推广力度。

2. 针对农药的制度措施

（1）相关文件的出台。

同样依据新《环境保护法》第49条提及的各级人民政府及其农业等有关部门和机构应当指导科学合理施用农药，各级人民政府及其农业等有关部门对农药的合理施用负有相关责任。为贯彻该条规定，2015年农业部出台了《到2020年农药使用量零增长行动方案》，该方案提出：坚持"预防为主、综合防治"的方针，树立"科学植保、公共植保、绿色植保"的理念，依靠科技进步，依托新型农业经营主体、病虫防治专业化服务组织，集中连片整体推进，大力推广新型农药，提升装备水平，加快转变病虫害防控方式，大力推进绿色防控、统防统治，构建资源节约型、环境友好型病虫害可持续治理技术体系，实现农药减量控害，保障农业生产安全、农产品质量安全和生态环境安全，并以"绿色防控、统防统治、科学用药"为重点任务。与此同时，为配合该文件，全国农业技术推广服务中心制定了《到2020年农药使用量零增长技术措施与实施计划》和节药行动实施方案，为地方减少农药使用量提供技术指导。

在地方上，为贯彻新《环境保护法》以及农业部《到2020年农药使用量零增长行动方案》，部分省市如江苏、上海、山西、山东、吉林、青海、湖南、安徽等多省市农业主管部门制定了地方版本的"到2020年农药使用量零增长行动方案"，细化了本辖区内的农药使用限制方案，并以此为依据，出台了多项具体举措。

（2）具体制度措施。

总体上，从中央到地方主要采取了以下几个方面的农药施用限制和管理措施：

第一，强化对于病虫害的监测预警。各地方纷纷建立自动化、智能化田间监测网点，配备自动虫情测报灯、自动计数性诱捕器、病害智能监测仪等现代监测工具，实现数字化监测、网络化传输、可视化预报，提高监测预警的时效性和准确性。在地方上，天津市正在进行重大病虫害数字化监测预警系统建设，将建立"市、区、基层点"三级病虫害监测网络；浙江省也建立了农作物重大病虫害数字化监测预警系统，改善了监测预报手段，建成了标准病虫观测场并且实现了病虫预报可视化，提高了重大病虫预警的时效性。

第二，深入推进专业化统防统治，建立专业化服务组织，促进农药科学使用，推进绿色防控。农业部从2016年开始在全国创建600个农作物病虫专业化统防统治与绿色防控融合示范基地，各地积极构建植保机构、服务组织、农企合作服务机制，集中连片开展统防统治服务。目前（2017年2月），全国专业化服务组织已达到8.8万个，其中在农业部门备案的"五有"规范化组织达3.95万个。值得一提的是，北京、天津、河北三地开展京津冀合作，推进绿色防控。三地农业部门签署《京津冀植物疫情和重大农业有害生物防控协同工作框架协议》，在绿色防控基地协同建设方面统一技术标准、统一检打联动、统一品牌标准，执行严格的退出机制。

第三，加强新型农药试验示范，加强培训措施。全国已经在15个省建立29个示范区，在13种作物上开展蜜蜂授粉与绿色防控技术集成试验示范，示范推广面积达到195万亩，增加了作物产量、提升了产品品质、降低了生产成本，促进了农业绿色发展。此外，开展高效低毒生物农药补贴示范。农业部在17个省市的蔬菜、水果、茶叶生产基地建立 48 个示范区,集中实施高效低毒化学农药和生物农药替代补贴,示范面积达 12 万亩以上,探索补贴模式和运行机制,有效防控农药残留风险,示范区农产品农药残留合格率达到 99% 以上。在地方上,部分省市开始制定"年度重点推荐农药品种名单",引导农业生产经营者科学使用农药。

第四,推广高效施药机械及先进施药技术。为推广先进机械,全国农技中心分别在北京和山东举办了北方片和南方片植保机械展示观摩会,集中展示了目前国内外新型植保机械三十多种。同时还组织中国农大、中国农科院植保所开展无人机低空施药试验示范,为大面积推广打下基础。

(三)农药、化肥使用指标落实情况

1. 化肥

我国化肥施用总量巨大,且处于持续增长中,但从图 3.11 可以看出,其虽然在增长,但整体呈现出放缓的趋势,尤其从 2014 年到 2015 年这一时间段可以看出,其增长速度明显放缓,可以认为新《环境保护法》实施后效果显著。

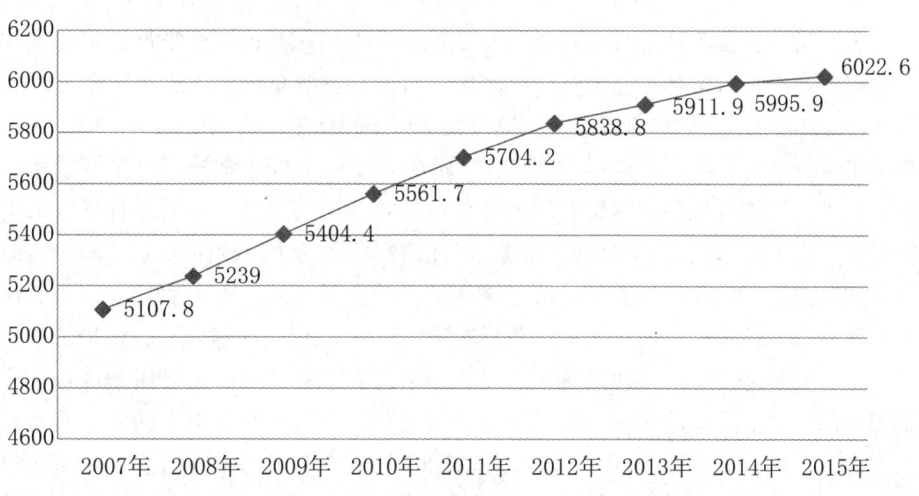

图 3.11 2007—2015 全国化肥施用量(单位:万吨)[1]

同时,笔者根据国家统计年鉴公布的全国耕地面积,计算出了单位耕地面积化肥施用量,从图 3.12 中我们可以看到,虽然我国耕地面积化肥施用量与化肥施用总量一样呈不断增长趋势,但其 2014—2015 年增长明显放缓,也是新《环境保

---

[1] 中国统计年鉴 2016。

护法》实施效果的有力体现。

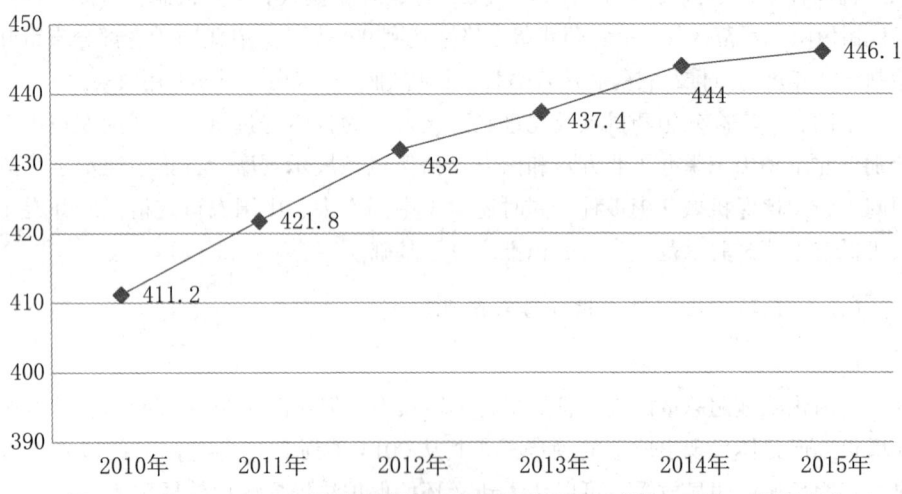

图 3.12 2010—2015 全国单位耕地面积化肥施用量（单位：千克/公顷）[1]

为了进一步检验新《环境保护法》实施后化肥施用量的变化情况，笔者列举了全国所有省、自治区、直辖市的化肥施用数据、耕地面积，并依此计算出 2015 年相较 2014 年，在化肥施用总量和单位耕地面积化肥施用量上的减少比例。对计算结果进行研究，除了可以得出图 3.11 和图 3.12 中全国化肥施用总量持续增长的结论外，还可发现各省情况有较大差异，且有一定规律性。我们对各省数据进行对比，发现全国共有 11 个省、直辖市单位耕地面积化肥施用量实现了减少，而非全国总量所呈现的持续增加趋势，这些减少的主要为北京、上海、江苏、浙江等经济较为发达地区；而化肥施用总量减少的，除上述 11 个省份外，还增加了河北，但从其耕地面积的变化来看，河北的施用总量之所以减少主要还是得益于耕地面积的减少。主要的单位耕地面积化肥施用量增加地区则集中在西北、西南和东北各省。从百分比看，西藏和新疆分别以 13.08% 和 4.29% 位列前二，而从总量上看，河南则取代新疆排名第二，考虑到新疆化肥施用基数过小同时河南化肥施用基数过大，该两省份形势并不严峻，而西藏无论从总量和还是百分比上都排名第一，可见其应加大力度减少化肥施用量。

---

[1] 中国统计年鉴 2016。

表 3.13 全国各省、自治区、直辖市化肥施用情况统计[1]

省份	化肥施用量（万吨）		2015年与2014年相比减少比例	耕地面积（千顷）		单位耕地面积化肥施用量（千克/公顷）		2015年与2014年相比减少比例
	2014年	2015年		2014年	2015年	2014年	2015年	
北京	11.6	10.5	9.48%	219.9	219.3	527.5	478.8	9.24%
天津	23.3	21.8	6.44%	437.2	436.9	532.9	499.0	6.37%
河北	335.6	335.5	0.03%	6535.5	6525.5	513.5	514.1	-0.12%
山西	119.6	118.5	0.92%	4056.8	4058.8	294.8	292.0	0.97%
内蒙古	222.7	229.4	-3.01%	9230.7	9238.0	241.3	248.3	-2.93%
辽宁	151.6	152.1	-0.33%	4981.7	4977.4	304.3	305.6	-0.42%
吉林	226.7	231.2	-1.99%	7001.4	6999.2	323.8	330.3	-2.02%
黑龙江	251.9	255.3	-1.35%	15 860.0	15 854.1	158.8	161.0	-1.39%
上海	10.2	9.9	2.94%	188.2	189.8	542.0	521.6	3.76%
江苏	323.6	320.0	1.11%	4574.2	4574.9	707.4	699.5	1.13%
浙江	89.6	87.5	2.34%	1976.6	1978.6	453.3	442.2	2.44%
安徽	341.4	338.7	0.79%	5872.1	5872.9	581.4	576.7	0.80%
福建	122.6	123.8	-0.98%	1336.4	1336.3	917.6	926.2	-0.99%
江西	142.9	143.6	-0.49%	3085.4	3082.7	463.1	465.8	-0.58%
山东	468.1	463.5	0.98%	7620.6	7611.0	614.3	609.0	0.86%
河南	705.8	716.1	-1.46%	8117.9	8105.9	869.4	883.4	-1.61%
湖北	348.3	333.9	4.13%	5261.7	5255.0	662.0	635.4	4.01%
湖南	247.8	246.5	0.52%	4149.0	4150.2	597.3	593.9	0.55%
广东	249.6	256.5	-2.76%	2623.3	2615.9	951.5	980.5	-3.06%
广西	258.7	259.5	-0.31%	4410.3	4402.3	586.6	589.5	-0.49%
海南	49.5	51.1	-3.23%	725.7	725.9	682.1	704.0	-3.20%
重庆	97.3	97.7	-0.41%	2454.6	2430.5	396.4	402.0	-1.41%
四川	250.2	249.8	0.16%	6734.2	6731.4	371.5	371.1	0.12%

[1] 中国统计年鉴2016。

续表

省份	化肥施用量（万吨）		2015年与2014年相比减少比例	耕地面积（千顷）		单位耕地面积化肥施用量（千克/公顷）		2015年与2014年相比减少比例
	2014年	2015年		2014年	2015年	2014年	2015年	
贵州	101.3	103.7	-2.37%	4540.1	4537.4	223.1	228.5	-2.43%
云南	226.9	231.9	-2.20%	6207.4	6208.5	365.5	373.5	-2.19%
西藏	5.3	6.0	-13.21%	442.5	443.0	119.8	135.4	-13.08%
陕西	230.2	231.9	-0.74%	3994.8	3995.2	576.2	580.4	-0.73%
甘肃	97.6	97.9	-0.31%	5377.9	5374.9	181.5	182.1	-0.36%
青海	9.7	10.1	-4.12%	585.7	588.4	165.6	171.7	-3.65%
宁夏	39.7	40.1	-1.01%	1285.9	1290.1	308.7	310.8	-0.68%
新疆	237.0	248.1	-4.68%	5169.5	5188.9	458.5	478.1	-4.29%
全国合计	5995.9	6022.6	-0.45%	135 057.3	134 998.7	444.0	446.1	-0.49%

在其他指标上，化肥利用率持续增加，2015年主要粮食作物化肥利用率为35.2%，相比2013年增加了2.2%，水稻玉米小麦仅化肥利用率提高2.2个百分点这一项，就相当于两年减少氮排放47.8万吨，农民减少投入18亿元。[1] 全国机械深施化肥面积5.7亿亩，水肥一体化推广面积7000多万亩，测土配方施肥技术推广应用面积超15亿亩，秸秆还田面积7.9亿亩，有机肥施用面积3.6亿亩，绿肥种植面积3257万亩。推进稻田综合种养技术示范，节肥减药效果明显。在全国范围内取得可喜成效的同时我们注意到，很多地方的化肥用量继续呈增长趋势，仍然需要政府加大力度控制化肥的施用，国家也可以适当出台相关细化的指导政策。

2. 农药

从2010—2015全国农药施用总量图中（图3.13）我们可以看到，2010年以来，农药施用量自2012年达到高峰后开始逐年减少，可见我国农药减量措施颇有成效。

---

[1] 2015年12月2日农业部种植业管理司司长曾衍德在新闻发布会上的讲话。

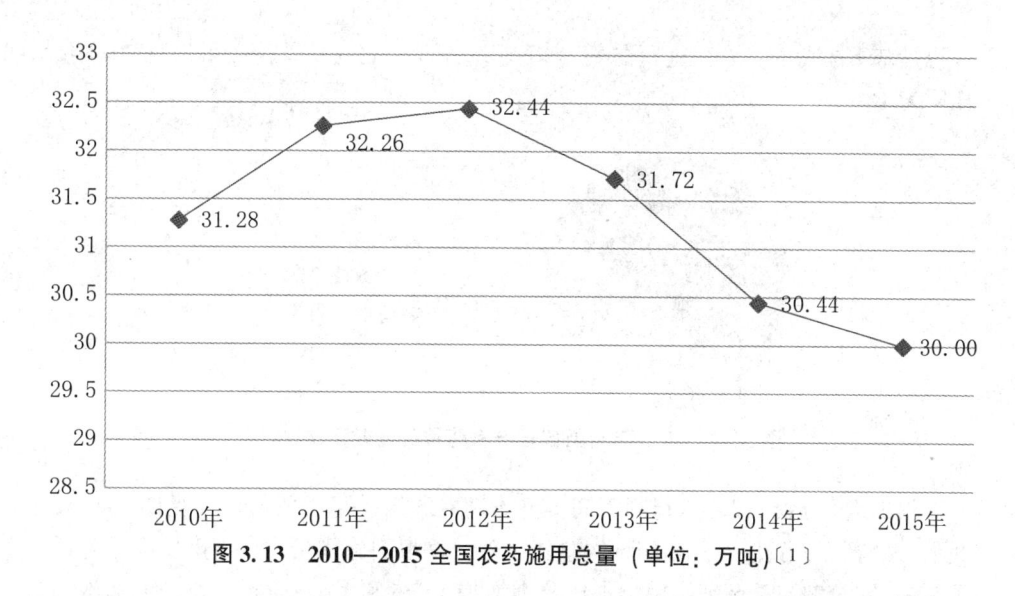

图 3.13 2010—2015 全国农药施用总量（单位：万吨）[1]

具体到 2014 年和 2015 年，由表 3.14 可见，我国 2015 年农药施用量相比 2014 年减少了 1.45%，即 4400.6 吨，杀虫剂用量明显减少，这与新《环境保护法》要求的"科学施用农药"是分不开的。

表 3.14 2014 年、2015 年全国各类农药施用量统计[2]

农药种类	全国农药施用量（折百量、吨）		2015 年相比 2014 年减少比例
	2014 年	2015 年	
杀虫剂	118 245.5	108 884.7	7.92%
杀菌剂	79 940.6	79 998.9	-0.07%
除草剂	102 336.6	107 206.3	-4.76%
植物生长调节剂	3795.0	3845.2	-1.32%
杀鼠剂	65.9	47.9	27.31%
总 计	304 383.6	299 983.0	1.45%

具体到各个地方（见图 3.14），我们可以看到 2015 年农药用药量减少的省份占比达到 52%，而增加的省份则仅为 19%，可见，各地方对于农药施用的控制可

---

[1] 全国农业技术推广服务中心。

[2] 全国农业技术推广服务中心。

以说是基本成功的，农药施用在 1~3 万吨（折百）之间的省份数量仍与 2014 年相同为 16 个。

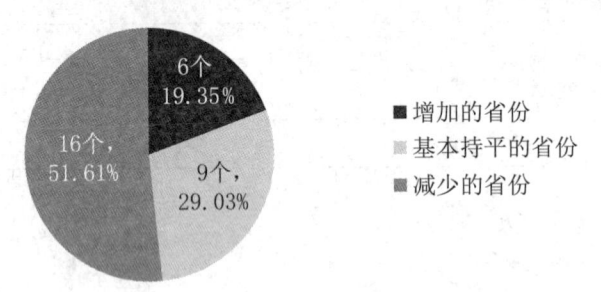

图 3.14　2015 年全国各省份农药用药量变化统计[1]

根据表 3.14 可以计算得到不同类型农药在施用总量中的占比（见图 3.15），我们可以看到，我国农药施用结构愈加合理。杀虫剂施用量占比下降明显，降低了 3%；除草剂与杀菌剂施用量占比分别增加了 2%和 1%；植物生长调节剂施用量占比与去年基本持平。

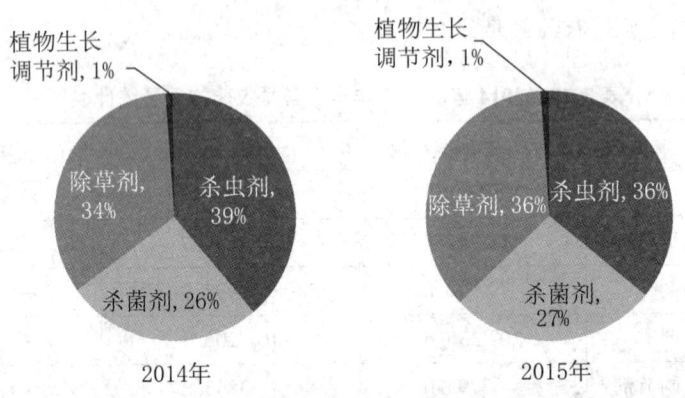

图 3.15　2014 年、2015 年各类型农药施用量占比统计[2]

在其他指标上，农药利用率持续增加，2015 年主要粮食作物农药利用率为 36.6%，相比 2013 年增加了 1.6%。农药利用率提高 1.6 个百分点，相当于减少农药施用量 1.52 万吨，农民减少生产投入约 8 亿元。[3] 在农药减量控害方面，

---

［1］　全国农业技术推广服务中心。
［2］　全国农业技术推广服务中心。
［3］　2015 年 12 月 2 日农业部种植业管理司司长曾衍德在新闻发布会上的讲话。

创建农作物病虫专业化统防统治与绿色防控融合推进示范基地 218 个；开展农企合作，135 家农药企业参与共建农药减量控害示范基地 558 个，示范面积 575 万亩；扶持新建 1474 个农作物病虫害防治专业化服务组织，全国累计达到 3.76 万个；建立新农药、新药械示范基地 299 个，示范推广一批高效低毒农药和现代植保机械。2015 年，我国主要农作物病虫害绿色防控覆盖率达到 23.1%，比 2014 年提高 2.4 个百分点；病虫害专业化统防统治覆盖率达到 32.7%，比 2014 年提高 2.7 个百分点。

（四）经验与问题分析

借鉴化肥施用量减少较成功省市的经验，首先，在化肥施用量减少最多的北京，除了得益于京津冀一体化外，其为了提高化肥利用率、减少化肥施用对生态环境的危害，发展高效、节水、节肥、生态、安全的都市型现代农业，响应农业部化肥农业施用量零增长行动，从三方面入手谋划降低化肥施用减量化：一是有机肥培肥地力技术粮田、菜田全覆盖。二是推广测土配方施肥技术 200 万亩（其中粮田、菜田共 150 万亩，果园 50 万亩），计划推广补贴专用配方肥 7.5 万吨，每亩可节约化肥（纯养分）2~3 公斤。以上两项技术推广应用亩节肥（纯养分）15~18 公斤，降低化肥用量 15%以上。三是积极实施设施菜田水肥一体化技术，积极推广水肥一体化技术。其次，在化肥减量同样较为成功的湖北，省内部分地区则鼓励肥料生产企业参与配方肥生产，针对不同土壤类型，在每个示范村都建立一个 50 亩的精准施肥示范片，开展水稻、油菜和蔬菜的精准施肥肥效试验和校正试验，提出主要作物施肥配方。由以上成功省市的举措我们可以看到，若要成功减少化肥施用量，测土配方和水肥一体化技术等的推广和使用占有重要地位，它们的经验很值得借鉴。但是如笔者前述分析，化肥减量工作完成较好的省市主要为经济发达省市，其有较大财力从事化肥减量，而经济相对落后的地区仍把经济发展放在更为突出的位置，化肥减量行动中投入较少。这就需要国家加大投入和政策扶持，向经济相对落后的地区和农业大省倾斜，以使新《环境保护法》的规定得到更好的实施。

在农药施用方面，我国整体减量趋势良好，农药施用总量正在逐年减少，且施用各类型农药的比例更趋合理，可见之前各地的举措基本取得了较好的效果。但是问题仍然存在，有一些省市仍未制定适合本地方的减量计划，所以下一步的任务则主要是针对个别地方未设定阶段性目标或阶段性目标不清等问题，由农业部组织或各地方自发开展"农药零增长"行动，进一步细化分解目标任务，并将目标任务纳入年度绩效考核指标，扎实推进各项工作的落实，同时学习农药减量较为成功的省份，进一步深入推进专业化统防统治，加强新型农药试验示范，加强培训措施，使得农药的施用更具科学性，最终达成减量目标。

（五）评估结论

自新《环境保护法》实施以来，农业部为贯彻该法律的规定，履行法律规定的部门职责，发布了《到2020年化肥使用量零增长行动方案》和《到2020年农药使用量零增长行动方案》，同时由中央对这两项行动给予了大量政策和资金的扶持。各地方积极响应，纷纷制定符合各自行政区划特点的地方行动方案，并且出台各类措施，为目标的实现保驾护航。各地方也出台了相关文件，细化了《环境保护法》对于农业部门环保职责的规定。

2015年相比2014年，农药施用量减少了1.45%，用药结构更加合理，杀虫剂施用量持续减少，高效低毒农药占比愈来愈高；化肥施用量增加0.45%，但其已经达到《到2020年化肥使用量零增长行动方案》中提出的"2015—2019年逐步将化肥使用量年增长率控制在1%以内"的目标，且增长放缓的趋势已经形成，尤其在新《环境保护法》实施后愈加明显，只要继续深化"增产施肥、经济施肥、环保施肥"理念，同时完善科学施肥的各项措施，促进测土配方和水肥一体化等的实现，相信化肥施用将很快呈减少趋势。如果节肥节药效果较好的省市保持当前水准，同时其他省市稳步提高，新《环境保护法》的实施效果将获得进一步巩固。

总体来看，新《环境保护法》颁布以来，农药、化肥的施用得到了有效控制，其在农业方面的规定得到了很好的实施，具体条文也被各地方具体落实，获得了极佳的实施效果。

四、住建部门履行环境保护法定职责及其效果评估

（一）住建部门的环境保护法定职责

新《环境保护法》第35条规定，"城乡建设应当结合当地自然环境的特点，保护植被、水域和自然景观，加强城市园林、绿地和风景名胜区的建设与管理。"本条明确了我国住房和城乡建设部门建设生态园林城市的环保职责，成为住建部门环保职责最直接的规范依据。此外，《环境保护法》一些其他条文虽不直接针对住建部门，却间接对住建部门的环保责任提出了要求，如第4条第2款规定："国家采取有利于节约和循环利用资源、保护和改善环境、促进人与自然和谐的经济、技术政策和措施，使经济社会发展与环境保护相协调。"本条对应到住建

部门，即要求住建部门应推进有利于节约和循环利用资源的技术、措施的应用，如建筑节能；新《环境保护法》第 37 条规定："地方各级人民政府应当采取措施，组织对生活废弃物的分类处置、回收利用。"从住建部门的角度，即要求其应对生活垃圾等废弃物予以无害化处理。

据此，部分地方人大常委会相继修订地方环境保护条例，进一步分解完善住建部门的环保职责，很多地方环保条例虽未直接指明住建部门责任，但以"政府""有关主管部门"责任的形式间接对住建部门的环保责任提出了原则性的要求。2015 年至 2017 年 2 月，上海、广西、新疆、山西、黑龙江、河南、广东 7 个省（自治区、直辖市）相继出台了新的《环境保护条例》，对住建部门的环保责任作出规定。

同时，国务院及地方政府在出台的相关规范性文件中进一步细化了住建部门的职责，与环保条例相比，这些规范性文件对于住建部门职责的规定更具有针对性和明确性。如《国务院关于印发水污染防治行动计划的通知》（国发 [2015] 17 号）中由住房和城乡建设部牵头的工作有：城镇生活污染治理、配套管网建设、污泥处理处置、生态空间保护、再生水利用、城镇节水、城市黑臭水体整治。《国务院关于印发土壤污染防治行动计划的通知》（国发 [2016] 31 号）中由住房和城乡建设部牵头的有减少生活污染，由住建部门与相关部门共同负责的工作有落实土壤质量监管责任。此外，在《环境保护法》修订的背景下，中共中央、国务院 2016 年 2 月 6 日出台了《关于进一步加强城市规划建设管理工作的若干意见》，其着力贯彻绿色发展理念，全面阐述了城市建设中的环境保护要求。地方如江苏省省委、省人民政府印发了《江苏省生态环境保护工作责任规定（试行）》，其第 26 条规定住建部门责任为六个方面：生态园林城市建设、生活污水处理与整治、城市市容环境卫生、饮用水安全保障、绿色建筑推广以及非道路移动机械大气污染防治的配合工作。此外，住建部门还应协助有关部门开展工作。

综合各地方的环境保护责任规定，住建部门的环境保护职责可以概括为以下几类：生态园林城市建设、城市市容环境卫生以及节能城市建设。

表 3.15 地方环境保护责任规定中关于住建部门环保责任的规定

职责\省份	生态园林 园林绿化、风景名胜区	市容环境卫生 生活污水、垃圾整治	市容环境卫生 饮用水安全保障	市容环境卫生 扬尘污染、施工噪声	节能 建筑节能与绿色建筑	备注（各省特殊规定）
内蒙古	√	√	√	√	√	城乡规划与建设项目规划许可、热力管网建设
江 苏	√	√	√	√	√	污泥处置、海绵城市建设、非道路移动机械的大气污染防治
湖 南	√	√	√	√	√	城市空间布局规划、建设项目审批
四 川			√	√		
贵 州	√			√	√	镇村人居环境改善
云 南	√	√		√	√	城乡空间布局优化
陕 西		√		√		污泥处置
甘 肃		√		√		建设项目审批、雨污分流

（二）新《环境保护法》实施后举措

表 3.16 各省住建部门采取主要环保措施数量概览[1]

省 份	数 量	省 份	数 量
北 京	2	湖 北	5
天 津	1	湖 南	6
河 北	6	广 东	5
山 西	5	广 西	5
内蒙古	3	海 南	7

[1] 八项主要措施：园林绿化、风景名胜、海绵城市、生活污水与生活垃圾处理、黑臭水体整治、水源地水质保护、绿色建筑与建筑节能、扬尘与噪声污染防治。

续表

省　份	数　量	省　份	数　量
辽　宁	3	重　庆	3
吉　林	5	四　川	6
黑龙江	4	贵　州	5
上　海	6	云　南	6
江　苏	8	西　藏	2
浙　江	6	陕　西	6
安　徽	5	甘　肃	2
福　建	4	青　海	2
江　西	4	宁　夏	5
山　东	6	新　疆	5
河　南	5		

1. 生态园林城市建设

(1) 园林绿化。

新《环境保护法》第35条规定，城乡建设应当结合当地自然环境的特点，保护植被、水域和自然景观，加强城市园林、绿地和风景名胜区的建设与管理。为此，新《环境保护法》颁布后，南充市、张家界市、福州市、海口市出台了《绿化条例》；目前《绿化条例》正在制定审议过程中的有上海市（修正案）、河北省、深圳市。各地为落实园林绿化职责，主要采取以下几个方面的措施：

第一，推进生态园林城市建设。自1992年开展国家园林城市创建工作以来，全国共有17批310个城市、8批212个县城、5批47个镇分别被授予国家园林城市、县城、城镇称号。住房和城乡建设部在创建国家园林城市的基础上推进国家生态园林城市建设。据了解，相较于国家园林城市，国家生态园林城市的考核评估指标更为严格。

新《环境保护法》第2条指称环境包括森林、自然保护区。新《环境保护法》还纳入了湿地，于是各地着力兴建自然保护区、森林公园、湿地公园，如大连市计划新建两处自然保护区、一个湿地公园，以保护湿地资源和湿地生态。2016年5月2日，国务院办公厅公布了辽宁楼子山等18处新建国家级自然保护区的名单。

第二，创建绿色村庄。住房和城乡建设部于 2016 年 3 月 23 日印发《关于开展绿色村庄创建工作的指导意见》（建村 [2016] 55 号），开展绿色村庄创建活动，整体提升村庄绿化水平，将绿色村庄创建作为改善农村人居环境的工作重点。目前（2017 年 2 月）已有 27 个省份全面开展村庄绿化工作，这些地区对村内道路、坑塘河道、房前屋后和庭院、公共场所、村庄周边的绿化以及古树名木保护基本都提出了具体的指标要求，其中有 21 个提出了村庄绿化覆盖率的考核指标。

第三，造林绿化。课题组搜集了新《环境保护法》实施后各地造林绿化工作的数据，统计到数据的 12 个省份中，各省 2015 年新增造林面积不一且相差较大，造林面积最大的陕西为 632 万公顷，最小的海南为 1.34 万公顷。新增造林面积在 1~10 万公顷的省份有 2 个，占比 16.67%；新增造林面积在 10~20 万公顷的省份有 3 个，占比 25%；新增造林面积在 20~30 万公顷、30~40 万公顷的各有 2 个，各占 16.67%；新增造林面积在 40~50 万公顷的有 1 个，占比 8.33%；新增造林面积在 50~70 万公顷的为 0 个。

表 3.17　主要省份 2015 年新增造林面积[1]

省　份	新增造林面积（万公顷）	省　份	新增造林面积（万公顷）
重　庆	14.93	安　徽	12.84
福　建	8.73	江　西	14.3
山　东	20.66	河　南	43.3
湖　南	37.6	广　东	70.36
海　南	1.34	贵　州	28
云　南	38.71	陕　西	632

图 3.16　2015 年新增造林面积分布

[1]　表中数据来自各省统计局网站的《统计公报》或《统计年鉴》。

由图 3.16 可知，2015 年新增造林面积在 1~50 万公顷之间的省份数量所占比例较大，总体超过 80%。新增造林面积在 50 万公顷以上的只是少数地区。

（2）风景名胜区保护。

新《环境保护法》第 35 条规定："城乡建设应当结合当地自然环境的特点，保护植被、水域和自然景观，加强城市园林、绿地和风景名胜区的建设与管理。"

住房和城乡建设部 2015 年 11 月 6 日出台了《国家级风景名胜区管理评估和监督检查办法》，加大执法检查力度，建立国家级风景名胜区黄牌警告和退出机制，实行濒危名单管理。截至 2015 年 12 月，我国共有国家级风景名胜区 225 处、省级风景名胜区 737 处，其中仙景台等 11 处国家级风景名胜区在 2012—2015 年的执法检查中被列入濒危名单，并责令限期整改。

地方为加强对本区域风景名胜的保护和管理，也出台了相应文件，有适用于区域内全部自然保护区的整体性规定，如江苏省政府办公厅《关于加强风景名胜区保护和城市园林绿化工作的意见》（苏政办发［2016］34 号），从资源保护、规划建设管理、综合整治、低影响建设四个方面加强风景名胜区的保护和管理；也有针对特定风景名胜区制定的管理条例，如安徽省《宣城市敬亭山风景名胜区管理条例（草案）》《滁州市琅琊山风景名胜区条例（征求意见稿）》《蚌埠市龙子湖景区条例》，贯彻国家部门"一区一法"的要求，规范对风景名胜区的保护、管理和利用。

（3）海绵城市建设。

近年，城市"看海"的现象屡见不鲜，"逢雨必涝、雨后即旱"成为城市的通病。新《环境保护法》第 4 条第 2 款规定："国家采取有利于节约和循环利用资源、保护和改善环境、促进人与自然和谐的经济、技术政策和措施，使经济社会发展与环境保护相协调。"海绵城市建设即属于达到《环境保护法》立法目的的此类措施之一。

国务院办公厅印发《关于推进海绵城市建设的指导意见》（国办发［2015］75 号），指出海绵城市是指通过加强城市规划建设管理，充分发挥建筑、道路和绿地、水系等生态系统对雨水的吸纳、蓄渗和缓释作用，有效控制雨水径流，实现自然积存、自然渗透、自然净化的城市发展方式。海绵城市通过对城市生态系统的建设与保护以及对雨水的收集、利用，实现节水目标与城市居住环境的改善。

新《环境保护法》颁布施行后，国家加大了海绵城市建设力度。2015 年中央公布了第一批海绵城市国家级试点城市：迁安、白城、镇江、嘉兴、池州、厦门、萍乡、济南、鹤壁、武汉、常德、南宁、重庆、遂宁、贵州贵安新区和陕西西咸新区。2016 年公布了第二批国家级试点城市：北京、天津、大连、上海、宁波、福州、青岛、珠海、深圳、三亚、玉溪、庆阳、西宁和固原。除了国家级试点城市，各地还开展了省级海绵城市建设试点，以下是省级试点城市分布：

表3.18 省级海绵城市建设试点单位[1]

省　份	数　量	试点单位
山　东	8	潍坊、泰安、临沂、聊城、滨州、青县、曲阜、莒县
江　苏	9	南京、徐州、常州、苏州、宜兴、武进、昆山、如皋、句容
浙　江	4	绍兴、衢州、兰溪、温岭
安　徽	9	合肥、亳州、蚌埠、滁州、芜湖、宣城、铜陵、安庆、黄山
湖　南	4	岳阳、津市市、望城区、凤凰县
云　南	4	昆明、曲靖、大理州、丽江
四　川	15	成都、自贡、泸州、绵阳、广安、崇州、汾县、江油市、蓬溪县、西充县、大竹县、华蓥市、平昌县、安岳县、西昌市
陕　西	2	宝鸡、铜川
河　南	8	郑州、洛阳、平顶山、安阳、焦作、濮阳、许昌、商丘
吉　林	6	长春、四平、辽源、通化、梅河口、珲春

试点城市通过开展具体的建设项目，包括公园绿地建设、海绵型建筑与小区建设、海绵型道路与广场建造、河道治理、雨污水管网建设、内涝治理与水源涵养、湿地等生态改造与修复等，实现城市水环境的改善和生态功能的提升。

2. 城市市容环境卫生

（1）生活污水、生活垃圾。

随着城镇化进程加快，城市生活污水、生活垃圾产生量持续增长，而设施处理能力总体不足，仍有部分生活污水、生活垃圾未得到有效处理。新《环境保护法》第37条规定："地方各级人民政府应当采取措施，组织对生活废弃物的分类处置、回收利用。"第50条规定："各级人民政府应当在财政预算中安排资金，支持农村饮用水水源地保护、生活污水和其他废弃物处理、畜禽养殖和屠宰污染

[1] 资料来自海绵城市网：http://www.calid.cn/2016/12/20153，最后访问日期：2017年1月12日。

防治、土壤污染防治和农村工矿污染治理等环境保护工作。"

对于生活污水，主要措施是进行污水管网、污水处理设施建设。住建部 2015 年 1 月 22 日发布《城镇污水排入排水管网许可管理办法》，取代原先的《城市排水许可管理办法》，要求建立重点排污单位名录，实现环保与排水主管部门监测数据实时共享。

对于生活垃圾，对城市生活垃圾的治理集中在分类与处理上。从末端处理来看，生活垃圾无害化处理方式主要有三种：填埋、堆肥和焚烧。对此，住建部联合相关部门发布《关于进一步加强城市生活垃圾焚烧处理工作的意见》，提倡应用具有占地省、减量效果明显、余热可以利用等特点的生活垃圾焚烧处理技术，推进"邻利"型高标准清洁焚烧项目建设。从垃圾分类来看，继 2000 年 6 月，原国家建设部下发《关于公布生活垃圾分类收集试点城市的通知》（建城部［2000］12 号），确定在北京、上海等 8 个城市开展生活垃圾分类收集试点之后，2015 年 4 月，住房和城乡建设部联合相关部门发布《关于公布第一批生活垃圾分类示范城市（区）的通知》，该通知确定包括北京市东城区在内的 26 个城市（区）为第一批生活垃圾分类示范城市（区），同时要求到 2020 年，各示范城市（区）建成区居民小区和单位的生活垃圾分类收集覆盖率应达到 90%。据此，各试点城市不同程度地开展一些垃圾分类示范活动，但从执行效果来看并不理想。

表 3.19 代表城市生活垃圾分类地方法规规章及其制度

城 市	法规规章	实施时间	分类标准	特色制度
北京	北京市生活垃圾管理条例	2012.03.01	四分法	拟将垃圾分类情况纳入物业考核体系
南京	南京市生活垃圾分类管理办法	2013.06.01	四分法	
上海	上海市促进生活垃圾分类减量办法	2014.05.01	四分法	"互联网+" 车载称重系统
广州	广州市生活垃圾分类管理规定	2015.09.01	四分法	公益性宣传广告、罚额等级制度、智能垃圾桶
深圳	深圳市生活垃圾分类和减量管理办法	2015.08.01	三分法	定时定点集中投放、"资源回收日"
杭州	杭州市生活垃圾管理条例	2015.12.01	四分法	智能回收平台、分类垃圾清洁直运模式

另一方面，地方采取了一些创新性举措，即加强保洁建设。例如宁夏中卫市

用道路洗扫车、清扫车等专业先进的机械设备换掉"大扫把",把扫马路升级为"吸扫联动",既提高了清洁效率也提升了清洁质量。同时建立清晰、明确而又简洁的环卫工人责任制,把公安、交通、教育、旅游等部门纳入环境卫生保护责任主体的行列,形成了多部门协作维护城市环境的机制。又如济南历下区,通过保洁一体化、分类标准、机械全覆盖、精细化立体保洁和完善队伍保障"五位一体"的综合运用,提升城区环境质量。

第一,城市建设。图3.17显示,在2015年整体市容环境卫生设施建设投资相较于前三年有所下降的背景下,污水处理及再生利用、垃圾处理设施建设的投资却稳步增加,且2015年的增加幅度相对较大,这表明2015年全国城市在污水处理、垃圾处理设施建设方面加大了力度。

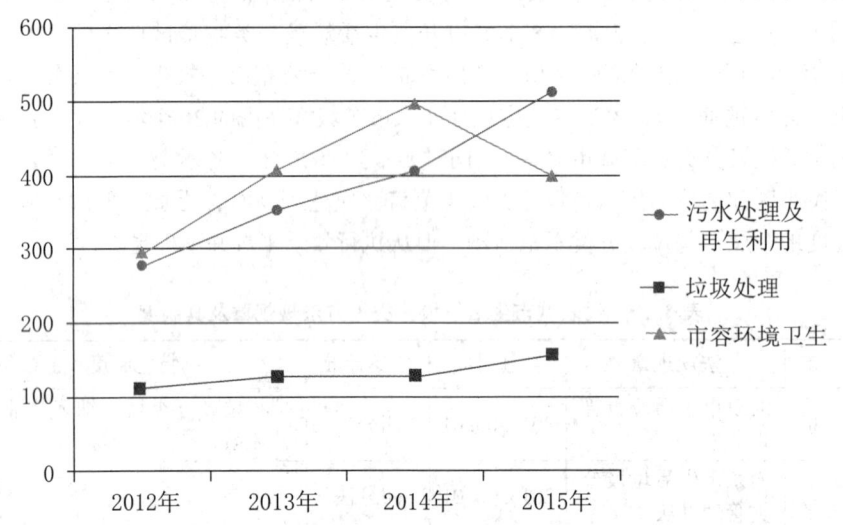

图3.17 全国近年城市市容环境设施建设固定资产投资(单位:亿元)[1]

第二,农村治理。近年来,城市污染逐渐向农村转移,为改善农村人居环境,解决当前农村垃圾乱扔乱放、治理滞后等问题,住房和城乡建设部等十部门于2015年11月3日联合出台《关于全面推进农村垃圾治理的指导意见》。该意见规定住建部门的职责为:负责农村生活垃圾清扫、收集、运输和处置的监督管理。住房和城乡建设部协同其他部门在全国大力开展非正规垃圾堆放点排查整治工作,推进农村环境基础设施建设,着力推进农村环境保护。下一步,将开展农

---

[1] 数据来自住建部网站各年份《城乡建设统计年鉴》。

村生活垃圾分类和资源化利用"百县示范"活动。

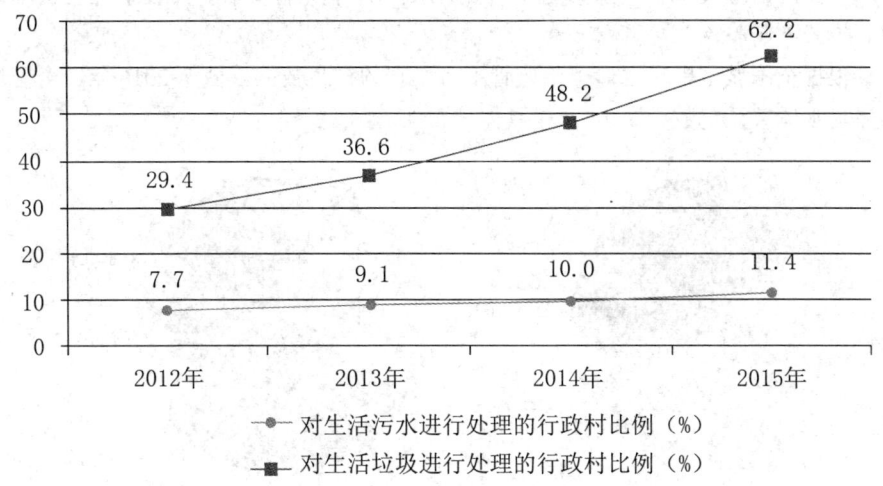

图3.18　全国农村近年生活污水、生活垃圾治理情况[1]

由图3.18可知，2015年对生活污水、生活垃圾进行处理的行政村所占比例均有所上升，且对生活垃圾进行处理的行政村所占比例上升显著，已超过60%，这表明农村在生活垃圾治理方面加大了力度。

（2）黑臭水体整治。

黑臭水体作为水体污染的主要表现之一，对生态环境和人们生活环境带来极大危害，自新《环境保护法》颁布实施以来，从中央到地方都积极开展黑臭水体排查工作，并探索应用各类治理措施对黑臭水体进行整治，这也符合《环境保护法》对水体污染防治及污水处理的要求。

国务院2015年4月2日印发《水污染防治行动计划》（国发［2015］17号），其第27条规定：采取控源截污、垃圾清理、清淤疏浚、生态修复等措施，加大黑臭水体治理力度，并要求地级及以上城市建成区应于2015年底前完成水体排查，公布黑臭水体名称、责任人及达标期限。2015年8月，住房和城乡建设部会同有关部门编制了《城市黑臭水体整治工作指南》，要求地级及以上城市要在2015年底前向社会公布本地区黑臭水体整治计划。该指南对城市黑臭水体整治工作的目标、原则、工作流程等，均作出了明确规定，并对城市黑臭水体的识别、分级、整治方案编制方法以及整治技术的选择和效果评估、政策机制保障提出了明确的

---

［1］　数据来自住建部网站各年份《城乡建设统计年鉴》。

要求。《城市黑臭水体整治工作指南》介绍了四类整治的技术手段,即控源截污技术、内源治理技术、生态修复技术、活水循环等其他技术;并吸纳社会资本以PPP模式参与整治。

根据全国城市黑臭水体整治监管平台发布的初步数据,截至2016年,全国城市黑臭水体总认定数为2014个,具体分布如下图。

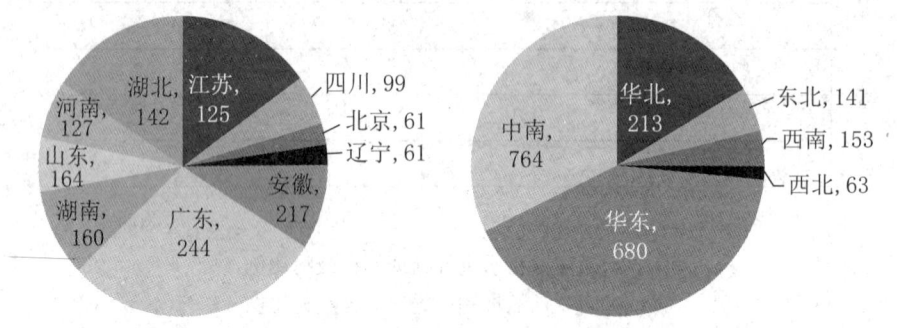

图 3.19　黑臭水体分布图(按省份)[1]　　图 3.20　黑臭水体分布图(按区域)[2]

由图 3.19 可知,广东、安徽两省排查出黑臭水体数量最多,均超过 200 个,之后是山东、湖南、湖北、河南、江苏,均超过 100 个;由图 3.20 可知,中南部地区与华东地区黑臭水体数量占比较大。目前来看,多数省份已开展整治工作,广东省住建厅联合相关部门制定《关于全面开展城市黑臭水体整治工作的通知》《城市黑臭水体整治计划》,逐个提出具体的治理措施;江苏省住建厅积极落实省政府办公厅发布的《江苏省城市黑臭水体整治行动方案》(苏政办发〔2016〕44 号)。

3. 节能城市建设——建筑节能

新《环境保护法》第 36 条规定:"国家鼓励和引导公民、法人和其他组织使用有利于保护环境的产品和再生产品,减少废弃物的产生。国家机关和使用财政资金的其他组织应当优先采购和使用节能、节水、节材等有利于保护环境的产品、设备和设施。"作为城乡规划建设的主要职能部门,住建部应当推广节能材料的使用,促进绿色建筑发展,各地住建部门也将建筑节能作为一项工作重点予以推进。根据国家规划,到 2020 年我国城镇绿色建筑占新建建筑比重要从 2012 年的 2%提升至 50%。2015 年江苏省、浙江省分别通过了《江苏省绿色建筑发展

---

[1] 数据来自全国城市黑臭水体整治监管平台:http://gz.hcstzz.com/,最后访问日期:2017 年 1 月 12 日。

[2] 数据来自全国城市黑臭水体整治监管平台:http://gz.hcstzz.com/,最后访问日期:2017 年 1 月 12 日。

条例》和《浙江省绿色建筑条例》，目前《上海市绿色建筑发展条例》也正在制定中。有些地区虽未制定绿色建筑条例，但以其他专门文件的形式指导绿色建筑发展，重庆市于2015年、2016年分别发布《绿色建筑工作要点》；北京市以规划的形式，颁布《民用建筑节能发展规划》；江西省出台《民用建筑节能和推进绿色建筑发展办法》。

（1）实施绿色建筑标准。

江苏、重庆、西藏、吉林、河北、山东等多个地区于2015年发布或开始实施最新绿色建筑有关标准，包括绿色建筑设计标准和建筑节能设计标准，对建筑的节能设计提出强制性要求；此外，江西等地发布了最新绿色建筑评价标准。

（2）节能建筑推广与能耗控制。

从各省实践来看，调研的20个省份中除山西、黑龙江未发现表中所列具体举措外，其他省份均不同程度地开展建筑节能与绿色建筑创建活动，进行既有建筑节能改造，具体措施包括绿色建材推广、被动式超低能耗建筑、装配式建筑推广以及建筑能耗总量控制与能耗监测系统的创建，但各个省份的侧重点有所不同。

表3.20　各省建筑节能措施采取情况

省 份	绿色建材	被动式超低能耗建筑	装配式建筑	可再生能源建筑	建筑能耗总量控制与监测	备 注（各省特殊措施）
北 京	√	√				公共建筑电耗限额管理、预拌混凝土绿色生产管理、施工现场空气污染防治
天 津	√			√		《天津市建筑垃圾资源化利用管理办法》
上 海	√		√		√	建筑废弃混凝土资源化利用、建筑垃圾与工程渣土处置管理
重 庆	√			√		
河 北	√	√				新型墙体材料（技术）推广
辽 宁			√			
吉 林	√			√		建筑垃圾管理与资源化利用
江 苏	√	√	√	√	√	

续表

省份	绿色建材	被动式超低能耗建筑	装配式建筑	可再生能源建筑	建筑能耗总量控制与监测	备注（各省特殊措施）
浙江			√			建筑垃圾资源化利用
安徽			√	√		着力发展钢结构建筑、建筑垃圾处置及资源化利用
福建	√		√			建筑废弃物处置与再生产品应用
江西		√	√			
山东	√	√	√			
河南	√		√			建筑垃圾资源化利用、新型墙体材料应用
湖北	√					
湖南			√	√		建筑新技术应用
广东			√			建筑新技术应用、《公共建筑能耗标准（征求意见稿）》、建筑余泥渣土资源化利用
海南	√		√	√		

从上表可以看出，河北、江苏采取的建筑节能措施比较全面；绿色建材与装配式建筑得到了相对普遍的推广，福建就主要在装配式建筑发展中加大专门投入，而山东则着力于被动式超低能耗建筑的推广应用。

(三) 指标落实情况

1. 绿化覆盖率与生态园林城市

根据《2015年国民经济和社会发展统计公报》，2015年全年完成造林面积632万公顷，2014年完成603万公顷，截至2015年年底，自然保护区达到2740个，2014年底自然保护区有2729个，其中国家级自然保护区428个。城市建成区绿地面积189万公顷，增长3.7%；建成区绿地率达到36.3%，提高0.05个百分点；人均公园绿地面积13.16平方米，增加0.08平方米。

表 3.21　2014—2015 年城市建成区绿化覆盖率[1]

地　域	2014 年	2015 年	增　幅
全　国	40.22	40.12	-0.1
北　京	47.40	48.40	1
天　津	34.93	36.38	1.45
河　北	41.93	41.15	-0.78
山　西	40.08	40.13	0.05
内蒙古	39.79	39.18	-0.61
辽　宁	40.11	40.26	0.15
吉　林	35.82	36.06	0.24
黑龙江	35.98	35.82	-0.16
上　海	38.43	38.50	0.07
江　苏	42.61	42.83	0.22
浙　江	40.75	40.58	-0.17
安　徽	41.18	41.16	-0.02
福　建	42.80	42.97	0.17
江　西	44.61	44.09	-0.52
山　东	42.79	42.25	-0.54
河　南	38.32	37.69	-0.63
湖　北	37.87	37.47	-0.4
湖　南	38.64	39.69	1.05
广　东	41.44	41.43	-0.01
广　西	39.26	37.60	-1.66
海　南	41.32	37.70	-3.62
重　庆	40.60	40.30	-0.3
四　川	37.51	38.65	1.14

---

[1]　数据来自住建部网站各年份《城乡建设统计年鉴》。

续表

地　域	2014年	2015年	增　幅
贵　州	33.97	35.88	1.91
云　南	38.14	37.27	-0.87
西　藏	43.77	42.61	-1.16
陕　西	40.46	40.57	0.11
甘　肃	30.81	30.20	-0.61
青　海	31.56	29.79	-1.77
宁　夏	37.98	37.88	-0.1
新　疆	36.83	37.47	0.64

由表3.21来看，全国城市建成区绿化覆盖率在2015年下降0.1个百分点，其中13个省份城市建成区绿化覆盖率上升，占比约42%；18个省份城市建成区绿化覆盖率下降，占比约58%。

此外，2016年1月29日住建部公布首批生态园林城市名单，徐州、苏州、昆山、寿光、珠海、南宁、宝鸡7个城市在列。这7个城市在以下几个方面实现了生态园林城市的要求：[1]

第一，全面实施生态修复，提升城市生态功能。宝鸡市实施了北坡、南塬等城市山体修复；南宁市实施了可利江、良庆河等城市水体综合整治和修复；寿光市对城市湿地进行了系统修复，建成了左岸绿洲、东方绿洲、汇淀湖等多个湿地公园；徐州市对城市采矿宕口、塌陷地进行了全面修复。

第二，拓展绿色公共空间，提高宜居品质。昆山市形成了水、路、绿三网并行的绿化新模式；珠海市建成了小、多、匀的社区公园网络，把284个社区公园建到市民家门口，保障市民出行500米、步行10分钟即可到达免费公园。

第三，构建绿色生态网络，统筹城乡协同发展。以苏州市为依托的江苏省环太湖绿廊规划，使城市内部的水系、园林绿地同城市外围的山林、河湖、湿地等形成了完整的生态网络体系。

2. 风景名胜区

据《2015年城乡建设统计公报》，2015年年末，全国共有225处国家级风景

---

[1] 资料来自中国住房和城乡建设部网站：http://www.mohurd.gov.cn/zxydt/201602/t20160201_226501.html。

名胜区,风景名胜区面积 11.1 万平方公里,国家投入 70.3 亿元用于风景名胜区的维护和建设。

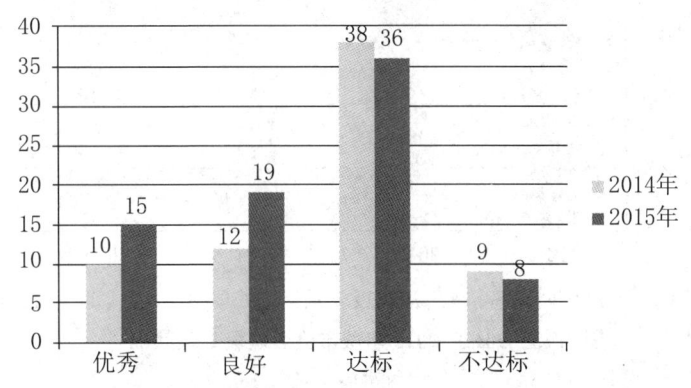

图 3.21　2014 年、2015 年国家级风景名胜区执法检查结果(单位:个)[1]

2015 年执法检查结果与 2014 年对比,评定等级为优秀的风景名胜区增加了 5 个,评级为良好的风景名胜区增加了 7 个,相应地,不达标的景区减少了 1 个。可以看出,2015 年风景名胜区的治理状况改善且整体建设水平提升。

3. 污水处理率与生活垃圾无害化处理率

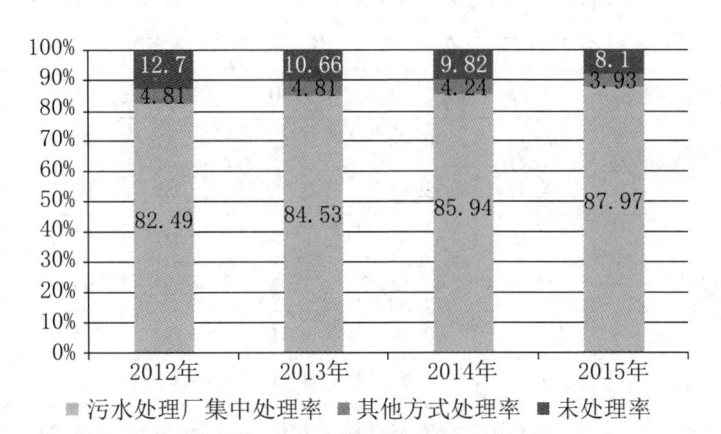

图 3.22　2012—2015 年全国城市污水处理状况[2]

---

〔1〕 资料来自住建部网站:《关于 2015 年国家级风景名胜区执法检查结果的通报》《关于 2014 年国家级风景名胜区执法检查结果的通报》。

〔2〕 数据来自住建部网站各年份《城乡建设统计年鉴》,其中未处理率由污水处理率计算得出、其他方式处理率由污水处理率与污水集中处理率计算得出。

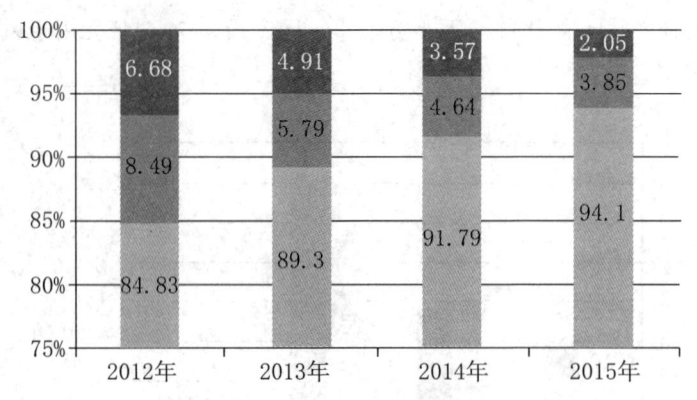

图 3.23　2012—2015 年城市生活垃圾处理状况[1]

由图 3.22 和图 3.23 看出，2015 年全国城市污水处理率及生活垃圾处理率均稳步上升，污水处理厂集中处理率与生活垃圾无害化处理率同样稳步上升，相应地，污水未处理率与生活垃圾未处理率不断下降。

表 3.22　各省份 2014—2015 年城市污水集中处理率、生活垃圾无害化处理率[2]

指标 省份	污水处理厂集中处理率			生活垃圾无害化处理率		
	2014 年	2015 年	增幅	2014 年	2015 年	增幅
北　京	84.52	85.92	1.40	99.59	78.75	-20.84
天　津	90.23	90.70	0.47	96.67	92.74	-3.93
河　北	94.87	93.89	-0.98	86.61	96.01	9.40
山　西	87.18	88.34	1.16	92.07	97.17	5.10
内蒙古	89.21	93.14	3.93	96.07	97.72	1.65
辽　宁	87.69	90.50	2.81	91.59	95.23	3.64
吉　林	89.40	89.71	0.31	61.91	84.70	22.79
黑龙江	63.35	68.73	5.38	58.86	78.24	19.38

[1] 数据来自住建部网站各年份《城乡建设统计年鉴》。
[2] 数据来自住建部网站各年份《城乡建设统计年鉴》。

续表

指标 省份	污水处理厂集中处理率			生活垃圾无害化处理率		
	2014年	2015年	增幅	2014年	2015年	增幅
上 海	89.72	92.21	2.49	100.00	100.00	0
江 苏	78.40	80.37	1.97	98.11	100.00	1.89
浙 江	87.97	88.60	0.63	100.00	99.22	-0.78
安 徽	90.19	91.80	1.61	99.51	99.55	0.04
福 建	83.76	87.45	3.69	97.86	99.19	1.33
江 西	82.55	86.63	4.08	93.09	94.46	1.37
山 东	95.07	95.67	0.60	100.00	100.00	0
河 南	90.99	93.11	2.12	92.84	95.99	3.15
湖 北	88.55	90.12	1.57	90.16	91.51	1.35
湖 南	79.93	86.22	6.29	99.70	99.80	0.10
广 东	91.40	93.25	1.85	86.38	91.56	5.18
广 西	60.47	67.75	7.28	95.40	98.65	3.25
海 南	71.42	74.24	2.82	99.83	99.84	0.01
重 庆	91.94	93.50	1.56	99.20	98.60	-0.60
四 川	79.58	82.46	2.88	95.37	96.79	1.42
贵 州	94.79	95.17	0.38	93.26	93.81	0.55
云 南	88.75	89.50	0.75	92.47	90.03	-2.44
西 藏	16.07	19.07	3			
陕 西	91.56	91.52	-0.04	95.78	98.02	2.24
甘 肃	75.96	80.04	4.08	62.60	64.24	1.64
青 海	59.19	59.98	0.79	86.27	87.18	0.91
宁 夏	79.15	80.85	1.70	93.25	89.92	-3.33
新 疆	85.19	82.05	-3.14	81.87	80.88	-0.99

从表中数据来看，全国31个省份中，除河北、陕西、新疆3个省份外，其他28个省份2015年的污水处理厂集中处理率相较于2014年均上升，其占比达到

90%；而从生活垃圾无害化处理率来看，除西藏未统计到数据外，21个省份2015年的生活垃圾无害化处理率上升，7个省份下降，另外2个省份维持2014年水平。上升省份所占比例为70%，下降省份占比约为23%。吉林、黑龙江上升幅度明显，而北京虽然生活垃圾处理率有所上升，但无害化处理率显著下降。

4. 城市生活垃圾分类

治理生活垃圾的一个有效方式是实行垃圾分类，它可以从源头上保证垃圾的回收再利用。从居民知晓率来看，相关文献调查数据显示，城市市民群体中仅有30%左右的人表示对"垃圾分类"十分了解，而超过50%的市民对城市生活"垃圾分类"工作一般了解，还有约20%的市民表示不了解、不知道。[1]

从居民参与率来看，以上海为例，根据上海社科院社会调查中心、社会学研究所2015年5月发布的上海居民社区生活状况调查结果，仅有不到一成的上海居民已完全实行垃圾分类（6.5%），实行部分分类（28.6%）的居民约为三成，而表示"从未实行"（32.1%）和"仅有分类垃圾桶"（32.8%）的则各占三成。[2]

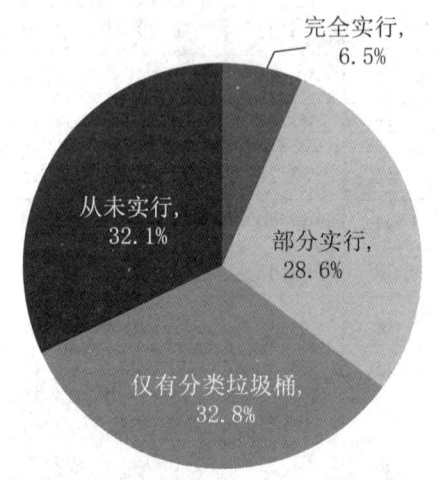

图3.24 上海市居民生活垃圾分类实行情况

从垃圾分类覆盖率来看，仅有少数小区或个别单位垃圾分类覆盖率达到可观水平，如广西横县城区生活垃圾分类收集率达70%以上，源头分类正确率超过

---

[1] 张炯：《城市生活垃圾分类处理现状与对策》，载《智能城市》2016年第12期。

[2] 数据来自中青在线：http://news.cyol.com/content/2015-05/05/content_11380392.htm，最后访问日期：2017年1月12日。

90%；[1] 浙江江东区居住小区生活垃圾分类覆盖率达65.3%。[2] 而从城市整体乃至全国范围来看，尚不存在垃圾分类覆盖率达标的城市，各主要城市仍然处在下达指标并试点探索的阶段。

5. 黑臭水体排查与整治

截至2016年1月20日，全国295座地级及以上城市中，共有216座城市排查出黑臭水体1811个，其中，河流1545条，占85.4%；湖、塘264个，占14.6%。有79座城市没有发现黑臭水体。

截至2016年2月16日，在全国295座地级及以上城市中，77座城市没有发现黑臭水体。在其余218座城市中，共排查出黑臭水体1861个。其中，河流1595条，占85.7%；湖、塘266个，占14.3%。地域分布呈现南多北少的特点。南方地区有1197个，占64.3%；北方地区有664个，占35.7%。60%的黑臭水体分布在东南沿海、经济相对发达地区。广东黑臭水体数量最多，以242个居首，安徽、山东以217个、159个居第二位、第三位。

2016年12月13日，住建部、环境保护部、水利部、农业部四部门联合通报了这项工作的最近进展：截至目前，全国295个地级及以上城市中，有220个城市排查确认黑臭水体2026个，累计有321个完成整治，另有641个已经开工整治；36个重点城市中，有31个城市排查确认黑臭水体638个，115个整治完成，占18%，另有282个已经开工，占44.2%，二者合计超过六成。[3]

图3.25　全国黑臭水体整治情况

---

〔1〕数据来自人民网：http://gx.people.com.cn/finance/BIG5/n/2015/0608/c352262-25158395.html，最后访问日期：2017年1月12日。

〔2〕数据来自凤凰宁波：http://nb.ifeng.com/a/20160812/4864534_0.shtml，最后访问日期：2017年1月12日。

〔3〕资料来自住建部网站：http://www.mohurd.gov.cn/zxydt/201612/t20161213_229941.html，最后访问日期：2017年1月12日。

6. 建筑节能与建筑垃圾（以上海市为例）

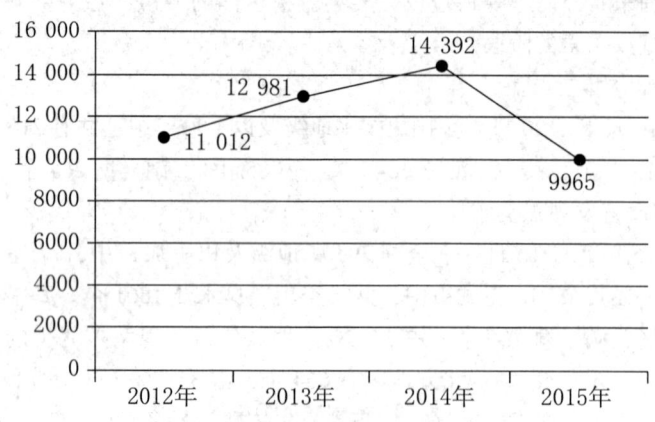

图 3.26　上海市历年建筑垃圾产生量（单位：万吨）[1]

数据点：2012年 11 012；2013年 12 981；2014年 14 392；2015年 9965。

由图 3.26 看出，2012—2014 年上海市建筑垃圾产生量逐年增加，而 2015 年出现明显下降，不超过 10 000 万吨。这得益于上海市对建筑废弃物的严格管控，2015 年上海市以《绿色建筑发展三年行动计划（2014—2016）》为核心，积极推广绿色建筑和装配式建筑发展，探索建筑废弃混凝土资源化利用的有效途径，严格执行绿色施工管理技术规程，强化施工现场节电、节水和污水、泥浆、扬尘、噪声污染排放管理，严格控制废弃混凝土、建筑废弃物排放，探索实施排放收费和资源利用奖励制度，健全和完善废弃混凝土再生产品质量标准、应用技术规程，加大废弃混凝土、建筑废弃物在工程项目中的资源化利用力度。同时开通上海市渣土违规举报微信公众平台，受理上海市行政区域内建筑垃圾和工程渣土偷乱倒、超载及工地和运输企业的无证处置三项违法违规行为的举报，推动"1+17+1"建筑能耗监测系统（即 1 个建筑能耗监测市级平台、17 个区级分平台、1 个市级机关分平台）的建成，这些举措的综合运用取得了实效。

（四）经验与问题分析

1. 可获取的经验

（1）根据实际需要，细化部门责任。

由于《环境保护法》和地方的环保条例对于住建部门的责任规定得比较笼统和概括，也未全面囊括住建部门的环保职责，为此，内蒙古、江苏等地于新《环

---

[1] 数据来自各年份《上海市统计年鉴》。

境保护法》颁布实施后出台了相关环境保护责任规定，针对本地区具体建设情况，对住建部门的环保责任予以明确化和具体化，成为住建部门环保责任最直接的规范依据。此外，在细分生态环保领域，住建部门和其他有权机关也可制定相应的文件，如针对园林绿化的"绿化条例"、针对绿色建筑的"绿色建筑发展条例"以及针对黑臭水体的"黑臭水体整治工作指南"等，这些规定可以为住建部门开展环境保护工作提供指导，也成为考核住建部门落实环保责任与否的主要标准之一，从而督促住建部门积极履行环保职责。

（2）构建监测体系，加大执法检查力度。

由于环境保护是一项系统性的工作，住建部门不可能深入到每个细节指导工作的开展，仅将住建部门的责任予以规范化尚不够，还需要加强事后执法及过程监管，依靠执法监管手段保障环境保护目标的实现。例如，对风景名胜区的保护和管理采取濒危名单管理的方式，实施黄牌警告和退出机制，加大执法检查力度；对于黑臭水体排查整治情况建立全国性的监督管理平台，要求各地及时上报排查整治情况。这可以倒逼被规范对象积极开展环境保护工作。同时也要求构建完善的监测体系，如对重点排污单位的排污数据监测、对建筑能耗的监测，搭建公开透明的监测体系，可以实现数据共享、相互监督。

（3）新技术、新措施推广与应用。

科学技术手段的运用能够提升城市洁净的效率和水平，如在垃圾处理领域内应用垃圾焚烧处理技术，在城市保洁工作中使用先进的道路清扫机械设备，在黑臭水体整治领域应用控源截污技术、内源治理技术、生态修复技术、活水循环等其他技术，在绿色建筑和建筑节能发展领域推广装配式建筑、被动式超低能耗建筑，在城市纳洪与节水领域推进海绵城市建设。这些新技术、新措施的推广与应用极大地改善了城市面貌，达到事半功倍的效果。

2. 待改善的问题

（1）部分省市绿化进程落后于城市建设进程。

从城市建成区绿化覆盖率来看，2015年建成区绿化覆盖率下降的省份逾半数，广西、海南、西藏、青海降幅超过1个百分点。再看图3.27，2015年城市园林绿化设施建设投资相较于2014年大幅下降，且达到2012年以来最低点，说明2015年全国园林绿化建设整体情况并不理想，园林绿化进程落后于城市建设进程，住建部门对绿化工作的推进有待进一步加强。

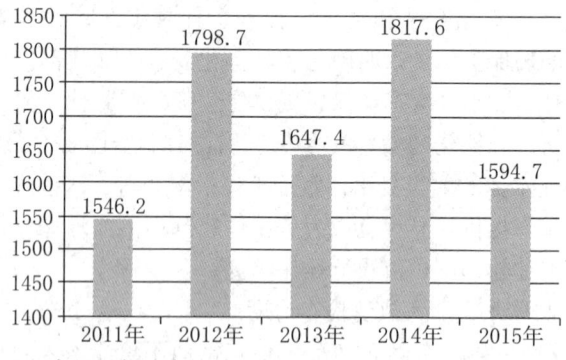

图 3.27　全国近年城市园林绿化设施建设投资（单位：亿元）[1]

（2）农村污水集中处理水平、生活垃圾无害化处理水平整体偏低。

对比污水处理率、生活垃圾无害化处理率与表 3.23 中农村污水、垃圾治理状况可知，农村污水处理率、生活垃圾无害化处理率普遍低于城市水平，与此同时，除少数城市污水处理厂集中处理率与污水处理率相当、生活垃圾无害化处理率与生活垃圾处理率相当之外，大多数省份污水处理厂集中处理率远低于污水处理率、生活垃圾无害化处理率远低于生活垃圾处理率。据此可以推知，在生活污水、生活垃圾处理方面，由于基础设施建设不到位、治理技术不发达等原因，农村治理未实现理想效果。

表 3.23　各省、自治区、直辖市 2015 年农村（乡级单位）污水、生活垃圾治理状况[2]

地　域	污水处理率（%）	污水处理厂集中处理率（%）	生活垃圾处理率（%）	无害化处理率（%）
全　国	11.46	5.42	63.95	15.82
北　京	85.45	53.96	84.80	40.93
天　津			92.92	
河　北	1.45	0.01	28.89	4.31
山　西			31.23	0.23
内蒙古			50.92	3.30

---

〔1〕　数据来自住建部网站各年份《城乡建设统计年鉴》。
〔2〕　数据来自住建部网站各年份《城乡建设统计年鉴》。

续表

地 域	污水处理率（%）	污水处理厂集中处理率（%）	生活垃圾处理率（%）	无害化处理率（%）
辽 宁	11.74	4.86	43.76	6.27
吉 林	4.55		61.24	7.99
黑龙江			0.80	0.44
上 海	56.92	53.85	100.00	100.00
江 苏	27.26	22.46	95.94	77.66
浙 江	44.05	12.13	89.20	48.75
安 徽	21.25	12.18	75.77	35.92
福 建	25.26	12.82	95.23	48.42
江 西	12.75	6.06	79.97	23.37
山 东	7.83	3.38	96.57	92.68
河 南	13.09	3.52	74.15	7.68
湖 北	8.78	4.49	87.50	32.10
湖 南	17.30	10.76	65.80	14.31
广 东	99.80		92.60	33.33
广 西	3.71	3.51	86.17	4.47
海 南			83.64	
重 庆	11.23	5.93	67.59	12.50
四 川	10.53	7.02	77.69	14.84
贵 州	5.98	0.66	75.99	10.65
云 南	2.83	0.43	57.67	2.87
陕 西	7.86	7.86	22.46	
甘 肃	3.99	1.05	42.29	3.24
青 海			12.04	
宁 夏	38.48	26.38	64.80	15.98
新 疆	5.32	4.48	46.99	0.36

（3）重视垃圾的末端处理而忽视垃圾分类。

就目前来看，在生活垃圾无害化处理的三种主要方式中，填埋方式最为普遍，焚烧方式次之，堆肥方式主要适用于餐余垃圾等湿垃圾。据住建部《城乡建设统计年鉴》，生活垃圾填埋和焚烧无害化处理能力逐年提升，处理量逐年上升（堆肥方面未统计到数据），这源于国家对填埋、焚烧处理设施建设的投入。而随着填埋方式占用土地、污染严重等缺点的日益显露，各地开始将垃圾处理的重心转移至焚烧方式，并大力开展新型焚烧技术的研究和推广，推进大型焚烧项目的建设。

相比之下，较低的居民知晓率和参与率表明，各地对于垃圾分类的推广力度尚不够，分类试点收效甚微。除此之外，生活垃圾混装混运现象普遍存在。究其原因，主要在于以下几个方面：配套制度体系不完善，分类标准不统一；宣传力度不大，居民缺乏分类意识和分类常识；转运站、分类垃圾桶等分类设施建设不完善。可见，各地对于垃圾分类的推行尚未给予足够的重视。

（4）黑臭水体整治力度不够。

从全国黑臭水体排查整治情况来看，在排查出的2026个黑臭水体中，累计只有962个已经完成整治或开工整治，占比不到50%，而尚未整治的黑臭水体所占比例超过50%。新《环境保护法》颁布后，在《水污染防治行动计划》与《城市黑臭水体工作指南》的要求下，各地积极开展黑臭水体排查工作，目前排查效果明显。但对于排查出的黑臭水体，约有50%的区域虽然编制完成或正在编制整治方案，但尚未开工治理，此外，还有4%左右的区域完全未启动整治方案的编制工作，可见，要想实现《水污染防治行动计划》"于2017年底前实现河面无大面积漂浮物，河岸无垃圾，无违法排污口；于2020年底前完成黑臭水体治理目标。直辖市、省会城市、计划单列市建成区要于2017年底前基本消除黑臭水体"的目标，需要进一步加强黑臭水体整治力度。

（五）评估结论

2015年新《环境保护法》实施以来，住建部门在城乡规划与建设过程中强化了环保和生态理念，从受损环境的治理与修复和环境生态功能的提升两大方面，多措并举推进生态城市建设。在园林绿化、城市市容环境卫生、建筑节能等领域，住建部门出台相应的规章、办法，积极履行《环境保护法》要求的环保职责，整体实施情况良好，在生态园林城市考核与建设、海绵城市建设、城市生活垃圾无害化处理、建筑节能几个方面较为突出，实施效果显著，而在垃圾分类、黑臭水体整治方面存在短板。

从不同地区情况来看，江苏、海南、河北、上海、浙江、山东、湖南、四川、云南、陕西等地对于《环境保护法》规定的职责落实力度较大，实施的举措较为全面；北京、天津采取的措施针对性较强，主要在绿色建筑与建筑节能、施工现场扬尘防治方面加强管控，在其他方面未见具体措施；此外，从内蒙古、辽宁、甘肃、青海等地的情况来看，新《环境保护法》对它们的影响并不大。

从城乡情况来看，住建部门在城市环保与生态建设中投入较大，城市园林绿化、海绵城市建设、生活污水与生活垃圾治理、黑臭水体整治方面，城市建设与整治效果显著；相对而言，农村环境卫生明显属于薄弱环节，环保基础设施建设情况不够理想，整体治理水平落后于城市水平。这就要求住建部门在接下来的工作中，注意统筹城乡发展，落实《环境保护法》关于"提高农村环境保护公共服务水平，推进农村环境综合整治"的要求。

第四部分
公检法机关保障新《环境保护法》实施情况及效果评估

"法的生命在于实施",新《环境保护法》作用的发挥离不开执法和司法,故本部分分别从执法和司法两个大的层面来对新《环境保护法》实施情况进行评估。

在执法方面,公安机关作为我国的行政机关,履行着行政执法职能,同时,在环境刑事案件的侦查方面,具备司法职能,故需要对公安机关实施新《环境保护法》进行效果评估。首先,本书从公安机关的设置情况入手。新《环境保护法》颁布之前,我国各地就已经设置专门的"环保警察"来专管环境案件,如河北省衡水市安平县于2006年设置的环境保护派出所。故需要对公安机关内部的环境职能履行机构设置情况进行分析。其次,公安机关环境保护职能的发挥往往表现在与环保行政机关以及司法机关的配合中,而我国的公安机关职能多样:在民事方面,承担着一定的调解职能;在行政方面,发挥着治安管理的作用;在刑事方面,则负责刑事案件的侦查。具体到环境保护领域,公安机关主要负责环境类犯罪案件侦查移送以及环境行政处罚执法。

在司法方面,检察院和法院作为我国的司法机关,是衔接环境立法的最重要一环,其直接关系到新《环境保护法》是否能真正引领我国环保事业的新格局,因而有必要对法院、检察院保障新《环境保护法》实施的情况和效果进行评估。首先,环境问题和环境纠纷的复杂性、专业性对我们环境司法的专门化提出现实性要求,所以本部分从司法专业化建设出发。无论是对于审判结构、审判机制、审判程序还是审判队伍等方面的考察,都是为了厘清我国为应对新《环境保护法》实施以及环境问题复杂化而作出的对传统审判机制的重新审视与创新。其次,通过对环境污染犯罪以及环境公益诉讼这两个司法重点和热点的探析,在结合大量数据分析的基础上,能进一步窥见司法机关在保障新《环境保护法》实施方面所采取的具体措施,所形成的具体效果,从而形成关于司法保障新《环境保护法》实施的全面且具体的把握，在其中发现亮点，消除缺点，弥补空白点，创建突破点，以期实现环境司法专门化的不断完善健全。最后，检察机关与法院同为司法机关，其职责主要包括追究刑事责任，提起公诉和实施法律监督。2015年新《环境保护法》正式实施以后，两高发布了一系列的司法解释，以13个省市为试点，承认检察机关作为环境民事公益诉讼原告的主体资格，其对新《环境保护法》效果的发挥应当如何考量？一方面，环境司法专门化包括审判专门化和检察专门化，后者包括环境案件检察机构的专门化、检察队伍的专门化、检察控诉程序的专门化以及检察监督的专门化；另一方面，检察机关环境保护职能的发挥体现在诉讼中，而环境公益诉讼是新《环境保护法》最大的亮点，因此，从检察机关提起公益诉讼的角度来评价其对环境法治的贡献应当是适宜的。

综上，本书试通过分别分析公检法在新《环境保护法》运行过程中的一系列数据，借以反映出新《环境保护法》实施情况的发展。

一、法院在保障新《环境保护法》实施中的作用及效果评估

在环境保护的大背景下，人民法院积极推进环境司法专门化，设立专门的审判机构，培养专门的审判人员，以应对环境案件的特殊性，将大量的环境纠纷纳入诉讼程序，已取得一定的成果，但仍存在不足。欲了解环境司法专门化的发展状况，必先考察环境审判机构、审判机制、审判程序、审判团体等的现状。基于此，课题组试图以上述几个要点为重点分析对象，通过资料收集、数据分析，总结和探究我国环境司法专门化的经验得失。

2016年12月最高人民法院、最高人民检察院通过《关于办理环境污染刑事案件适用法律若干问题的解释》再一次对"污染环境罪"进行了司法说明，这是1997年《刑法》施行以来最高司法机关就环境污染犯罪第三次出台专门司法解释，充分体现了最高司法机关对环境保护的高度重视。本部分以时间为线索梳理污染环境罪的发展状况，并以近两年来2574件污染环境犯罪案件为样本，进行实证分析。

环境公益诉讼作为环境司法专门化的典型诉讼类型，在新《环境保护法》与最高人民法院《关于审理环境民事公益诉讼案件适用法律若干问题的解释》（以下简称《解释》）颁布实施后，案件数量大增，但相关制度尚未发展成熟。课题组通过集中整理环境公益诉讼案件，以被告性质、案由、地域分布情况为切入点，了解并把握环境公益诉讼的进展情况。

课题组以环境司法专门化制度为重心，将污染环境罪案件和环境公益诉讼案件作为两个支点。通过相关数据分析，概括新《环境保护法》实施以来环境司法

专门化的特点，找出问题和应对措施，探寻环境司法专门化未来的发展趋势。

（一）环境司法专门化

2015年年底，第一次全国法院环境资源审判工作会议召开，对于环境司法专门化进行了诠释，即审判机构、审判机制、审判程序、审判理论和审判团队"五位一体"的专门化。[1] 我们以环境司法专门化的审理流程为逻辑主线，分为如下四个方面来分析（图4.1）。

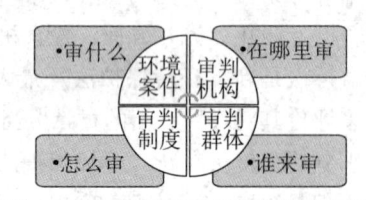

图 4.1 环境司法专门化逻辑主线图

1. 环境案件

全国环境统计公报显示，2002—2011年，全国法院受理各类刑事、民事、行政环境一审案件118 779件，审结116 687件。一审环境案件的收案数仅占同期一审案件总数的0.2%。[2] 然而，自2014年以来，环境诉讼案件近三十万，尤其是新《环境保护法》实施以来，环境诉讼案件总数呈现井喷式增长（见图4.2）。

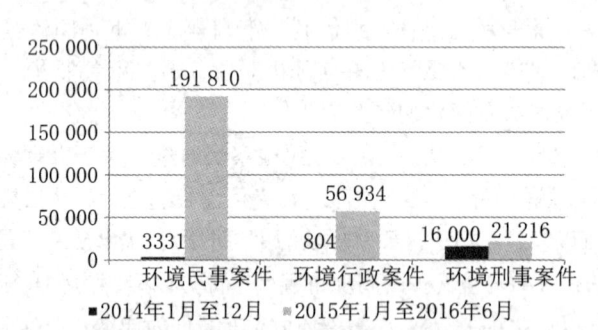

图 4.2 新《环境保护法》实施以来环境案件对比分析图（单位：件）

从上述全国各级法院审理环境资源案件的情况可以看出，新《环境保护法》

---

[1] 参见张宝：《环境司法专门化的建构路径》，载《郑州大学学报（哲学社会科学版）》2014年第6期。

[2] 与之对比的是，我国每年仅涉及环境保护的信访案件就超过60万件，2010年全国环保系统共收到群众来信70.1万件，涉及环境污染与生态破坏有关问题的有67.7万件。这意味着环境问题已然成为全社会关注的一大热点，更意味着当前社会潜在的环境纠纷大量存在。

实施以来环境案件受理的基本情况：

(1) 环境民事案件激增。

自2015年以来，环境民事案件、环境行政案件、环境刑事案件均出现较大增长。尤其是民事案件，增长比例最显著。新《环境保护法》实施以来，环境民事案件数量近二十万。

(2) 环境行政案件破"万"。

新《环境保护法》实施以来，探索建立政府环境责任保护追究制度，落实政府环境保护责任，政府不再只是环境的管理者，也是责任者、被监督者。政府在环境治理中不作为或者作为不当会被追究责任，这也正是环境行政案件大幅增长的原因。

(3) 环境刑事案件增长幅度较小。

环境刑事案件在新《环境保护法》实施以来平稳上升。2015年对于污染环境的犯罪打击力度加大，这与《刑法修正案（八）》将第338条的重大环境污染事故罪修改成污染环境罪有密切关联，同时与最高人民法院、最高人民检察院颁布的《关于办理环境污染刑事案件适用法律若干问题的解释》也直接相关。

2. 设置专门的审判机构

由环境资源专门审判机构集中审理环境案件的模式，不仅创新了环境资源审判工作机制，同时还兼顾协调了刑事、民事和行政案件，逐步改变目前（2017年2月）以行政区划分割生态系统的管辖模式，实行对环境资源案件的集中管辖，有效解决跨行政区划的环境污染、生态破坏等问题。

(1) 专门化审判机构的组织形式。

第一，宏观背景。2014年最高人民法院环境资源审判庭宣告成立，最高人民法院鼓励有条件的省市成立环境资源审判庭（以下或简称为"环资庭"），并先后制定相关意见和司法解释以加强顶层设计，统一裁判尺度，提供政策指引。这些司法意见和司法解释加快推动了环境司法专门化的进程，为环境保护法庭在全国范围内"试点—推广"提供了理论保障。

第二，微观剖析。截至2016年6月，全国共有27个省份的人民法院设立共计558个环境资源审判庭、合议庭或者巡回法庭。其中设立环境资源审判庭182个，包括最高人民法院环境资源审判庭，12个高级人民法院、44个中级人民法院和125个基层人民法院设立的环境资源审判庭，如图4.3。全国法院共设立专门的环境资源审判合议庭359个，设立环境资源审判巡回法庭9个。〔1〕

---

〔1〕 环境资源审判庭是满足环境案件审判专业化的需求最核心的一环，所以筛选分析全国环境资源审判庭的设立情况。

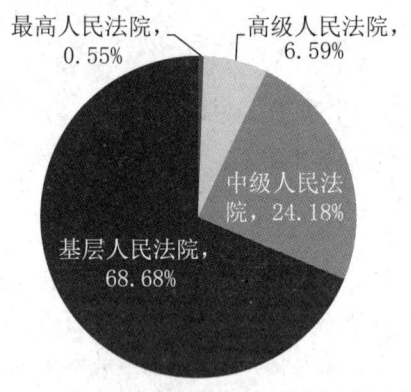

图 4.3　2016 年全国四级法院环境资源审判庭设立情况

自 2007 年贵州省成立首个环境保护法庭以来，为应对日趋严重的环境污染和生态破坏问题，全国环境保护法庭数量大增。收集到的数据反映出，在全国环境资源审判庭的设立中，基层人民法院设立的环境资源审判庭数量较多，占比达到近 70%，中级人民法院占比接近 25%，高级人民法院设立环境资源审判庭的数量呈现上升趋势。概言之，我国环境资源审判机构的设立模式呈现出由"地方—中央"自下而上的发展趋势，最终形成"上下并举"的全新局面。

以我国影响最大的几个地方环境法庭（贵州、福建、云南、山东）为例，具体情况如表 4.1：

表 4.1　部分地方人民法院环境法庭设置情况

省　份	设置时间	设立情况	审判成效
贵　州	2007 年 11 月至 2013 年 7 月	5 个基层人民法院环境保护法庭 4 个中级人民法院环境保护法庭（贵阳、遵义、黔南、黔西南） 省高级法院 1 个环境保护法庭	2015 年以来，贵州法院共受理环境资源类案件 4980 件，审结 3942 件。共受理环境资源公益诉讼 13 件（2015 年为 12 件，全国为 62 件）。
福　建	2008 年 5 月至 2016 年 3 月	2014 年 5 月 23 日，福建高院林业审判庭更名为生态环境审判庭，是中国首个省级生态环境审判庭 2016 年 3 月，福建设立 7 个生态环境审判示范基地	2008 年以来，审结涉生态环境资源各类案件 1.9 万余件，设立生态环境资源审判庭 67 个、专门合议庭 17 个。

续表

省　份	设置时间	设立情况	审判成效
山　东	2010年4月至2016年6月	2010年4月，青岛城阳区法院成立环境保护法庭 2011年10月，东营中院设立环境保护法庭 2015年7月，青岛黄岛区法院成立环境保护法庭 2016年5月30日，青岛中院环境资源审判庭成立 2016年6月，山东高院成立环境资源审判庭	2010年以来，山东法院系统共审理涉环境资源民商事案10 695件、环保行政案8809件、刑事案1285件。
云　南	2008年12月至2016年2月	2008年12月，昆明中院率先成立环资庭 2008年以来，昆明、玉溪、曲靖、大理4家中级人民法院与11家基层人民法院成立环资庭，探索环境资源审判 2016年2月，云南省编办批复省高院设立环境资源审判庭 形成三级法院环境资源审判有效衔接	昆明中院自2008年以来，共审结环境资源类案280余件。 玉溪中院自成立以来审理各类环境资源案160余件。 大理两级法院环资庭成立以来共审理环境资源案件650余件。 曲靖中院自成立以来审理环境资源类案220余件。

从表格中的信息不难看出，环境保护法庭的设置，形成"基层—中级—高级"三级法院环境资源审判有效衔接，具有以下特点：

第一，设立方式不同。由于缺乏统一的组织形式的规定，环境资源法庭的设立方式各异，大致有以下两种设立方式：一是在传统审判庭之外新设环境资源审判庭，二是对现有审判机构进行改造，增加审判职能。大多数法院选择了前一种方式。[1]

第二，审判成效突出。近年来，随着环境司法专门化的推进，一方面环境法庭（包括合议庭、巡回法庭）的数量不断增多，很多省份实现了环境法庭管辖全省覆盖；[2]另一方面环境法庭审理的案件数量大幅增加，很多省市打破了"无案可审"的尴尬局面。

---

〔1〕 2008年，以"一湖两江流域"水资源保护为契机，云南省拉开环境司法保护的序幕。目前，云南省有昆明、曲靖、玉溪、大理4家中级人民法院和11家基层人民法院设立环资庭，部分法院设立环保合议庭。

〔2〕 如贵州在贵阳以外的中院和基层人民法院增设环境法庭，江苏在全省更多的中基层人民法院增设环境合议庭，以实现环境法庭管辖全覆盖。

(2) 专门化审判机构的管辖。

2014年最高人民法院出台了《关于全面加强环境资源审判工作 为推进生态文明建设提供有力司法保障的意见》，其提出了探索建立与行政区划适当分离的环境资源案件管辖制度。[1] 例如，贵州省高级人民法院根据主要河流的流域范围将全省划分为四大生态司法保护板块，由4个中级人民法院、5个基层人民法院对环境保护案件实行集中管辖。[2] 湖北、江苏、广东、新疆兵团法院经最高法院批准，确定部分中级人民法院就环境公益诉讼案件实行跨行政区划集中管辖。[3]

3. 配备专业的审判群体

目前我国环境审判队伍的力量薄弱，具有环境专业知识的法官凤毛麟角，环境保护法庭人员的设立情况遭遇"瓶颈"。实践中发现环资庭的大多数法官都是从其他业务庭抽调而来，并没有接受过专门的环境法律训练，很难对环境案件的特殊性有深入把握，由此，有必要提升审判人员的专业化水平。

(1) 加强法官业务培训。

环境保护法官在"理工背景+环境专业知识"方面"缺钙"，加强全国环境资源专门审判队伍的建设，通过后期的培训学习可以改变这一劣势。在2014年11月及2015年5月，最高人民法院两次对全国的环境保护法官进行了培训，这无疑是提升环境法官的专业素养和综合能力的良好契机，有利于改造环境审判的专业化队伍，推动环境司法的专门化建设。

(2) 组建专家陪审员队伍。

最高人民法院在《关于审理第一审专利案件聘请专家担任陪审员的复函》中规定："人民法院在审理第一审专利案件时，可以根据该案所涉及的技术领域，聘请有关技术专家担任陪审员。"环境司法审判实务中涉及专门性问题的案件远远不止于专利案件，既然如此，各级法院在环境资源案件审理实践中，也可借鉴通过法定程序选聘环境资源专家作为人民陪审员来参与案件的审理的经验。[4]

(3) 设立环境资源司法研究智库。

2015年5月19日，最高人民法院环境资源司法研究中心正式揭牌，25位环境资源领域的优秀法官和知名学者受聘担任研究员，40位来自法学界、科学技术

---

[1] 最高法院表示，"加强对地方法院环境资源审判机构建设的指导，积极探索与行政区划适当分离的环境资源类案件集中管辖制度。"

[2] 贵州省高院早于2014年4月出台《关于创新环境保护审判机制推动我省生态文明先行区建设的意见》决定对生态环境保护行政、民事案件实行指定集中管辖。

[3] 江苏省指定全省31家基层人民法院跨区域集中管辖本辖区及指定辖区环境资源案件。

[4] 如贵州省、重庆市等环境保护法庭聘任部分环境专家作为人民陪审员，协助法官办案。

界的专家组成环境资源审判咨询专家库。最高人民法院环境资源审判庭还与国内高校合作，在中国人民大学、武汉大学设立了环境资源司法理论研究基地。我国不乏这样的实例，但也必须坚持这样的实践发展。

4. 设计集中审理的程序制度

环境审判程序的专门化就是要运用专门的、特别的程序对环境案件进行处理。特别的程序对于环境诉讼意义重大：因为特别的程序发端于普通的程序，一方面继受了普通程序的关键性内核，如证据类型、审结方式等；另一方面附加了难以被普通程序所消化的环境司法专门化的显著特性，如诉前禁令、举证责任分配，以及由生态环境专家担任顾问、人民陪审员等制度，顺应了环境资源案件的特殊性。

(1) 举证责任分配。

环境案件在举证责任分配上多适用举证责任倒置，在因果关系判断上多采用因果关系推定，二者共同服务于降低和减轻原告举证难度的目的。

(2) 证据的收集。

环境民事案件不同于普通民事案件适用的要求原告在提起诉讼时要提供初步证据的证据规则，通常采取能动司法举措，依原告申请或依职权主动调查收集证据。[1]

(二) 污染环境罪案件

在大量的环境案件中，我们通过对各种数据库的检索，一共收集到了 2574 个污染环境罪案件。[2] 自 2011《刑法修正案（八）》实施以来，近几年环境污染案件数量变化情况如图 4.4：

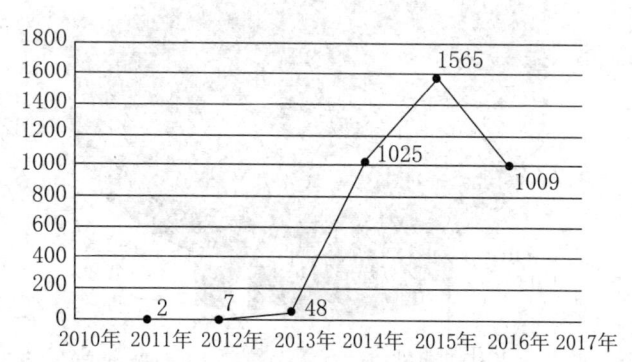

图 4.4 全国法院审理污染环境罪案件变化图（单位：件）

数据点：2010年 —，2011年 2，2012年 7，2013年 48，2014年 1025，2015年 1565，2016年 1009，2017年 —

---

〔1〕吕忠梅等：《环境司法专门化：现状调查与制度重构》，法律出版社 2016 年版，第 67~69 页。

〔2〕检索路径为：案由—刑事—妨碍社会管理秩序罪—破坏环境资源保护罪—污染环境罪，自定义审结时间，2015 年 1 月 1 日至 2016 年 12 月 12 日。

1. 污染环境罪案件数量变化分析

2016年，破坏环境资源保护罪（包括重大环境污染事故罪、盗伐林木罪、滥伐林木罪等18种罪名）占比5.66%，污染环境罪占比0.61%。污染环境罪案件的变化如图4.4所示：2011—2013年，案件数量较少，寥寥几例；2013年"两高"出台《关于办理环境污染刑事案件适用法律若干问题的解释》之后，环境案件数量激增，在2015年出现"峰值"，2016年案件数量有所下降，但数量仍然较多。原因分析如下：通过检索大量裁判文书发现，污染环境罪的被告绝大多数是自然人，案由大都是设立小作坊排放污染物造成了环境污染，且多发生在江苏、浙江、广东一带，我们判定污染环境罪案件发生率和经济发展程度有关。对构成污染环境罪的被告予以刑事惩罚，是落实环境责任、实现环境法治的重要一环；2016年的污染环境罪案件数量虽然有所下降，但总量仍然较大，表明我们面对的环境问题较多，环境形势严峻。

2. 污染环境罪案件刑事责任初探

在2574例污染环境罪案件中，企业成为被告的仅170例，近93%都是自然人犯罪。其刑事责任类型如图4.5、图4.6（单一被告指单个自然人或一个企业作为被诉对象；多个被告是指被告为几个自然人、多个企业或企业和自然人共同作为被告）：

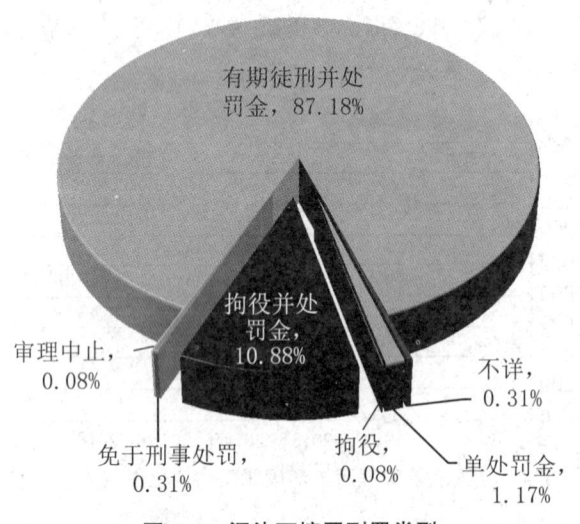

图4.5 污染环境罪刑罚类型

- 有期徒刑并处罚金，87.18%
- 拘役并处罚金，10.88%
- 审理中止，0.08%
- 免于刑事处罚，0.31%
- 拘役，0.08%
- 单处罚金，1.17%
- 不详，0.31%

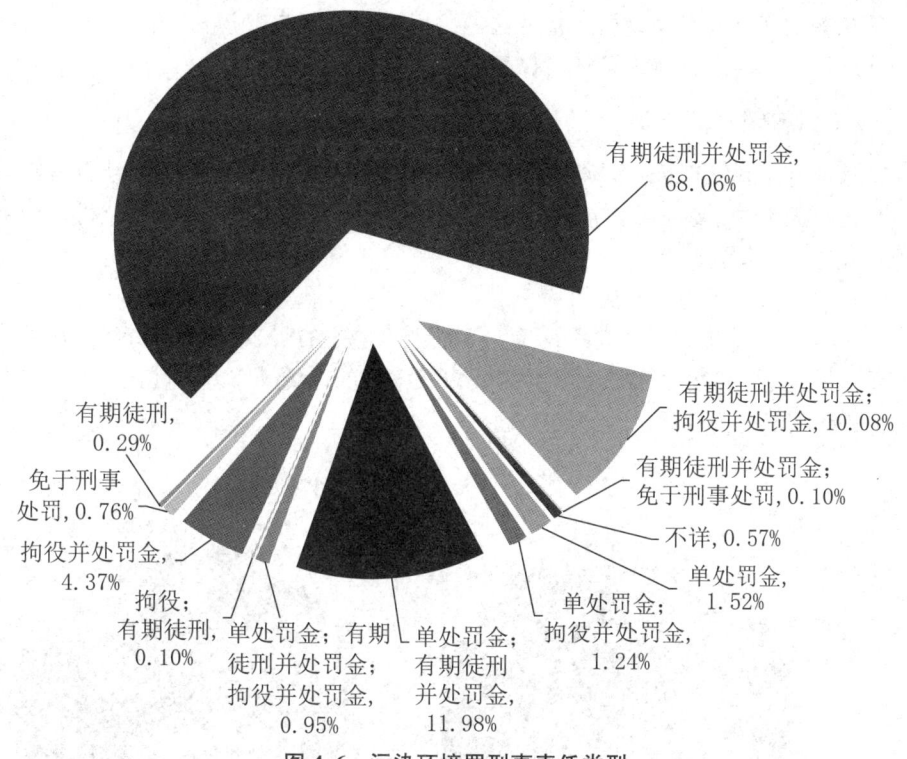

图 4.6 污染环境罪刑事责任类型

（1）被告多为自然人。

在 2574 例污染环境罪案件中，企业成为被告的仅 170 例，近 93% 都是自然人犯罪。

（2）惩处力度较弱。

污染环境罪刑事责任承担方式以拘役并处罚金和有期徒刑并处罚金为主，注重金钱罚，这也是环境污染刑事责任承担人为了经济利益污染环境应受的惩罚。大量的裁判文书反映出判处拘役并处罚金的比例较大，刑罚较轻，惩处力度相对较弱。

3. 两高司法解释

2016 年的"两高"《关于办理环境污染刑事案件适用法律若干问题的解释》结合当前环境污染犯罪的特点和司法实践反映的问题，对 2013 年的该司法解释进行了更新。在我们收集整理的污染环境罪司法案例中，排放、倾倒、处置危险废物、重金属污染物导致环境污染或生态破坏的现象很多，且大多是以小工厂作坊的形式运营。2016 年该司法解释细化了重金属污染环境入罪标准，规定重污染天气预警期间排放有害物质从重处罚等，回应了近年来环境污染犯罪出现的一些新的情况和问题，体现了环境保护法律的时代性。

（三）环境公益诉讼

从目前环境公益诉讼的实践来看，环境公益诉讼的原告可以分为社会组织和检察机关两大类，鉴于后文将对检察机关进行系统论述，这一部分仅分析社会组织提起的环境公益诉讼。

1. 环境公益诉讼的进展

对 2016 年新提起并立案的 69 件[1]环境民事公益诉讼案件进行分析，从被告性质（图 4.7）和案由情况（图 4.8），以及案件的地域分布差异（图 4.9）三个方面来说明环境公益诉讼的进展状况。

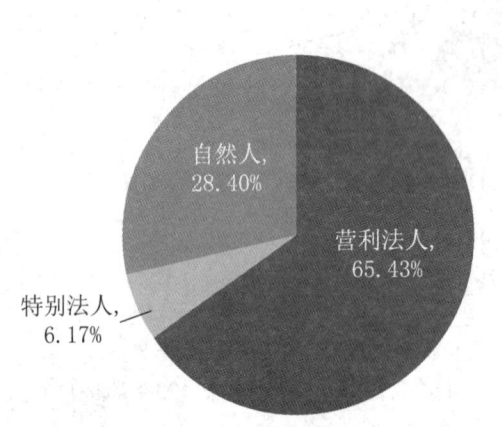

图 4.7　2016 年环境民事公益诉讼案件被告性质分析图

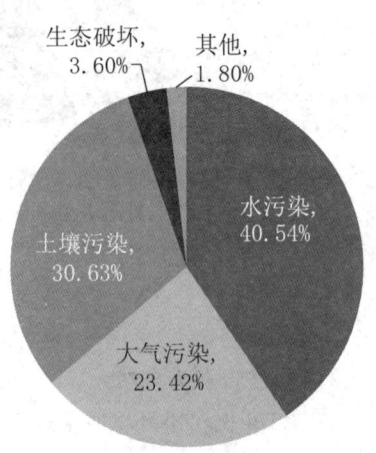

图 4.8　2016 年环境民事公益诉讼案件案由分析图

---

[1] 关于环境公益诉讼提起的情况存在几种说法，如 2017 年 2 月 26 日最高人民检察院发布的数据显示，2015 年 7 月以来，13 个试点省市检察院已向法院提起公益诉讼 495 件（参见最高人民检察院：http://www.spp.gov.cn/tt/201702/t20170226_182280.shtml），而 2017 年 3 月 7 日最高人民法院发布的环境公益诉讼典型案例新闻通气会上给出的数据，2015 年 1 月 20 日至 2016 年 12 月 31 日，全国法院共受理社会组织和试点地区检察机关提起的环境公益诉讼一审案件共计 189 件，审结 73 件，受理二审案件 11 件，审结 11 件（参见中国法院网：http://www.chinacourt.org/article/detail/2017/03/id/2573898.shtml）。本书数据来源于裁判文书网、北大法宝数据库、新闻报道等网络信息，及环保社会组织公益诉讼简报等网络信息，并在此基础上加以整理和筛选（69 件案件数量仅包括 2016 年立案受理的环境民事公益诉讼案件数量），但囿于各地方信息公开建设存在差异，故可能存在遗漏，但从收集到的数据中同样可以窥探出 2016 年我国环境公益诉讼的有关进展情况。

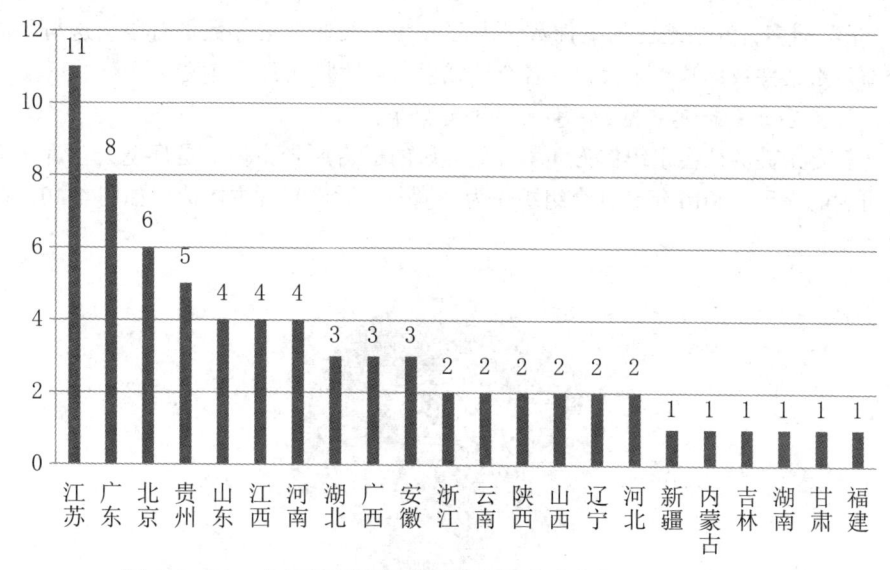

图 4.9 2016 年环境民事公益诉讼案件地域分布图（单位：件）

（1）被告性质突出。

环境民事公益诉讼的被告以营利法人（尤其是企业法人）为主，占到了 65.43%，自然人也时常作为被起诉主体。在 69 例案件中，值得注意的是特别法人[1]作为环境公益诉讼案件的被告，且往往和企业法人一同作为被告。中国绿发会诉大连建安房屋拆迁有限公司、大连市西岗区文化体育局、大连市西岗区人民政府等不可移动文物环境公益诉讼一案中，大连市西岗区人民政府以机关法人的身份被起诉。

（2）诉讼案由集中。

环境民事公益诉讼案由以环境污染为主，污染的环境要素集中于水、土壤、大气。而因生态破坏提起环境公益诉讼的案件数量相对较少且代表性较强。其中自然之友诉深圳市东阳光实业发展有限公司、广东南岭森林景区管理有限公司非法建路公益诉讼一案，原被告双方于 2016 年年底达成调解协议，由被告进行生态修复。

（3）地域分布不均。

环境民事公益诉讼案件以江苏、广东、北京、贵州、山东、江西、河南等地

---

[1] 本书所指特别法人包括机关法人、农村集体经济组织法人、城镇农村的合作经济组织法人、基层群众性自治组织法人，参见《民法总则》第 96 条。

"产量"居多,其余地区的案件数量大部分为一两起,案件数量有限。这与环境公益诉讼案件数量基数不大,且各个地域生态环境状况迥异有关。

2. 社会组织提起环境公益诉讼的实施效果

符合条件的社会组织作为环境公益诉讼的适格原告主体,是环境公益诉讼必不可少的一环。2016 年,社会组织作为环境公益诉讼起诉主体情况如图 4.10,可以看出:

图 4.10　2016 年环境公益诉讼原告主体性质分析图

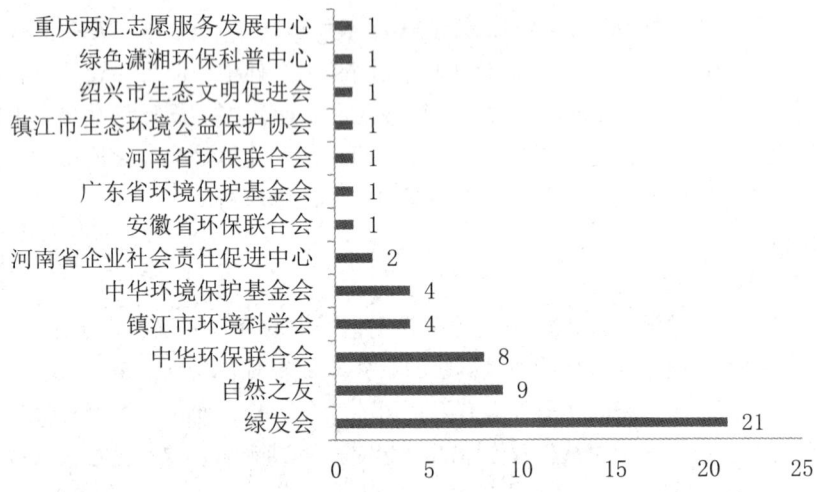

（检察院 26.09%；社会组织 73.91%）

图 4.11　社会组织提起环境民事公益诉讼的数量统计图（单位：件）

- 重庆两江志愿服务发展中心　1
- 绿色潇湘环保科普中心　1
- 绍兴市生态文明促进会　1
- 镇江市生态环境公益保护协会　1
- 河南省环保联合会　1
- 广东省环境保护基金会　1
- 安徽省环保联合会　1
- 河南省企业社会责任促进中心　2
- 中华环境保护基金会　4
- 镇江市环境科学会　4
- 中华环保联合会　8
- 自然之友　9
- 绿发会　21

（1）起诉主体以社会组织为主。

在所统计到的 69 例环境民事公益诉讼中,社会组织提起的环境公益诉讼占据了全部案件的大多数;由于相关法律规定了社会组织提起公益诉讼的条件,故而,在实践中社会组织提起环境公益诉讼更容易被法院所接受。另外,维护社会公共利益，从事环境保护公益活动是社会组织章程确定的宗旨和主要业务范围，社会组织更有精力和能力提起环境公益诉讼。

（2）检察机关积极发挥检察职能。

检察机关作为环境公益诉讼原告的案件数量在2016年有所增加。检察院以支持起诉、提出检察意见、监督执行等方式参与环境公益诉讼，积极发挥检察职能。

（3）社会组织发展不均衡。

如图4.11所示，提起环境公益诉讼的社会组织发展并不均衡，能启动环境公益诉讼的非政府组织（NGO）集中于几家或十余家。中国绿发会、自然之友、中华环保联合会等作为诉讼原告的次数较多。这可归因于我国环保NGO整体素质不高，资金、规模、人才方面的发展并不完善。其中，安徽省、河南省、镇江市等地区的环保公益组织开始"崭露头角"，出现在环境公益诉讼中。

（四）小结

人民法院在环境污染治理、生态环境改善方面扮演着重要的角色。通过对人民法院在司法专门化、污染环境罪案件、环境公益诉讼三个重点方面逐项评估可以看出，在新《环境保护法》实施的一年多时间内，人民法院确实做了大量贯彻实施新《环境保护法》的工作，一些制度的实施取得了突破性的进展，尤其是在环境保护法庭的建立推广及环境公益诉讼的深化发展方面取得了较为显著的成绩。虽然人民法院各项工作的实施对环境质量的改善起到了积极的促进作用，但仍然存在进一步改善的空间。

环境司法专门化为保障新《环境保护法》的实施，设立专门的审判机构，以满足环境案件复杂性、技术性的需求。但在审判管辖界定、审判人员建设方面仍存在不足，需进一步加强完善。

通过对2574例污染环境罪案件的裁判文书进行研究，发现犯污染环境罪的被告人承担的刑事责任普遍较轻，以拘役并处罚金为主，且被判缓刑。污染环境罪的责任人（或被告单位）多半出于经济利益而不顾环境利益，造成了环境污染或生态破坏等严重影响，应该加大处罚力度，酌情适用缓刑。

环境公益诉讼制度作为环境公共利益保护的一种手段，近年来一直备受关注，在新《环境保护法》正式生效的两年中，环境公益诉讼的发展势头较好，但案件数量较少，环境公益诉讼的发展完善还需要相应的制度建设。

二、环境检察专门化进展、作用和效果评估

当前，环境司法专门化被普遍理解为环境审判专门化，被误认为是人民法院

在环境案件审判方面的改革。确实,我国目前环境司法专门化的进展和成果大多体现在法院系统,如环境保护法庭、环境案件的"三审合一"制度等。但我国司法机关包括法院和检察院,而且环境案件的审理必然离不开检察机关,尤其是环境刑事案件需要检察院作为公诉机关对犯罪嫌疑人提起公诉,环境公益诉讼案件需要检察机关的介入才能更好地追究责任、更好地保障公益,人民法院和人民检察院必须通力协作才能更好地实现环境司法专门化,因此环境司法专门化必然包括检察院方面的专门化。但是目前国内法学界、司法实务界对环境检察专门化的关注并不多,甚至对这一命题鲜有提及。本书认为,环境检察专门化同环境审判专门化在宏观上是一致的,也应当包括环境案件检察机构的专门化、检察队伍的专门化、检察控诉程序的专门化以及检察监督的专门化。

因此,我们对过去一年里检察机关探索环境检察专门化的情况和《检察机关提起公益诉讼改革试点方案》实施之后提起公益诉讼案件的情况进行统计分析,了解环境检察专门化和提起公益诉讼的进展情况,对其进行分析评估。

(一)环境检察专门化的进展情况

1. 专门机构建设

2013 年 6 月,最高人民法院与最高人民检察院共同出台了《关于办理环境污染刑事案件适用法律若干问题的解释》(后于 2016 年修改),随后全国各地人民法院在环境资源司法专门化方面进行了探索。至 2015 年 11 月,全国共有 24 个省区人民法院设立了 456 个环境资源审判庭、合议庭和巡回法庭。专门机关的设立为环境案件的审理提供了极大的便利和专业上的支撑,有助于实现环境案件的专门化审理。环境检察专门化的工作虽然不如环境审判专门化那样渐成规模,但是在司法实践当中已经有很多地方开始对环境检察专门化进行行之有效的探索。

表 4.2 部分省份成立环境检察专门机关的情况

省 份	名 称	备 注
贵 州	生态保护检察局(处)、科	全省 9 个市(州)、基层检察院
四 川	生态环境资源检察处	原省检察院林业处
湖 南	生态环境资源检察部门	原林业检察工作拓展
河 北	生态环境保护检察处	指导环境检察工作、研究分析问题、提出对策建议
江 西	驻环保局生态工作检察站	联合环境保护部门

目前我国部分省份积极探索成立生态环境保护专门检察机关，但是因为缺乏法律对其进行统一规定，所以各个省份成立的专门机构名称不一。虽然部分省份已经进行了有效的探索，但是相比于环境保护法庭，环境检察专门机构的设置还存在一定的问题。例如，最高人民检察院并没有成立专门的生态环境检察处，也没有相应的法律条文作为成立的依据，只是各个地区根据本地方的情况成立了相应的生态环境检察处（局）、科或者检察机关驻环保局的工作处，且关于职能分工的规定只适用于本辖区内的检察机关，并不适用于其他地方的检察机关。但是环境案件的跨地域性、跨区域性又十分明显，如此一来就非常不利于生态环境的保护和对违法犯罪行为的追究。专门机关的形式不一，不利于环境检察工作的统一开展和工作标准的统一。

2. 专门队伍建设

（1）内部建设。

一流的检察队伍是检察工作顺利开展的重要保证。环境案件的复杂性、科学技术性对检察队伍的素质提出了非常高的要求，需要有过硬的专业知识和缜密的逻辑思维，上述省份在探索环境检察专门化的过程中，非常注重对环境检察内部队伍的培养。以贵州省为例。2014年以来，贵州省首创全国生态检察案件的专门化办理，实现生态环境的司法专业化保护，并对所有生态保护检察处（局）、科一共配备了207名政治思想业务素质过硬的检察人员，保证各个地方的检察队伍都至少有一名专业检察人员带头指导，并在此基础上不断加强检察队伍的建设，更好地履行生态环境保护的职责。

在加强环境检察内部队伍建设的同时，首先，必须强化检察工作者对整体化的认知，必须摒弃生态检察"只是少数业务部门事情"的错误认识，通过整合内部资源解决部门化问题，在明确职责分工的基础上，构建"捕诉防"一体化工作机制。因此，检察机关各个部门应当发挥各自的优势。其次，借助民事行政检察部门加大对义务（职责）履行的监督，确保环境案件不因为当事人的懈怠或行政机关的不作为而影响到环境修复的相关工作。最后，发挥检察机关一体化的优势，在遇到管辖权冲突的情形时，上下级检察院应当及时沟通，化解难题。

（2）外部建设。

在组建内部专门队伍的同时，外部专门队伍的建设也必不可少。可通过建立环境检察智库，吸收环境损害鉴定、环境工程方面的专家为环境检察工作提供服务，减少案件办理的成本。在此基础上，环境检察的外部队伍还应当进一步拓展，邀请环境损害鉴定专家、高校教师、优秀律师、规模较大的环保组织的工作者参与进来，大力优化环境检察队伍结构，形成一支理论基础和实践经验兼备的专业队伍。

3. 专门制度建设

（1）"三案合一"制度。

环境污染案件在污染成因和损害后果的认定、举证责任方面都有特别的程序规定，并且通常会产生刑事、民事、行政关系交叉，因此在制度的安排上需要衡量环境公益和私益，综合审查行政行为和民事权利，推动实现诉权社会化。在法律的适用上，也需要针对损害鉴定、致病机理、因果关系等环节确立专门的认定规则。

（2）跨区域检察协作制度。

环境污染明显呈现出跨流域、跨区域的特点，但我国目前的跨区域司法协作机制在实践过程中面临着各种难题。对此，检察机关作为维护生态环境法治的重要主体，应当通过转变思维模式、确定管辖权范围、制定基本原则、强化司法协作机制、健全责任追究制度等方式，进一步完善检察机关跨区域生态环境保护司法协作机制。

（二）环境检察业务拓展对环境保护的促进作用

1. 业务的拓展

随着环境检察专门化程度的进一步加深，检察机关的业务范围也毫无疑问地会随之扩大，2015年7月最高人民检察院发布的《检察机关提起公益诉讼改革试点方案》明确规定了试点地区检察机关提起公益诉讼的范围从环境公益诉讼扩大到了食品药品安全领域、国有资产保护领域和国有土地使用权出让领域。因此，我们对自《检察机关提起公益诉讼改革试点方案》实施以来检察机关所提起的行政公益诉讼中，涉及国有资产保护领域和国有土地使用权出让领域的公益诉讼案件进行了统计（表4.3）。

表4.3　《检察机关提起公益诉讼改革试点方案》实施以来特定领域案件统计表

案件名称	被告	案由	诉前程序	诉讼请求
甘肃省嘉峪关市城区检察院诉嘉峪关市人民防空办公室行政公益诉讼	嘉峪关市人民防空办公室	未缴纳易地建设费	检察建议，人民防空办公室未完全履行监管职	依法履行职责
甘肃省白银市景泰县人民检察院诉景泰县财政局行政公益诉讼	景泰县财政局	国有资产流失未及时追缴	检察建议，县财政局未改正	依法履行职责

续表

案件名称	被告	案由	诉前程序	诉讼请求
山东省即墨市人民检察院诉即墨市国土资源局行政公益诉讼案	即墨市国土资源局	违法办理国有土地使用权证	检察建议，国土资源局未改正	依法履行职责
云南省墨江哈尼族自治县人民检察院对县国土资源局怠于履行行为提起行政公益诉讼	县国土资源局	未依法履行职责，放任相对人不缴纳国有土地使用权出让金	检察建议，国土资源局未改正	依法履行职责
云南省镇沅彝族哈尼族拉祜族自治县人民检察院就县国土资源局怠于履行职责案	县国土资源局	同上	检察建议，国土资源局未改正	依法履行职责
云南省个旧市检察院因个旧市国土资源局未依法履行职责	个旧市国土资源局	同上	检察建议，国土资源局未改正	依法履行职责
云南省弥渡县人民检察院就该县国土资源局未依法履行职责案	弥渡县国土资源局	同上	检察建议，国土资源局未改正	依法履行职责

一方面，在《检察机关提起公益诉讼改革试点方案》实施之后，检察机关的业务范围拓展到了国有土地使用权证领域和国有资产保护领域，保护了国家财产和全民财产，这既是《检察机关提起公益诉讼改革试点方案》所提要求的落实，也是检察机关积极探索保护国家和公共利益的新进展；另一方面，根据《检察机关提起公益诉讼改革试点方案》的要求，检察机关在履行了相关诉前程序之后，行政机关仍不改正的，检察机关可以依法提起行政公益诉讼，上述案件中检察机关都遵循了相关规定，这表明虽然检察机关的业务得到了拓展，可以督促行政机关纠正自身的违法行政行为，必要时还可以通过诉讼的方式强制行政机关纠正，但是检察机关并没有滥用手中的权力，依然通过法定程序督促行政机关积极履行职责。

2. 对环境保护的促进作用

（1）国家和社会公益得到保障。

从受案范围我们可以看出，检察机关提起诉讼的范围进一步扩大，起诉权得到扩充，检察机关提起诉讼具有其他主体不具备的优势，能够最大限度地保护国家和公共利益；且环境案件的审理通常会产生很大一笔鉴定费用，检察机关作为国家机关，提起诉讼有国家财政的保证。因此，受案范围的扩大，可以更为有效地发挥检察机关相比于其他主体的天然优势，更好地保护国家利益和公共利益。

（2）检察监督权的行使得到保障。

可以看到，检察机关所受理的案件很大程度上与行政机关的行政行为有关，行政机关不作为，或者违法作出行政行为，检察机关可以充分行使作为监督机关的职权，督促行政机关在规定期限内依法履行职责，纠正违法行政行为，进而促进行政机关依法行政。此外，检察机关作为国家机关在诉前程序中可以与相关主体进行沟通，这对于维护公共利益也具有超出诉讼制度的深远意义。

（三）检察机关提起公益诉讼的进展以及作用

2015年7月，最高人民检察院发布了《检察机关提起公益诉讼改革试点方案》，该方案对检察机关提起民事公益诉讼和行政公益诉讼的相关内容作出了规定，并决定在全国13个省、自治区、直辖市开展为期两年的试点工作。据统计资料显示，自2015年7月至2016年底，试点地区检察机关共提起101件环境公益诉讼案件，其中，环境行政公益诉讼75件，民事公益诉讼25件，行政附带民事公益诉讼1件。案由涉及生态环境和资源保护领域、国有资产保护领域、国有土地使用权出让领域等；被告涉及自然人、企业法人、行政机关（涉及环保局、水利局、国土资源局、林业局、水务局、住建局以及各级政府）。可以看到，《检察机关提起公益诉讼改革试点方案》实施以来，检察机关提起公益诉讼的重点集中在行政公益诉讼上，这恰好是对《检察机关提起公益诉讼改革试点方案》中"试点期间重点对生态环境和资源保护领域提起行政公益诉讼"的要求的贯彻落实，并且从收集到的资料来看，试点地区检察机关提起公益诉讼全面"破冰"，各个试点地区均有检察机关提起公益诉讼。在统计之后，我们选择了案件类型、案由、诉前程序、诉讼请求、审理结果这几个要素进行分析。

通过对这些案件进行统计分析，我们发现《检察机关提起公益诉讼改革试点方案》实施之后，试点地区检察机关所提起的公益诉讼具有以下几个方面的特点：

1. 提起环境公益诉讼案件比例大幅上升

结合2015年我国环境公益诉讼提起的情况来看，2015年全国共发生环境公益诉讼类案件42起，其中由检察院提起的有8起，所占比例为19.05%，[1] 2016年检察机关提起环境公益诉讼案件比例大幅上升。究其缘由，可能存在以下几种：首先，最高检和最高法先后发布了关于检察机关提起公益诉讼的《检察机关提起公益诉讼改革试点方案》及《人民法院审理人民检察院提起公益诉讼案件试

---

[1] 参见李楯主编：《环境公益诉讼观察报告》（2015年卷），法律出版社2016年版。

点工作实施办法》，为试点地区检察机关提起公益诉讼提供了支撑。其次，随着新《环境保护法》的正式施行以及社会对环境问题关注程度的上升，检察机关对环境问题的重视程度不断加深。最后，我国环保组织面临着各种各样的困境，对于耗时耗力的环境公益诉讼往往力不从心，而"两高"发布的文件解决了社会组织"不能提"及"不得不提"的尴尬局面。

2. 环境行政公益诉讼成为主要诉讼类型

2015年检察机关提起的8起环境公益诉讼案件中，环境民事案件有2件，环境行政案件6起，占比分别为25%和75%。从2015年和2016年数据的对比可以看出，检察机关提起的环境公益诉讼案件中，行政案件成为其主要的诉讼类型。原因有二：首先，《检察机关提起公益诉讼改革试点方案》中明确规定了试点地区在探索过程中的重点内容是对生态环境和资源保护领域提起行政公益诉讼。其次，一方面由于《民事诉讼法》及新《环境保护法》赋予了社会组织提起环境公益诉讼的资格，但却语焉不详，而《解释》仅对社会组织提起民事公益诉讼作出规定，对行政公益诉讼的提起并没有提及，导致社会组织提起环境行政公益诉讼规制空白；另一方面提起行政诉讼存在的"风险"导致了社会组织提起环境行政公益诉讼较少，2015年社会组织提起的环境行政公益诉讼案件仅1例，2016年更是没有社会组织提起环境行政公益诉讼。以上两个原因造成了检察机关提起环境行政公益诉讼案件较多的情形。

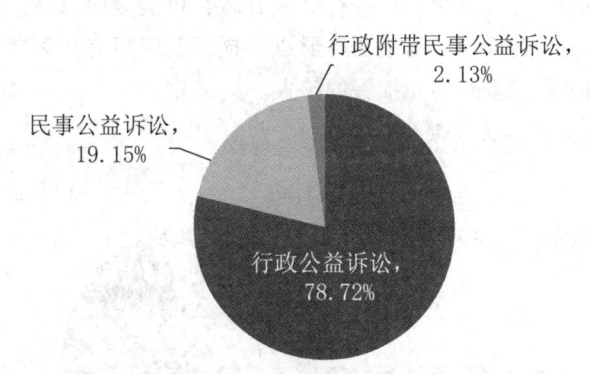

图4.12　检察机关提起公益诉讼案件类型统计图

3. 诉前程序成为督促履职的有效措施

《检察机关提起公益诉讼改革试点方案》规定，检察机关在提起环境行政公益诉讼之前，应当先向行政机关提出检察建议，督促其纠正违法行政行为或者依法履行职责。行政机关在收到检察建议后一个月以内予以办理，并将办理情况及

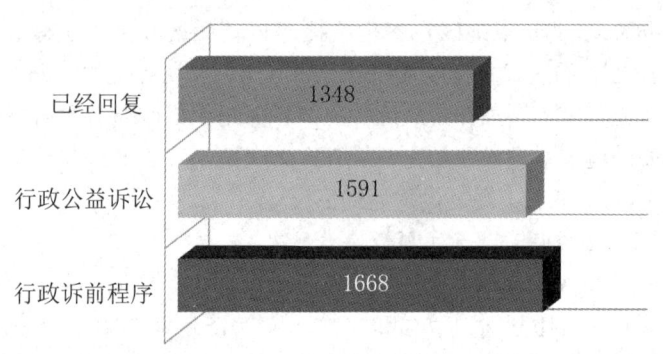

图表内容：
- 已经回复：1348
- 行政公益诉讼：1591
- 行政诉前程序：1668

图 4.13 截至 2016 年 9 月环境行政公益诉讼诉前程序实施情况统计图（单位：件）

时书面回复检察机关。截止到 2016 年 9 月，检察机关一共办理了 1668 件诉前程序案件。这 1668 件诉前程序案件中，行政公益诉讼 1591 件，行政机关回复文件 1348 件（尚未到一个月回复期的有 243 件），行政公益诉讼案件诉前程序约占整个诉前程序案件的 95.4%。由此可知，在行政公益诉讼案件当中，大多数行政机关在接到检察机关的检察建议之后都能够及时纠正违法行政行为，并且积极履行行政职责，取得预期效果的同时节约了各主体在诉讼中所需花费的成本。但是值得注意的一点是，以上这些提起诉讼的案件当中，受到破坏的生态环境在这期间处于一个空白期，虽然没有进一步的危害行为，但是对生态环境的破坏业已形成，如果等到法院审理宣判之后再进行修复补救，可能为时已晚。因此检察机关在提起行政公益诉讼的同时，对于已经形成的损害，应当有权利要求所涉行政机关和当事人共同进行修复，防止损害的扩大。

4. 依法履行职责成为主要诉讼请求

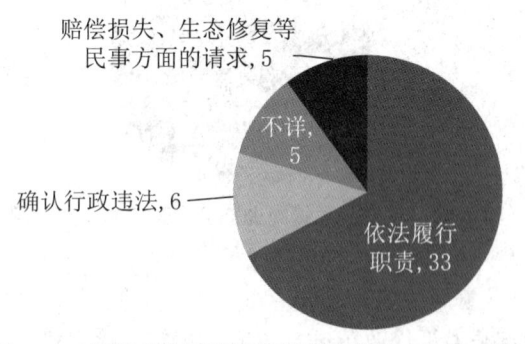

饼图内容：
- 赔偿损失、生态修复等民事方面的请求，5
- 不详，5
- 确认行政违法，6
- 依法履行职责，33

图 4.14 环境公益诉讼诉讼请求统计图（单位：件）

根据图 4.14 不难发现，在环境行政公益诉讼当中，检察机关在案件中要求行政机关在一定期限内依法履行职责,《检察机关提起公益诉讼改革试点方案》中明确规定了检察机关提起行政公益诉讼应当具有明确的诉讼请求,并规定了检察机关可以向人民法院提出撤销或者部分撤销违法行政行为、在一定期限内履行法定职责、确认行政行为违法或者无效等诉讼请求。这表明,检察机关严格按照《检察机关提起公益诉讼改革试点方案》中规定的内容行使权力,在具体案件中并未凌驾于行政权之上直接要求行政机关或者代替行政机关进行相应的管理,而是遵从法律程序,充分尊重行政权,通过起诉的方式来督促行政机关及时履行职责。

5. 诉讼请求均获支持

在已经审结的案件中我们发现,检察机关提起的环境公益诉讼的诉讼请求均获得法院支持,在环境行政公益诉讼过程中,这种现象更为明显。造成这种现象的原因可能如下:一是检察机关具有极为严格的案件审查程序,提起的环境公益诉讼往往比其他主体提起的诉讼经过了更为严格的审查过程,由此造成了检察机关提起的公益诉讼往往是胜诉的情形。二是检察机关具有人力、物力、财力的优势,具有一大批长期从事法律实践的优秀人才,使得其在诉讼中具有一定的优势地位。

(四) 小结

环境司法专门化不应仅仅被理解为环境审判专门化,环境案件的审判只是其中一环,面对日益复杂的环境案件,检察院扮演了更加重要的角色,从案件线索的获取到最终提起诉讼,这其中包括了侦查线索、收集证据、损害鉴定、评估等环节,这些关键的环节需要由检察院负责才能够达到事半功倍的效果。环境检察专门化是解决我国跨界污染问题的客观需要,也是当今时代应对越发复杂的环境案件的必然选择,更是确保我国环境公益诉讼制度落到实处的有效途径。此外,环境检察专门化在我国也有较好的基础,首先,《检察机关提起公益诉讼改革试点方案》实施以来,试点地区积极探索所积累的经验是十分宝贵的财富,要在总结经验的基础上进一步探索检察机关提起环境公益诉讼的道路。其次,为了应对日益严重的环境危机,贵州、云南两省是我国最早探索环境检察专门化的省份,已经积累了相当多的实践经验,这对丰富环境检察专门化的理论提供了极为客观的参考材料。因此,环境检察专门化理应受到重视。

目前来看,检察机关在环境保护的过程中取得了如下成效:其一,环境检察专门机关相继成立,检察队伍更加专业。尽管最高人民检察院尚未出台指导性的工作方案,但是各个地方已经开始对这方面进行探索,相继成立了生态环境检察处（局）、科及驻环保局的生态检察工作站等，同时注重环境检察人员的内部培养和专业人士的外部吸收，保证检察队伍的专业素质。其二，诉前程序发挥了重要作用，督促行政机关依法行政。绝大部分案件在诉前程序阶段就得到了处理，从而在实现环境治理目标的同时很好地节约了司法资源。其三，诉讼请求普遍获得支持，检察机关在公益诉讼上发挥了积极作用。其四，受案范围扩大，进一步保证国家和公共利益。总的来说，近一年来检察机关在环境保护领域的工作有了很大进展，在生态文明建设的大背景下，检察机关保护生态环境的职责更加明确，保护生态环境的决心更加坚定。尽管如此，检察机关在环境检察专门化方面还存在一些问题，如组织形式问题，尚未成功探索出跨流域、跨区域的环境检察机关，公益诉讼的督促程序是否可以适用于辖区外的社会组织，"三案合一"制度等问题仍待解决。

三、公安部门实施新《环境保护法》效果评估

公安机关作为政府职能部门，依法管理社会治安，行使国家的行政权，同时兼具刑事案件侦查职能，行使国家司法权，具有双重性，在法律效果的发挥方面扮演着重要的角色。新《环境保护法》的正式施行已逾两年，公安机关在环境保护方面是如何发挥其保障作用的？课题组试图通过以下几个方面来对公安机关在环保方面的作用进行评估：一方面，由于环境案件的特殊性，世界许多国家建立起了自己的环境警察制度，[1]而环境警察制度作为一个全社会环境保护意识和治理水平发展到一定阶段的必然结果，我国至今依然没有建立起环境警察制度。虽然制度上并没有明文规定，但是在我国，环境警察制度却早已有相关的实践，基于此，我们选择以环境警察制度为视角，来评估公安机关在制度层面上对环境保护的促进作用。另一方面，从实践的角度来看，由于公安机关的职能横跨民事、行政、刑事三个方面，其对应的环境方面的职能包括环境行政执法、环境刑事案件侦查起诉，故本部分仅从环境行政执法和环境刑事案件侦查起诉两个方面来对公安机关环境保护职能方面的效能进行评估。

---

〔1〕 德国是目前世界上拥有最完备、最详细环境保护法律的国家之一，使得其环境警察在建立和执法上获得了全面的法律依据。秘鲁、英国、俄罗斯等也建立了环境警察制度。参见邢捷：《论环境法治视野下的警察执法——谈建立我国环境警察制度》，载《警察法学》2013年第1期。

(一)"环保警察"曙光初现

所谓"环保警察"(或称为"环境警察")制度,[1] 是指设置专门的公安执法机关或队伍对环境资源案件进行专属管辖、专门管理的体制和机制,是一国环境法治发展水平的重要体现之一。基于此,课题组通过网络搜索引擎,以"设立环境警察""设立环保警察""环境警察""环保警察"为关键词,搜集了有关"环境警察"的信息,找到相关新闻约890 000篇,并对数据进行整理,从横向上(设置范围)以及纵向上(设置结构)表现出来的效果和存在的问题为切入点,对我国当前环境警察制度进行评估。

1. 数据简述

表4.4 全国环境警察专门化设置情况统计表

地 区	形 式	人 数	成立时间
安徽铜陵市	公安局驻环保局治安办公室	3	2014年6月
广东佛山市	环境犯罪侦查大队	39	2014年10月
广东广州	食品药品与环境犯罪侦查支队	75	2015年5月
广东江门市	食品药品与环境犯罪侦查支队	17	2015年3月
广东揭阳市	不详	不详	2015年
广东清远市	环境与食品药品犯罪侦查支队	不详	2015年5月
广东汕头市	环境犯罪侦查中队	8	2014年10月
广东韶关市	不详	不详	2015年
广东肇庆市	环境犯罪侦查大队	5	2015年1月
河北省	环境安全保卫总队	不详	2013年9月
河北邯郸市	环保公安派出所	不详	2008年3月
河北衡水市	安平县环境保护派出所	2	2006年3月
湖北黄石市	环境保护警察支队	2(定编10人)	2013年9月
辽宁省	环境安全保卫总队	25	2014年4月

---

[1] 参见王开广:《中国环保警察存废之辩——对话中国人民公安大学教授邢捷》,载《法制日报》2015年1月2日,第04版。

续表

地　区	形　式	人　数	成立时间
山东日照市	环保局设立公安办事处	1	2010 年
四川什邡市	环境犯罪侦查中队	6	2016 年 7 月
云南昆明市	环境保护分局	60	2008 年 11 月
云南玉溪市	公安环保分局	20（定编 150 人）	2008 年 12 月

从横向上来看，我国环境警察在设置的区域上存在着一些特点：首先，初步统计结果表明，全国 34 个省之中仅有 7 个省有"环保警察"的相关实践，覆盖面积 171.84 万平方公里，占全国总面积的 17.9%，涵盖人口 47 842.5 万人，占全国人口的 35.16%，[1] 主要分布在广东、河北、云南等地。其中，广东有 8 处地方相继进行了环境警察专门化的设置，包括佛山、广州、江门、揭阳、清远、汕头、韶关、肇庆，占全国环保警察机构的 47.06%，其次是河北和云南，分别占据了全国环保警察机构的 17.65% 和 11.76%，而其他省份环保警察实践较为稀疏，大部分省级行政区域内仅有一例环境警察专门化的实践（见图 4.15）。

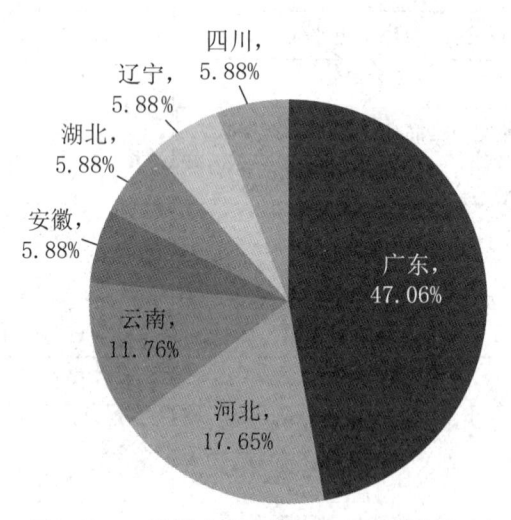

图 4.15　环境警察设置情况地区分布饼状图

从纵向上来看，我国环境警察专门化的结构上存在着缺失。首先，从设置的

---

[1]　数据来自 2014 年国家统计局全国人口普查公报。

形式来看，我国当前的环境警察主要存在三种形式，即专门办公室形式、专门环境执法队伍以及专门机构，[1] 三种形式的比例分别为12.5%、25.0%和62.5%。其次，在成立的规模上，往往人数不多。[2]

图 4.16　环保警察设置形式饼状图

综合上述横向和纵向两个方面，我国环境警察制度设置存在如下两个方面的特征：其一，从数量上来看，我国环境警察"两极分化"严重，以广东为例，其辖区内共有8处地方设置了环境警察，占据全国环保警察机构的47.06%，而安徽、湖北、辽宁、四川整个行政区划内仅1处设置了环境警察，而安徽更是设置环境警察仅不到半年就被叫停，呈现出"两极分化"的特点。其二，从设置的质量上来看，规模较小，具体配套制度欠缺。从已经设置环境警察的地方来看，其编制人数往往较少，某些地方甚至仅有一名在编人员负责辖区内的环境案件。

2. 原因分析

稍稍深入来看，造成环境警察制度建设不足的缘由可能有如下几个：首先，我国目前并没有相关的法律法规明文规定建立环境警察制度，是否设立环保警察尚无法可依，地方政府往往缺乏勇气或积极性建立专门的环境警察制度。[3] 其次，环境警察是否应当设置，学界尚褒贬不一，使得某些相对保守的地方政府持观望态度，待环境警察制度成熟、相关经验日趋丰富之后再进行实践。再次，从

---

〔1〕 有些地方公安设置了食品药品环境侦查大队，在此将其归类为专门环境执法队伍。

〔2〕 例如山东省日照市环保局公安办事处仅有1人，湖北省黄石市环境保护警察支队成立之初仅有2人。

〔3〕 以2014年6月安徽省铜陵市（县）为例，在设立了公安局驻环保局治安办公室后不到半年，就被上级政府以不合规定为由予以"叫停"，使得环境警察在安徽省昙花一现。

现有的管理体制来说，设立专门的环境警察往往需要设置专门的编制，而基层公安机关往往人手不足，在资源配置上，面对相对稀缺的编制岗位，很难"挤出"本就不富裕的空闲来让位于"环境警察"。最后，从上述环境警察设置分布来看，环境警察的设置往往基于地方环境质量、环境犯罪率。[1] 因此，环境问题较轻的地方可能不会下如此大的决心，冒着"违法"的风险来专门设置环境警察。

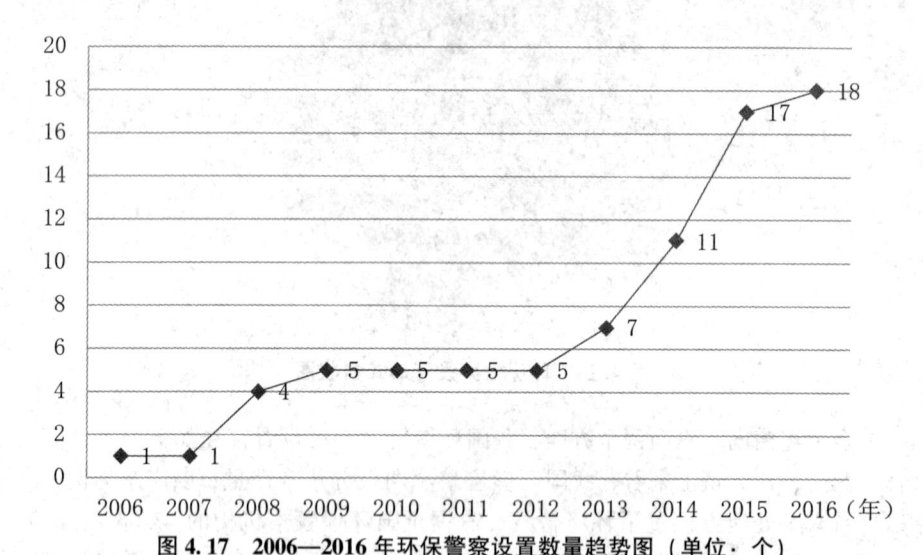

图 4.17　2006—2016 年环保警察设置数量趋势图（单位：个）

我国自 2006 年河北省衡水市首先设立了安平县环境保护派出所起，环境警察制度的实践已经开展了十多年，但其进展却不容乐观。无论是从数量上，还是在质量上都不足以应对当前严峻的环境形势和环境法治建设的需求。但是值得注意的是，在 2015 年新《环境保护法》实施前后，我国环境警察设置数量开始激增，随着新《环境保护法》的施行以及环境法治的不断发展，环境警察制度的曙光已经开始显现（如图 4.17）。

---

[1] 课题组在北大法宝司法案例数据库中搜集了 2015 年 1 月 1 日至 2016 年 12 月 12 日所有的环境污染类犯罪，发现排名靠前的几个地区为浙江、河北、山东、广东、福建，而从广东、河北的环境警察设置情况来看，其环境警察专门化建设同样是走在全国前列。以广东省为例，广东省环境保护厅发布的《2015 年广东省环境状况公报》表明佛山市、广州市环境在其省内位列后排，而佛山市却是广东省最早开始环境警察实践的地方之一，基于此我们认为，环境警察设置与否与当地的环境压力有相当大的关系。

（二）公安部门与相关部门配合默契

公安机关环境保护职能的发挥主要表现为与环保行政机关以及司法机关的配合上。2014年12月底，公安部、环境保护部、工业和信息化部、农业部、国家质量监督检验检疫总局为了配合新《环境保护法》的实施，联合发布了《行政主管部门移送适用行政拘留环境违法案件暂行办法》，该暂行办法规定县级以上环境保护主管部门或者其他负有环境保护监督管理职责的部门办理的尚不构成犯罪，依法作出行政处罚决定后，仍需移送公安机关处以行政拘留。据此，课题组通过搜集北大法宝、百度、Google以及环境保护部关于《环境保护法》配套办法执行情况通报，整理出2016年1—5月、8—10月移送拘留和涉嫌污染犯罪移送公安机关案件数量，以此来评估公安部门在新《环境保护法》实施中与环保行政机关配合情况。在与司法机关配合方面，我们搜索了近十年环境刑事案件受理情况，从而对此进行评估。

1. 数据简述

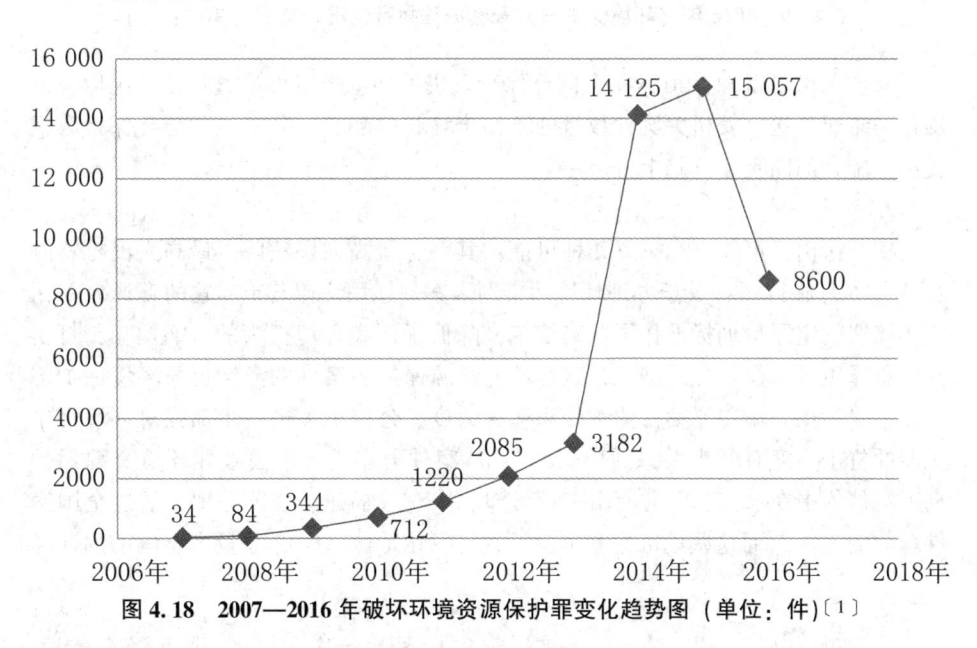

图4.18　2007—2016年破坏环境资源保护罪变化趋势图（单位：件）[1]

可以看出（如图4.18），2007年以来，涉嫌破坏环境资源保护罪刑事案件数量逐年增加，其中，2014年增速最快，相较于2013年的3182件，增长了344%，

---

[1] 数据来自北大法宝，数据统计截止日期为2016年12月30日。

于 2015 年达到顶峰，2015 年全年案件共 15 057 件，较 2014 年增长了 6.6%。

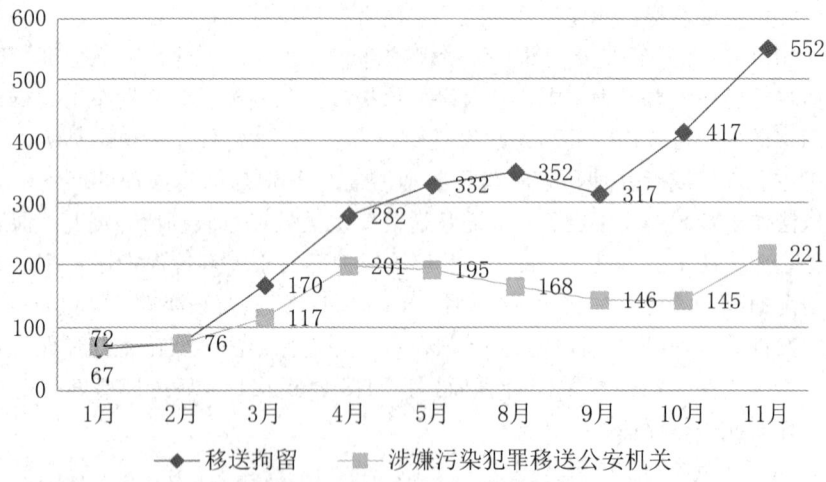

图 4.19　2016 年《环境保护法》配套办法执行情况趋势图（单位：件）

从上图可以得知，2016 年全国环保行政机关环境类案件移送拘留情况以及涉嫌污染犯罪移送公安机关案件数量处于稳步增长的趋势，公安机关与环保行政机关相互配合的默契度日趋上升。

2. 原因分析

探其缘由，可能存在以下几种可能：其一，最高人民法院、最高人民检察院 2013 年 6 月施行的《关于办理环境污染刑事案件适用法律若干问题的解释》对污染环境罪的定罪量刑标准作了明确规定，降低了污染环境行为的入罪门槛，打击此类犯罪更具可操作性。其二，破坏环境资源保护罪案件的激增也与环境保护部门加强对污染环境犯罪案件的查处和移送力度、公安机关进一步加强对环境污染犯罪的打击力度有较大关系。[1] 其三，从案件分布看，全国破坏环境资源保护刑事案件集中在浙江、河北、山东、天津、广东、福建、江苏等地，超过全国案件总数的 80%，而这些地区也基本上是经济发达地区，GDP 总量占全国前列，经

---

[1]　2014 年 12 月 24 日，公安部、工业和信息化部、环境保护部、农业部、国家质量监督检验检疫总局公布《行政主管部门移送适用行政拘留环境违法案件暂行办法》。2015 年 1 月 8 日，国家环保部公布了《环境保护主管部门实施按日连续处罚办法》《环境保护主管部门实施查封、扣押办法》《环境保护主管部门实施限制生产、停产整治办法》《企业事业单位环境信息公开办法》四个配套办法，上述五个配套办法对新《环境保护法》有关条款进一步细化。配套办法的出台让新《环境保护法》的有关违法行为更加具体，依法查处更加便捷。

济发展与环境保护的关系较为紧张。[1]

从环境刑事类案件数量以及环保行政机关案件移送数量稳步增长的情况来看，公安机关与环保行政机关以及司法机关的配合日益默契。

(三) 小结

2015 年新《环境保护法》实施以来，全国公安部门对环境治理加强了监管力度，并进行了有益的实践，环境刑事案件和环境行政案件的增加说明了这一点，同时，公安部门与环境保护行政主管部门的联合协作能力日益加强，默契度有所提高，但我国目前的环境警察专门化建设基于无法可依、资源配置、人力不足、专业性强等诸方面的原因，其在横向数量和纵向质量上无法全面应对当前的环境问题。但是，从 2015 年后新增的环保警察数量来看，各地已经开始积极作为和有益尝试，环境警察专门化曙光初现。

课题组认为应当从以下几个方面推进我国公安机关对《环境保护法》实施的保障作用：

首先，建立我国的环境警察制度。新《环境保护法》的正式施行，标志着我国环境保护进入了新的阶段，然而在配套的制度上还存在空白，不利于《环境保护法》立法目的的实现，环境警察专门化并没有得到制度上的支撑，使得地方政府在实施专门化环境案件执法时畏首畏尾。[2]

其次，提高我国公安队伍的环境执法能力和水平。由于环境损害具有长期性、隐蔽性的特点，需要借助专业的设备和技术手段，使得环境类案件专业性强，而从目前已经设置的"环保警察"来看，专业性方面还有所欠缺，"环保警察"往往来源于公安队伍，缺乏环境方面的知识。因此，需要加强公安队伍对环境方面的专业知识，对相关技术手段进行专业培训。

再次，完善公安机关人员配置体制。目前，我国的环境类案件多发生在基层，且环境类犯罪案件的犯罪嫌疑人多为学历不高的自然人。从 2015 年环境污染罪案件统计结果来看，环境污染罪的犯罪嫌疑人多为经营违法作坊的自然人，而这种作坊隐蔽性强，分布广泛，需要投入一定的人力、物力去侦破，而基层公安队伍人员配置方面不足。

---

[1] 参见袁春湘：《依法惩治刑事犯罪守护国家法治生态——2014 年全国法院审理刑事案件情况分析》，载《人民法院报》2015 年 5 月 7 日，第 5 版。

[2] 一方面，由于传统的以环保行政部门为主导的环境执法体制存在着人力物力缺乏、强制力不足等弊端，导致环境污染事件频发；另一方面，"环保警察"的设立虽然对环境案件的查处大有裨益，但是环境警察专门化制度由于缺乏法律支撑，经不起社会舆论的质疑。

最后，加强跨区、跨部门联合执法能力。由于环境污染事件往往是跨行政区域的，这就需要加强公安队伍的跨区域合作以及公安部门与其他部门的跨部门协作机制，原环境保护部、公安部和最高人民检察院联合发布的《环境保护行政执法与刑事司法衔接工作办法》虽然已有成效，但是还存在不足的地方，需要进一步强化。

四、评估结论

新《环境保护法》实施以来，以其大胆的制度创新和价值重塑，为我国的环保事业发展奠定了坚实的法律制度基础。其中，各级公检法机关在保障新《环境保护法》实施方面所作出的努力作用多大、效果如何，对这一问题的审视将有助于我们更好地把握新《环境保护法》之于我国环境保护事业的价值和意义。从上面的报告中我们可以看到，各级公检法机关立足于新《环境保护法》生效且不断推进的新形势，着力于组织机构设立、有关制度建设以及具体案件办理等方面，对新《环境保护法》的实施提供了大力保障。在此期间显现出诸多有益作用，当然也有许多亟待完善的方面，具体包括以下几项：

从法院的角度来看：①环境司法专门化。环境案件牵涉的利益之广、之纷繁，包含的要素之多、之复杂，都对环境案件审判的专业性提出了更高的要求，环境司法专门化正是基于此种需求，通过将有关环境案件交由专门的审判机构进行审理，以期更好地进行环境纠纷的司法定断。②环境案件的受理与审理。新《环境保护法》实施以来环境案件的井喷之势，民事、刑事和行政兼而有之，一方面显示出了我国公民对于环境的重视，对自身相关权益的维护；另一方面也显示出了司法对于环境保护的更加深入有力的介入，环境司法之于环境保护的价值更显突出。③通过对有关污染环境犯罪案件的责任形式的分析，我们可以看到在司法保障新《环境保护法》实施中也存在力度不够、处罚较轻等问题，其能否真正有力地保护改善环境还有待观察。④环境公益诉讼。在近年来，我国环境公益诉讼案件数量呈上升之势，但相比同时期的民事环境案件，我国目前的环境公益诉讼案件仍然偏少，这在一定程度上制约了环境公益诉讼制度充分发挥其保护环境的作用与价值。此外，环境公益诉讼制度还有亟待完善的地方，譬如有关生态修复的制度建设和社会组织的建立规范方面，我们还有较长的一段路要走。

从检察机关的角度来看：①环境检察专门化。在人民法院环境司法专门化已初具规模的背景下，我国的环境检察专门化也在部分省份进行积极探索，尽管名称各异，但是仍然成立了许多环境检察的专门化机构。此外，配合检察队伍建设以及检察智库构建，我国目前已经形成了初具规模的环境检察专门化体系，并在已获得的正反两方面经验的基础上，继续进行大胆的探索。②环境检察制度建设。针对环境案件往往跨行政区域的特点，有必要实现环境检察机构组织形式的统一，在此基础上明确各机关的职能分工，通过统一集中的规划设置，实现检察资源的有序分配和案件适用标准的统一。此外，有关检察队伍的素质培养也是重要课题。关于跨区域、跨流域的生态检察机关建设，有必要进行积极有效的探索与创新，在信息共享、证据交流方面实现跨区域、跨流域协作，实现复杂环境问题的合力解决。③检察业务拓展。检察机关可提起诉讼案件范围的扩大，一方面基于其保护公益的不可推辞的法定职责，另一方面凭借其资金技术等方面的独特优势，往往又能更加周全地保护国家和社会利益。因此，扩大检察机关的受案范围和业务范围很有必要，在此期间，检察机关的监督权能够进一步的发挥，具有超出诉讼本身的更深远的意义。④检察机关提起公益诉讼。在此期间，充分发挥诉前程序的作用，划清行政与司法的界限，督促各级政府及其部门依法履行职责，从结果来看，其提出的诉讼请求普遍得到了法院的支持，显示出了检察机关提起环境公益诉讼的独特优势和对于环境保护的显著成效。

　　从公安部门的角度来看：①环境警察专门化。目前我国环境警察的设置实践仅在少数省份展开，呈现两极分化之态。此外，在设置了环境警察的地区，有关的制度建设也较不健全，人数较少，形式也不统一。这不仅有立法缺失的原因，也有理论层面关于环境警察存废的争议，行政资源配置也是制约其发展的瓶颈之一。②环境犯罪案件侦查与环境行政拘留案件移送。近两年来，有关环境资源犯罪的案件数量呈爆发增长之势，显示出新《环境保护法》实施以来我国打击环境犯罪、保护生态环境的决心与手段。此外，我们还应当看到，公安机关与环境保护行政主管部门加强配合，协力打击环境犯罪。

第五部分
企业环境守法评估

企业能否遵守环境法律、法规与规章，履行环境保护义务，是遏制并改善我国当前环境恶化现状之关键。因此，企业环境守法状况如何历来都是环境法治建设及其成功与否的重头戏。在这里首先就新《环境保护法》规定的企业应当遵循的环境保护义务进行简单梳理，并指出拟选取的评估指标与样本企业；其次就样本企业在主要评估指标上的2014—2016年的表现进行数据收集，[1] 对比分析与评价，并得出相应的结论；再次以绍兴市为例进行个案实证分析；最后得出评估结论。

一、企业环境守法评估的主要指标、样本筛选与思路

(一) 新《环境保护法》规定企业的义务及评估指标选取

新《环境保护法》规定的企业应当遵守的环境保护义务见表5.1。

表5.1 《环境保护法》规定的企业的环境保护义务

义务类型	新《环境保护法》规定
防止、减少环境污染和生态破坏义务	第6条第3款：企业事业单位和其他生产经营者应当防止、减少环境污染和生态破坏，对所造成的损害依法承担责任。 第34条：国务院和沿海地方各级人民政府应当加强对海洋环境的保护。向海洋排放污染物、倾倒废弃物，进行海岸工程和海洋工程建设，应当符合法律法规规定和有关标准，防止和减少对海洋环境的污染损害。

---

[1] 数据主要来自环保部官网、各省市环保厅局官网、各省市企业自行监测信息公开平台、各个企业的网站、公众环境研究中心（IPE）等网站。

续表

义务类型	新《环境保护法》规定
防止、减少环境污染和生态破坏义务	第48条：生产、储存、运输、销售、使用、处置化学物品和含有放射性物质的物品，应当遵守国家有关规定，防止污染环境。 第49条第2款：禁止将不符合农用标准和环境保护标准的固体废物、废水施入农田。施用农药、化肥等农业投入品及进行灌溉，应当采取措施，防止重金属和其他有毒有害物质污染环境。 第49条第3款：畜禽养殖场、养殖小区、定点屠宰企业等的选址、建设和管理应当符合有关法律法规规定。从事畜禽养殖和屠宰的单位和个人应当采取措施，对畜禽粪便、尸体和污水等废弃物进行科学处置，防止污染环境。
实施清洁生产义务	第40条第3款：企业应当优先使用清洁能源，采用资源利用率高、污染物排放量少的工艺、设备以及废弃物综合利用技术和污染物无害化处理技术，减少污染物的产生。 第46条：国家对严重污染环境的工艺、设备和产品实行淘汰制度。任何单位和个人不得生产、销售或者转移、使用严重污染环境的工艺、设备和产品。禁止引进不符合我国环境保护规定的技术、设备、材料和产品。
环保设施的"三同时"义务	第41条：建设项目中防治污染的设施，应当与主体工程同时设计、同时施工、同时投产使用。防治污染的设施应当符合经批准的环境影响评价文件的要求，不得擅自拆除或者闲置。
排污企业采取措施防治对环境污染、危害的义务	第42条第1款：排放污染物的企业事业单位和其他生产经营者，应当采取措施，防治在生产建设或者其他活动中产生的废气、废水、废渣、医疗废物、粉尘、恶臭气体、放射性物质以及噪声、振动、光辐射、电磁辐射等对环境的污染和危害。
排污企业建立环保责任制度的义务	第42条第2款：排放污染物的企业事业单位，应当建立环境保护责任制度，明确单位负责人和相关人员的责任。
重点排污企业安装使用监测设备的义务	第42条第3款：重点排污单位应当按照国家有关规定和监测规范安装使用监测设备，保证监测设备正常运行，保存原始监测记录。
排污企业禁止违法排放义务	第42条第4款：严禁通过暗管、渗井、渗坑、灌注或者篡改、伪造监测数据，或者不正常运行防治污染设施等逃避监管的方式违法排放污染物。

续表

义务类型	新《环境保护法》规定
排污企业达标排放、缴纳排污费的义务	第43条：排放污染物的企业事业单位和其他生产经营者，应当按照国家有关规定缴纳排污费。排污费应当全部专项用于环境污染防治，任何单位和个人不得截留、挤占或者挪作他用。依照法律规定征收环境保护税的，不再征收排污费。 第45条第2款：实行排污许可管理的企业事业单位和其他生产经营者应当按照排污许可证的要求排放污染物；未取得排污许可证的，不得排放污染物。
制定突发环境事件应急预案的义务	第47条第3款：企业事业单位应当按照国家有关规定制定突发环境事件应急预案，报环境保护主管部门和有关部门备案。在发生或者可能发生突发环境事件时，企业事业单位应当立即采取措施处理，及时通报可能受到危害的单位和居民，并向环境保护主管部门和有关部门报告。
重点排污企业公开排污信息的义务	第55条：重点排污单位应当如实向社会公开其主要污染物的名称、排放方式、排放浓度和总量、超标排放情况，以及防治污染设施的建设和运行情况，接受社会监督。
环评义务	第19条第1款：编制有关开发利用规划，建设对环境有影响的项目，应当依法进行环境影响评价。未依法进行环境影响评价的开发利用规划，不得组织实施；未依法进行环境影响评价的建设项目，不得开工建设。 第56条第1款：对依法应当编制环境影响报告书的建设项目，建设单位应当在编制时向可能受影响的公众说明情况，充分征求意见。

上述企业环保方面的义务，大体上可以分为违法排放之禁止义务、易于监测的强制义务和不易于监测的倡导义务三类。

企业违法排放之禁止义务包括：是否存在超标排放，是否存在不开启环保设施、环保设施不正常运行情况，重点监控企业是否存在篡改、伪造监测数据，是否存在通过暗管、渗井、渗坑、灌注等方式排放污染物。这些禁止性义务一旦违反即为严重违法，属于需要重点关注的义务类型，也是评估企业是否较好地遵守新《环境保护法》的主要依据之一，可以纳入企业违法处罚及其履行方面的评估。

易于监测的强制义务，是指能够通过相关政府信息、企业环境信息公开查询到的，或者现场便于监测到的义务，包括环保设施的"三同时"义务，排污企业建立环保责任制度的义务，重点排污企业安装使用监测设备和环境信息公开的义务，排污企业达标排放、缴纳排污费或环境保护税的义务，制定突发环境事件应急预案的义务，环评义务。这些易于监测到的义务也是评估企业环境守法的重要依据，由于其存在可公开的特性，所以大体上可以纳入企业环境信息公开方面的评估。

不易于监测的倡导义务，是指难以通过相关政府信息、企业环境信息公开查询的义务，通常是政府对企业行为的一种倡导，主要包括清洁生产义务以及防止或防治、减少环境污染和生态破坏义务。这种不易于监测的倡导义务又不同于一般意义上的倡导性义务，因为若企业确实违反了此类型义务也需要承担一定的法律责任。但是，由于此类型义务在实践中通常不太能够要求企业强制履行，所以很难评估这些义务的履行情况，因此课题组不欲评估企业是否遵守了此类义务。

于是，课题组拟就如下两个方面对企业环境守法情况进行重点评估：一是对企业的环境信息公开及其改进情况进行评估；二是对企业违法排放及其履行相应的违法处罚决定情况进行评估。在具体评估指标选取上，我们主要选取企业环境信息公开、主要污染物排放量、超标排放、未批先建、违法处罚等民众关注、各级环境保护部门重点执法和政府着力解决的领域作为评估指标，但侧重于信息公开和违法处罚两方面。其中，将主要污染物排放、超标排放、未批先建、违法处罚等一般信息也纳入环境信息公开中去考察。将违法处罚的具体事由如超标排放、未批先建、未开启污防设施或污防设施虽开启但非正常运行、非法方式排放等纳入违法处罚及其履行情况评估部分。

（二）评估样本企业的选取

2016年课题组随机[1]从PITI[2]排名前10位城市、广东省和武汉市的国家

---

[1] 在统计学中，作为专门随机试验结果的随机数具有我们想要的随机公平效果，即它所产生的后面的那个数与前面的那个数之间毫无关系。产生随机数有多种不同的方法，它们被称为随机数发生器。在这里，我们选择了Excel生产随机数的方法。它能够通过选择对象的随机性来保证选取的样本之间相互没有影响。具体操作方法如下：首先，我们将排名前10位城市国控企业、省控企业、市控企业分别按照废水、废气、污水处理厂、重金属、规模化畜禽养殖场、危险废物等类型分别建立数据库。其次，分别纵向放在Excel表中，并将它们从1号开始进行编号。然后，我们就运用Excel随机数发生器，在单元格中输入=RANDBETWEEN（范围下限整数，范围上限整数），回车后单元格即返回了一个随机数字。例如，北京市有10家废气类国控企业，我们将其标号从1号到10号放在纵向Excel表中，在空白单元格中输入=RANDBETWEEN（1,10），敲回车键若得到数字3，即指向编号是3的北京市丰台区华电（北京）热电有限公司，我们就可以把该企业确定为北京市国控废气类样本企业和评估对象。最后，依照此种方法，2015年我们随机选择了排名前10位城市的六大污染类型共计50家国控企业、16家省控企业、8家市控企业。参见王灿发主编：《新"环境保护法"实施情况评估报告》，中国政法大学出版社2016年版，第156~161页。

[2] PITI是指公众环境研究中心（IPE）与自然资源保护协会（NRDC）联合制作发布的污染源监管信息公开指数报告。2015年度报告评价了包括4个直辖市和主要环保重点城市在内的120个城市的污染源监管信息公开状况，具有相当的权威性和说服力。

重点监控企业（以下简称"国控企业"）、省级重点监控企业（以下简称"省控企业"）和市级重点监控企业（以下简称"市控企业"）数据库中抽取100家样本企业进行研究。[1]

为了保持评估的连续性，2017年课题组在总体上保留了2016年评估时所选取的国控样本企业名单的前提之下，再结合2016年国家重点监控企业名录进行调整。调整的原则与方法如下：①保留那些仍在2016年国家重点监控企业名录中的去年所选取的国控样本企业；②从2016年更改或新增的国家重点监控企业中随机选取更改或新增的国控样本企业。通过这种方法，我们删除了不在2016年国家重点监控企业名录的21家样本企业，更改或新增20家企业，从而使2015年排名前10位城市的49家国控企业纳入我们今年的评估范围。由于2016年省控企业名录变化较大，所以最后只保留了去年所选取的1家省控样本企业，其他均为新增的。市控企业名录2016年尽管也有较大变化，但由于目前公布的市控企业名录有限，所以我们保留了去年8家市控样本企业。

由于2016年PITI报告公布的排名前10位的城市与2015年相比有所变化，[2] 所以，今年我们将2016年新晋前10位的4个城市，即广州、嘉兴、绍兴、苏州也纳入评估考察的范围。考虑到西部地区的代表性问题，我们又将2016年PITI排名和比分均跃升幅度最大的代表省区新疆、云南的省会城市也纳入评估范围。[3] 因此，加上2015年排名前10位城市和武汉、郑州，2017年评估所涉及的城市达到18个。我们随机从广州、嘉兴、绍兴、苏州、武汉、郑州、乌鲁木齐、昆明等城市中的国控企业、省控企业、市控企业数据库中选取了相应的样本企业；加上前述的2015年排名前10位城市中所遴选保留的样本企业，最终选择了90家国控样本企业、58家省控样本企业和23家市控样本企业，共计171家样本企业（具体情况见以下图表）。

---

[1] 参见童光法：《企业环境守法的进展与问题分析》，载《中国高校社会科学》2016年第4期；王灿发主编：《新〈环境保护法〉实施情况评估报告》，中国政法大学出版社2016年版，第156~161页。

[2] PITI的2015年排名前10位城市为：温州、宁波、烟台、北京、青岛、连云港、南京、杭州、上海、济南；2016年排名前10位城市为：北京、杭州、青岛、宁波、温州、广州、嘉兴、济南、绍兴、苏州。

[3] 广东省省会城市广州PITI排名已进入前10位，并已纳入我们评估考察范围之列。

表5.2 选取样本企业类型和地区分布表

地区	废水	废气	污水处理厂	重金属污染	规模化畜禽养殖	危险废物	合计
北京	2	2	2	2	0	2	10
上海	1	1	1	1	1	0	5
杭州	2	2	2	2	1	2	11
宁波	4	3	2	3	1	2	15
温州	4	3	3	2	1	2	15
南京	1	1	1	1	1	1	6
连云港	1	1	1	0	0	1	4
济南	2	1	1	0	0	3	7
青岛	3	3	3	2	0	2	13
烟台	2	2	1	2	0	1	8
武汉	1	1	1	1	1	1	6
广州	2	2	2	2	2	2	12
郑州	2	2	1	1	0	2	8
嘉兴	3	3	2	3	1	2	14
绍兴	3	3	2	3	1	3	15
昆明	1	1	1	1	0	1	5
乌鲁木齐	2	2	2	1	0	2	9
苏州	3	1	2	1	0	1	8
合计	39	34	30	28	10	30	171

表5.3 选取样本企业省市分布表

地区	废水	废气	污水处理厂	重金属污染	规模化畜禽养殖	危险废物	合计
北京	2	2	2	2	0	2	10
上海	1	1	1	1	1	0	5
浙江	16	14	11	13	5	11	70
江苏	5	3	4	2	1	3	18
山东	7	6	5	4	0	6	28
河南	2	2	1	1	0	2	8

续表

地区	废水	废气	污水处理厂	重金属污染	规模化畜禽养殖	危险废物	合计
湖北	1	1	1	1	1	1	6
广东	2	2	2	2	2	2	12
云南	1	1	1	1	0	1	5
新疆	2	2	2	1	0	2	9
合计	39	34	30	28	10	30	171

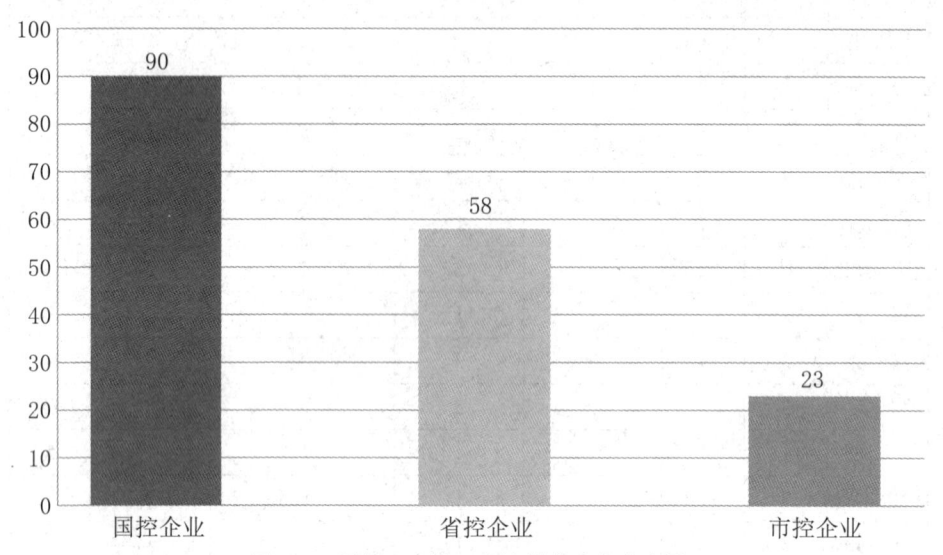

图 5.1 国控、省控、市控样本企业分布图

表 5.4 选取样本企业污染类型分布表及图[1]

污染类型	企业/（家）	百分比
废水	39	23%
废气	34	20%
污水处理厂	30	18%
重金属	28	16%

---

[1] 样本企业污染类型分布图表能够比较真实地反映出当前我国重点监控企业（包括国控企业、省控企业、市控企业）名录中不同污染类型企业的分布状况。

续表

污染类型	企业/(家)	百分比
规模化畜禽养殖	10	6%
危险废物	30	18%
合　计	171	100%

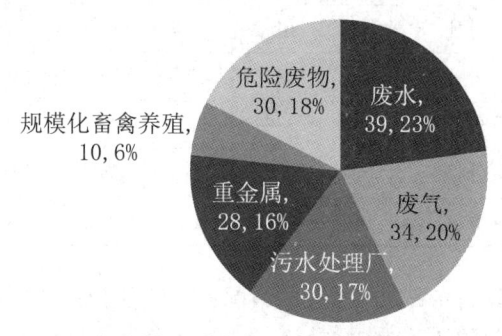

图 5.2　选取样本企业污染类型分布图

二、企业环境信息公开方面的守法表现

（一）环境信息公开方面

2014年12月19日，环境保护部颁布的《企业事业单位环境信息公开办法》第9条规定：重点排污单位应当公开下列信息：①基础信息，包括单位名称、组织机构代码、法定代表人、生产地址、联系方式，以及生产经营和管理服务的主要内容、产品及规模；②排污信息，包括主要污染物及特征污染物的名称、排放方式、排放口数量和分布情况、排放浓度和总量、超标情况，以及执行的污染物排放标准、核定的排放总量；③防治污染设施的建设和运行情况；④建设项目环境影响评价及其他环境保护行政许可情况；⑤突发环境事件应急预案；⑥其他应当公开的环境信息。列入国家重点监控企业名单的重点排污单位还应当公开其环境自行监测方案。

依此规定，国控、省控、市控企业环境信息公开内容主要包括企业的"基本信息""污染物排放信息""防治污染设施（以下简称'污防设施'）建设运行""环境影响评价""突发环境事件应急预案"；而"自行监测方案"是国控企业必须公开的环境信息，当然省控、市控企业也可以自愿公开其"自行监测方案"。我们通过各省市环保厅局官网、各省企业自行监测信息公开平台等渠道，搜索到171家国控、省控、市控样本企业2015年、2016年环境信息公开情况（见表5.5）。

表 5.5　国控、省控、市控企业环境信息公开比较表[1]

	信息公开指标数	6	5	4	3	2	1	0
2015年	国控百分比	2%	13%	51%	10%	11%	10%	5%
	省控百分比	5%	14%	41%	14%	5%	5%	18%
	市控百分比	7%	13%	40%	0%	13%	20%	7%
2016年	国控百分比	8%	23%	18%	28%	12%	7%	4%
	省控百分比	3%	5%	2%	38%	14%	21%	17%
	市控百分比	0%	22%	4%	22%	9%	35%	9%

从表5.5中，我们先看国控企业的情况：2015年公开3项以上的国控企业数占总国控样本企业数的比重为76%，[2] 2016年公开3项以上的国控企业数占总国控样本企业数的比重为77%。[3] 再看省控企业：2015年公开3项以上的省控企业数占其总数的比重为74%，[4] 2016年公开3项以上的省控企业数占其总数的比重为48%。[5] 然后看市控企业：2015年市控企业公开3项以上的企业所占比重为60%，[6] 2016年市控企业公开3项以上的企业所占比重为48%。[7]

---

[1] 说明：①"6、5、4、3、2、1、0"是指国控、省控、市控样本企业在"基本信息""污染物排放信息""污防设施建设运行""环境影响评价""突发环境事件应急预案""自行监测方案"6项公开指标情况，即指样本企业在信息公开中分别公开6项、5项、4项、3项、2项、1项和0项的企业情况；②国控、省控、市控百分比是指分别公开6项、5项、4项、3项、2项、1项和0项的企业个数除以该类企业样本总数。

[2] 如表5.5所示，国控企业公开3项以上占比76%＝公开6项的2%+公开5项的13%+公开4项的51%+公开3项的10%。

[3] 如表5.5所示，国控企业公开3项以上占比77%＝公开6项的8%+公开5项的23%+公开4项的18%+公开3项的28%。

[4] 如表5.5所示，省控企业公开3项以上占比74%＝公开6项的5%+公开5项的14%+公开4项的41%+公开3项的14%。

[5] 如表5.5所示，省控企业公开3项以上占比48%＝公开6项的3%+公开5项的5%+公开4项的2%+公开3项的38%。

[6] 如表5.5所示，市控企业公开3项以上占比60%＝公开6项的7%+公开5项的13%+公开4项的40%+公开3项的0%。

[7] 如表5.5所示，市控企业公开3项以上占比48%＝公开6项的0%+公开5项的22%+公开4项的4%+公开3项的22%。

因此，在环境信息公开方面，国控企业不论在 2015 年还是在 2016 年都较省控企业、市控企业要好；国控企业 2016 年环境信息公开要略好于 2015 年；省控企业、市控企业 2016 年环境信息公开不如 2015 年。[1] 这里不难得出如下结论：国控企业比省控企业、省控企业比市控企业在环境信息公开上做得要好。

国控企业负有公开包括"自行监测方案"等在内的 6 项信息的义务，省控企业、市控企业负有公开 5 项信息的义务。但是我们发现，公开 6 项信息的国控企业 2015 年、2016 年分别仅占样本企业数的 2%、8%，公开 5 项信息的省控企业 2015 年、2016 年分别只占样本企业数的 14%、5%，公开 5 项信息的市控企业 2015 年、2016 年分别占样本企业数的 13%、22%。因此，不论是市控企业、省控企业，还是国控企业，都普遍存在环境信息公开不完整问题。

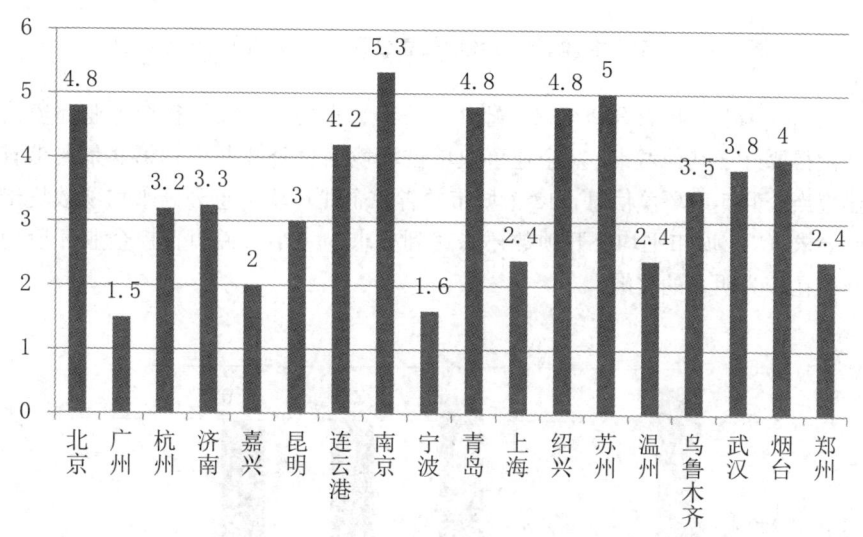

图 5.3　18 市国控样本企业环境信息公开平均项数图（单位：项）

从图 5.3 中，我们可以依据 18 个城市国控样本企业环境信息公开平均项数进行大体排名，从高到低为：南京、苏州、北京、青岛、绍兴、连云港、烟台、武汉、乌鲁木齐、济南、杭州、昆明、上海、郑州、温州、嘉兴、宁波、广州。这说明，北京、江浙、山东等地的国控企业环境信息公开做得相对要好一些，中西部地区目前也在迎头改进。

---

[1]　究其原因主要在于绝大多数省控企业、市控企业目前尚没有公开其 2016 年的环境信息。

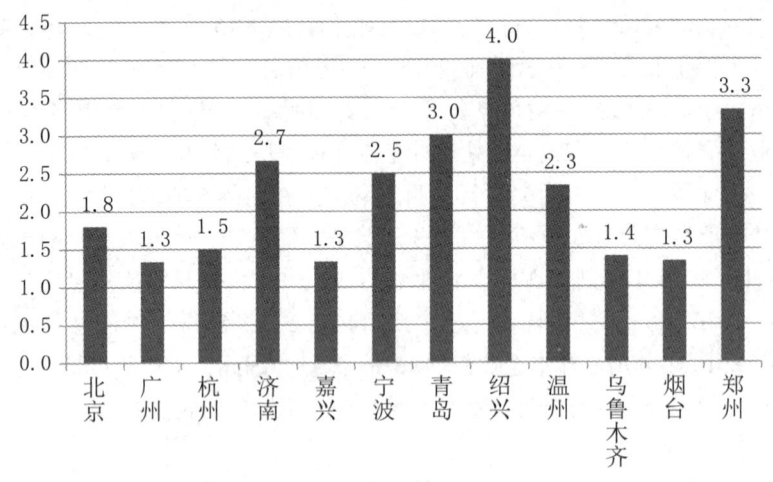

图 5.4　12 市省控样本企业环境信息公开平均项数图（单位：项）

北京 1.8　广州 1.3　杭州 1.5　济南 2.7　嘉兴 1.3　宁波 2.5　青岛 3.0　绍兴 4.0　温州 2.3　乌鲁木齐 1.4　烟台 1.3　郑州 3.3

从图 5.4 中，我们看到绍兴、郑州、济南、青岛、宁波等省控企业环境信息公开做得要好于其他城市。《企业事业单位环境信息公开办法》第 9 条要求省控企业应当公开 5 项环境信息，12 个城市的省控企业环境信息公开平均项数均未达到此要求，7 个城市平均公开项数还未达到要求的一半，说明省控企业环境信息公开存在较为明显的欠缺。

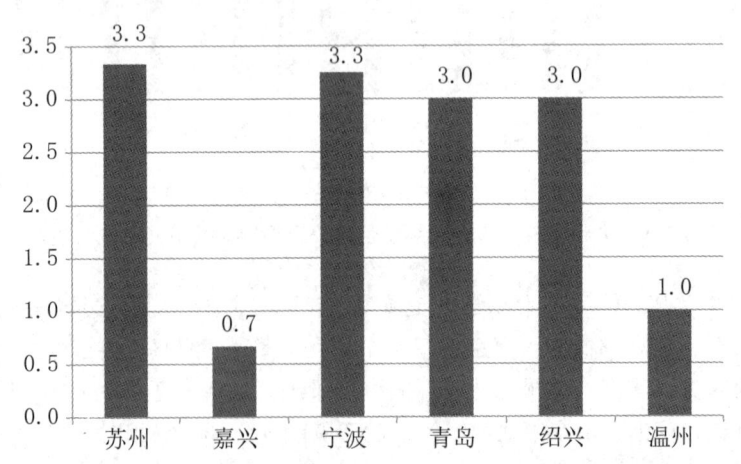

图 5.5　6 市市控样本企业环境信息公开平均项数图（单位：项）

苏州 3.3　嘉兴 0.7　宁波 3.3　青岛 3.0　绍兴 3.0　温州 1.0

从图 5.5 中，我们可以看到所选取的市控样本企业环境信息公开情况。由于所选取的市控企业均位于环境信息公开做得比较好的江浙、山东等地区，所以其公开情况看起来似乎还不错。但是，相对于应当公开 5 项环境信息的要求，这些城市的市控样本企业在环境信息公开方面还存在较大的差距；超半数以上的市控样本企业仅有企业的基本信息，主要污染物排放等信息公开得尤为不足。

（二）主要污染物排放信息公开

"十二五"期间，我国实施排放总量控制的主要污染物为化学需氧量、氨氮、二氧化硫、氮氧化物，"十三五"期间要在此基础上增加烟粉尘、挥发性有机物等。[1] 由于 2015 年是"十二五"规划收官之年、2016 年是"十三五"规划开局之年，而我们主要是评估企业在新《环境保护法》实施两年来的守法表现，所以，这里主要是看样本企业在化学需氧量、氨氮、二氧化硫、氮氧化物、烟尘等主要污染物排放量方面三年来的变化情况。

表 5.6　52/171 家企业主要污染物排放量 2014—2016 年比较表（单位：吨）

年　份	化学需氧量	氨　氮	氮氧化物	烟　尘	二氧化硫
2014 年	4637.01	202.66	144 944.74	15 873.32	49 171.79
2015 年	5046.40	204.87	16 956.68	1763.39	11 790.59
2016 年	811.70	34.40	220.85	44.55	259.41

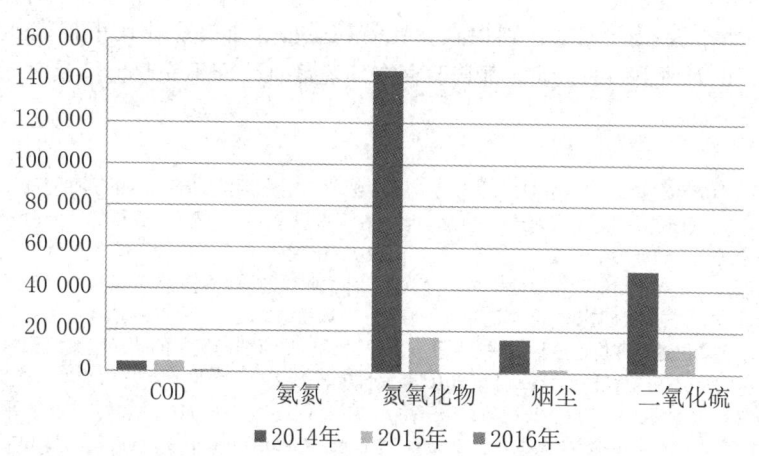

图 5.6　52/171 家企业主要污染物排放量三年比较图（单位：吨）

---

[1] 可参见环境保护部 2014 年 12 月 30 日发布的《建设项目主要污染物排放总量指标审核及管理暂行办法》（环发 [2014] 197 号）。

从表5.6、图5.6中我们看到，二氧化硫、氮氧化物、烟尘等主要污染物排放总量2015年、2016年[1]与2014年相比均有明显减少，说明我国企业在空气主要污染物的减排方面已经采取了切实行动，并取得了较好的成效。这一实证研究结论与环境保护部陈吉宁部长2017年3月9日下午在十二届全国人大五次会议新闻中心回答中外记者提问的陈述不谋而合。[2] 虽然当前空气质量尤其是雾霾天气在老百姓看来似乎没有什么好转，但是近三年来不论国控企业还是省控企业、市控企业都采取了有力举措来减少大气主要污染物的排放量。

从表5.6、图5.6中不难发现：2015年化学需氧量、氨氮排放量与2014年相比，略有增加，但增加不大；而2016年则有较为显著的减少。尽管2016年数据存在缺失或不全问题，但大体不会影响如下结论：我国企业在水体主要污染物排放数量方面已经采取了有效的控制和减排措施，水污染恶化状态得到基本控制。

当然，我们也看到在171家样本企业中只有52家企业公开了主要污染物排放信息，纵使2016年多数省控、市控企业到目前为止还没有公开其环境信息，单单就2015年而言，不到1/3的样本企业公开其主要污染物排放信息，说明样本企业在环境信息公开方面存在不及时问题，同时再一次印证了所有类型样本企业均存在环境信息公开不完整、不全面问题。

（三）小结及原因分析

在环境信息公开方面，国控企业比省控企业、省控企业比市控企业做得要好；但不论何种类型的企业，都普遍存在环境信息公开不完整、不及时问题。尽

---

[1] 2016年的主要污染物排放数据目前存在欠缺、不完整问题，但不影响问题的分析。
[2] 中国日报和中国日报网记者提问："老百姓都希望天天看到像今天这样的蓝天白云，但是我们经常也会遇到一些重污染天气。'大气十条'出台实施已经3年多了，请问秋冬季节重污染天气频频出现的原因是什么？目前我们治理的路子对不对？什么时候能够看到重污染天气的状况能够有所好转？谢谢。"陈吉宁部长回答摘要："国际上一般有一个通用的办法，不是简单地今年和去年比，而是用3年滑动平均法进行评价，这种方法是用更长一个时期，尽可能把气象的波动因素给剔除掉。……我把这3年的情况在这里给大家看一下。2016年，北京市PM2.5平均浓度为73微克/立方米，比2013年下降18%。2016年，京津冀、长三角、珠三角，这是我们三个控制PM2.5的重点地区，平均浓度分别为71微克/立方米、46微克/立方米、32微克/立方米，与2013年相比，分别下降33.0%、31.3%、31.9%。另外还有一组数据，2016年74个重点城市，去年PM2.5平均浓度是50微克/立方米，比2013年下降30.6%。大家可以看，除了北京之外，所有控制PM2.5的地区，在过去的3年里都减少了30%以上。随着这30%的减少，与此同时，优良天数的比例在上升，重污染天气发生的频次也在明显降低。……如果从3年来的情况看，我们的变化是实实在在的，是显著的……3年时间取得这样的成绩，充分说明我们当前大气治理的方向和举措是对的，是有效的。"参见中国政府网，http://www.gov.cn/zhuanti/2017lh/live/0309e.htm，最后访问日期：2017年3月10日。

管在主要污染物排放信息公开方面也存在着同样的不足与问题，但同时我们也欣喜地发现，我国重点监控企业在主要污染物排放数量方面已经采取了切实有效的行动，并取得了一定的减排效果。这必将为环境质量的改善带来长期、持久的积极影响。

我国企业当前普遍存在着环境信息公开不完整、不及时现象，就其原因，我们认为主要有以下几点：

第一，企业趋利避害的本性导致其很难积极主动、及时地公开、更新相关的环境信息。目前的环境信息公开工作还主要是以环境保护部门监督企业单位公开为主，难以体现企业单位的主动性。而从企业自身角度来说，由于环境信息公开缺乏相应的操作细则，企业对哪些环境信息应当公开存在模糊认识，因担心公开的环境信息会被行政机关追责而选择能不公开就不公开、能不更新就不更新，消极被动的心态十分明显。所以，我们建议环境保护部门制定企业环境信息公开操作流程与内容指南，以方便企业积极主动地公开应当公开的环境信息。

第二，环保系统内部各业务部门各自为政，诸多工作欠协调沟通，常有"互相打架"现象，表现在环境信息公开的平台太多，每个平台对需要公开的环境信息的要求存在不同且重复建设现象，企业疲于应付各个平台的环境信息填报要求。这种多平台建设不仅浪费资源、人力和物力，而且使企业怨声载道，是一项吃力不讨好的工作。因此，我们建议全面整合目前不同企业环境信息公布的各个平台，由环境保护部门内部专门部门来负责统筹环境信息公开工作和统一公开平台建设。

第三，尽管《企业事业单位环境信息公开办法》第16条规定，企业没有按照规定的内容、方式和时限公开或者公开内容不真实、弄虚作假的，可以由县级以上环境保护主管部门根据新《环境保护法》的规定责令公开，处3万元以下罚款，并予以公告。但是，由于该办法的规定过于原则、缺乏操作性，环境保护部门在执法过程中由于很难明确具体的执法边界，难以拿捏分寸，再加上环保执法队伍规模、能力及执法条件的限制，所以环境信息公开方面的违法、违规执法实际上很难展开。这也是目前企业环境信息公开不完整、不及时的重要原因。因此，我们建议早日制定《环境保护主管部门实施企业环境信息公开查处、处罚办法》，以责任追究来倒逼企业及时、完整、真实地公开相关环境信息。

三、企业违法排放及履行违法处罚方面的表现

（一）超标排放方面

由于超标排放是当前企业环境违法的最主要情形，所以我们首先重点探讨和

分析样本企业在超标排放方面的具体情况。

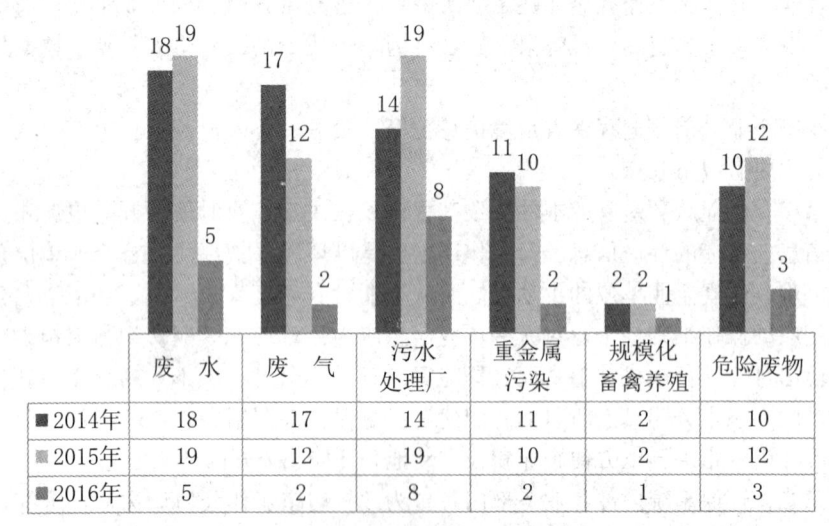

	废水	废气	污水处理厂	重金属污染	规模化畜禽养殖	危险废物
■ 2014年	18	17	14	11	2	10
■ 2015年	19	12	19	10	2	12
■ 2016年	5	2	8	2	1	3

图 5.7　样本企业超标排放分布图

从污染类型来看，与 2014 年相比，2015 年、2016 年废气、重金属污染类企业均在不同程度上减少了超标排放；规模化畜禽养殖类企业超标排放家数较少且处于减少趋势；废水、污水处理厂、危险废物类企业 2015 年超标排放家数略有增加，2016 年都有明显减少。从中不难得出，2015 年、2016 年我国废气类企业超标排放减少最为明显。

从不同污染类型企业占比[1]来看，2015 年废水类、废气类、污水处理厂、重金属污染类、规模化畜禽养殖类、危险废物类超标排放企业占比分别为 11%、7%、11%、5.8%、1%、7%；涉水、涉气污染类企业依然是超标排放的"重灾区"，超标排放企业占全部样本企业的 43%，近半数企业存在超标排放，企业超标排放形势仍然十分严峻。2016 年废水类、废气类、污水处理厂、重金属污染类、规模化畜禽养殖类、危险废物类超标排放企业占比分别为 2.9%、1.2%、4.7%、1.2%、0.6%、1.8%。尽管 2016 年的数据存在欠缺，但依然能够发现：与其他类型相比，涉水污染类企业超标排放较为严重。

---

[1] 某一污染类型企业超标排放家数除以全部样本企业家数即为该类污染类型企业占比。

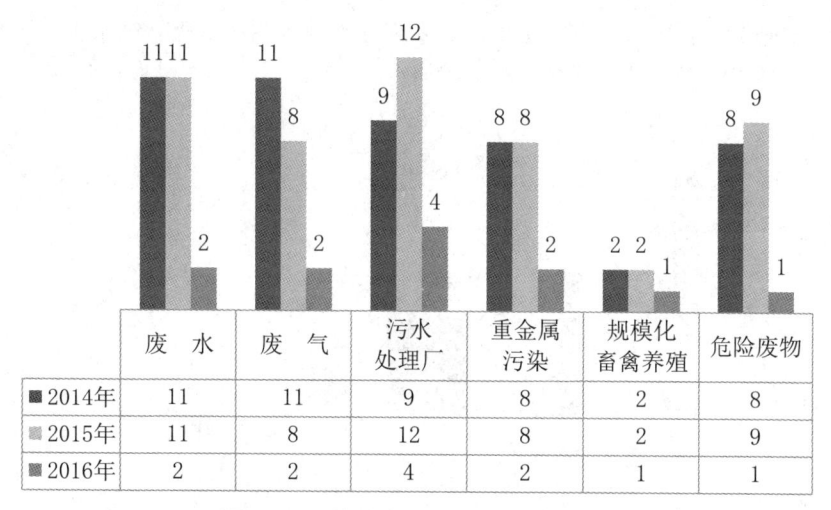

	废水	废气	污水处理厂	重金属污染	规模化畜禽养殖	危险废物
2014年	11	11	9	8	2	8
2015年	11	8	12	8	2	9
2016年	2	2	4	2	1	1

图 5.8　国控样本企业超标排放分布图

在 90 家国控样本企业中，与 2014 年相比，废气类国控企业 2015 年、2016 年超标排放家数有明显减少；污水处理厂、危险废物类企业 2015 年超标排放家数稍有增加；其他类型企业超标排放家数 2015 年与 2014 年持平、2016 年降幅明显。

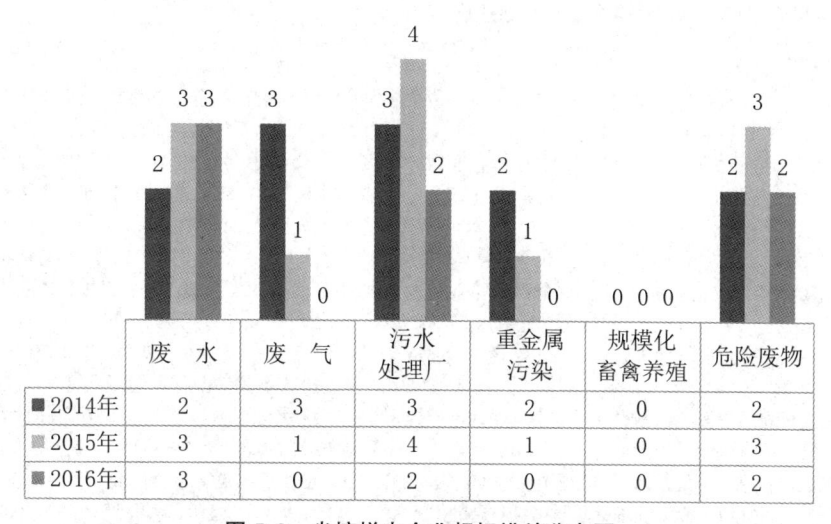

	废水	废气	污水处理厂	重金属污染	规模化畜禽养殖	危险废物
2014年	2	3	3	2	0	2
2015年	3	1	4	1	0	3
2016年	3	0	2	0	0	2

图 5.9　省控样本企业超标排放分布图

在 58 家省控样本企业中，与 2014 年相比，2015 年、2016 年废气类、重金属污染类企业超标排放家数有所减少，其中废气类减少幅度最大；废水类、污水处理厂和危险废物类企业超标排放略有增加。

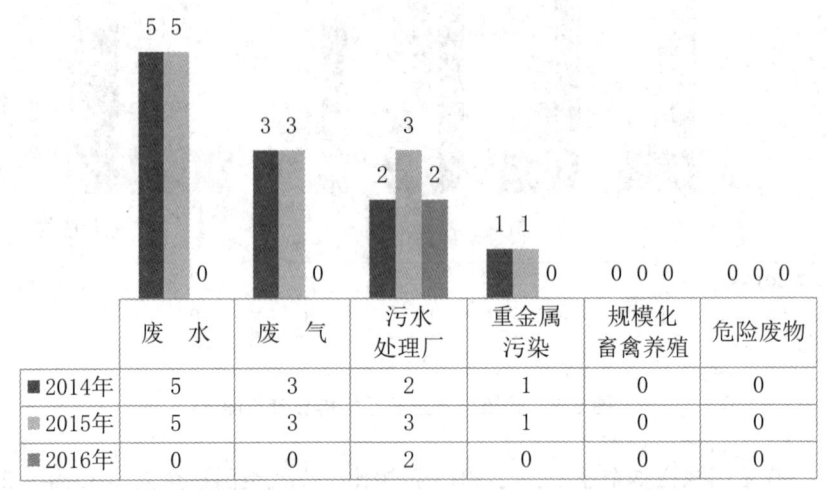

	废水	废气	污水处理厂	重金属污染	规模化畜禽养殖	危险废物
■2014年	5	3	2	1	0	0
■2015年	5	3	3	1	0	0
■2016年	0	0	2	0	0	0

图 5.10　市控样本企业超标排放分布图

在 23 家市控样本企业中，除污水处理厂在 2015 年超标排放略有增加外，其他类型企业 2015 年超标排放与 2014 年大体持平；2016 年数据存在一定的缺失，影响到与 2015 年、2014 年的比较分析。[1]

---

〔1〕若综合图 5.8、图 5.9、图 5.10，从超标排放企业数占该类样本企业总数的比例来看，国控样本企业中，2014 年超过企业数为 49 个，总样本企业数为 90 个，二者的比例为 54.4%；省控样本企业中，2014 年超过企业数为 12 个，总样本企业数为 58 个，二者的比例为 20.7%；市控样本企业中，2014 年超过企业数为 11 个，总样本企业数为 23 个，二者的比例为 47.8%。因此，2014 年国控企业、省控企业、市控企业超标排放企业数占其样本企业总数的比例分别为 54.4%、20.7%、47.8%。国控样本企业中，2015 年超过企业数为 50 个，总样本企业数为 90 个，二者的比例为 55.6%；省控样本企业中，2015 年超过企业数为 12 个，总样本企业数为 58 个，二者的比例为 20.7%；市控样本企业中，2015 年超过企业数为 12 个，总样本企业数为 23 个，二者的比例为 52.2%。因此，2015 年国控企业、省控企业、市控企业超标排放企业数占其样本企业总数的比例分别为 55.6%、20.7%、52.2%。由于 2016 年数据存在较大欠缺，所以不在此分析。综合 2014 年和 2015 年的情况，我们不难得出：国控样本企业超标排放方面的问题最为严重，其次为市控样本企业，最后是省控样本企业。在超标排放方面，为什么国控样本企业最为严重、市控样本企业次之、最后是省控样本企业？难道是由于我们选取的样本数量原因？恐怕不是，因为虽然国控企业样本数最多，但数量次多的是省控企业而非市控企业；更何况，从统计规律上看，样本数量越多往往越能代表该类群体。如同上述所言，我们采取了 Excel 随机数发生器方式抽取样本，这种样本选取的随机性就意味着其选取的科学性和代表性。那么，到底是什么因素促成这样的结论呢？或许是由于我国国控企业规模体量本来就大、平时超标排放的数量也不少；市控企业体量虽小但一般规模却不大，污防设施建设与运营跟国控企业和省控企业相比要差一些，

综上而言，新《环境保护法》实施两年来，在国控企业、省控企业、市控企业中，废气类企业超标排放家数减少幅度最大、减排效果也最为显著，其他污染类型企业存在不降反升现象。涉水（包括废水类、污水处理厂）、涉气（废气）污染类企业依然是超标排放大户。我国目前超标排放问题依然形势严峻。

究其原因，我们认为主要有：首先，自 2013 年 9 月国务院发布"大气十条"以来，全国各地推行清洁空气行动计划，2015 年修订的《大气污染防治法》规定了总量控制强化责任、控车减煤源头治理和重典处罚不设上限等有力制度措施，以及近年来人民群众要求对这种"观感明显的污染"进行根治的强烈愿望，给废气类企业带来无形和有形的外部压力，迫使它们采取更加清洁的生产方式，从而该类企业超标排放减幅最大、减排效果也最为显著。其次，其他污染类型企业由于没有像废气类企业那么大的外部压力，又欠缺内在约束机制，[1] 所以存在超标排放不降反升现象。再次，由于涉水、涉气类企业体量大、规模也大，所以在今后相当长时期内依然是超标排放大户。最后，三十多年经济发展带来的环境问题，主要是污染物排放超过环境容量的问题，短时间内难以消解。因此，治理环境污染物超标将会是一项长期的、艰巨的任务。

（二）违法受罚方面

环境保护部门对企业的环境违法行为进行处罚数量差异，或者说企业违法受罚数量差异，能够一定程度上反映不同类型企业在遵守新《环境保护法》所规定的义务、履行有关责任方面的意愿、表现、状态上的差异。

从图 5.11 中我们看到，涉水（包括废水、污水处理厂）、涉气和危险废物类企业 2015 年违法受罚数量与 2014 年相比都有所上升；重金属污染类企业处罚数量与 2014 年相比虽有所减少但处罚数量依然不低。而且我们可以发现涉气、涉水、危险废物、重金属污染类企业超标排放数量多，其违法受罚数量也多，由此

所以其超标排放数量比例超过省控企业。或者是因为国控企业超标排放本来就是大户、市控企业平时违规超标排放习以为常，随着环保执法力度的加强，这两类企业难免中枪或者说它们中枪的概率要远大于省控企业。或许是由于自动监测、手工监测不同以及网上记录小时超标、日超标统计口径差异引起的。或者是由于我们所选取的样本企业数量过小，不能完全代表全部的国控、省控、市控企业全貌。若是后一原因，此实证研究的结论就不足挂齿，甚至是谬误。由于原因的解释不明或者说没有找到真正原因，所以本研究结论不便于放在正文之中。

[1] 这反映出环境污染的负外部性问题。关于外部性理论，可参见童光法：《外来物种入侵的民事责任承担——一种基于"外部性"视角的分析》，载《北方法学》2010 年第 5 期。

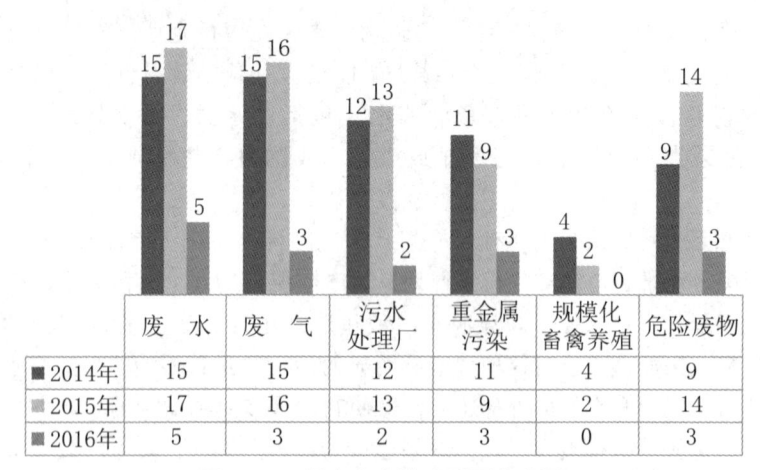

	废水	废气	污水处理厂	重金属污染	规模化畜禽养殖	危险废物
2014年	15	15	12	11	4	9
2015年	17	16	13	9	2	14
2016年	5	3	2	3	0	3

图 5.11　样本企业违法受罚分布图

可以得出企业的违法受罚与超标排放之间存在正相关关系。究其原因，主要在于：虽然企业可能会因为未批先建、未及时缴纳排污费、超标排放、偷排漏排、未及时公开环境信息等违法原因而受到处罚，但目前主要的违法受罚原因还是超标排放。

样本企业 2014 年、2015 年受到违法受罚总家数分别为 66 家、71 家。涉水、涉气类企业 2014 年、2015 年受到违法受罚家数分别为 42 家、46 家，占总家数的比例分别为 63.6% 和 64.8%。尽管 2016 年样本企业数据存在一定的缺失但似乎也可以推知，2016 年涉气、涉水等污染类型企业违法受罚数量应该也不会少。因此，涉水、涉气类企业是我国目前环境行政执法部门重点盯防和处罚对象。

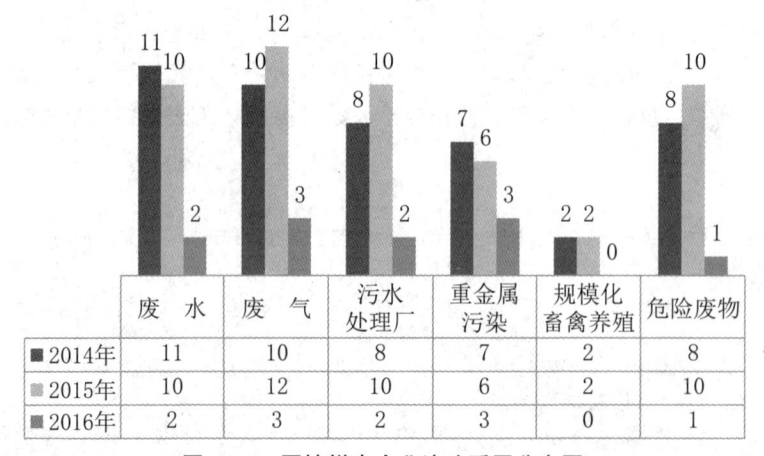

	废水	废气	污水处理厂	重金属污染	规模化畜禽养殖	危险废物
2014年	11	10	8	7	2	8
2015年	10	12	10	6	2	10
2016年	2	3	2	3	0	1

图 5.12　国控样本企业违法受罚分布图

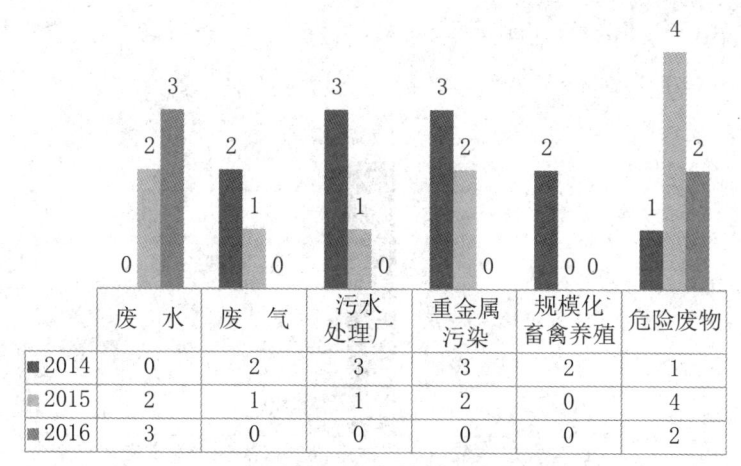

	废水	废气	污水处理厂	重金属污染	规模化畜禽养殖	危险废物
2014	0	2	3	3	2	1
2015	2	1	1	2	0	4
2016	3	0	0	0	0	2

图 5.13 省控样本企业违法受罚分布图

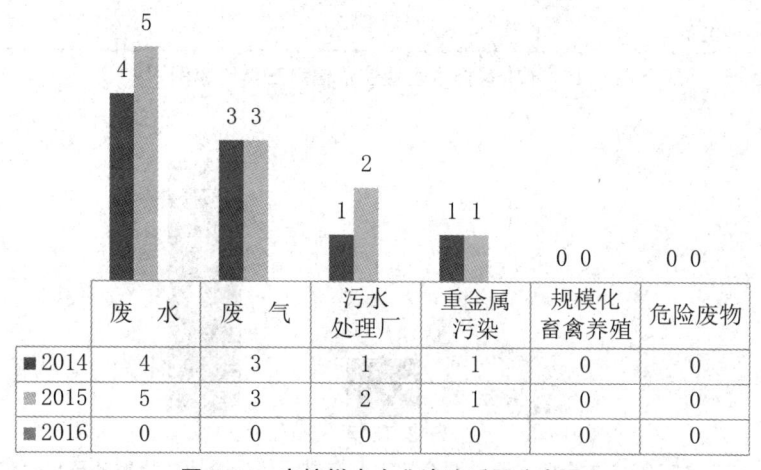

	废水	废气	污水处理厂	重金属污染	规模化畜禽养殖	危险废物
2014	4	3	1	1	0	0
2015	5	3	2	1	0	0
2016	0	0	0	0	0	0

图 5.14 市控样本企业违法受罚分布图

图 5.12 显示，国控样本企业 2014 年、2015 年、2016 年违法受罚总家数分别为 46 家、50 家、11 家，占国控样本企业总数的比例分别为 51.1%、55.6%、12.2%。图 5.13 显示，省控样本企业 2014 年、2015 年、2016 年违法受罚总家数分别为 11 家、10 家、5 家，占省控样本企业总数的比例分别为 19%、17.2%、8.6%。图 5.14 显示，市控样本企业 2014 年、2015 年、2016 年违法受罚总家数分别为 9 家、11 家、0 家，占市控样本企业总数的比例分别为 39.1%、47.8%、0%。刨除 2016 年数据不全因素，我们发现国控样本企业 2014 年、2015 年违法受罚占比最高，市控样本企业 2014 年、2015 年违法受罚占比次之，省控样本企业

2014年、2015年违法受罚占比最低。[1]

(三) 本部分小结

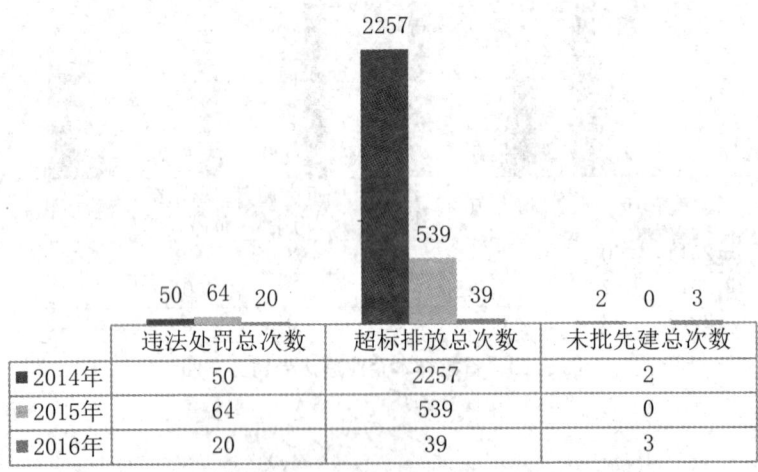

	违法处罚总次数	超标排放总次数	未批先建总次数
■2014年	50	2257	2
■2015年	64	539	0
■2016年	20	39	3

图 5.15　171 家样本企业违法信息三年比较图[2]

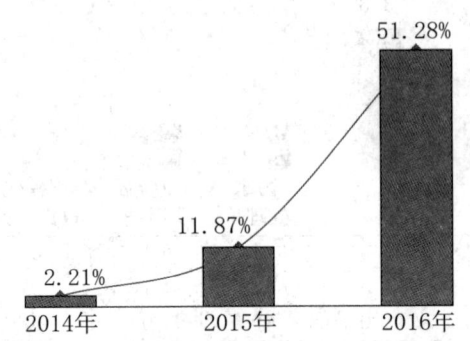

图 5.16　171 家样本企业中受处罚企业占所有排污超标企业的比重的三年变化图

（2014年：2.21%；2015年：11.87%；2016年：51.28%）

---

〔1〕 这与前注关于图 5.8、图 5.9、图 5.10 分析结论之间存在一定的相关性：国控样本企业超标排放占比最高、处罚占比也最高，其次是市控企业，最后是省控企业；再一次说明目前违法处罚与超标排放之间具有正相关性。

〔2〕 2014 年 11 月国务院办公厅印发《关于加强环境监管执法的通知》，要求全国各地于 2016 年底前全面清理违法违规建设项目并完成整改任务。2016 年 5 月，环保部印发《关于进一步做好环保违法违规建设项目清理工作的通知》（环办环监〔2016〕46 号），要求各地确保违建项目自 2017 年 1 月 1 日起"清零"。这种原《环境保护法》执法效能而产生的历史遗留问题由于本次的清理整改得以解决，为新《环境保护法》严格执法奠定了基础。所以，这里评估样本企业近三年在未批先建方面的违法问题已经意义不大。全国 30 个省（西藏除外）共清理出 62.4 万个未批先建、批建不符、未验先投等违建项目，参见广州绿网环境保护服务中心，www.lvwang.org.cn，最后访问日期：2017 年 3 月 10 日。

从图 5.15 可以看出，2015 年超标排放次数虽然比 2014 年有大幅度下降，但处罚次数却不降反升；同时，通过图 5.16 也可以看到，在 171 家样本企业中，受处罚的企业占所有超标排放企业的比重近三年来有明显的上升。这一方面说明违法处罚与超标排放存在正相关性，另一方面也说明我国环境行政执法的力度趋于严格，超标排放等环境违法行为逐步得到追究。[1]

在环境违法方面，我们调查研究可以得出如下结论：尽管废气类企业超标排放家数减少和减排效果取得了显著成效，但其他污染类型企业超标排放形势依然严峻；超标排放是当前我国企业违法受罚的最主要原因，企业违法受罚与其超标排放存在正相关性；涉水、涉气类企业是我国目前环境行政执法部门重点盯防和处罚对象。

四、绍兴地区企业环境守法状况

2017 年 1 月 10—11 日课题组前往浙江省绍兴市进行实地调研，参与调研的有 21 家企业，主要为印染、化工、电镀等行业的国控企业、省控企业、市控企业及绍兴市环保局及其区县分局分管政策、法规以及环境执法一线的负责人员。

（一）绍兴市企业环境守法情况

1. 环境信息公开方面

绍兴市环境保护部门根据国控、省控和市控的层级以及废水、废气、重金属、规模化养殖、污水处理厂和危险废物的污染类型分类，每年分 3 批（2015—2016 年共公布 6 批）在绍兴市环境保护局门户网站（www.sxepb.gov.cn）以及绍兴市重点排污单位环境信息公开平台上公布重点监控企业名单。[2] 我们通过该平台随机抽样选取的 11 家企业，包括 3 家国控企业、4 家省控企业、4 家市控企业，涵盖重金属、废水、废气、危险废物四种污染类型企业。

根据在绍兴市获得的数据，国控企业公开 3 项以上的占国控样本企业数的比重达到 100%，[3] 省控企业公开 3 项以上的占其样本企业数的 100%，[4] 市控企

---

[1] 同时，也说明企业已经知道环境保护法律的规定不再只是一纸空文，环保执法日趋严格，企业会逐步主动减少超标排放等环境违法行为，从而真正体现违法处罚与环境质量的改善呈正相关性。

[2] 具体名单详见绍兴市重点排污单位环境信息公开平台"重点排污单位"版块，载 http://qyxxgk.sxepb.gov.cn/Business/EntPublic/Basic/documentList.aspx?c=2。

[3] 在我们统计的国控企业中，六项信息中最多的是在应急预案和企业自行检测方案方面未公开具体信息。

[4] 由于未强制要求省控企业公开自行监测方案，所以在我们的统计中，省控企业五项信息中都欠缺的是未能提供企业的应急预案。

业公开 3 项以上的占其样本企业数的 50%。据此我们可以初步发现，从市控到国控企业环境信息的公开情况是依次变好的。相较于国控和省控企业，市控企业在环境信息公开方面做得较差。有一半的市控企业仅有企业的基本信息，另一半企业在污染物排放情况方面的数据十分模糊，不具有调查分析价值。

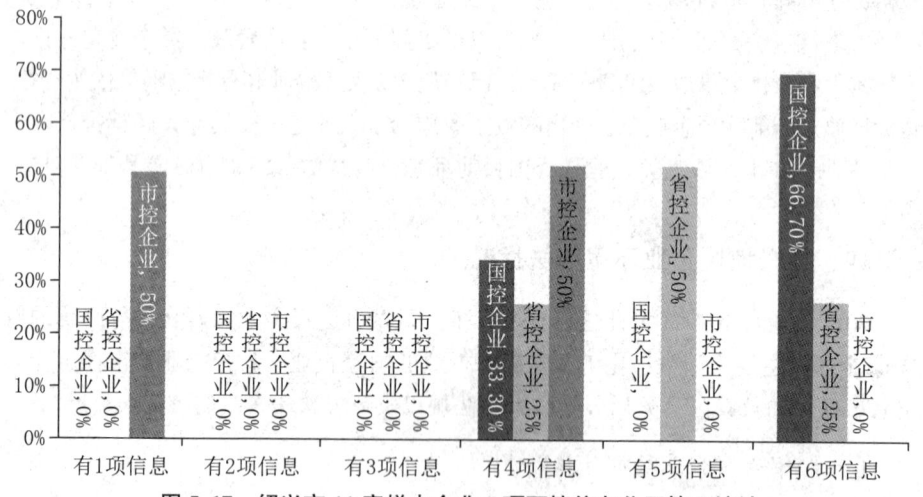

图 5.17　绍兴市 11 家样本企业 6 项环境信息公开情况统计

同时，我们也对 11 家企业近三年主要污染物排放数据进行调取，发现仅有 4 家企业能够连续公开相关信息，且均为国控、省控企业，占样本企业的比例为 36%。基于此，我们较难以对新《环境保护法》实施两年来该地区主要污染物排放情况得出一个客观、完整的评价结论。但是至少可以从侧面反映出企业在环境信息公开的及时性、完整性方面的确做得还不够，仍需改进。这些调研结论再次印证了我们前面对 171 家样本企业的调查分析结论。

2. 企业环境守法意识等方面

在调研问卷中，关于"新《环境保护法》颁布实施两年来，环境保护部门执法越来越严格，近三年贵单位都采取了哪些应对举措"问题，我们设置了三个消极应对做法，即通过修改和编造数据应付各种督查、检查（A），加强与环境保护部门熟人、朋友的联络（B）和在环境保护部门要求下采取整改措施（C）；以及两个积极应对做法，即污染物防治设备设施自觉开启、正常运行（D）和增加了节能减排设备、设施和研发投入（E）。参与调研的 21 家企业，有效回收问卷涉及 19 家企业，它们具体选择情况如下：

表 5.7　绍兴市近三年企业环境守法意识情况表

	消极应对（C）	积极应对（D）	积极应对（E）
次　数	6	16	16

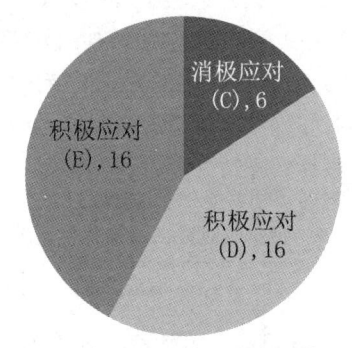

图 5.18　绍兴市近三年企业环境守法意识情况图（单位：次）

我们发现，消极应对的占 16%，而积极应对的占 84%。这表明，参与调研的 19 家企业能够积极应对新《环境保护法》的严格要求，环境守法意识较高。

关于"近三年来贵单位在处理主要污染物的方式上与上一年相比有何变化"问题，参与调研的 19 家企业具体选择情况如下：

表 5.8　绍兴市企业污染物处理方式对比表

	没有变化	没太大变化	有变化	有显著变化
2015 年与 2014 年相比	1	3	6	9
2016 年与 2015 年相比	2	2	3	11

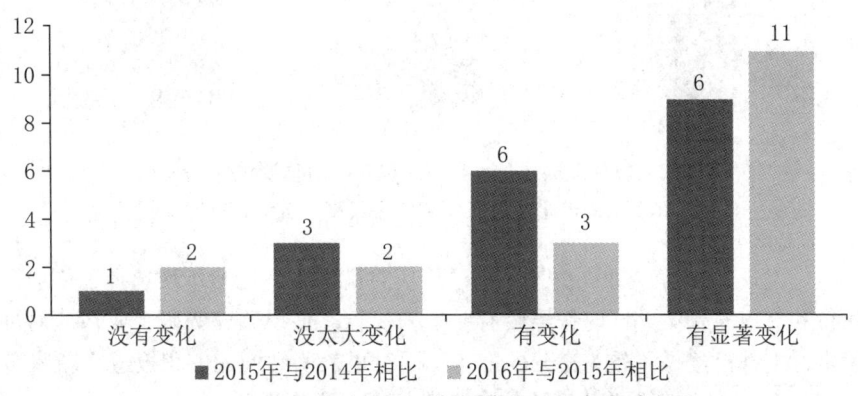

图 5.19　绍兴市企业近三年污染物处理方式对比图

我们发现，2016 年与 2015 年相比、2015 年与 2014 年相比，19 家企业中选择没有变化和没有太大变化的均为 4 家，仅占调研企业的 21%；选择有变化的分别为 3 家、6 家，占调研企业的 16%、32%；选择有显著变化的分别为 11 家、9 家，占调研企业的 58%、47%。这说明，参与调研企业 2016 年比 2015 年、2015 年比 2014 年在处理主要污染物的方式上态度更为积极；也表明新《环境保护法》实施两年来已经给多数企业在处理主要污染物的方式上带来积极的影响。

在"若遇到突发污染事件，贵单位近三年通常会采取何种应对措施"问题上，参与调研的 19 家企业具体选择情况如下：

表 5.9　企业应对突发污染事件情况表

年　份	依应急预案执行	有应急预案，同时按政府要求执行
2014 年	7	12
2015 年	8	11
2016 年	8	11

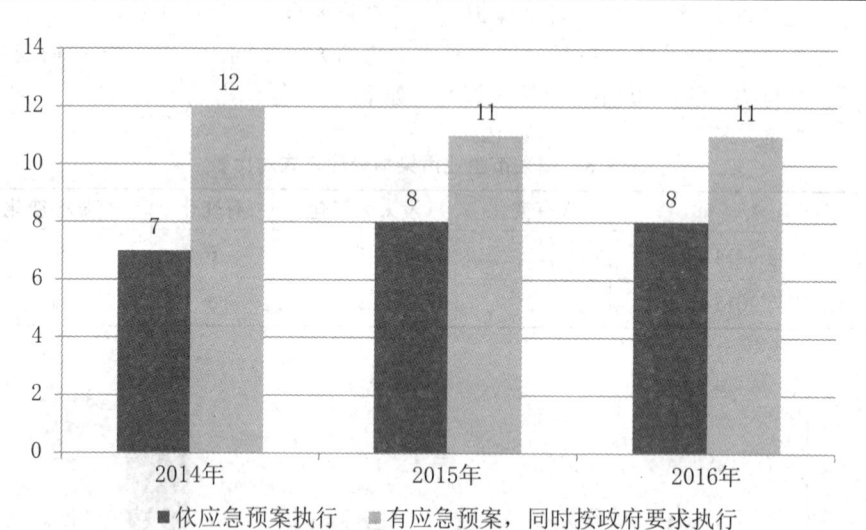

图 5.20　绍兴市企业近三年突发污染事件应对措施对比图

我们发现，19 家企业在突发污染事件应对措施上，近三年均选择了依应急预案执行和有应急预案并同时按照政府要求来执行。这说明，调研企业在应对环境突发事件上都已经做了较为充分的准备，同时也表明它们能够积极遵守新《环境保护法》和《企业事业单位环境信息公开办法》的相关规定。

（二）绍兴市企业违法受罚及其履行处罚情况

1. 企业环境违法类型及受罚情况

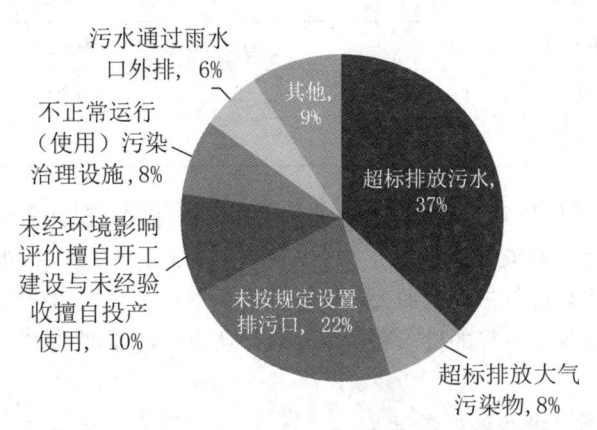

图 5.21　绍兴市近三年企业环境违法行为类型图

从图 5.21 我们可以看到，绍兴市企业环境违法行为最主要的是超标排放，包括超标排放污水（约占 37%）和超标排放大气污染物（约占 8%），共计占 45%；[1] 其后是未按规定设置排污口，约占 22%；未经环境影响评价擅自开工建设与未经验收擅自投产使用的，约占 10%；不正常运行（使用）污染治理设施的，约占 8%；污水通过雨水口外排的，约占 6%；其他约占 9%。[2] 针对企业的上述环境违法行为，绍兴市各级环境保护及其执法部门坚决贯彻和严格执行新《环境保护法》，成为浙江省环保执法处罚力度最严的地级市。[3]

---

〔1〕 这也再次印证了前面通过样本企业研究分析得出的超标排放是目前我国企业环境违法最为重要的行为类型，也是我国环境执法和监管的重心。

〔2〕 在绍兴市，近三年其他环境违法行为主要有：弄虚作假，焚烧产生有毒有害烟尘和恶臭气体的物质，在人口集聚区焚烧工业垃圾，未制定应急方案，未及时启动相应的应急预案，未及时上报水污染事故，危险废物处置不规范，未按国家规定申报登记危险废物，危险废物未采取无害化处置措施，未设置危险废物识别标志，在运输中丢弃遗撒固体废物，将废酸委托给无资质的单位处置，逃避监管方式排放污染物，未经批准擅自闲置废气处理设施，未采取措施防止排放恶臭气体，生产中在使用石油焦代替天然气作为燃料等。

〔3〕 随着新《环境保护法》的实施，绍兴市行政处罚力度持续加大。2014 年处罚企业违法案件 944 件，罚款 4073.68 万元，责令停产停业 236 件，行政拘留 0 人。2015 年处罚企业违法案件 1402 件，罚款 5959.5 万元，责令停产停业 370 件，行政拘留 35 人。2016 年处罚企业违法案件 1659 件，罚款 9118.4 万元。同时，2016 年绍兴市公安机关行政拘留 75 件 103 人，刑事移送 35 件 77 人，责令停产停业企业 370 家，成为浙江省处罚金额最高的地级市。

表 5.10　绍兴市近三年环境违法处罚总体情况表

年　　份	2014 年	2015 年	2016 年
企业违法受罚案件（件）	944	1402	1659
罚款金额（万元）	4073.68	5959.5	9118.4
责令停产停业（件）	236	370	495
行政拘留（人）	0	35	103

从表 5.10 我们看到，不论是企业违法受罚案件件数、罚款金额、责令停产停业件数乃至行政拘留人数，2016 年与 2015 年、2015 年与 2014 年相比，都有明显的上升。绍兴市环境保护部门加大环境违法行为的行政处罚力度，能够倒逼企业进行环境保护设施设备等的投入和转型升级，从而一定程度上改善了当地的生态环境质量。

2. 企业履行环境违法处罚情况

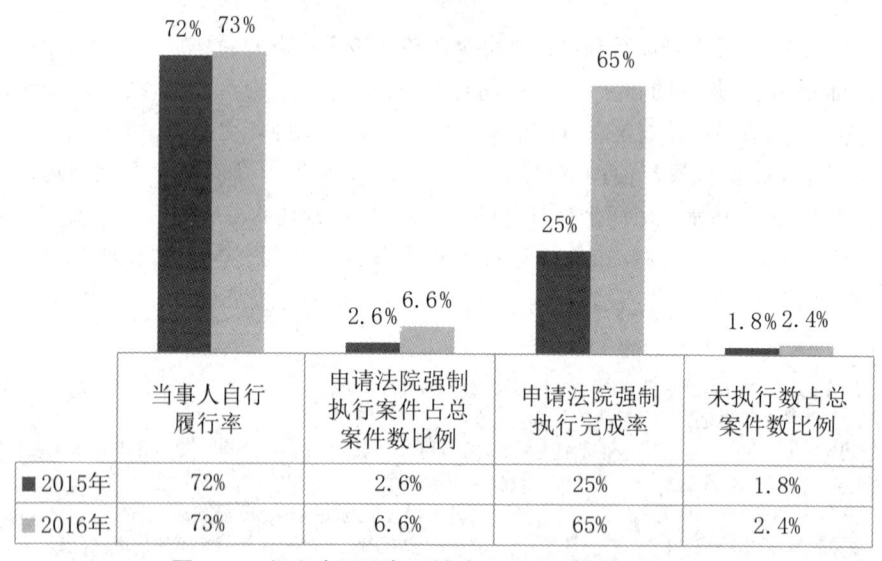

	当事人自行履行率	申请法院强制执行案件占总案件数比例	申请法院强制执行完成率	未执行数占总案件数比例
2015年	72%	2.6%	25%	1.8%
2016年	73%	6.6%	65%	2.4%

图 5.22　绍兴市近两年环境违法处罚履行情况统计图

从图 5.22 我们看到，绍兴市企业 2015 年自觉履行行政处罚的占 72%，2016 年占 73%，上升了一个百分点。这说明绝大多数企业能够认真履行环境保护部门所作出的行政处罚决定。对企业未及时自行履行处罚决定的，绍兴市环境保护部门先是通过催告、督察促使企业去履行，也基本实现了履行；对经催告督察仍未履行的，则依法申请法院强制执行。[1] 申请法院强制执行后仍未执行的，2015年为25件，2016年为39件，未执行的案件分别占当年案件数的1.8%和2.4%。

少数企业未履行或未及时履行环境保护部门作出的行政处罚决定，其原因主要有：

第一，由于经济下行给企业带来较多的困难，企业生存的压力较大，个别企业的资金方面存在拆东墙补西墙现象，能拖则拖；有的企业处于破产重组状态，行政处罚执行牵涉到重组方的利益博弈而导致无法执行。

第二，存在部分企业履行意识不强问题。这类企业不重视行政处罚，尤其是对罚款处罚不积极去履行，能拖则拖甚至形成老赖现象。

第三，有些行政处罚本身存在难以执行的问题。绍兴市当地存在污染的企业大多为小型的"散户"企业，新《环境保护法》及其配套措施对处罚的程序规定得虽然详细、明确，但是由于办公人员和经费的客观原因存在的限制，执法一线的办案人员普遍反映相关程序繁琐，耗时较长，不利于达成预期的案件处理效果。例如，环境保护部门作出停产关闭某家企业决定时并处罚款，由于该企业关闭后停止生产、企业负责人失去联系，该罚款的处罚决定自身就难以执行。

第四，若企业未按时履行处罚决定，即使环境保护部门申请法院强制执行，法院通常也不会为此而加收罚款或滞纳金，因为《行政强制法》和《行政处罚法》的相关规定中并未明确规定法院在滞纳金缴纳上具有依申请而强制执行的义务。我们调研发现，从浙江省其他地区环境保护部门的执行情况来看也存在这方面的问题。因此，强化不同处罚决定之间的协调、不同部门之间的权力配置以及法规上可操作性的完善规定，是改进企业未履行或未及时履行处罚决定的关键。

（三）本部分小结

新《环境保护法》实施两年来，绍兴市企业在处理主要污染物的方式、应对环境突发事件、环境守法意识等方面具有较为积极的态度或较高意识。虽然绍兴市环境保护部门搭建了信息公开平台，但是企业环境信息公开依然存在着不及

---

[1] 绍兴市环保部门申请法院强制执行的案件2015年有36件，2016年有110件，分别占当年案件数的2.6%和6.6%。2016年相比2015年有大幅度上升。在申请法院强制执行的案件中，2015年执行了9件，2016年执行了71件，执行率分别为25%和65%。2016年的执行率大幅上升40个百分点。在统计中，未执行案件2015年为351件，2016年为338件，分别占当年案件数25%和20%。未执行数统计有一个结转的关系，即接近年末作出的处罚案件将会在第二年完成执行。因此实际执行不了的数量要小得多。

时、不完整的问题。超标排放在环境违法行为类型上最为突出。绝大多数企业都能够自觉履行环境保护部门所作出的行政处罚决定，少数未履行处罚决定的企业要么存在其自身的原因，要么存在法律制度上的障碍。

五、评估结论

根据上述的抽样调查、数据分析和实地调研，我们可以得出以下评估结论：

第一，新《环境保护法》实施两年来，绝大多数企业在处理主要污染物的方式、应对环境突发事件、环境守法意识等方面具有较为积极的态度或较高意识。

第二，在环境信息公开方面，国控企业比省控企业、省控企业比市控企业做得要好；但不论何种类型的企业，都普遍存在环境信息公开不完整、不及时的问题。

第三，在主要污染物排放方面，尽管也存在明显的公开不足问题，但是我们欣喜地发现，我国企业在主要污染物排放数量方面已经采取了切实有效的行动，并取得了一定的减排效果。这必将为环境质量的改善带来长期的、持久的积极影响。

第四，在环境违法方面，尽管废气类企业超标排放家数减少和减排效果取得了显著成效，但其他污染类型企业超标排放形势依然严峻；超标排放是当前我国企业违法受罚的最主要原因，企业违法受罚与其超标排放存在正相关性；涉水、涉气类企业是我国目前环境行政执法部门重点盯防和处罚对象。

第五，在履行违法处罚方面，绝大多数企业都能够自觉履行环境保护部门所作出的行政处罚决定。少数未履行处罚决定的企业要么存在其自身的原因，要么存在法律制度上的障碍。强化不同处罚决定之间的协调、不同部门之间的权力配置以及法规上的可操作性规定，是改进企业未履行或未及时履行处罚决定的关键。

本研究结论可能存在如下不足：其一，本研究尽管选取了 18 个城市，但这 18 个城市能否代表全国大体情况则存疑。其二，尽管选择了 171 家样本企业和实地调研数据分析，但还是会存在样本企业无法真实地反映我国企业总体情况的问题。其三，我们选择了 90 家国控企业、58 家省控企业、23 家市控企业，这些企业随机选取的比例并不一定能够代表真实的企业数量占比情况。其四，研究的主要信息来源于环境保护部门官网、各省市环保部门官网、各省市企业自行监测信息公开平台、各个企业的网站、公众环境研究中心（IPE）等网站，[1] 所以我们

---

[1]《企业事业单位环境信息公开办法》第 10 条规定，重点排污单位应当采取下列方式公开环境信息：企业门户网站、企业事业单位环境信息公开平台、当地报刊等便于公众知晓的方式。企业若采取当地报刊等其他方式公开环境信息，也会影响到样本企业数据来源的全面与客观。在此，我们建议优先通过企业门户网站、企业事业单位环境信息公开平台等互联网方式公开环境信息，以便于查找。

研究结论的可靠性、可信性受制于这些网站上公开的企业环境数据信息是否真实。其五，由于研究时间截至 2017 年 1 月初，而多数国控企业、省控企业、市控企业 2016 年数据尚未上传到网络上，所以该年份数据存在不少缺失，也影响了研究的进程与结论的客观性。其六，由于研究人员的能力、时间与精力上的限制，也可能存在数据搜集、录入或校对工作上的偏差，从而影响本研究报告结论的客观性等。

第六部分
社会组织和其他单位履行新《环境保护法》义务情况及效果评估

新《环境保护法》对各类主体的环境保护职责和义务都作了规定。除了前面涉及的政府、环境保护部门、政府相关职能部门、司法机关和企业外，社会组织和其他单位也是新《环境保护法》中履行环境保护职责和义务的重要主体。这些主体主要包括环保民间组织、基层群众性自治组织、环保志愿者和新闻媒体。新《环境保护法》第6条第1款规定："一切单位和个人都有保护环境的义务。"第9条第1款规定："各级人民政府应当加强环境保护宣传和普及工作，鼓励基层群众性自治组织、社会组织、环境保护志愿者开展环境保护法律法规和环境保护知识的宣传，营造保护环境的良好风气。"第9条第3款规定："新闻媒体应当开展环境保护法律法规和环境保护知识的宣传，对环境违法行为进行舆论监督。"因此，结合新《环境保护法》的规定，本部分评估将围绕环保民间组织、基层群众性自治组织、新闻媒体这三大类主体履行新《环境保护法》义务情况及效果展开评估。

一、环保民间组织履行新《环境保护法》义务情况及效果评估

（一）概述

环保民间组织是以环境保护为主旨，不以营利为目的，不具有行政权力并为社会提供环境公益性服务的民间组织。我国环保民间组织分为四种类型：一是由政府部门发起组建的环保民间组织，占49.9%；二是由民间自发组成的环保民间组织，占7.2%；三是学生环保社团及联合体，占40.3%；四是港澳台及国际环保民间组织驻大陆机构，占2.6%。由此可以看出，我国环保民间组织90%以上力量发育在政府部门发起组建的环保民间组织和学生环保社团中，民间自发组成

的环保民间组织不足。[1] 本部分评估报告所涉及的环保民间组织以前两类环保民间组织为主，不包含港澳台及国际环保民间组织驻大陆机构和学生环保社团及联合体。

本部分评估主要以《环境保护法》第6、9、53、57、58条有关规定以及最高人民法院《关于审理环境民事公益诉讼案件适用法律若干问题的解释》等配套规定为评估依据，课题组主要通过民政部、中华环保联合会、公众环境研究中心等机构统计、汇编的报告以及各大环保组织官网获取的情况为基础。此外，还通过实地调研、与民间环保组织座谈等方式了解、掌握新《环境保护法》实施情况，从而展开评估。

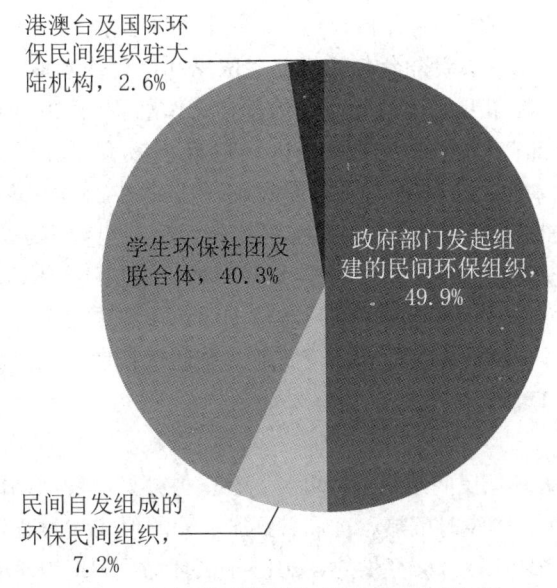

图6.1 中国四类环保民间组织数量比重

根据民政部《2015年社会服务发展统计公报》，2015年全国共有社会团体32.9万个，其中生态环境类0.7万个（另有民办非企业单位433个），占全国社会团体数量的2%左右。另外中华环保联合会《2015中国环保民间组织年度发展报告》显示，截至2015年底，在27年中我国的环保民间组织共2768家，总人数22.4万。这与全国31.5万家民间组织，总人数300多万相比，处在中下等发展水平。

---

[1] 中华环保联合会：《2015中国环保民间组织年度发展报告》，2015年12月发布。

（二）环境保护宣传情况评估

1. 背景介绍

新《环境保护法》第 9 条第 1 款规定，各级人民政府应当加强环境保护宣传和普及工作，鼓励基层群众性自治组织、社会组织、环境保护志愿者开展环境保护法律法规和环境保护知识的宣传，营造保护环境的良好风气。因此开展环境保护的宣传教育工作不仅仅是政府部门的职责，也是社会组织的工作重点。

1972 年人类环境会议提出了通过教育的理念和方法，协助人类面对和解决各种环境与可持续发展议题。世界各国都在践行环境教育，帮助人们掌握环境知识，关心环境并以实际行动来保护环境。环境教育在我国也逐渐受到重视。2009 年，环境保护部、科技部联合命名了首批"国家环保科普基地"，2010 年开始环境保护部基本每年都印发《全国环境宣传教育工作纲要》，2016 年 6 月环境保护部、中宣部等六部门联合编制了《全国环境宣传教育工作纲要（2016—2020 年）》，目前，已有 26 个省份建立了超过两千个"中小学生环境教育实践基地"。[1] 在政府部门的大力倡导和支持下，环保民间组织走进工厂、社区、学校、乡村，通过发放宣传品、举办讲座、组织培训、出版环保书籍、在各种媒体上开设环境宣传窗口，以及开展环保公益活动等手段，采用多种渠道、多种方式向社会和公众宣传、传播环保理念，在提高公众环保责任意识，增强环保自觉性等方面做出了突出贡献。

2. 数据分析

2016 年度各大环保民间组织再接再厉，在坚持办好品牌活动的基础上，继续以公益活动为载体，围绕时下热点，采取更加多元的形式大力宣传环保理念和知识。课题组以中华环保联合会提供的《2016 中国环保民间组织年度发展报告（汇编）》为基础，对全国 50 家环保民间组织的年度报告进行统计，以全面分析环保宣教工作的开展情况。

---

[1] 明善道、自然之友、阿拉善 SEE 基金会等：《中国环保公益组织工作领域观察报告 2016》，2016 年 11 月发布。

（1）宣传方式。

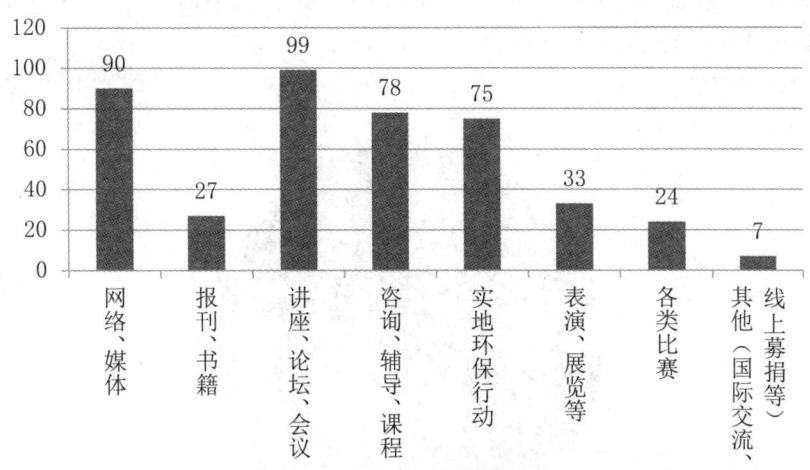

图 6.2　2016 年环保民间组织开展环保宣教方式统计图（单位：个）

数据：网络、媒体 90；报刊、书籍 27；讲座、论坛、会议 99；咨询、辅导、课程 78；实地环保行动 75；表演、展览等 33；各类比赛 24；其他（国际交流、线上募捐等）7。

由统计数据可知，在环保宣教工作中，环保民间组织最经常使用的宣传形式是讲座、论坛、会议（99 个）和网络、媒体（90 个），咨询、辅导、课程（78 个）和实地环保行动（75 个）次之。除此之外，环保民间组织也时不时开展环保主题的表演、展览以及各类比赛，相关报刊、书籍成果也较丰硕。

（2）宣传内容。

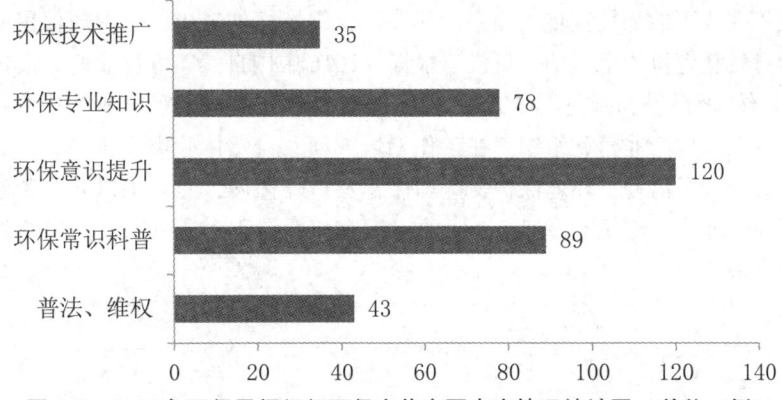

图 6.3　2016 年环保民间组织环保宣传主要内容情况统计图（单位：例）

数据：环保技术推广 35；环保专业知识 78；环保意识提升 120；环保常识科普 89；普法、维权 43。

2016 年环保民间组织开展的环保宣传中，以"环保意识的提升"为主要内容的活动最多，有 120 例；环保常识科普类的宣传活动紧随其后，有 89 例；环保专业知识的宣传教育位居第三，有 78 例；以"普法、维权"和"环保技术推广"为宣传重点的活动开展较少。可见，环保民间组织开展的环保宣传工作还处在环保意识提升和常识科普的初级阶段。

(3) 宣传受众。

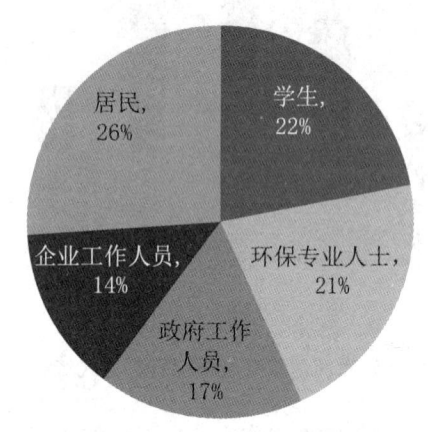

图 6.4　2016 年环保民间组织环保宣传受众比例图

根据统计，目前环保宣传受众分布情况不太均衡，对社会各界人士的宣传教育均有涉及，但居民和学生仍然是当下环保宣教工作的主要受众，近一半的环保宣传工作是针对这两类群体开展的。

(4) 环境教育。

近年在我国的环境宣传工作中，环境教育领域格外突出，其中环保民间组织运营的自然教育机构也是功不可没。根据《2016 中国自然教育行业调查报告》对 314 家自然教育机构的调查，2014—2015 年自然教育机构大幅增加，其中有 26% 的自然教育机构为非营利组织。在工作领域方面，自然体验类比重最大，其次是儿童教育、亲子活动、环境保护、生态保育及户外拓展，受众也以儿童和亲子为主。此外，近一半组织有基地，3/4 的组织有相关课程，还有 1/3 的组织得到了政府的支持。[1]

---

[1]《2016 中国自然教育行业调查报告》，载搜狐网，http://mt.sohu.com/20161205/n474908399.shtml，最后访问日期：2017 年 3 月 10 日。

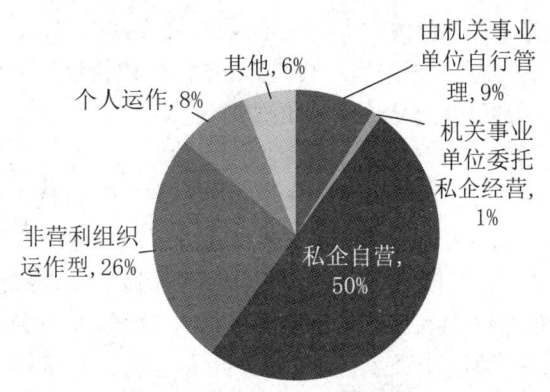

图 6.5　2016 年自然教育机构运营的主体形态[1]

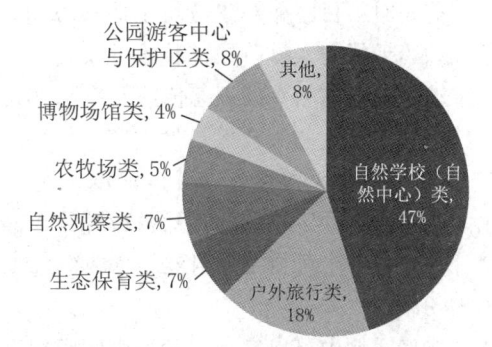

图 6.6　2016 年自然教育机构类型[2]

3. 典型范例

(1) 创绿中心：气候传播项目。[3]

该项目于 2013 年启动，关注气候行动与清洁能源转型带来的经济、社会与环境效益，旨在提高主流社会经济话语体系中对气候变化的关注度，推动社会各界共同采取气候行动。作为中国唯一一份由民间组织运营的气候传播产品，《中国气候快讯》主要通过邮件订阅以及其他媒体平台向议题受众提供及时有效的气候能源周度咨询以及当周该领域的活动预报。自 2013 年起，该产品围绕气候能源领域热点新闻，梳理公开渠道关键点（如媒体报道、行业报告、专家评析、社交媒

---

[1]《2016 中国自然教育行业调查报告》，载搜狐网，http://mt.sohu.com/20161205/n474908399.shtml，最后访问日期：2017 年 3 月 10 日。

[2]《2016 中国自然教育行业调查报告》，载搜狐网，http://mt.sohu.com/20161205/n474908399.shtml，最后访问日期：2017 年 3 月 10 日。

[3] 中华环保联合会：《2016 中国环保民间组织年度发展报告（汇编）》，2016 年 12 月发布。

体等），已编辑发布 180 余篇中文快讯及 40 余篇政策分析文章，让更多公众参与讨论气候能源领域的热点。根据用户调查，《中国气候快讯》提供的跨学科前沿信息，有助于订阅者更好地参与气候变化的讨论。

（2）上海小路自然教育中心：CSR 携助计划。[1]

小路自然教育中心成立于 2014 年 1 月，是一家专注自然教育领域的社会企业。该教育中心主要有线上自然网络平台与线下自然体验中心两大主要业务模块，分为自然学院、线下自然体验中心、自然产品微店、自然网络平台四个部分。其致力于推动自然体验成为公众的一种健康生活方式。小路自然教育中心于 2015 年 7 月启动 CSR 协助计划，主要为社区自然教育机构、环保 NGO、志愿服务组织、学校等单位与个人提供自然教育团队建设和专业能力训练。协助计划通过工作坊的形式，在培训前先对项目服务对象进行全面的咨询和方案设计，然后再提供针对性的专业培训和当地机构实操阶段的技术性支持，以此提高当地自然教育机构的专业能力、推动当地自然教育的理念传播。截至 2016 年 8 月，小路自然教育中心已设立北海红树林、崇左白头叶猴自然教室、小兴安岭学校项目三个当地项目，与当地研究中心、保护区和林业局开展深度的课程研发和人才培训合作。此外，还研发出一套适合在社区推广的自然教育课程产品并提供给社区自然教育工作者与机构，计划建立一个可持续的自然教育网络。

4. 经验总结与问题分析

从上述数据分析和典型案例中可以发现，环保民间组织有着长期做环保宣教这一优势，并在自然知识和法律资料方面有一定的积累。2016 年各类组织基于原有的资源和工作方法，借助新媒体使得环境宣传方式更加多样、宣传面更加广泛，专业化程度进一步提升，并着实取得一定成效，有以下经验可供推广：首先，宣教方式的创新。采取"互联网+"思维，重视自媒体建设，扩大宣传影响力。其次，宣传内容的改善。逐渐提升宣传内容的具体化、专业化，注重发挥典型示范作用，选择社会喜闻乐见或是公众关心的环境热点问题，让更多的公众参与交流讨论，使宣教活动深入浅出，更接地气。最后，宣传受众的扩大。建立和政府、企业、公众间的良性互动，宣教对象除了广大群众，还包括政府官员和企业员工，以创造更大的社会效益。

尽管目前环保宣传教育发展迅速，但也存在一些问题，需要正确的理念和专业标准加以指导。首先，环境宣教效果不平衡：一是地域不平衡，城市和发达地

---

[1] 明善道、自然之友、阿拉善 SEE 基金会等：《中国环保公益组织工作领域观察报告 2016》，2016 年 11 月发布。

区的宣教活动较多，而农村和偏远地区的环境宣传和教育资源匮乏。二是受众不平衡。宣传对象比较狭窄，讲座和有奖竞猜的对象一般是针对环保工作者和青少年，对于其他工作者和中老年的影响不够。三是宣教效果不明显。部分市民虽然接受了环境教育，具备了一定的环保意识，但行动力依然不足。四是环境宣传教育的专业程度有待进一步提升。口号性和简单的环保知识已经不能满足时代的需求，这就需要更多的专业化人才专职进行系统的课程开发和活动实践。

（三）环境信息公开、参与和监督环境保护情况评估

1. 背景介绍

《环境保护法》第53条规定，公民、法人和其他组织依法享有获取环境信息、参与和监督环境保护的权利。因此，各大环保民间组织在野生动物保护、荒漠化治理、水环境保护等九大主要工作领域行使参与环境保护的权利，发挥着积极作用。与此同时，环保民间组织主动搭建信息公开平台，公开环境信息并进行监督，以期形成"政府—企业—非政府组织"的三元结构监督机制。另外，环保民间组织通过实地调研、邀请专家和群众研讨等方式，为企业提供环保知识、法律咨询和相关技术支持，并积极为政府环境治理建言献策，把实现国家的环境与发展目标同自己的宗旨紧密结合起来，标志着我国民间组织的进一步成熟。

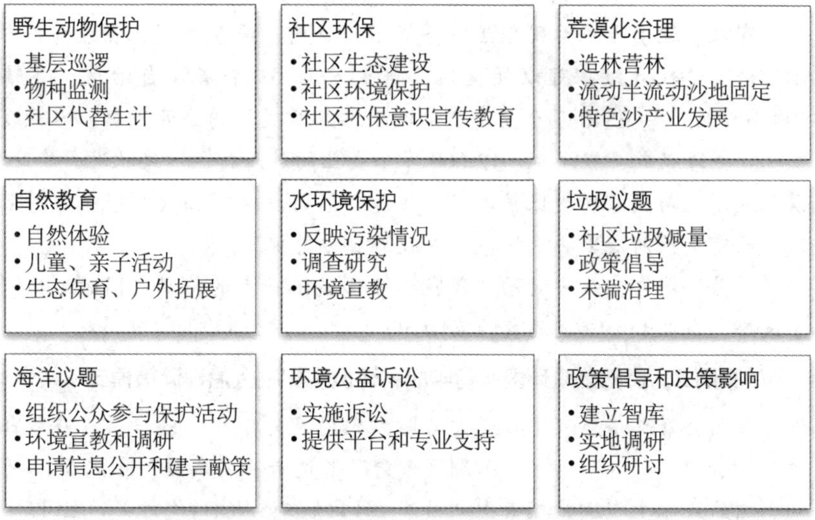

野生动物保护 ·基层巡逻 ·物种监测 ·社区代替生计	社区环保 ·社区生态建设 ·社区环境保护 ·社区环保意识宣传教育	荒漠化治理 ·造林营林 ·流动半流动沙地固定 ·特色沙产业发展
自然教育 ·自然体验 ·儿童、亲子活动 ·生态保育、户外拓展	水环境保护 ·反映污染情况 ·调查研究 ·环境宣教	垃圾议题 ·社区垃圾减量 ·政策倡导 ·末端治理
海洋议题 ·组织公众参与保护活动 ·环境宣教和调研 ·申请信息公开和建言献策	环境公益诉讼 ·实施诉讼 ·提供平台和专业支持	政策倡导和决策影响 ·建立智库 ·实地调研 ·组织研讨

图6.7 环保民间组织主要工作领域及内容[1]

---

[1] 该图根据《中国环保公益组织工作领域观察报告2016》绘制。

2. 实施情况评估

由于课题组收集资料有限，无法全面展示 2017 年度环保民间组织权利行使情况的整体性数据，故获取环境信息、参与和监督环境保护情况部分主要以典型案例分析的方式进行评估。

【案例1】北京市公众环境研究中心：蔚蓝地图 APP[1]

2014 年 6 月，公众环境研究中心（IPE）发布了第一代基于移动互联网技术的 APP——蔚蓝地图 1.0，通过智能手机向公众呈现污染源在线监测数据。蔚蓝地图全面收集并提供各地发布的空气质量数据，通过多年对污染源位置信息的积累，蔚蓝地图将污染源数据和空气质量数据电子地图进行发布，同时用不同颜色区分，让公众可以直观了解霾情，同时协助识别霾情的源头。自 2014 年蔚蓝地图上线以来，全国共六百多家企业通过当地环境保护部门的官方或自身的企业官微，对其环境违规等问题进行公开说明。蔚蓝地图 APP 上线后，作为一种创新参与手段，很快拥有了一批活跃的用户。他们积极使用蔚蓝地图，对重点企业的超标排放行为展开了"微举报"。所谓"微举报"就是通过微博、微信等社交媒体将手机上呈现的超标排放数据一键分享，并@当地环境保护部门的官方微博。

2015 年，蔚蓝地图 APP 更加强化生活服务功能，增加了天气预报和口罩、穿衣、运动等一系列生活服务提示。目前，蔚蓝地图正在 3.0 版本的基础上进行迭代升级，可以便捷地了解到全国 31 个省（自治区、直辖市）、390 多个城市和 2540 多个空气质量检测站点所提供的公开数据，以及覆盖全国 380 个地级或县级城市、12 000 多个企业的实时排放污染状况。除此之外，蔚蓝地图还与国家环境保护部门、住建部门的黑臭河公众举报平台的互联互通，已有十条河流因公众举报进入政府督办的视线。

蔚蓝地图在实践中对治理雾霾已经形成了一定的推动，同时也协助建立了政府、企业和公众间的良性互动。

【案例2】贵阳公众环境教育中心：环境保护社会治理清镇模式[2]

贵阳公众环境教育中心通过与地方政府及司法机关的合作，在贵阳市修文县、清镇市、开阳县和观山湖区进行了长达六年的实践。在完成 24 个项目和案例的基础上，逐步探索出"政府+司法联动+NGO+企业+企业周边居民"

---

[1] 公众环境研究中心：《北京市公众环境研究中心 2016 年度工作报告》。
[2] 贵阳公众环境教育中心：《贵阳公众环境教育中心 2016 年度工作报告》。

五位一体的"环境保护社会治理清镇模式"。贵阳市政府决定从 2017 年开始以南明河治理为试点,采用政府购买社会服务的形式,购买环保 NGO 的"第三方监督"。

贵阳公众环境教育中心主动把工作置于社会的监督之下,认真收集社情民意,团结各界人士共同抵制和打击各种环境违法行为。贵阳公众环境教育中心重视每一条群众举报,深入调查群众举报,仔细研究造成环境危害的各种原因,有时为调查一个污染源需要暗访蹲守十余次,做到有举报必有回复,有回复必有打击,有打击必有整改,用行动来推动公众监督。同时,贵阳公众环境教育中心还打出环境治理"组合拳",根据污染行为的群众关注度和危害程度,贵阳公众环境教育中心的人大代表或政协委员通过建议和提案的形式,呼吁属地政府解决。或经新闻媒体曝光、请检察院下达整改建议书和环监部门行政处罚,通过联动手段使多数污染行为得到制止和整改,对少数屡犯不改的违法排污企业通过环境公益诉讼解决。这样的环保联动,既解决了污染问题,又提升了公众参与的积极性,吸收了许多市民环保志愿者,还增加了环保 NGO 在生态文明建设中的影响力。

【案例 3】自然之友:推动环境政策和决策改善[1]

2005 年以来,自然之友在环境政策和环境决策领域持续深入行动。在环境政策倡导层面,自然之友曾参与推动《大气污染防治法》《水污染防治法》《野生动物保护法》《环境保护公众参与办法(试行)》和《北京市大气污染防治条例》等十几部环境保护法律法规规章制度的立法和修法工作,并对中国环境公益诉讼制度的确立和实践起到了积极的推动作用。

在参与立法过程中,自然之友也总结经验逐步形成了以下方法和途径:扩大政策制定过程中的工作参与空间,保障立法的科学性和有效性。同时,自然之友通过与人大代表、政协委员的合作,多年来在各级两会提交数十份环保相关提案和建议,内容涉及环境公众参与、环境信息公开、环境立法和修法、重大环境破坏事件、环境风险预防等,并促成了一些重点提案和政协专项调研。在决策影响方面,自然之友深度参与了长江小南海鱼类保护区与水电项目开发、云南宁安石化项目等重大环境决策博弈,并在小南海事件中用六年的努力最终促成保护区完整性得以保障。

---

[1] 明善道、自然之友、阿拉善 SEE 基金会等:《中国环保公益组织工作领域观察报告 2016》,2016 年 11 月发布。

3. 经验总结与问题分析

从上述工作实践我们可以看到，环保民间组织具有灵活整合社会中分散的人、财、物、信息的巨大优势，其在参与和监督环境保护工作中大有可为。从以上案例中可以得出以下经验供进一步推广：首先，在行动策略上，社会环保组织应在政府、企业和居民之间起到桥梁作用，通过发动公众监督、专业调研、法律援助、科学检测、信息数据支持等方式提供服务。其次，在工作手法上，可以采用环境信息公开、环境影响评价、环境公益诉讼等法律手段开展环境监督，利用污染数据倒逼污染方进行整改。

实践中以下两方面问题有待解决：首先，在信息公开方面，一些政府在面对环保民间组织依法申请公开环境信息时会略显消极，故环保民间组织获取政府环境信息渠道不够畅通。同时，企业的环境信息公开不够全面和充分，而环境民间组织亦没有直接监督企业信息公开的法律依据。其次，参与政策倡导方面，由于环保民间组织硬件不足、软件匮乏、自身能力有限，其专业性总体偏弱，相应的人才、技术和工具匮乏，也缺乏系统的课程、培训和支持体系，难以真正成为公共利益的有效守护者和推动者。例如，2016年6月对于《水污染防治法》征询公众意见，有超过百家环保组织参与行动，但正式提交立法修订意见的只有十家左右。[1]

（四）环境公益诉讼情况评估

新《环境保护法》为环保民间组织参与环境公益诉讼创造了条件。据统计，目前我国有七百余家社会组织符合《环境保护法》及其司法解释的条件可以提起环境公益诉讼。2016年最高人民法院又先后出台《关于充分发挥审判职能作用为推进生态文明建设与绿色发展提供司法服务和保障的意见》《关于办理环境污染刑事案件适用法律若干问题的解释》和《关于审理环境侵权责任纠纷案件适用法律若干问题的解释》等司法解释和规范性文件，不断发展和完善环境公益诉讼司法程序。在党中央、最高人民法院的重视下，在各级人民法院、检察院以及环保组织的共同努力下，我国的环境公益诉讼正走向正轨。

1. 环保组织提起公益诉讼的情况

（1）环境公益诉讼案件性质分布。

环境公益诉讼是环保民间组织发挥监督作用的重要方式，根据本课题组统

---

[1] 明善道、自然之友、阿拉善SEE基金会等：《中国环保公益组织工作领域观察报告2016》，2016年11月发布。

计，2016年环境公益诉讼案件共112件，其中环境民事公益诉讼案件有69件，环境行政公益诉讼案件42件，环境行政附带民事公益诉讼案件1件。69件环境民事公益诉讼案件中有51件由民间环保组织作为原告提起，另外18件由检察机关提起；42件环境行政公益诉讼案件中有2件由民间环保组织自然之友提起，其他40件和1件环境行政附带民事诉讼均由检察机关提起。

图6.8　2016年环境公益诉讼案件性质分布图（单位：件）

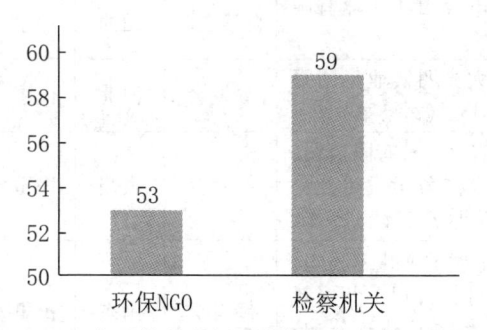

图6.9　2016年环境公益诉讼案件原告分布（单位：件）

(2) 环保组织提起公益诉讼案件情况概述。

根据《环境公益诉讼观察报告》(2015年卷) 显示，2015年已有9家环保组织作出了有益的尝试，共提起环境公益诉讼37件，14个省（自治区、直辖市）受理了环境公益诉讼个案，其中有6件在2015年审结。[1] 据本课题组统计，

---

[1] 李楯主编：《环境公益诉讼观察报告》(2015年卷)，法律出版社2016年版。

2016年有13家环保组织共提起公益诉讼53件，其中2件为环境行政公益诉讼，其余51件均为环境民事公益诉讼。总体上，环保组织提起的环境公益诉讼案件数量明显增加，20个省（自治区、直辖市）受理了环保组织提起的环境公益诉讼个案。在法院已受理的53个案件中，截至2016年12月31日，已经作出处理的案件（包括审理、判决、调解及和解）共16件，其余37件均在审理过程之中。

表6.1 2016年环保组织提起公益诉讼案件一览

序号	案件名称	原告	地区	案件性质	案件类型	案件进展
1	自然之友诉中国石油天然气股份有限公司吉林石化分公司大气污染案	自然之友	吉林	民事	大气污染	已开庭
2	自然之友诉连云港碱业有限公司大气污染案	自然之友	江苏	民事	大气污染	待审理
3	自然之友诉现代汽车（中国）投资有限公司大气污染案	自然之友	北京	民事	大气污染	已审理
4	自然之友诉云南金鼎锌业有限公司环境污染案	自然之友	云南	民事	水、大气、土壤污染	待审理
5	自然之友诉中电投山西铝业有限公司环境污染案	自然之友	山西	民事	大气、土壤污染	待审理
6	绿发会诉河北大光明实业集团嘉晶玻璃有限公司大气污染案	绿发会	河北	民事	大气污染	已审理
7	绿发会诉中国铝业股份有限公司、中国铝业股份有限公司贵州分公司地质灾害公益诉讼	绿发会	贵州	民事	地质灾害	待审理
8	绿发会诉山东金诚重油化工公司、万达有机硅新材料公司、弘聚新能源公司、麟丰化工科技公司、利丰达生物科技公司环境污染案	绿发会	山东	民事	土壤、水、大气污染	待审理
9	绿发会诉秦皇岛方圆包装玻璃有限公司大气污染案	绿发会	河北	民事	大气污染	已审理
10	绿发会诉湖北宜化化工股份有限公司、宜化肥业有限公司环境污染案	绿发会	湖北	民事	大气、水污染	和解结案

续表

序号	案件名称	原告	地区	案件性质	案件类型	案件进展
11	绿发会诉河南新郑市薛店镇花庄村委会、薛店镇政府等五政府部门古树名木环境公益诉讼案	绿发会	河南	民事	古树名木破坏	已开庭
12	绿发会诉万象幼儿园、北京百尚家和商贸有限公司环境污染案	绿发会	北京	民事	大气污染	已审理
13	绿发会诉凯比（北京）制动系统有限公司、北京金隅红树林环保技术有限责任公司土壤污染案	绿发会	北京	民事	土壤污染	待审理
14	绿发会诉陕西延长石油（集团）有限责任公司管道运输第五分公司、陕西延长石油（集团）有限责任公司环境污染侵权纠纷案	绿发会	陕西	民事	土壤污染	待审理
15	绿发会诉国网能源哈密煤电有限公司生态破坏公益诉讼案	绿发会	新疆	民事	水、土壤污染	已开庭
16	绿发会诉广西合浦县白沙镇独山大海塘石场环境污染案	绿发会	广西	民事	水、大气、土壤污染	待审理
17	绿发会诉公馆镇红砂港石场环境污染案	绿发会	广西	民事	水、大气、土壤污染	待审理
18	绿发会诉白沙镇独山泰盛石场环境污染案	绿发会	广西	民事	水、大气、土壤污染	待审理
19	绿发会诉扬州邗江腾达化工厂、东台市奥凯化工物资贸易有限公司、江苏宝众宝达药业有限公司、泰兴市康鹏专用化学品有限公司、江苏大华化学工业有限公司、江苏美乐肥料有限公司、张百锋的环境公益诉讼案	绿发会	江苏	民事	水、土壤污染	已审理
20	绿发会诉深圳市速美环保有限公司、浙江淘宝网络有限公司（淘宝网）环境公益诉讼案	绿发会	浙江	民事	大气污染	审理中

续表

序号	案件名称	原告	地区	案件性质	案件类型	案件进展
21	绿发会诉大连建安房屋拆迁有限公司、大连茂盛房屋拆迁有限公司、大连市西岗区文化体育局、大连市西岗区人民政府不可移动文物环境公益诉讼案	绿发会	辽宁	民事	不可移动文物环境公益诉讼	待审理
22	绿发会诉负有侵权责任的被拆迁房屋的所有权人、淮安市清河区住房和城乡建设局、淮安市清河区文化广电新闻出版局、淮安市清河区人民政府环境公益诉讼案	绿发会	江苏	民事	不可移动文物环境公益诉讼	待审理
23	广东省环境保护基金会诉焦云环境污染案	广东省环境保护基金会	广东	民事	水污染	已宣判
24	中华环境保护基金会诉长岛联凯风电发展有限公司生态损害责任案	中华环境保护基金会	山东	民事	生态损害	已审理
25	中华环保联合会诉甘肃陇星锑业有限责任公司环境污染案	中华环保联合会	甘肃	民事	水污染	已开庭
26	中华环境保护基金会诉中国石油天然气股份有限公司大连石化分公司、中国石油天然气股份有限公司大气污染案	中华环境保护基金会	辽宁	民事	大气污染	待审理
27	中华环保联合会诉延川县永坪石油货运车队、高小飞、中国平安财产保险股份有限公司延安中心支公司环境污染案	中华环保联合会	陕西	民事	水、土壤污染	待审理
28	中华环保联合会诉李衡东、付世龙、徐向念环境污染责任纠纷案	中华环保联合会	江苏	民事	水、土壤污染	待审理
29	中华环保联合会诉陈亮山、马雪风环境污染责任纠纷案	中华环保联合会	江苏	民事	水、土壤污染	已判决
30	中华环境保护基金会诉北京张裕爱斐堡国际酒庄有限公司大气污染案	中华环境保护基金会	北京	民事	大气污染	待审理

续表

序号	案件名称	原告	地区	案件性质	案件类型	案件进展
31	中华环保联合会诉内蒙古大雁矿业集团有限责任公司热电总厂雁南热电厂大气污染案	中华环保联合会	内蒙古	民事	大气污染	待审理
32	中华环保联合会诉贵州黔桂天能焦化有限责任公司大气污染案	中华环保联合会	贵州	民事	大气污染	待审理
33	中华环保联合会诉山西安泰集团股份有限公司焦化厂大气污染案	中华环保联合会	山西	民事	大气污染	待审理
34	绍兴市生态文明促进会诉新昌县天和医药胶囊有限公司、吕国超、新昌县天擎轴承有限公司水污染案	绍兴市生态文明促进会	浙江	民事	水污染案	待审理
35	河南省企业社会责任促进中心诉洛阳市吉利区辉鹏养殖专业合作社、关同高、河南省国有孟州林场环境污染案	河南省企业社会责任促进中心	河南	民事	土壤、水、大气污染	待审理
36	河南省企业社会责任促进中心诉铜仁市铜鑫汞业有限公司、内蒙古伊东集团东兴化工有限责任公司、保定市保运化学危险货物运输有限公司、毛艳强、范林业环境污染案	河南省企业社会责任促进中心	河南	民事	土壤、水、大气污染	已宣判
37	安徽省环保联合会诉浙江乌镇镇人民政府、濮院镇政府、梧桐街道办事处、经济开发区管委会、王晓杰等人环境污染案	安徽省环保联合会	安徽	民事	水、土壤污染	已开庭
38	长沙绿色潇湘环保科普中心诉长沙县江背镇乌川湖村赤霞走马峡采石场、陈某、吴某环境污染案	长沙绿色潇湘环保科普中心	湖南	民事	水、大气、土壤污染	待审理
39	河南省环保联合会诉山东省聊城东染化工有限公司	河南省环保联合会	河南	民事	水、土壤污染	待审理
40	自然之友、中华环保联合会诉中国石油天然气股份有限公司、中国石油天然气股份有限公司吉林油田分公司环境污染案	自然之友、中华环保联合会	北京	民事	水、土壤污染	待审理

续表

序号	案件名称	原告	地区	案件性质	案件类型	案件进展
41	自然之友、绿发会诉常州黑牡丹建设投资有限公司、江苏天马万象建设集团有限公司环境污染案	自然之友、绿发会	江苏	民事	大气、土壤污染	待审理
42	绿发会、自然之友诉江苏常隆化工有限公司、常州市常宇化工有限公司、江苏华达化工集团有限公司（原常州市华达化工厂）土壤污染案	自然之友、绿发会	江苏	民事	土壤污染	已开庭
43	自然之友、广东省环境保护基金会诉广东南岭森林景区管理有限公司、深圳市东阳光实业发展有限公司、广东省乳阳林业局环境民事公益诉讼案	自然之友、广东省环境保护基金会	广东	民事	土壤、水、大气污染	调解结案
44	中华环保基金会、绿发会诉重庆长安汽车股份有限公司大气污染案	中华环保基金会、绿发会	北京	民事	大气污染	待审理
45	中国生物多样性保护与绿色发展基金会诉马鞍山市玉江机械化工有限公司生态破坏案。	绿发会	安徽	民事	生态破坏	审理中
46	重庆两江诉广东世纪青山镍业等三家企业环境公益诉讼案	重庆两江志愿服务发展中心	广东	民事	水污染	审理中
47	自然之友诉怒江州环境保护局行政处罚案	自然之友	云南	行政	行政行为不当	审理中
48	自然之友诉怒江州环境保护局撤销环评案	自然之友	云南	行政	行政行为不当	审理中
49	镇江市环境科学学会诉陈安，张弓路环境污染责任纠纷	镇江市环境科学学会	江苏	民事	水污染	调解结案

续表

序号	案件名称	原告	地区	案件性质	案件类型	案件进展
50	镇江市环境科学学会诉扬中市联合渔钩制造有限公司环境污染责任纠纷	镇江市环境科学学会	江苏	民事	水污染	调解结案
51	镇江市环境科学学会诉被告吴正仁、吴燕平环境污染责任纠纷民事公益诉讼案	镇江市环境科学学会	江苏	民事	危废不当处理	调解结案
52	镇江市环境科学学会诉被告张文强、贝礼明环境污染责任纠纷民事公益诉讼案	镇江市环境科学学会	江苏	民事	生态破坏	调解结案
53	江苏省镇江市生态环境公益保护协会诉江苏优立光学眼镜公司固体废物污染民事公益诉讼案	江苏省镇江市生态环境公益保护协会	江苏	民事	危废倾倒	已判决

(3) 环保组织提起公益诉讼案件立案及结案情况。

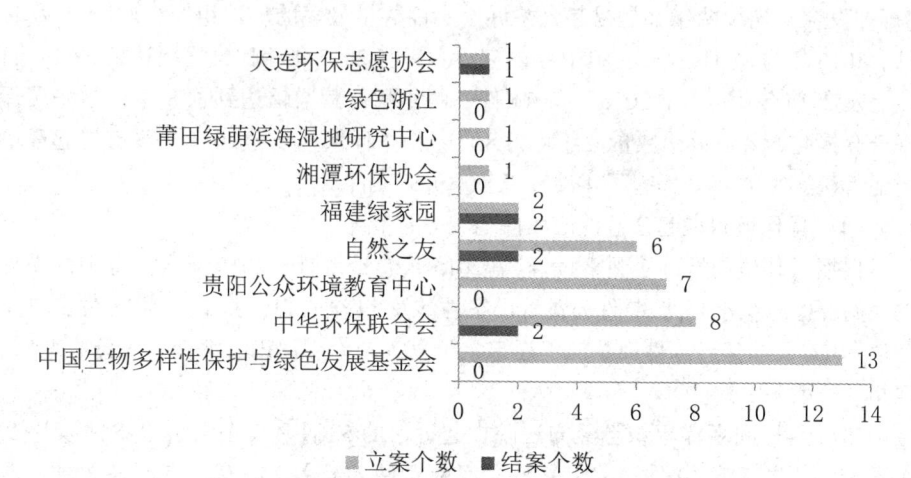

图 6.10 2015 年环保组织提起环境公益诉讼立案及结案情况

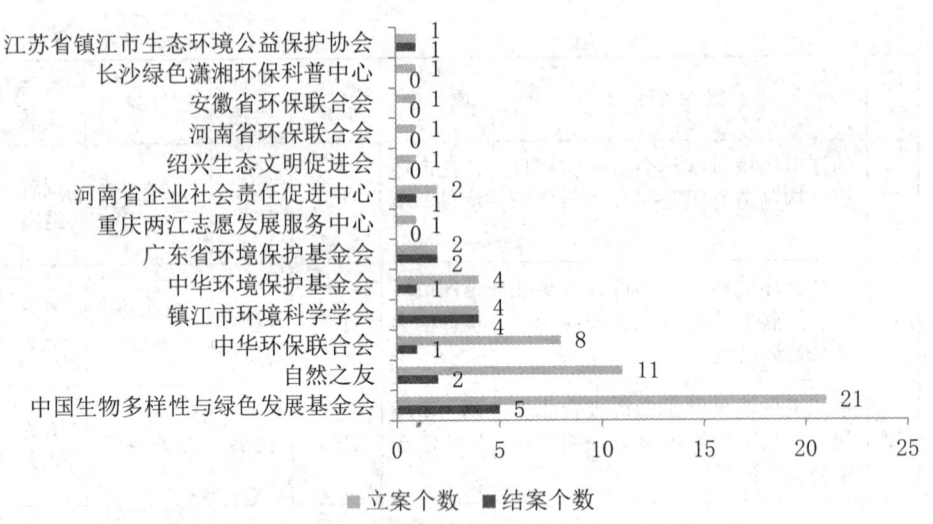

图表数据（图6.11 2016年环保组织提起环境公益诉讼立案及结案情况）：

环保组织	立案个数	结案个数
江苏省镇江市生态环境公益保护协会	1	1
长沙绿色潇湘环保科普中心	1	0
安徽省环保联合会	0	0
河南省环保联合会	0	0
绍兴生态文明促进会	0	0
河南省企业社会责任促进中心	2	1
重庆两江志愿发展服务中心	1	0
广东省环境保护基金会	2	2
中华环境保护基金会	4	1
镇江市环境科学学会	4	4
中华环保联合会	8	1
自然之友	11	2
中国生物多样性与绿色发展基金会	21	5

图 6.11　2016 年环保组织提起环境公益诉讼立案及结案情况

可见，与 2015 年相比，2016 年提起公益诉讼的环保组织数量和提起的案件数量均有所增加。根据《环境公益诉讼观察报告》（2015 年卷）统计，2015 年 9 家环保组织共提起环境公益诉讼 37 起。中国生物多样性保护与绿色发展基金会（即绿发会）连续两年都是提起公益诉讼案件数量最多的环保组织，2015 年为 13 件，2016 年为 21 件，其在 2016 年的起诉数量与 2015 年相比，增幅达到 62%；自然之友 2015 年为 6 件，2016 年为 11 件，两年相比其增幅达到了 83%；中华环保联合会提起的公益诉讼数量两年均为 8 件；中华环保基金会 2015 年没有提起环境公益诉讼，2016 年则提起了 4 件环境公益诉讼案件。

（4）环保组织提起公益诉讼案件地域分布情况。

根据《环境公益诉讼观察报告》（2015 年卷）统计，2015 年全国范围内受理的民间环保组织提起的 37 件公益诉讼案件涉及 14 个省份，其中江苏 11 件，贵州 8 件，山东、福建各 4 件，浙江、辽宁、宁夏、湖南、河南、海南、天津、北京、四川、安徽各 1 件。

2016 年民间环保组织已经向法院提起诉讼的 53 件环境公益诉讼案件涉及 20 个省份，其中江苏 12 件，北京 6 件，河南 4 件，云南、广东、广西各 3 件，浙江、安徽、辽宁、山西、陕西、山东、河北、贵州各 2 件，湖南、内蒙古、甘肃、新疆、湖北、吉林各 1 件。

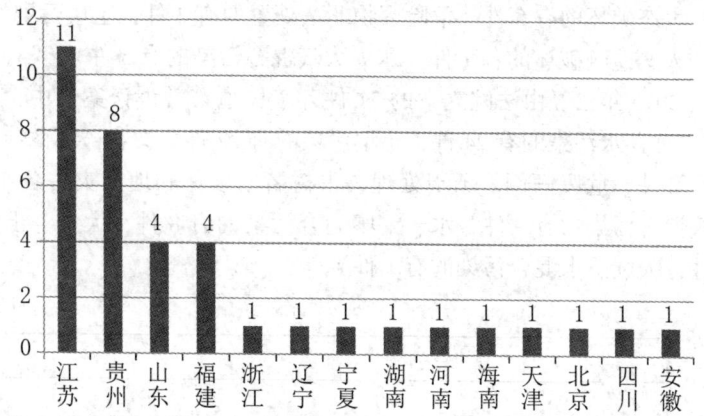

图 6.12　2015 年环保组织提起环境公益诉讼案件个案地域分布（单位：件）

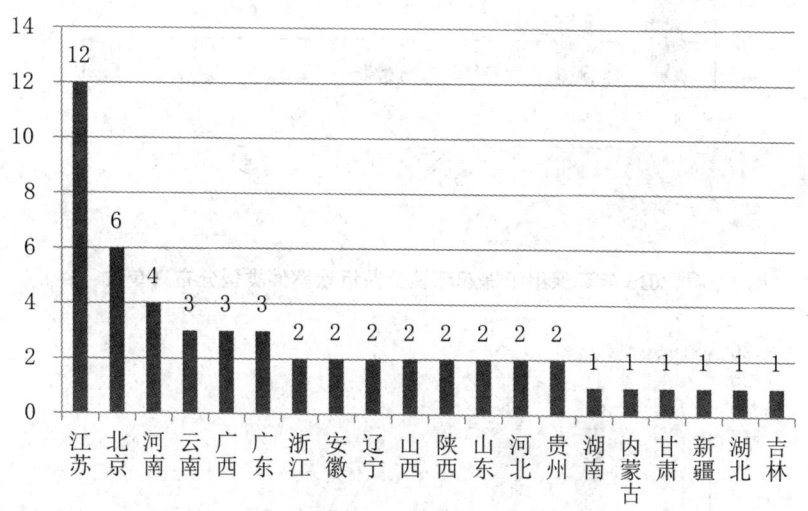

江苏 11　贵州 8　山东 4　福建 4　浙江 1　辽宁 1　宁夏 1　湖南 1　河南 1　海南 1　天津 1　北京 1　四川 1　安徽 1

图 6.13　2016 年环保组织提起环境公益诉讼案件个案地域分布（单位：件）

江苏 12　北京 6　河南 4　云南 3　广西 3　广东 3　浙江 2　安徽 2　辽宁 2　山西 2　陕西 2　山东 2　河北 2　贵州 2　湖南 1　内蒙古 1　甘肃 1　新疆 1　湖北 1　吉林 1

由此可见，与 2015 年全国范围内受理的民间环保组织提起的公益诉讼案件涉及 14 个省份相比，2016 年全国范围内受理的民间环保组织提起的公益诉讼案件涉及 20 个省份。其中，江苏两年涉及的案件数分别为 11 件和 12 件，并连续两年分别位居案件数榜首；与 2015 年相比，2016 年北京的案件数量增幅较大；贵州、福建的案件数则分别由 2015 年较多的 8 件和 4 件降为了 2 件和 0 件。

（5）环保组织提起公益诉讼案件类型分布。

根据《环境公益诉讼观察报告》（2015 年卷）统计，2015 年全国范围内受理的民间环保组织提起的 37 件公益诉讼案件中，涉及水污染的有 22 件，大气污染的有 8 件，生态破坏的有 5 件，危险废物非法处置的有 3 件，土壤污染的有 2 件，海洋污染和人文遗迹破坏的各 1 件（水、大气混合污染的有 5 件）。

在上述 2016 年已经由法院立案的 51 件环境民事公益诉讼案件中，涉及大气污染的有 25 件，水污染的有 24 件，土壤污染的有 22 件，文物破坏的有 2 件，生态损害的有 2 件，危废倾倒、不当处理、古树名木破坏和地质灾害各 1 件（水、大气、土壤混合污染的有 9 件，水、土壤混合污染的有 8 件，大气、土壤混合污染的有 2 件，大气、水混合污染的有 1 件）。

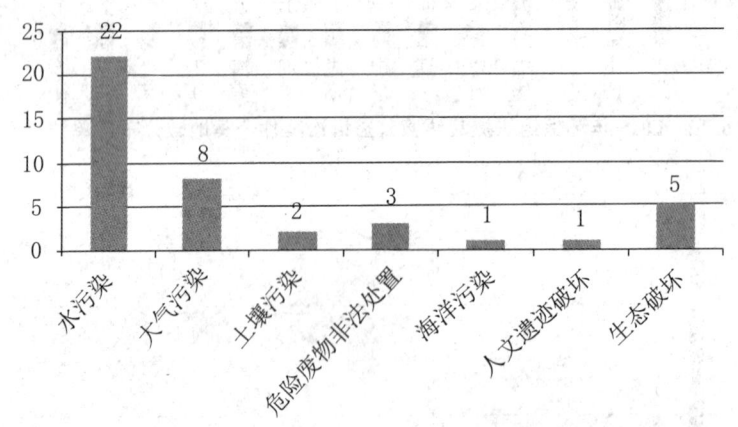

图 6.14　2015 年环保组织提起环境公益诉讼案件类型分布（单位：件）

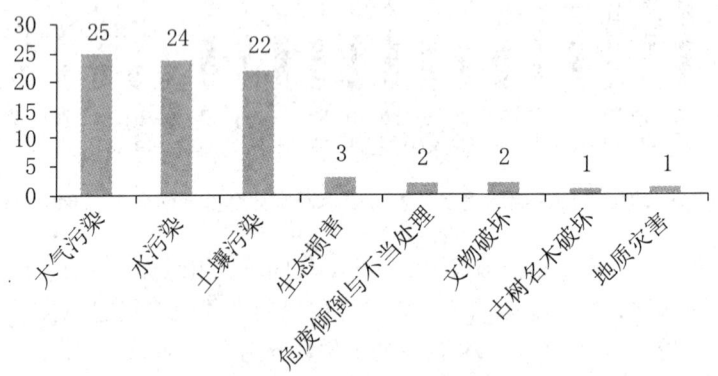

图 6.15　2016 年环保组织提起环境公益诉讼案件类型分布（单位：件）

由此可见，与 2015 年相比，环保组织 2016 年向法院提起的环境公益诉讼案件中涉及水、大气、土壤污染的案件仍然是数量最多的，其中涉及土壤污染的案件数量激增，由 2 件增为 22 件，有"井喷"之势；大气污染案件数量由 8 件增为

25件,居各类案件榜首;水污染案件数量增幅不明显,由22件增加为24件;水、大气、土壤混合污染的案件数量增幅较大。

2. 环保民间组织提起环境公益诉讼的成效

如果说2015年环保组织的环境公益诉讼工作还是在"摸着石头过河",那么有了先行者的成功经验,2016年环保组织的环境公益诉讼可用"逐渐趋于平稳"来概括。

首先,之前长期困扰环保民间组织的环境公益诉讼主体资格问题得到了有效解决,且案件数量增幅较大。在新《环境保护法》实施之际,具体哪些组织可以提起环境公益诉讼,一直是困扰环保公益诉讼的最大难题,也是各地提起公益性质环保诉讼的最大"拦路虎"。一些公益环保诉讼案件就因"起诉人不具备诉讼主体资格",而被挡在法院门外。在学者和环保组织的呼吁下,最高人民法院综合实践情况,颁布了相关司法解释和指导案例,在全国范围内确认了环保组织提起环境公益诉讼的具体条件,越来越多的省(自治区、直辖市)的人民法院开始受理环保组织提起的环境公益诉讼案件。环保组织提起环境公益诉讼的案件数量由2015年的37件增为2016年的61件,增幅为65%。裁判文书网上2016年度公布的环境公益诉讼文书有21份,约为2015年的4倍。2015年在绿发会起诉宁夏中卫市八企业非法排污致腾格里沙漠严重污染案中,中卫市中级人民法院和宁夏回族自治区高级人民法院均以原告绿发会章程所列的该组织的宗旨中未明确包含"环境保护",因此不具有环境公益诉讼起诉资格为由而拒绝受理绿发会提起的环境民事公益诉讼。2016年1月28日,最高人民法院对此案作出终审裁定,撤销一审、二审裁定,指令本案由中卫市中级人民法院立案受理。该案件是最高人民法院首次通过具体案例从司法层面就环境民事公益诉讼主体问题明确判断标准,推动了环境公益诉讼制度的发展,已作为最高人民法院指导性案例发布,对于环境民事公益诉讼案件的审理具有重要的指引和示范作用。

其次,环保民间组织提起的环境公益诉讼的案件类型更加多样。据不完全统计,2015年法院受理的社会组织为原告的环境公益诉讼个案涉及环境污染的有32件,占统计总数的86%,生态破坏的有5件,占统计总数的14%。其中水污染类案件最多,共22件,占比达69%。2016年,环保组织提起的公益诉讼案件不再限于水污染领域,土壤污染的案件数量激增,由2件增为22件;大气污染案件数量由8件增为25件,居各类案件榜首;水、大气、土壤混合污染的案件数量大幅增加。2016年8月,针对大气污染物排放长期持续超标企业,自然之友分别向辽宁省鞍山市、吉林省吉林市、江苏省连云港市中级人民法院递交了3份环境公益诉讼的起诉材料;河南省本地环保组织提起全国首例跨省固体废物公益诉讼;绿发会就幼儿园毒跑道向北京市第四中级人民法院提起环境公益诉讼。

最后，环保民间组织的公益诉讼工作逐渐稳定，一些组织内部确定了自己的发展战略，各组织间形成了不同的分工。其中较早开始进行法律援助服务的中国政法大学污染受害者法律帮助中心与自然之友组建了相关网络，为其他组织的诉讼提供专业支持；自然之友、绿发会不仅作为诉讼主体提起诉讼，还为其他组织提供律师和诉讼资金的支持；绿满江淮和大连环保志愿者协会等作为基层组织实施倡导或参与诉讼项目；绿色江南、绿行齐鲁等环保组织则作为"支持起诉方"参与到环境公益诉讼中。[1]

3. 典型范例

（1）中国政法大学环境资源法研究和服务中心。[2]

中国政法大学环境资源法研究和服务中心成立于1998年10月，由中国政法大学教职员工为主，联合北京多所高校和研究机构中热心于环境保护事业的法律专家、技术专家、学者、律师和研究生。主要通过开通免费的污染受害者咨询热线电话、接待污染受害者来信、来访为污染受害者提供无偿法律咨询服务；开展律师和法官环境法培训；为环境NGO提供环境法律事务培训，建立环境NGO和志愿环境律师交流平台。

2016年，他们又身体力行继续为中国环境法治做出贡献。他们为新海工业园水污染案、衡阳儿童血铅案、建平县卫计局不履行信息公开职责案和自然之友诉山东金岭化工案提供法律帮助。2016年2月开始，中国政法大学环境资源法研究和服务中心在全国范围内开展中国环境NGO法律建设项目，共挑选21个省的25家环境NGO进行为期3年的合作项目。2016年11月他们还在重庆市举办检察官环境公益诉讼实务培训，有效推动了中国环境法治进程。

（2）绿发会。

绿发会，其前身系1985年成立的中国麋鹿基金会，目前是一家专门从事生物多样性保护与绿色发展事业的民间非营利性公益组织。在2015年初新《环境保护法》实施后，绿发会已提起环境公益诉讼50多件，成为中国环保民间组织中践行环境公益诉讼的佼佼者。

绿发会从事环境公益诉讼的道路并不是一帆风顺的。2015年8月，绿发会在就腾格里沙漠污染事件起诉当地八家企业的案件中，就遭遇"白马不是马"的尴尬局面，从事环保事业30多年的绿发会被法院认定因"与环境保护无关"而没

---

[1] 明善道、自然之友、阿拉善SEE基金会等：《中国环保公益组织工作领域观察报告2016》，2016年11月发布。

[2] 中华环保联合会：《2016中国环保民间组织年度发展报告（汇编）》，2016年12月发布。

有起诉资格。绿发会据理力争，提出上诉、再审申请，2016年1月最高人民法院裁定撤销一审、二审。此案被最高人民法院列为75号指导案例，这也是环境公益诉讼案件首次成为指导性案例。

4. 经验总结与问题分析

新《环境保护法》实施两年内，陆续出现了全国首例环境公益诉讼南平案的胜诉、全国首例雾霾公益诉讼案胜诉、全国首例跨省固体废物损害环境公益诉讼案一审胜诉等成功范例，为民间环保组织参与环境公益诉讼积累了宝贵经验。首先，培养了环保组织的参与热情和法律能力，使我国环保民间组织快速成长。可以看出2016年环保民间组织参与环境公益诉讼的热情更高了，首批勇于实践的环保组织通过个案实践不仅锻炼了法律倡导能力，法律团队也从无到有组建了起来。环境公益诉讼不再是可望而不可即的目标，有了相似案例作为参照，用法律手段解决环境问题将会慢慢成为环保民间组织的一项业务。其次，环保组织可以在支持起诉中发挥重要作用。尽管有些环保组织不满足法律要求无法独立提起环境公益诉讼，但根据最高人民法院《关于审理环境民事公益诉讼案件适用法律若干问题的解释》第11条的规定，社会组织可以通过提供法律咨询、提交书面意见、协助调查取证等方式支持社会组织依法提起环境民事公益诉讼。实践中，一些具备专业知识和人才的环保组织可以通过为原告提供代理律师、提供法律意见等形式支持原告提起环境公益诉讼，一些当地的社会组织也在前期调查取证、提供代理律师等方面给予了有力支持。

当然，民间环保组织在环境公益诉讼过程中，还存在着以下不足需要进一步完善：

首先，人力和财力瓶颈依然是阻碍环保民间组织的公益诉讼工作的问题所在。由于环境公益诉讼审限较长，一些实力较弱的环保组织陷入一个诉讼案件后，便没有足够的资金进行周转以维持其他诉讼案件的进行。另外，我国26.8%的环保民间组织的全职人员不具有环保相关专业教育背景，近50%的环保民间组织中仅有1~2名环保专业人员。[1]社会认知度低、缺乏培训是造成专业性不强的主要原因。尽快提升环保组织专业化程度，组建专业的法律人才团队和技术人才团队是当前推动环境公益诉讼的首要任务。

其次，环保民间组织需要完善工作思维。一方面，环保民间组织需要培养法律思维。环境公益诉讼工作不同于NGO组织其他的业务，法律问题需要化繁为简，法院也只关注案件的诉讼请求，不可能一劳永逸地解决所有环境问题。因此，环保组织的工作者需要改变认识，用新的工作方法解决问题。另一方面，要

[1] 中华环保联合会：《中国环保民间组织现状调查报告》，2015年12月发布。

注重结案后的执行问题。目前许多环境问题通过环境公益诉讼受到当地政府和企业的重视,也获得胜诉,但后续如何落实和执行,法律也存在一些模糊地带。这就需要环保民间组织继续研究和探索,进一步发挥监督作用。

总体而言,2016 年环保民间组织环境公益诉讼工作开始步入常态化。案件数量继续增加,案件类型更加多元,环保组织也逐步走向了成熟。环境公益诉讼的效果也十分显著,过去长期积累的环境问题受到了地方政府和企业的重视,促使更多人去研究和思考问题的解决。环保民间组织也在民众心中树立了良好的形象,环境公益诉讼的队伍不断壮大。但环保民间组织资金、能力、认识不足的问题依然存在,有待进一步解决和完善。

(五) 小结

2016 年环保民间组织在推动环境事业发展中发挥了积极作用、做出了突出贡献。环保民间组织不断创新工作手段,加强自身建设,在科学理念的指导下有条不紊地开展本年度的环保工作。可以看到,我国的环境宣教队伍持续壮大,越来越多的群众成为绿色公民。在环保民间组织的监督下,环境信息更加透明,法规政策更加科学。长期积累的环境问题也逐步通过司法手段得以解决。但目前依然存在一些问题制约着环保民间组织工作的开展:一是政府部门和公众对环保民间组织的认识不到位,影响其生存和发展,为开展活动、吸引人才、筹集资金、招募志愿者带来了困难和阻力。二是参与政策制定和社会监督的渠道不畅,一些政府部门和企业对环保民间组织实施环境监督持消极态度,导致环保民间组织不能正常参与环境相关的一些政策研究、法规建设、污染防治、公众参与等重要活动;再加上环境听证制度、公开制度、公众参与制度不够健全,使得环保民间组织不能实行及时和有效的监督。[1] 三是环保民间组织的专业性还不够强,亟须加强指导和培训,提高能力。拓展环保民间组织的交流渠道,积极开展国内外民间环境交流合作,借鉴经验,促进发展。环保民间组织应强化内部管理,认真履行宗旨,按法规和章程办事,扎实工作,树立良好社会形象。

二、基层群众性自治组织履行新《环境保护法》情况及效果评估

(一) 概述

在我国,基层群众性自治组织是指在城市和农村按居民的居住地区建立起来

―――――――――

〔1〕 中华环保联合会:《中国环保民间组织现状调查报告》,2015 年 12 月发布。

的居民委员会和村民委员会。它是我国社会最基层、与群众直接联系的组织，是在自愿的基础上由群众按照居住地区自己组织起来管理自己事务的组织。我国《宪法》第 111 条规定："城市和农村按居民居住地区设立的居民委员会或者村民委员会是基层群众性自治组织……办理本居住地区的公共事务和公益事业，调解民间纠纷，协助维护社会治安，并且向人民政府反映群众的意见、要求和提出建议。"由此可见，基层群众性自治组织工作在环境保护第一线，与群众联系最为紧密，它们的活动理论上能够广泛地影响所辖社区中群众的行为，使环保理念深入人心。

新《环境保护法》第 9 条第 1 款规定："各级人民政府应当加强环境保护宣传和普及工作，鼓励基层群众性自治组织、社会组织、环境保护志愿者开展环境保护法律法规和环境保护知识的宣传，营造保护环境的良好风气。"《城市居民委员会组织法》第 2 条规定："居民委员会是居民自我管理、自我教育、自我服务的基层群众性自治组织。"第 3 条第 1 款、第 5 款规定，居民委员会的任务包括：①宣传宪法、法律、法规和国家的政策，维护居民的合法权益，教育居民履行依法应尽的义务，爱护公共财产，开展多种形式的社会主义精神文明建设活动；②协助人民政府或者它的派出机关做好与居民利益有关的公共卫生、计划生育、优抚救济、青少年教育等项工作。组织形式较为松散的基层群众性自治组织也被强调，需要积极开展环境保护法律法规和环境保护知识宣传活动，以助于创造良好的环境保护风气。

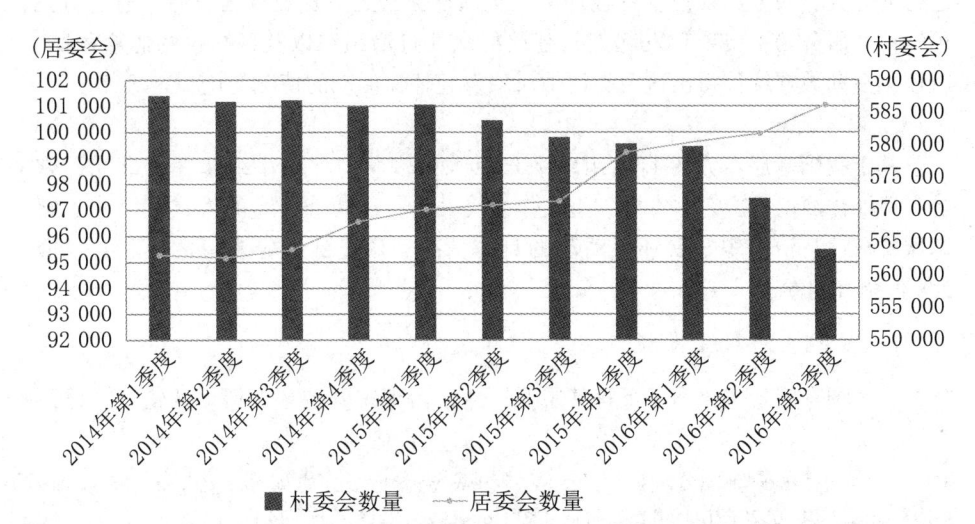

图 6.16　2014—2016 年第 3 季度全国基层群众性自治组织数量变化情况统计图（单位：个）

据统计，截至 2015 年底，我国基层群众自治组织共计 68.1 万个，其中村委会58.1万个，村民小组469.2万个，村委会成员229.7万人；居委会10万个，比上年增长3.1%，居民小组134.7万个，居委会成员51.2万人，比上年增长3.0%。[1] 截止到2016年第3季度，我国基层群众性自治组织共计665 011个，其中村委会563 964个、社区居委会101 047个。[2] 即使基层群众性自治组织的数量因种种原因有所下降，但总数值还是十分可观。为了克服评估对象数量过于庞大的问题，评估小组在调研方法上有所取舍。

（二）研究方法

1. 利用已有网络平台

就基层群众性自治组织进行环保行动实施情况的评估，评估小组主要借助民政部搭建的"全国志愿服务信息管理平台"。民政部搭建的"全国志愿服务信息管理平台"于2014年8月25日正式投入使用，志愿者的服务不仅有记录可查，可以存入时间银行，还可以在需要时优先获得他人的志愿服务。该平台也给全国志愿者与服务项目的对接提供了一个全国统一的技术平台。该平台基本上已经实现了全国覆盖，包括除港澳台之外的31个省级行政区，还独立出"兵团"作为单独的统计平台，不仅使得志愿服务、爱心团体具象化，还是研究各地实现民族大统一、各民族互帮互助的一手资料来源。

本次调研主要依凭于"全国志愿服务信息管理平台"对志愿项目、志愿团体进行的分类，服务类别中"绿色环保"类活动数据是主要的数据来源，通过对比可知该类服务的主要项目发起人是基层群众性自治组织以及各高校的志愿团队，就该类活动数据统计得出这两类评估对象发起环保活动的情况变化。

2. 调查问卷

基于我国基层群众性自治组织数量巨大的现状，评估小组选择了北京、吉林、浙江、河南、广东、青海、重庆作为代表，通过调查问卷的方式进一步了解基层群众性自治组织开展环保活动的具体情况，截止到报告撰写之日总共收回288份调查问卷。

（三）调查问卷结果

本次调查问卷主要为了了解基层群众性自治组织开展环保活动的情况，以及

---

[1]《2015年社会服务发展统计公报》，载中华人民共和国民政部网，http://www.mca.gov.cn/article/sj/tjgb/201607/20160700001136.shtml，最后访问日期：2017年1月14日。

[2]《2016年3季度分省数据》，载中华人民共和国民政部网，http://www.mca.gov.cn/article/sj/tjgb/sjsj/2016003/2016%E5%B9%B43%E5%AD%A3%E5%BA%A6%E5%88%86%E7%9C%81%E6%95%B0%E6%8D%AE.html，最后访问日期：2017年1月14日。

社区居民的反映和建议,虽然仅回收 288 份,但是统计结果仍有一定的代表性和研究意义。

居委会/村委会进行环保教育、宣传情况调查

第 1 题:您所处于:居民委员会/村民委员会。[单选题]

村民委员会,5.56%

居民委员会,94.44%

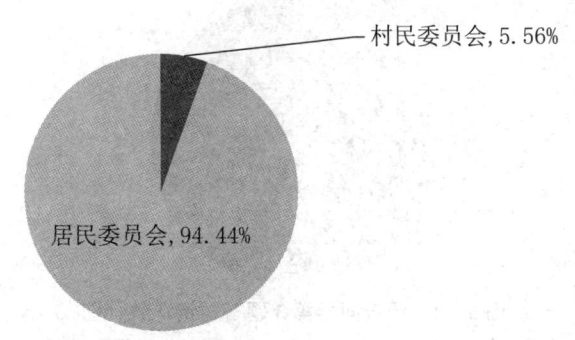

图 6.17 调查问卷第 1 题答题情况统计图

碍于评估小组人员有限,多选择在北京、吉林、浙江、河南、广东、青海、重庆 7 大省级行政区的城镇进行调查问卷分发,少有涉及村民委员会。

第 2 题:该委员会是否有专门负责环保宣传教育的工作人员?[单选题]

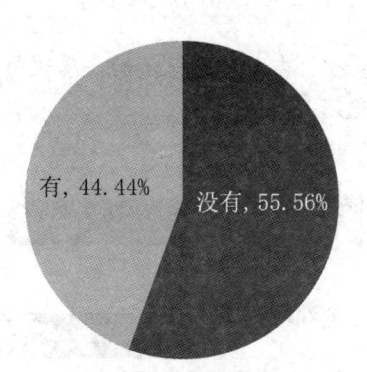

有,44.44%   没有,55.56%

图 6.18 调查问卷第 2 题答题情况统计图

回收的调查问卷显示,多数基层群众性自治组织没有单独任命工作人员负责环保教育和宣传工作,多是由负责宣传活动的人员进行相关活动。而在有单独任命人员进行相关工作的自治组织中,工作人员数量为一人的占比为 59%,数量为两人的占比为 4.3%,不知道具体数量的占比为 36.7%,即多数的基层群众性自

治组织没有或者只有一名专门负责环保教育和宣传工作的人员。

第 3 题：您所在的居委会/村委会在 2015 年是否举行过环境法律法规和环保知识宣传活动以及其他相关活动？（比如清扫社区的志愿活动、环保知识宣传的活动）[单选题]

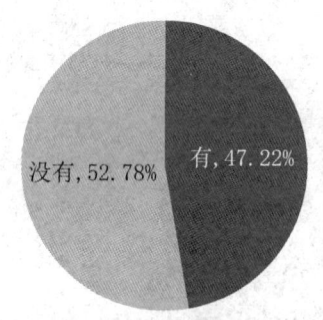

图 6.19　调查问卷第 3 题答题情况统计图

根据统计可知，2015 年进行环保宣传和教育的基层群众性自治组织占比为 47.22%，没有相关活动的占比为 52.78%，数量差异不大。而在已经开展过相关活动的社区中，开展过 1 次的占 11.03%，开展过 2 次的占 60.29%，开展过 3 次的占 21.32%，开展过 4 次及以上的占 7.36%；在 2015 年开展过环保宣传和教育的基层群众性自治组织中，以 2~3 次活动为多数。

第 4 题：通过该居委会/村委会的环保活动，您认为该社区在 2015 年的生活环境质量的变化为：[单选题]

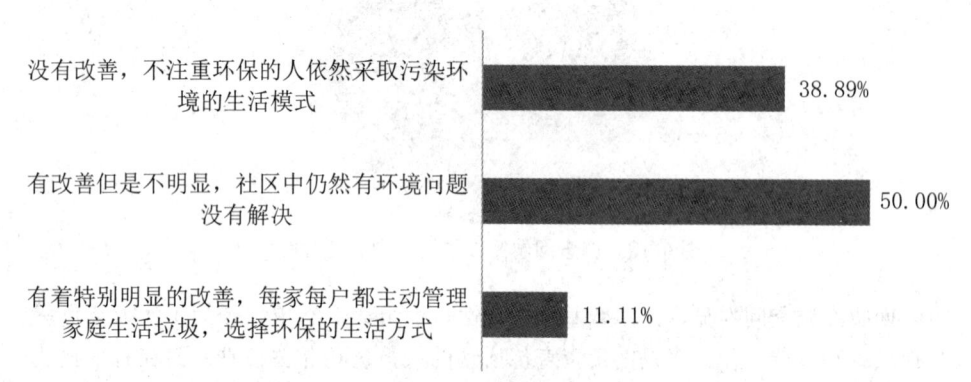

图 6.20　调查问卷第 4 题答题情况统计图

根据统计，完成调查问卷的人中有一半认为，2015年其所属的社区进行的环保活动对社区环境问题改善没有显著作用，有38.89%的人认为这些环保活动没有改善社区环境也没有影响社区居民的生活模式，只有11.11%认为社区开展的环保活动促使社区居民选择更有助于生态环境的生活方式。

第5题：对于2015年本委员会的环保活动，该社区居民的反响：[单选题]

- 没有影响，社区居民不希望参加类似活动　8.33%
- 反响很平淡，参与人数不多　77.78%
- 反向很热烈，大家积极参加　13.89%

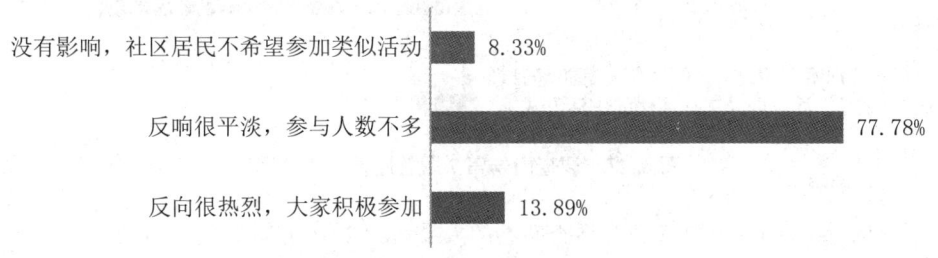

图6.21　调查问卷第5题答题情况统计图

根据统计，超过2/3的人认为，在2015年社区居民对社区组织的环保宣传和教育活动参与程度较差。

第6题：您所在的居委会/村委会在2016年是否举行过环境法律法规和环保知识宣传活动以及其他相关活动？[单选题]

- 有（请在后面写上次数），33.33%
- 没有，66.67%

图6.22　调查问卷第6题答题情况统计图

统计显示，在2016年有2/3的社区没有开展环保宣传和教育活动，数量较2015年有所增加。但是在开展了相关活动的社区中，进行3~4次活动的社区占比达75%。

第7题：通过该居委会/村委会的环保活动，您认为该社区在2016年的生活环境质量的变化为：[单选题]

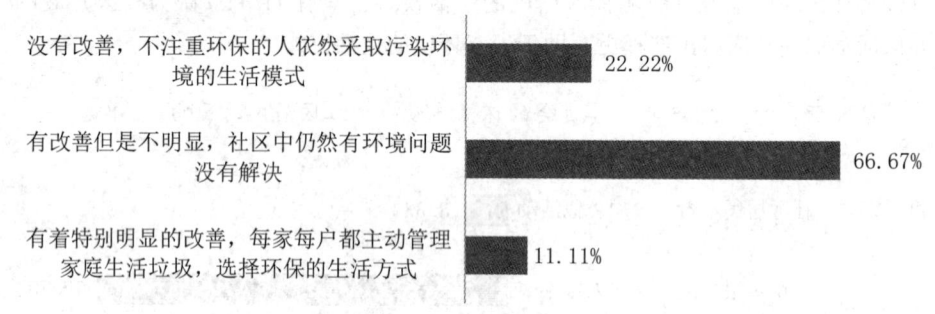

没有改善，不注重环保的人依然采取污染环境的生活模式　22.22%

有改善但是不明显，社区中仍然有环境问题没有解决　66.67%

有着特别明显的改善，每家每户都主动管理家庭生活垃圾，选择环保的生活方式　11.11%

图6.23　调查问卷第7题答题情况统计图

调研统计显示，2/3填写调查问卷的人员认为2016年社区的环保活动没有明显改善社区环境问题，数量较2015年有所增加；认为社区环境明显改善的人数占比仍然为11.11%，但是认为社区环境没有改善的人数降低了近15%。

第8题：对于2016年本委员会的环保活动，该社区居民的反响：[单选题]

没有影响，社区居民不希望参加类似活动　16.67%

反响很平淡，参与人数不多　72.22%

反向很热烈，大家积极参加　11.11%

图6.24　调查问卷第8题答题情况统计图

根据调研统计，相较于2015年，仍然有超过2/3的人认为参与社区2016年环保活动的人数不多，但是认为社区居民不希望参加类似活动的人数增加幅度较高。

第9题：对于委员会在环境法律法规和环保知识宣传活动的建议：[填空题]

该题是填空题，对于这题的回答也是有代表性的。有人建议"基层群众性自治组织要结合城乡实际开展活动，不要流于形式"；有人提出"方式需要创新，简单的讲座等无法吸引人""组织多种形式的宣讲会（例如歌舞会、小品、朗诵大牌等）"；还有人倡议"定期举行环保相关的宣传，例如一月一次，使得环保观念深入人心"。调查问卷的结果显示多数的居委会或村委会开展的环保活动多流于形式,即选择最为简单但效果不甚明显的宣讲,也没有定期开展活动,活动效果不甚理想。

(四)基层群众性自治组织进行环保行动的实施情况

这部分主要通过统计民政部搭建的"全国志愿服务信息管理平台"上的数据而得出。[1] 因为该平台尚未根据志愿服务活动"主要项目发起人"类别进行分类,而"绿色环保"[2] 类志愿活动的主要项目发起人是基层群众性自治组织以及各高校的志愿团队,因此借助于统计该部分数据同时反映这两类主体进行环保行动的实际情况。也即,该部分数据同时反映基层群众性自治组织、各高校的志愿团队进行环保行动的实施情况。

1. 总体介绍

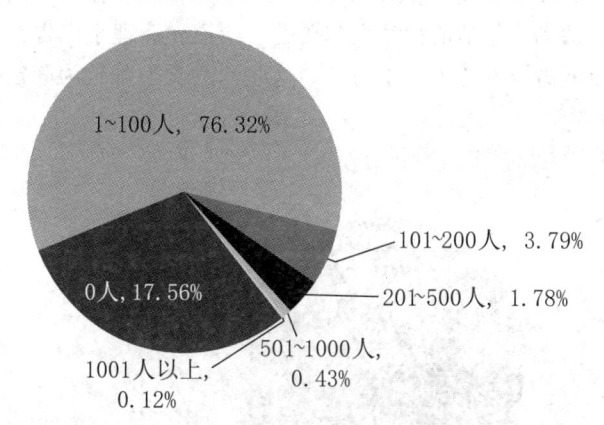

图 6.25　2016 年全国环保类志愿服务活动统计情况图

"全国志愿服务信息管理平台"统计显示,2016 年在该平台进行招募的环保类志愿服务活动总数为 33 274 件,到 2016 年底结项的为 29 402 件,占比为 88.36%,其他 3872 件活动包括"招募待启动""招募已结束(但没有结项)"。而在"已结项"的服务活动中,超过 2/3 的活动招募"1~100 人"志愿者,占比为 76.32%;招募 1001 人以上的活动是数量最少的,只有 38 项,占比为

---

〔1〕 以下数据都不包括港澳台地区。
〔2〕 有的地区网站上使用"环保宣传""植树造林""河流治理""动物保护"等更加细化的标签进行服务类别分类,评估小组将与环保相关的类别剔除相同活动进行统计。而有的地区网站上只有"社区服务"一项分类,评估小组逐个将与环保有关的活动选出进行数据统计。

0.12%。除此以外，招募"0人"[1]"101~200人""201~500人""501~1000人"的服务活动依次排名第二、三、四、五，占比分别为17.56%、3.79%、1.78%、0.43%。

通过统计可知，在2016年，100人以下的小规模环保类志愿服务活动是常态，不仅能够缩短招募时间，也方便活动过程之管理。而招募501人以上的大型志愿活动占比不足1%，也反映出基层群众性自治组织、各高校的志愿团队的短板：难以开展大型的志愿服务活动。不仅人手不足，而且也难以有稳定的资金予以保障。同时，这些大型的活动也显示出以下特征：一是以法定或国际节日为背景。在统计过程中评估小组发现，大型的植树活动都是在3月12日举行，大量的清扫活动在12月5日——国际志愿者日开展。可以说，只有在这些法定或国际节日期间才能开展大型环保类志愿活动，能够保证足够多的志愿者参加。二是活动类型较为固定。2016年招募人数超过500人的志愿活动多是社区清扫活动、植树活动、环保宣讲活动，包括清扫教室、楼道、街道，清理小广告，在公共场所进行环保知识宣讲或者分发传单、小册子。这些活动类型都较为固定化，活动内容也较为形式化。

2. 与2015年实施情况的对比分析

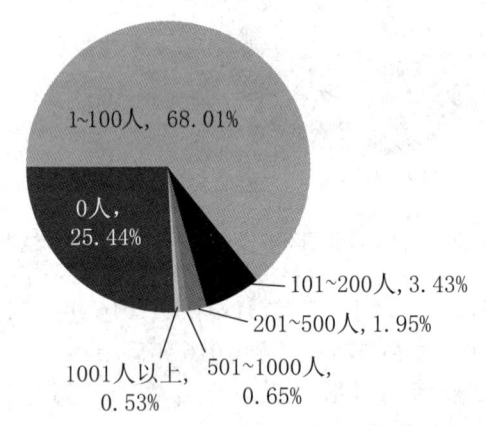

图6.26　2015年全国环保类志愿服务活动统计情况图

统计显示，2015年在该平台进行招募的环保类志愿服务活动总数为11 524件，到2016年底结项的为11 157件，占比为96.82%，2015年的结项率高于2016

---

[1] 招募"0人"的活动多是没有人报名参加，或者活动发起人没有记录相关情况，或者活动没有公开招募等情况。

年。究其原因,一方面 2015 年"全国志愿服务信息管理平台"正在建设中,除了北京、河南、陕西、贵州等省份积极利用该平台以外,其他省份的志愿活动少有在该平台进行记录。另一方面 2016 年志愿活动增多,在 2016 年底才召开该系统应用示范培训班,对该系统的不规范利用也是导致结项率较 2015 年低的原因。

在"已结项"的服务活动中,仍然是"1~100 人"志愿者的活动处于第一位,占比为 68.01%,略低于 2016 年的占比;招募 1001 人以上的活动是数量最少的,有 57 项,占比为 0.53%,高于 2016 年的占比。同时,"501~1000 人""1001 人以上"活动的数量相差不大,说明 2015 年新《环境保护法》的实施引发基层群众性自治组织、各高校的志愿团队开展大型环保志愿活动的热潮;新《环境保护法》也使得越来越多的志愿者重视环境问题,愿意参与到环保活动中。

(五)基层群众性自治组织的实名注册

实名注册让志愿服务更加有效。民政部门搭建的网络平台,使得社区志愿服务团队、志愿服务者能够进行实名认证,不仅有利于志愿服务的开展,尤其是在开展如环保类个性化服务时,实名制服务更加有的放矢,而且能够确保管理的精细化,使得各志愿服务项目向纵深化发展。[1]

提升认可度激发志愿者积极性。因为社区是与居民联系最为紧密的组织,社区开展的志愿服务活动以及社区志愿者是最直接被居民态度影响的。而纵观那些环保以及其他活动开展良好的社区,最主要是通过社区志愿者诚实守信、服务邻里的态度,切实有效的活动结果得到了社区居民的认可。对其行动的高度认可,也激发志愿者的服务积极性,使得社区环境变得更加友好。在 2015 年被评为"北京市首批五星志愿者"的陆成就是通过勤恳、真挚的工作成为社区志愿者,努力改善其所在社区的生活环境,使得他本身以及他所在的社区得到居民的高度认可。[2]

(六)基层群众性自治组织进行环保宣传、教育中的经验总结

1. 环保类活动形式需要创新,内容要满足居民需求

社区环保类志愿活动存在的最主要问题就是活动流于形式,无法满足居民需求。例如倡导性活动,倡议绿色出行,难以与生活实践相结合;同时社区活动没有激励措施,难以改变社区居民出行习惯。又如倡议垃圾分类,但是缺少系统的

---

[1] 《实名注册让志愿服务更有效》,载中国文明网,http://www.wenming.cn/wmpl_pd/msss/201612/t20161219_3953671.shtml,最后访问日期:2017 年 1 月 11 日。

[2] 《北京市首批五星级志愿者——陆成》,载志愿北京网,http://www.bv2008.cn/show/1017726.html,最后访问日期:2017 年 1 月 11 日。

分类培训，生活垃圾分类也囿于纸上谈兵。而宣讲性活动，则更流于形式，真正能给社区居民留下深刻影响的活动少之又少。对于环境保护法律法规和环境保护知识的宣传，社区还需要积极探索新的活动形式，契合社区居民的需求。

2. 培养或引入专业人才，引进环保新科技

志愿服务虽然依凭的是志愿者的热情以及为人服务的意识，但环境保护类志愿服务过程往往需要一定的环保知识作为依托，否则可能会出现志愿活动结果反而污染环境的情形。经过评估小组考察，多数的居民委员会、村民委员会并未设立专门负责环保教育、宣传的工作人员，即便是相关人员也缺少环保知识。因此，为提高社区环保活动的质量，各社区应当加强对自身工作人员环保知识的教育，积极培训或引入熟识环境保护法律、拥有环保知识的专业人员。同时，在社区环境建设、治理过程中，不仅要响应政府号召使用环保新科技，也要主动运用有益于环境保护的技术，营造保护环境的良好风气。

（七）小结

新《环境保护法》在一定程度上激发了基层群众性自治组织开展环保类志愿活动的积极性。一方面，各地区居民委员会或村民委员会对社区环境保护问题越来越重视，正式成立并且在"全国志愿服务信息管理平台"官网上进行登记的团队越来越多，愿意接受监督以及培训；另一方面，活动的类型也逐渐多样化，志愿团队纷纷采取各种符合社区建设的形式开展环境保护活动，从单纯的社区清理、清扫，到环保知识宣传志愿者，再到捡拾白色垃圾、社区垃圾分类等活动以及招募环保巡逻志愿者，使得环保理念深入人心。

基层群众性自治组织深化环境保护观念建设。团队活动类型的变化也反映了居民对环境关注重点的变化，也即从早期单纯关注社区环境而选择清理、清扫活动，转变为关注城市整体环境而进行环保知识宣传、环保巡逻志愿者活动。可以说，社区环保活动类型的变化也带动了社区居民环境观念的变化，由关注简单的生活环境，变为对生态环境的关怀，逐渐培养全球环境观，这也更加有利于生态环境的整体保护。

三、新闻媒体履行新《环境保护法》情况及效果评估

（一）概述

作为一种重要的社会力量，新闻媒体在环境法治领域发挥着积极作用。监督环境违法行为、促进环境信息公开、推动环境难题解决、在政府与公众之间架起

沟通的桥梁都是新闻媒体重要功能的体现。《环境保护法》第9条第3款规定："新闻媒体应当开展环境保护法律法规和环境保护知识的宣传，对环境违法行为进行舆论监督。"新《环境保护法》规定与新闻媒体的社会责任相契合，本部分将对新闻媒体履行新《环境保护法》情况及效果进行评估。

对新闻媒体实施新《环境保护法》的情况进行评估难度比较大。首先，评估对象数量大。为了实现评估的可操作性，本报告将新闻媒体限定为"中国大陆地区新闻媒体"。但在新闻通讯（报纸、广播、电视台、互联网、微博、微信公众号等）如此发达的今天，评估的对象仍然十分庞大。其次，评估标准复杂。新闻媒体对于社会问题具有天然的敏感性，在环境问题日益增多的中国，新闻媒体必然会更加关注环境问题，当然对于环境问题报道数量的增多并不能作为唯一的判断标准，如何从纷繁复杂的报道中理清思路而不被浩如烟海的资料禁锢，是评估面对的重要挑战。最后，评估方法需要创新性。对新闻媒体的评估需要跨学科研究，其中会涉及法学、新闻传播学、统计学等知识，对于课题组中法学背景的成员具有一定的挑战性。

课题组的整体思路如下：首先，将新闻媒体进行分类，分为传统媒体（报纸、广播、电视等）和新媒体（互联网、微信公众号、微博等）。其次，在传统媒体中，以报纸作为主要的研究对象；在新媒体中，以微信公众号作为主要研究对象。最后，对于具体研究对象，采用数据统计和文本分析相结合的方法，综合分析新闻媒体在实施《环境保护法》中的情况。此外，对于一些评估内容，课题组采用了2012—2016年的数据，对于另一些数据，则仅搜集了2015年和2016年的数据，为了与主题契合，基本以年度为单位对数据进行整理。一些数据库和已经存在的研究报告[1]在研究过程中发挥了不可替代的作用，在此对这些数据库的研发人员表示衷心的感谢。

（二）传统媒体实施新《环境保护法》的状况评估

传统媒体是相对于近几十年兴起的网络媒体而言的，是传统的大众传播方式，即通过某种机械装置定期向社会公众发布信息或提供教育娱乐平台的媒体，主要包括报刊、广播、电视等传统意义上的媒体。为了便于研究，本书选取报纸作为传统媒体的代表，以中国重要报纸全文数据库为数据来源，对传统媒体实施新《环境保护法》情况进行分析（除非特别说明，本部分报告的"新闻媒体"均

---

[1] 中国重要报纸全文数据库、清博大数据平台和《2016年中国绿色公号年报》为此次研究提供了不可替代的帮助。

指传统媒体）。

1. 数据统计

中国重要报纸全文数据库，是目前国内的主流报纸数据库，共收录了国内公开发行的七百多种重要报纸。运用数据库的高级检索功能，检索从 2012 年至 2016 年主题包含"环保法"或"环境保护法"或"新《环境保护法》"的报道，收集到的媒体报道共 978 篇，其中 2012 年 43 篇，2013 年 112 篇，2014 年 284 篇，2015 年 379 篇，2016 年 160 篇。

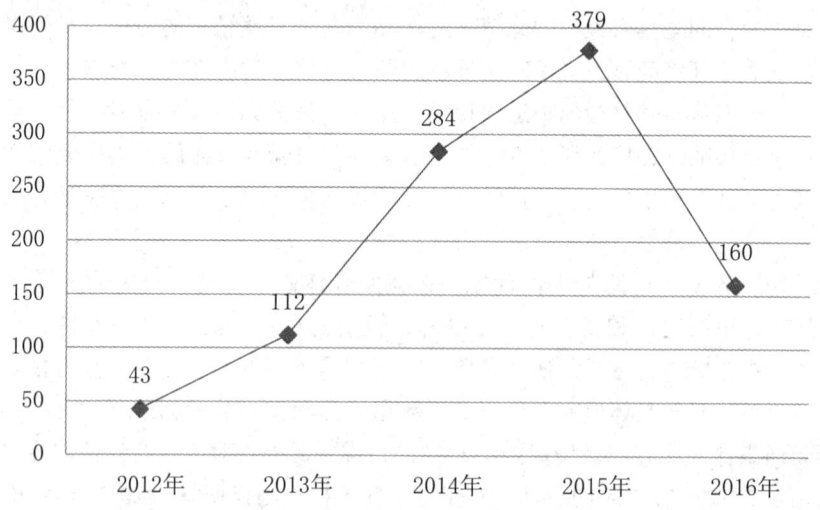

图 6.27　与《环境保护法》相关的新闻报道数量年度变化图（单位：篇）

从上图可知，从 2012 年到 2015 年，报纸对于"环境保护法"的报道数量呈快速上升趋势。2012 年，《环境保护法》尚未启动修订程序，媒体对该法的关注度不高；进入 2013 年，《环境保护法》酝酿修订，媒体对《环境保护法》的报道相较于 2012 年增加了近两倍；2014 年和 2015 年分别是新《环境保护法》的颁布之年和实施之年，报道数量持续快速增加，相较于 2012 年，2015 年的报道数量是 2012 年报道数量的近九倍，表明报纸对新《环境保护法》宣传力度的增大，也从侧面反映了社会各界对《环境保护法》的关注；2016 年，报道数量大幅回落，全年主题为"环境保护法"的新闻报道共有 160 篇，这种下降可以理解，因为 2016 年是新《环境保护法》实施的第二年，新闻媒体在 2014 年以及 2015 年已经对新《环境保护法》进行了大量的宣传，随着时间的推移，报道强度会逐渐减弱。

但 2016 年新《环境保护法》报道数量的下降并不代表新闻媒体对新《环境保护法》失去了兴趣，而是说明新闻媒体的关注重点有所转移，从重点宣传《环境保护法》转移到关注《环境保护法》的执行情况及执行效果。从中国重要报纸全文数据库中检索"环境违法行为""环境违法"的主题报道，从 2012 年到 2016 年，共收集到报道 4394 篇，其中 2012 年 348 篇，2013 年 595 篇，2014 年 1096 篇，2015 年 1322 篇，2016 年 1033 篇。

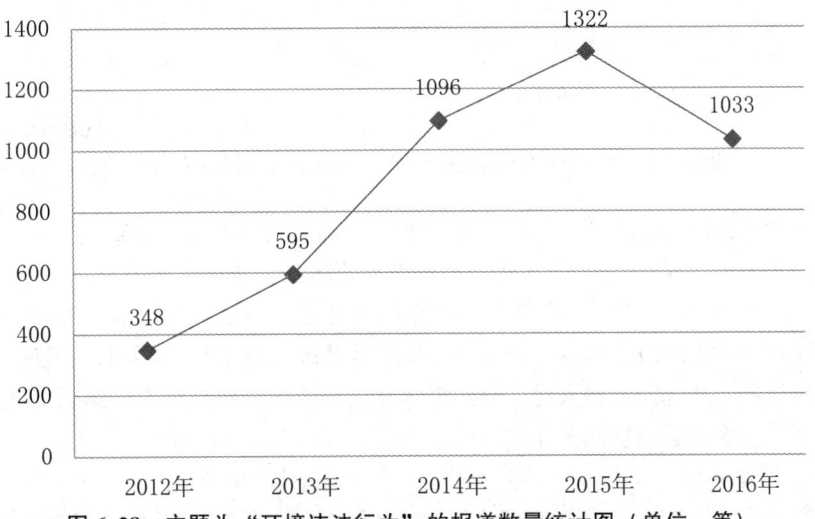

图 6.28 主题为"环境违法行为"的报道数量统计图（单位：篇）

可以发现，"环境违法行为"的报道数量远高于报道新《环境保护法》的数量，说明新闻媒体并没有对新《环境保护法》失去兴趣，而是以曝光环境违法行为的方式促进《环境保护法》的实施。从 2012 年到 2016 年，报道"环境违法行为"的篇数总体呈上升趋势；从 2013 年到 2015 年，报道"环境违法行为"的篇数大幅增加，说明随着新《环境保护法》的实施，新闻媒体对环境违法行为的曝光力度持续增加；2016 年关于"环境违法行为"的报道数量有所下降，但是依然有 1033 篇的报道数量，与 2014 年、2015 年两个年份基本持平。总的来说，新闻媒体对《环境保护法》的关注并没有显著下降。

另一个数据更能说明这一问题。在中国重要报纸全文数据库中检索"环境质量"的主题报道，从 2012 年到 2016 年，共收集到报道 5714 篇，其中 2012 年 815 篇，2013 年 847 篇，2014 年 801 篇，2015 年 1463 篇，2016 年 1788 篇。

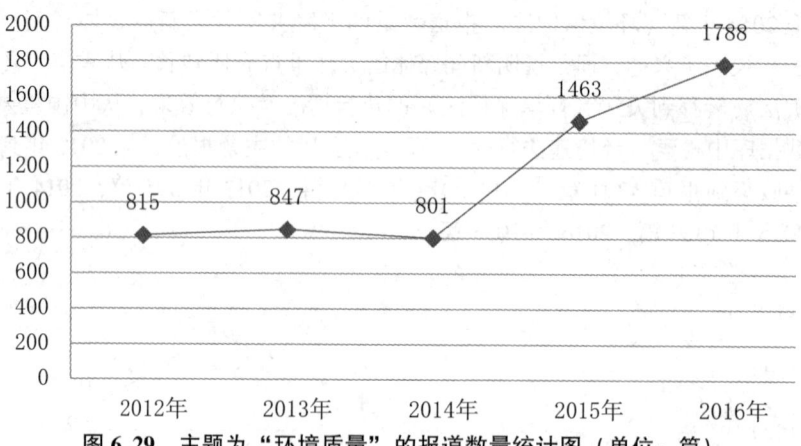

图 6.29 主题为"环境质量"的报道数量统计图（单位：篇）

2012—2014 年，关于"环境质量"的报道基本维持在每年 800 篇左右，但是 2014—2016 年，关于"环境质量"的报道高速增长，2016 年达到 1788 篇，是新《环境保护法》实施之前的两倍多。随着新《环境保护法》的实施，媒体开始重点关注环境质量的改善问题，而促进环境质量的改善也正是《环境保护法》修订的根本目标。从统计数据来看，新闻媒体对《环境保护法》以及与该法相关的社会议题一直保持着高度的关注。

2. 内容分析

数据的统计能从宏观视角说明一些问题，但为了进一步对新闻媒体实施新《环境保护法》的情况进行分析，评估团队认为从报道的内容审视这一问题是十分必要的，因为对新闻媒体而言，公正客观的报道是其立身之本。在此，评估团队将随机抽取一部分新闻报道，从报道视角、信息来源、环境保护法等多个角度对报道内容进行细致的分析。

（1）新《环境保护法》颁布之初新闻媒体的报道。

2014 年 7 月 5 日，在数据库分别输入关键词"环境保护法"和"新《环境保护法》"，收集到的媒体报道 136 篇。为保证报道围绕"新《环境保护法》"展开，故剔除以"环境保护法"一词或《环境保护法》条文作为新闻由头的报道。由此，筛选出环境保护法报道 118 篇。[1] 从媒体属性来看，有 72% 的报道来源于机关报，另外 28% 的报道来源于市场化媒体；有 32.2% 的报道来源于综合性媒

---

[1] 参见柏天予：《新〈环境保护法〉的媒介报道特点及话语形态分析》，载《中华新闻传播学术联盟第六届研究生学术研讨会论文集》，2014 年。"新环境保护法颁布之初新闻媒体的报道"部分所引用数据均来自于柏天予的这篇学术论文。

体,另外67.8%的报道来源于专业性媒体(包括政法类、财经类、环境类等);有83.9%的报道来源于全国性媒体,另有16.1%的报道来源于地方性媒体。在报道类型上,67.8%的报道属于新闻,而另32.2%的报道属于评论。

从报道视角看,法律视角[1](53.68%)是媒体报道新《环境保护法》时最常用的视角,说明大部分媒体"依法说法",对法律修订和法律内容本身进行事实性报道。政治视角[2](20.59%)次之,而经济视角[3](11.76%)和执法视角[4](11.76%)则为最少被媒体使用的视角。

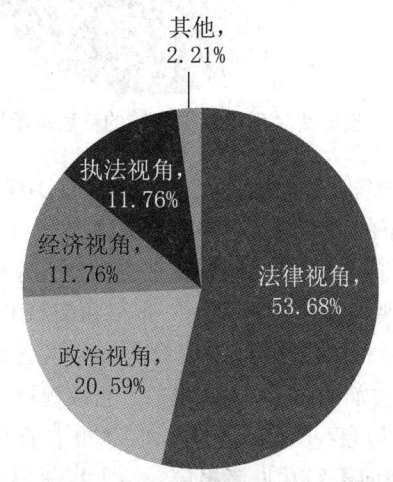

图6.30 报道新《环境保护法》所采用的视角比例图

从信息来源看,官员(58.47%)和专家(25.77%)是环境保护法报道中最为依赖的信源,他们是媒体对法律修订过程、内容及意义进行介绍和阐释的重要口径。其余15.77%的信源依次为企业(7.69%)、社会组织(5.00%)和民众(3.08%)。

---

[1] 法律视角指对《环境保护法》的内容进行解读报道。
[2] 政治视角指从《环境保护法》与政党和政府之间的关系进行报道。
[3] 经济视角指从《环境保护法》将会给政府、企业及环保产业等主体造成的经济影响进行报道。
[4] 执法视角指从我国原《环境保护法》执法情况、新《环境保护法》可能遇到的执法问题进行报道。

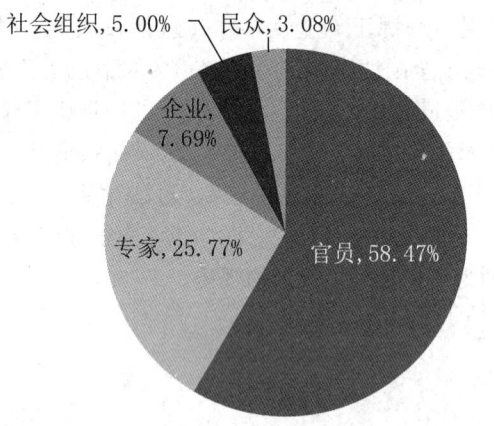

图 6.31 报道新《环境保护法》的信息来源比例图

从环境保护法关键词看,共发现 39 个环境保护法关键词,剔除在 118 篇报道中仅出现 4 次及 4 次以下的关键词后,还剩余关键词 25 个。通过重新调整距离合并聚类(Word 联接),将同时出现在同一篇报道中的概率较高的关键词聚合为同一词群,大体上能够反映被媒体着重关注、介绍和阐释的环境保护法主要内容。分析发现,25 个环境保护法关键词最终聚合为 4 个关键词词群,分别呈现了新《环境保护法》以下四个方面的内容:政府监管、行政规划、制裁措施和最严新规。

不难发现,在新《环境保护法》颁布之初,"史上最严""长牙齿的环境保护法""按日连续处罚"等词语经常见诸报端,给人以杀气腾腾之感。但是,媒体并没有充分关注到新《环境保护法》中的"公众参与",即通过引入公众和社会组织,实现环境问题的多元共治。

(2)新《环境保护法》实施之后新闻媒体的报道——以 2016 年的报道为例。

在中国重要报纸全文数据库中,2016 年主题为"环境保护法"或"新《环境保护法》"或"环保法"的报道共 160 篇,为保证报道围绕"新《环境保护法》"展开,故剔除与"环境保护法"不相关的报道[1] 7 篇,再从中随机抽取 50 篇作为此次研究的样本。样本基本涵盖了源于各类型媒体的、各报道类型的媒体报道。从时间分布上看,基本上 2016 年每个月都至少有两篇报道。从媒体属性来看,有 94% 的报道来源于机关报,另外 6% 的报道来源于市场化媒体;有 64% 的报道来源于综合性媒体,另外 36% 的报道来源于专业性媒体(包括政法类、财

---

[1] 有的报道是关于《海洋环境保护法》的,也被数据库统计在内了,所以排除掉这些报道;有些报道虽是以"环境保护法"为题目,但是和《环境保护法》关系不密切、研究意义不大,所以也排除掉这些报道。

经类、环境类等);有62%的报道来源于全国性媒体,另有38%的报道来源于地方性媒体。在报道类型上,78%的报道属于新闻,而另外22%的报道属于评论。

从报道视角看,执法视角(82%)成为媒体最常用的视角,新《环境保护法》的实施情况、实施效果成为媒体最为关注的问题。相比之下,经济视角、政治视角、法律视角共占媒体报道数量的16%,报道数量大为减少。执法视角的报道之所以一跃成为媒体最青睐的报道视角,一个重要原因在于新《环境保护法》的修订意图正在于通过新的制度、措施遏制环境违法行为,社会普遍对其抱以期待,关于实施新《环境保护法》的新闻自然成为社会乐于看到的新闻。

从信息来源看,官员和专家依然是《环境保护法》报道中最为依赖的信源,许多执法的数据、执法过程中遇到的问题都需要官员(政府)公布,随之而来的是专家的解读。相比之下,以企业、社会组织和民众提供的信息源进行报道的新闻几乎没有。课题组随机抽取的50篇新闻报道中,仅有3篇涉及企业、社会组织和民众,分别是《"按日计罚"倒逼企业严格主体责任》《环境公益诉讼任重道远》《如何回应老百姓的"盼环保""求生态"》。

从环保关键词看,新闻报道基本是围绕"处罚""执法""检查"三个词展开的。新闻报道的基本逻辑就是新《环境保护法》赋予执法机关更多的权力,执法机关严厉执法(新闻中会以案例、数据、专家分析的方式表明执法机关严厉执法)。大多新闻的标题就可反映这一情况,如《实施五类案件过万 执法力度持续加大》《提高处罚标准 让违法者付出代价》《环保法执法检查剑指环境领域顽疾》。

3. 传统媒体实施新《环境保护法》存在的不足

新《环境保护法》强调"多元共治"的理念,政府、环境保护主管部门仅仅是其中的部分主体,企业、社会组织和公民都是参与环境治理的重要力量,每类社会主体在环境保护工作中都发挥着不可替代的作用和功能。通过上述数据资料统计分析可知,新《环境保护法》颁布之初,新闻媒体更多关注的是官员和学者对新《环境保护法》的解读和认识。如上述数据显示,有58.47%的报道来源于政府官员和25.77%的报道来源于专家学者,关于企业、社会组织和民众的报道则分别为7.69%、5.00%和3.08%。由此可见,民众的呼声对新闻媒体的影响较弱,反过来说,也可能是新闻媒体忽视了公民的话语表达。以2016年为例,新闻媒体的报道也主要集中于政府的执法环节,最主要的信源依然是政府官员和专家,忽略了《环境保护法》强调的其他部分。"公众参与"和"信息公开"也是新《环境保护法》的重要内容,企业并非只是执法者眼中潜在的"违法者",公众也不仅仅是被动接受执法结果的旁观者。但是从媒体的报道中,我们最可能得到的结论是这是一部侧重执法的《环境保护法》,企业、社会组织、公民与新

《环境保护法》的关系并不是很密切。

(三) 新媒体实施新《环境保护法》状况评估

联合国教科文组织认为新媒体就是网络媒体。需要指出的是，许多传统媒体正借助网络载体传播新闻讯息，如一些传统纸质媒体纷纷将纸质内容搬上互联网，所以出现在传统媒体的报道也有可能出现在新媒体上，但网络的急速发展已经使人们接触的信息呈爆炸式增长，所以对新媒体实施《环境保护法》的状况进行评估也具有重要意义。

为了便于研究，课题组选取微信订阅公众号（以下简称"公众号"）作为新媒体的代表，对新媒体实施《环境保护法》的状况进行评估。之所以选取公众号作为研究的对象，有如下几个原因：一是智能手机的普及使公众更方便接触各种新闻讯息；二是微信的使用人数已经超过 8 亿;[1] 三是公众号的主要功能在于提供相关咨询和有效信息，这一点与传统媒体并没有太大差别。此外，《南方周末》公布的《2016 中国绿色公号年报》与评估的研究有相同之处，所以下文的一些数据直接引用之。

1. 数据统计

清博大数据平台是关于"两微一端"的新媒体大数据平台，通过该平台，课题组可以获得关于环保公众号的有关数据。由于清博大数据平台无法获取环保公众号的设立时间，所以无法统计近几年环保公众号的数量变化情况，但 2015 年和 2016 年年度阅读数量可以反映一定的趋势（如图 6.32 所示）。

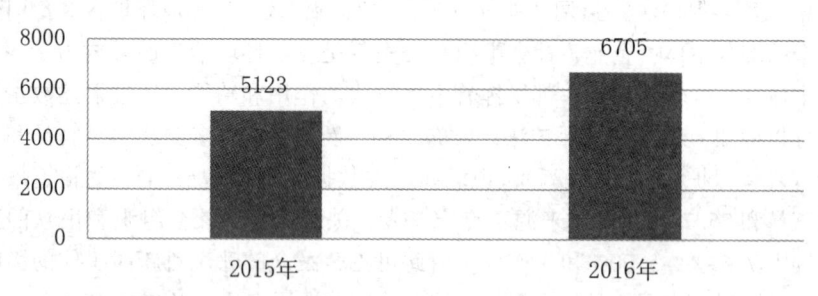

图 6.32 绿色公众号发布文章的阅读数量统计图（单位：万次）

《2016 年中国绿色公号年报》共统计了 614 个环保公众号，共分为五大类，分别是政务公众号（政府主办）、媒体、环保组织、企业、高校院系和环协。其

---

[1] 数据引自微信官方网站：http://weixin.qq.com/.

中政务公众号 197 个（32%），媒体公众号 61 个（10%），环保组织公众号 77 个（12%），企业公众号 164（27%），高校院系和环协公众号 115 个（19%）。

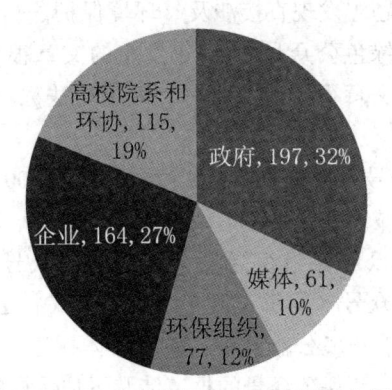

图 6.33　2016 年各类主体拥有的环保公众号比例图

虽然媒体公众号数量仅占所有公众号数量的 10%，但这并不代表媒体在微信公众号领域的弱势地位。如下图 6.34[1] 所示，媒体类绿色公号的总阅读数量遥遥领先，其他几类绿色公众号总的阅读数量都达不到媒体公众号的阅读数量。可见，虽然新媒体领域每一个社会主体都可以成为信息的制造者与传播者，但是专业的媒体机构依然占据优势。

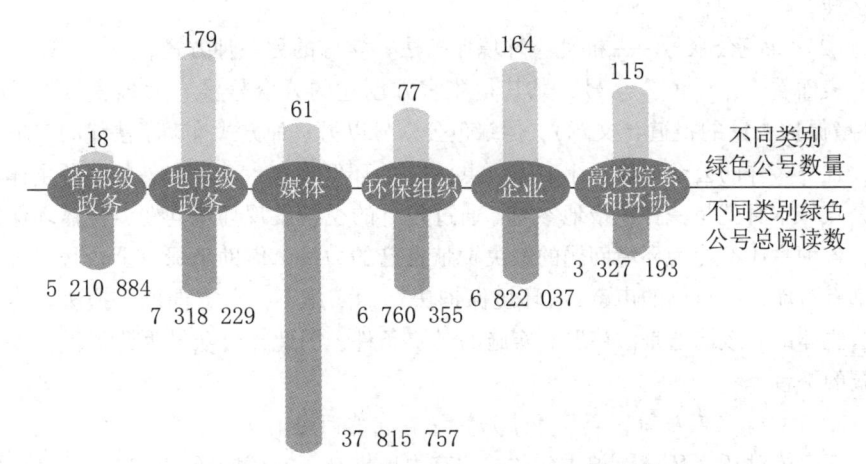

图 6.34　2016 年不同类别绿色公号数量和总阅读数对比图

---

〔1〕 本数据和图表直接引自《2016 年中国绿色公号年报》。

2. 内容分析

（1）绿色公众号的报道（文章）更加多样。

根据统计结果，课题组发现直接涉及《环境保护法》实施的文章集中于政务类公众号，其他类型的绿色公众号2016年发布的文章很少涉及《环境保护法》。虽然绿色公众号发布的文章很少涉及新《环境保护法》，但绿色公众号更加关注具体的环境问题。

从《2016年绿色公号年报》来看，阅读数量超过5000次的文章主要涉及水、大气、土壤和环评等领域。如果不考虑阅读数量的限制，则公众号发布的文章会涉及更多的环境问题。以环保组织绿发会创建的公众号"中国绿发会"为例，2016年，绿发会在其公众号平均每天发布7篇文章（报道），主要涉及如下几个问题：生物多样性保护、环境公益诉讼、转载媒体报道、绿发会活动、环保人物报道。相比于传统媒体，环保公众号的报道涉及更加多样的环境问题。

绿色公众号报道（文章）体现的多样性不仅表现在涉及的环境问题上，也表现在其报道视角以及信息源上。不同主体发布的文章在视角上必然有巨大的差异，比如，政务类公众号的文章多体现官方视角，企业类公众号的文章多表现行业动态、绿色产品研发情况。信息源的多样性也表现得十分明显，在传统媒体领域，官员和专家一直是大部分报道（文章）的信息来源，但是在绿色公众号的报道（文章）中，企业、社会组织、公民都能发布自己的信息，看待问题的角度更加多样。

（2）绿色公众号——推动《环境保护法》实施的另一种方式。

表面看来，绿色公众号，尤其是非官方创建的公众号没有太多直接涉及新《环境保护法》的报道（文章），但绿色公众号以另一种方式推动了法律的实施。

种类多样的公众号体现了"多元共治"的环保理念。政府以外的多种主体创办公众号本身就是一种积极地参与，通过各自的视角发现环境问题、传播环保知识，各种主体都在为环境问题的解决贡献自己的力量。借助于绿色公众号，每个人都有可能发出自己的声音，《环境保护法》的实施不是单方向的，执法主体与守法主体的有效沟通是法律顺利实施的必要条件，因此，公众号为此提供了一个广阔的平台。

3. 新媒体在实施新《环境保护法》中存在的问题

新媒体对新《环境保护法》的关注有力地推动了环境问题的解决，同时在提升公民的环境保护意识方面发挥了重要作用。相比于严肃的传统纸质媒体的新闻报道，新媒体不受时间和空间的限制、传播形式更加多样，在新《环境保护法》的实施过程中扮演了不可替代的角色。但新媒体在进行新闻报道方面也暴露出一些问题，如果不能得到良好的解决，可能会影响新媒体自身的发展和环境保护法律的实施。

(1) 新媒体新闻报道的真实性问题。

2016年底，《北京青年报》刊发了一篇题为《环境保护部门公布2016年度十大雾霾谣言》[1]的报道，其中有四个谣言直接源自网络，另外六个谣言虽然无法确定出处，但网络等新媒体的存在加速各种谣言的传播却是不争的事实。在新《环境保护法》生效的2015年，已经出现了影响范围比较广、性质比较恶劣的谣言，如某微信公众号有帖子"曝光"，"华北的雾霾与内蒙古开采的含有放射性的煤炭有关，这种煤炭燃烧会产生放射性元素，引发雾霾。"[2] 环保谣言在新媒体上的广泛传播反映了新媒体新闻报道的真实性问题。

其实，新媒体报道的真实性问题一直存在，并非仅存在于环保领域。但由于环保问题的特殊性，不真实的新闻报道有可能在短时间内引发社会恐慌，冲击现有的社会秩序，造成社会动荡。所以有必要探讨环保谣言产生并迅速传播的原因，并加以应对。

可以发现，新媒体自身的特点是谣言迅速传播的重要因素。相比于传统媒体，新媒体的信息源更加广泛，发布信息的渠道更加多元，在缺乏相关监管的情况下，一些真实性有待确认的新闻（消息）就出现在网络上。譬如2015年8月20日，天津滨海新区海河防潮闸岸边出现了大面积死鱼的现象，有人把拍摄的图片和视频发到网上，迅速吸引了大量网友围观。正因离天津港爆炸事故发生仅8天时间，而海河防潮闸离天津港爆炸中心约6公里，因而死鱼现象也引发了人们的各种猜疑，部分人猜测是爆炸事故的污染物所致。这一消息后来被当地环境保护部门予以澄清，但是仅凭一个普通公民上传的图片和视频就可以在网络上制造一条轰动新闻，可见新媒体新闻报道的真实性确有待考察。

(2) 新媒体新闻报道的权威性问题。

从上文传统媒体的数据统计可知，传统媒体信息源主要依赖于政府与专家，由于具有专业优势并掌握相关信息，源自于政府与专家的环保新闻必然具有很高的权威性。相比之下，新媒体的报道无论从报道视角、信息源还是传播形式，都与传统媒体有很大不同，其权威性自然不及传统媒体。从某种程度上说，这是新媒体的优势，不具有权威性的新闻反而因为其活泼轻松的报道方式更加贴近生

---

[1] 载凤凰网，http://fashion.ifeng.com/a/20170101/40190568_0.shtml，最后访问日期：2016年1月20日。

[2] 载搜狐网，http://mt.sohu.com/20151228/n432803182.shtml，最后访问日期：2016年1月20日。

活，从而得到公众认可，但是新媒体新闻报道权威性问题却会影响报道的质量以及阅读数量。

传统媒体的新闻报道大多由专业的记者与编辑撰写完成，还要经过许多审查程序，权威性强，报道质量有保证，但是新媒体新闻报道的质量却是参差不齐的。以微博为例，许多微博上的消息往往仅有几十字或者上百字，虽然足以说明某些事件，但叙述往往是不完整的，使用的语言也是生活化的语言，不能准确地将信息传递给公众，甚至起到误导公众的后果。

（四）小结

以报纸为代表的传统媒体给予了新《环境保护法》宣传和执行极大的推动力，从2014年新《环境保护法》颁布到2016年新《环境保护法》实施两年多的时间，传统媒体一直保持关注，并且关注重点由"新法宣传解读"转移到"法律的实施执行"。在环境执法方面，传统媒体与政府密切配合，传达了政府严格执法的决心，并有大量的新闻报道是围绕政府执法展开的。对环境执法的报道对于预防潜在的违法行为有一定的作用，同时也间接地向社会公众公开了一部分执法信息，推动了对环境执法的监督。因此，从某种程度上讲，传统的新闻媒体行为与新《环境保护法》的要求是一致的。但是，传统新闻媒体的报道绝大部分集中于"执法""处罚""检查"等环节，这与新《环境保护法》的立法精神不符。新《环境保护法》体现了"多元共治"的理念，强调政府、环境保护主管部门仅仅是其中的一元，公民、社会组织都是参与环境治理的重要力量，每一种社会主体都可以在《环境保护法》中找到自己的位置。但是传统新闻媒体的报道并没有将这种情况很好地表现出来。

新媒体不受时间和空间的限制、传播形式更加丰富多样，其中的绿色公众号在涉及的环境问题种类、信息源、报道的视角等方面都体现出了多样性，与"多元共治"的环保理念相契合，成了全面推动《环境保护法》贯彻实施的有效方式和途径。但同时，新媒体在监管和审查方面比较薄弱，其真实性和权威性往往容易出现问题。囿于其自身固有的特点，除了加强监管、制定严厉的惩罚措施以外，更加有效的措施应该是完善现有的信息公开制度。公众对环保信息全面了解后环保谣言便会不攻自破。譬如上文提及的天津滨海新区死鱼谣言，如果政府部门能够对相关流域的水质状况进行长期不间断公开，并方便公众查阅，则发现死鱼的公民也不会轻易上传相关图片和视频，即使上传了视频，在官方公布的水质信息面前，公众也不会轻易相信，谣言便失去了传播的土壤。在本报告的其他章节，课题组已经指出了环境信息公开方面存在的问题，一方面，相比于西方发达国家，我国环境信息公开的范围依然较窄；另一方面，即使是公开的环境信息，也不便于公众查阅、理解。良好的信息公开制度有利于阻止谣言的产生与传播，因此，在今后新《环境保护法》实施过程中，既要加强对新媒体的监管，也要不断完善信息公开制度，从而提升新媒体新闻报道的真实性，使其在监督环境违法行为、促进环境信息公开、推动环境难题解决、提高环境质量等方面发挥更加积极充分的作用和功能。

四、评估结论

新《环境保护法》颁布后，环保民间组织充分行使法律赋予的权利、积极履行法律规定的义务，在环境保护宣传、获取环境信息、参与和监督环境保护、环境公益诉讼等方面发挥了积极作用、做出了突出贡献，有力推动了环境保护事业的发展。通过不断创新工作手段，加强自身建设，环保民间组织在科学理念的指导下有条不紊地开展环保工作。在环保组织的积极行动下，我国的环境宣教队伍持续壮大，越来越多的群众成为绿色公民；在环保组织的参与、监督下，环境信息更加透明，法规政策更加科学；在环保组织的全面探索和努力下，环境公益诉讼逐步走上正轨，长期积累的环境问题也可以通过司法手段解决。但目前依然存在一些问题，制约着环保民间组织工作的开展：一是政府部门和公众对环保民间组织的认识不到位，影响其生存和发展，为开展活动、吸引人才、筹集资金、招募志愿者带来了困难和阻力。二是参与政策制定和社会监督的渠道不畅，一些政府部门和企业对环保民间组织实施环境监督持消极态度，导致环保民间组织较少参与环境保护的一些政策研究、法规建设、污染防治、公众参与等重要活动；再加上环境听证制度、公开制度、公众参与制度不健全，不能实行及时和有效的监督。[1] 三是环保民间组织的专业性还不够强，亟须加强指导和培训，提高专业能力。拓展环保民间组织的交流渠道，积极开展国内外民间环境交流合作，借鉴经验，促进发展。环保民间组织应强化内部管理，认真履行宗旨，按法规和章程办事、扎实工作、树立良好社会形象。

新《环境保护法》在一定程度上激发了基层群众性自治组织开展环保类志愿活动的积极性。一方面，各地区居民委员会或村民委员会对社区环境保护问题越来越重视，正式成立并且在"全国志愿服务信息管理平台"官网上进行登记的团队越来越多，愿意接受监督以及培训；另一方面，活动的类型也逐渐多样化，志

---

[1] 中华环保联合会：《中国环保民间组织现状调查报告》，2015年12月发布。

愿团队纷纷采取各种符合社区建设的形式开展环境保护活动，从单纯的社区清理、清扫，到环保知识宣传志愿者，再到捡拾白色垃圾、社区垃圾分类等活动以及环保巡逻志愿者，使得环保理念深入人心。基层群众性自治组织不断深化环境保护观念建设。团队活动类型的变化也反映了居民对环境关注重点的变化，也即从早期关注单纯社区环境而选择清理清扫活动，转变为关注城市整体环境而进行环保知识宣传、环保巡逻志愿者活动。可以说，社区环保活动类型的变化也带动社区居民环境观念的变化，由关注简单的生活环境，变为对生态环境的关怀，逐渐培养全球环境观，这也更加有利于生态环境的整体保护。

新《环境保护法》的颁布在一定程度上激发了高校志愿团队开展环境保护类型志愿活动的热情，举行各类型环保活动的数量增多，频率也提升，团队中的志愿者也逐渐树立起保护环境的意识，也愿意以自身的行动呼吁更多人加入到环保事业中。但是高校志愿团队在自身建设、管理过程中存在大量问题，不仅环保类型活动内容难以创新，对学校的依赖度也愈发高，不利于团队发挥自主性，也会打击环保志愿者的积极性，需要进一步进行探索。

关于新《环境保护法》的实施，传统媒体更多地将关注点放在"新法宣传解读"以及"法律的实施执行"等方面，起到了较为全面积极的宣传作用。其中对环境执法的报道对于预防潜在的违法行为有一定的作用，同时也间接地向社会公众公开了一部分执法信息，推动了对环境执法的监督。当然，新《环境保护法》以"多元共治"为理念，但传统新闻媒体的报道过分集中于"执法""处罚""检查"等环节。政府、环境保护主管部门仅仅是多元中的一元，企业、社会组织和公民都是参与环境治理的重要力量，每类社会主体都可以在《环境保护法》中找到自己的位置。新闻媒体作为社会的重要沟通渠道，应当将企业、社会组织和公民的声音传达出来。从网络媒体的报道来看，企业、社会组织和公民对新《环境保护法》的实施有自己的观点和建议，但是从传统媒体的报道中，很难发现这些更接地气的观点。新媒体不受时间和空间的限制、传播形式更加丰富多样，其中的绿色公众号在涉及的环境问题种类、信息源、报道的视角等方面都体现出了多样性，与"多元共治"的环保理念相契合，成了全面推动《环境保护法》贯彻实施的有效方式和途径。但同时，新媒体在监管和审查方面比较薄弱，其真实性和权威性往往容易出现问题。囿于其自身固有的特点，除了加强监管、制定严厉的惩罚措施以外，更加有效的措施应该是完善现有的信息公开制度，使其在监督环境违法行为、促进环境信息公开、推动环境问题解决、提高环境质量等方面发挥更加积极充分的作用和功能。

第七部分

新《环境保护法》之公民权利义务实施部分评估

新《环境保护法》和《环境影响评价法》等环境法律规定了公民在环境保护方面的权利与义务,权利主要有知情权、参与权、监督检举权、获得奖励权和损害求偿权等,义务主要有低碳节俭的生活方式、生活废弃物分类、不使用严重污染环境产品、不在禁区内露天烧烤和不在禁止时段区域燃放烟花爆竹等。本部分通过数据收集、问卷调查和比较分析的方法,对公民的权利和义务实施情况进行评估。

一、公民环境保护权利及实施情况

(一)知情权

以近三年来环境保护部收到的环境信息公开申请为例,2014 年共 649 件,2015 年

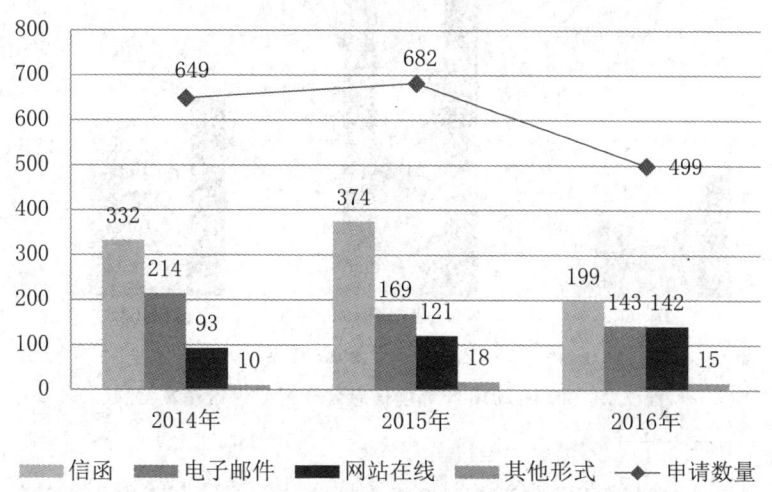

图 7.1　2014—2016 年公民申请环境保护部信息公开的数量及方式

在新《环境保护法》实施后稍有增长,共 682 件,而 2016 年开始下降,是 2014 年申请数量的 77%,共 499 件,申请内容一般涉及环境监测、项目环评、科技标准、污染防治、生态保护、政策法规、环境监察执法等方面;环境保护部对每一份申请都予以答复。申请的形式上,主要以信函、电子邮件、网站在线为主,从这三年来看,公民首选的形式都是信函。虽然互联网时代为信息的传递提供更为及时和便捷的服务,但是公民对于申请环境信息公开,还是首选传统的信函方式,一是说明对此事的慎重态度,二是较有利于保存证据(图 7.1)。

在中国裁判文书网上以"环境信息公开""环境保护局""行政诉讼"为关键词,搜集整理出 2014—2016 年公民以获取环境信息为目的的行政诉讼案件(图 7.2)。数据显示 2015 年案件数量最多,一共 36 件,是 2014 年的 13 件的 2.7 倍,2016 年又急速回落至 19 件。这说明公民在新修订的《环境保护法》实施后的第一年通过法律手段维护环境信息知情权的意识增强,因而案件数量显著增长,而到了 2016 年案件数量明显减少,表明在公民维权意识增强的同时,环境信息公开工作也在积极推进。由于公民获取环境信息的便捷性增强,知情权容易实现,不再需要事后救济。再来看胜诉率,3 年的胜诉率分别是 38%、8% 和 21%。这与信息公开行政诉讼的纠错率 9.1%[1] 相比,还是比较高的。

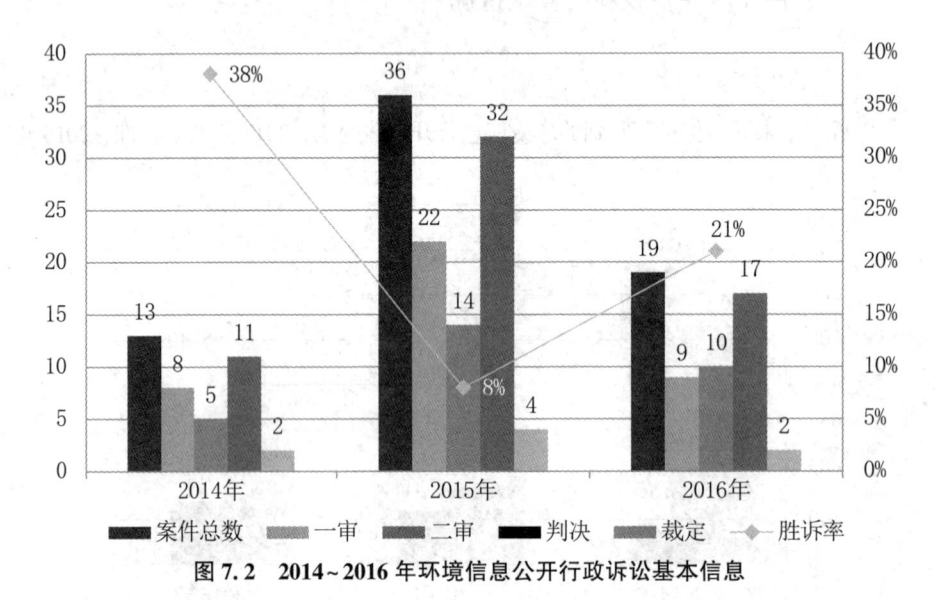

图 7.2 2014~2016 年环境信息公开行政诉讼基本信息

---

[1] 2015 年 11 月 2 日,最高人民法院院长周强在十二届全国人大常委会十七次会议举行第二次全体会议上作的关于行政审判工作情况的专题报告中提到的数据。

进一步在省级层面进行统计和比较（图7.3），数据显示尽管环境信息公开涉诉案件总数不大，但是3年内的变化较为明显，尤其是安徽、江苏和山东3个省份，2015年案件数量增长率较高。安徽省2015年共8件，是2014年的8倍，2016年又急速回落至2014年的水平，仍只有1件；江苏省2015年共10件，是2014年的5倍，2016年降至6件；山东省2015年从2014年的1件增至6件，2016年又降至1件。

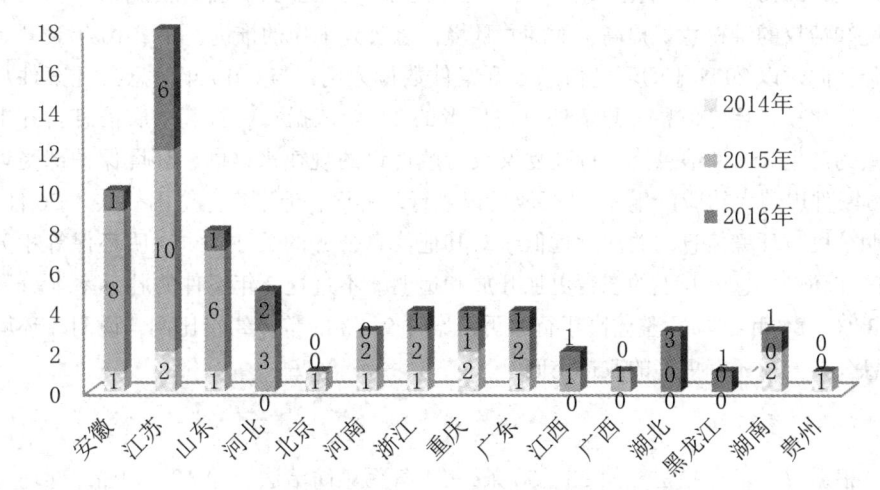

图7.3 2014—2016年省级行政区内环境信息公开行政诉讼案件量（单位：件）

上述数据表明2015年是环境信息公开最多的年份，但是相对于2015年信息公开诉讼案件总数量的15 237件来说，却只是很小一部分，仅占到2‰；而2015年信息公开申请共420 834件，环境信息公开申请只占到1.5‰。同时，按照每一百起政府信息公开申请约产生8.5件政府信息公开行政复议或行政诉讼的规律来推断，[1] 2015年环境保护部收到的649件信息公开申请，大约应产生80件行政复议或行政诉讼，而事实上全国一共也只有36起案件，这些数据呈现出这样一个有意思的现象：一方面，环境信息公开诉讼案件在新《环境保护法》实施的当年陡增，并且在2016年急速下降，看起来是环境信息知情权的保障和实现在增强；另一方面，环境信息案件在信息公开总案件数量中只占很小的比例，又说明公民对环境知情权的关注尚未达到对其他信息的关注水平，权利意识不强。

---

[1] 李楠：《中国政府信息公开救济机制观察报告（2016）》，载公益服务网，http://www.ngocn.net/news/2016-05-06-a7b4fedd239f11aa.html，最后访问日期：2017年2月10日。

以公民向环境保护部申请信息公开的数量和中国裁判文书网上公开的环境信息公开案件为研究样本进行分析,可以发现公民申请环境信息的首选方式还是传统的信函方式,并且在新《环境保护法》实施的2015年,无论是申请信息公开还是纠纷的数量都是三年中最高的,但是诉讼案件数量的变化幅度远高于环境信息公开申请数量的变化。在比较的3个年份中,2015年因环境信息公开引发纠纷的诉讼案件全国一共36件,是2014年的2.7倍,其中安徽省和江苏省增长了5倍以上,2016年又回落至19件。表明公民在新《环境保护法》实施第一年中对环境知情权的维权意识提高,而随着环境信息公开工作的推进,在2016年又开始下降。同时以2015年的环境信息公开案件数量为例,与2015年信息公开案件总量进行比较,环境信息公开案件只占后者的2‰,依据每一百起政府信息公开申请大约产生8.5件信息公开行政复议或行政诉讼的规律来推断,环境保护部受理的649件申请大约应产生80件行政复议或行政诉讼,但事实上全国一共才36件,说明公民对环境信息的关注度远低于对其他信息公开的关注,也表明环保等相关部门在环境信息公开上的态度更加开放和透明。不过这3年案件的胜诉率(分别为38%、8%和21%)整体高于行政诉讼案件9.1%的整体纠错比例,说明在环境信息公开方面还有更多的改进空间。

(二) 参与权

根据《环境保护法》第53、56条,《大气污染防治法》第10、14条,《环境影响评价法》第5、11、21条,《立法法》及《环境保护公众参与办法》等的相关规定,公民的参与权主要是指公民参与立法,参与建设项目、专项规划的环境影响评价,参与大气环境质量标准和大气污染物排放标准的制定,及参与制定城市大气环境质量限期达标规划的权利。鉴于信息获取的难度,本次评估仅对参与立法和建设项目环评进行评估。

1. 参与环境立法

在环境相关立法制定或修订过程中,立法部门通常以公开征求意见的形式向社会各界征求意见,2014—2016年我国主要环境立法征求公众意见情况如表7.1所示:

表 7.1 2014—2016 年部分环境立法征求意见情况汇总[1]

序号	征求部门	征求时间	文件名称	意见反馈方式	参与人数（人）	意见条数（条）
1	全国人大常委会	2012年8月31日至9月30日	环境保护法修正案（草案）	登录中国人大网、信函	9582	11 748
2	全国人大常委会	2013年7月19日至8月18日	环境保护法修正案（草案二次审议稿）	登录中国人大网、信函	822	2434
3	国务院防治办公室	2014年9月9日至10月8日	大气污染防治法（修订草案征求意见稿）	登录中国政府法制信息网专门系统、信函或电子邮件	—	—
4	全国人大常委会	2014年12月30日至2015年1月29日	大气污染防治法（修订草案）	登录中国人大网、信函	971	5047
5	国务院防治办公室	2015年6月10日至7月9日	环境保护税法（征求意见稿）	登录中国政府法制信息网专门系统、信函或电子邮件	—	—
6	全国人大常委会	2015年7月6日至8月5日	大气污染防治法（修订草案二次审议稿）	登录中国人大网、信函	566	1762
7	全国人大常委会	2015年12月30日至2016年1月29日	野生动物保护法（修订草案）	登录中国人大网、信函	1640	6205
8	全国人大常委会	2016年4月27日至5月20日	野生动物保护法（修订草案二次审议稿）	登录中国人大网、信函	241	878

---

[1] 公民参与立法的统计情况根据全国人大网公开的信息收集整理而成，国务院未公开相应的数量，因此用"—"表示无法获取数据，并不是指没有公民参与。

续表

序 号	征求部门	征求时间	文件名称	意见反馈方式	参与人数（人）	意见条数（条）
9	环境保护部	2016年6月12日至6月30日	水污染防治法（修订草案）（征求意见稿）	信函、电子邮件	—	—
10	全国人大常委会	2016年9月3日至10月7日	海洋环境保护法修正案（草案）	登录中国人大网、信函	33	49
11	全国人大常委会	2016年9月6日至10月7日	环境保护税法（草案）	登录中国人大网、信函	118	300
12	全国人大常委会	2016年12月27日至2017年1月26日	水污染防治法修正案（草案）	登录中国人大网、信函	75	237

以开放的态度进行立法，不仅保障了公民参与权利的实现，在立法者与守法者之间搭建沟通平台，同时也有利于法律颁布后的施行。《环境保护法》的修订两次公开征求意见，全国人大常委会共收到10 404人提交的14 182条意见，是环境立法中参与人数最多的，全国人大代表、环保组织、相关专家、普通公民都参与其中，比如吕忠梅教授提出的以生态文明理念为核心修改《环境保护法》等建议被立法机构采纳。《大气污染防治法》的修订更是在当时引起了全民关注，全国人大常委会公开征求意见时收到971人提交的5074条建议，正在修订的《野生动物保护法》两次公开征求意见共收到1881人提交的7083条建议，而2015年修订的《固体废物污染环境防治法》和2016年修订的《环境影响评价法》却未公开征求意见。

公民对环境立法的参与度有多高？通过对比几个数据可以发现：一是《民法总则》的修订草案，在2016年全国人大常委会共收到13 802人提交的65 093条建议；二是《劳动合同法》2012年修订时全国人大常委会共收到131 912人提交的557 243条建议；三是《刑法修正案（九）》的草案，2014年收到15 096人提交的51 362条建议，2015年全国人大常委会共收到76 239人提交的110 737条建议。由此可见，在环境污染加剧、公民健康受到威胁的今天，环境立法受到的关注度并不高,《环境保护法》的关注度只是《劳动合同法》关注度的7.9%,公民对环境利益的意识还远不及劳动合同带来的利益。

除此之外,环境保护部在制定部门规章、环保标准、技术指南(或规范)时,也依法通过环境保护部的官网进行公开并征求意见,在2014年至2016年期间共212件。其中2014年和2015年数量较高,分别是83件和70件,分析原因主要是配合新《环境保护法》的修订进行相应的配套工作,制定或修改相关部门规章、政策和技术标准;2016年数量有所减少,共59件,由于公众参与的数据尚无法获取,从公开的数量来看,经过前两年的制定、修订和调整,相关规范基本完备,下一步的工作重点可转移到执法方面。

2. 参与环评

对环境可能造成重大影响、应当编制环境影响评价报告书的建设项目,可能受到影响的公民有依法在环境影响评价阶段参与的权利,这项权利的实行情况如何,可以通过相关的诉讼案例进行评估。通过在"中国裁判文书网"上获取的信息(如图7.4),在调研的三个年份中,前两年的案件总数相对较小,2014年39件,2015年27件,2016年显著增至187件,其中一审案件数量是2015年的9.4倍。上述数据表明,一方面,公民对环境影响评价过程中公众参与的分歧和异议很多,环评阶段得不到很好解决,便采用事后救济的诉讼手段来维护自己的权益;另一方面,尽管2006年原国家环保总局发布的《环境影响评价公众参与暂行办法》(环发[2006]28号)中规定了公民的参与权,但是在新《环境保护法》实施之后,公民对建设项目环评中的参与权意识才觉醒,或者是维权渠道才畅通。

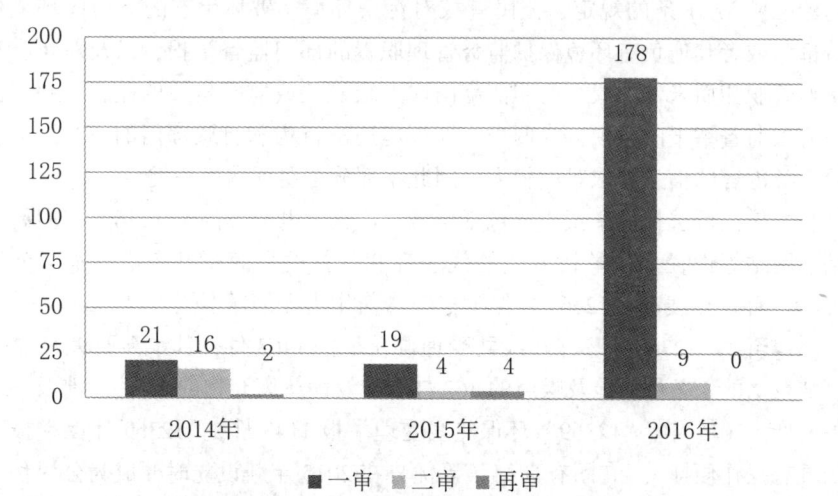

图7.4 2014—2016年建设项目环评公众参与诉讼案件情况统计(单位:件)

3. 小结

公民在立法和环评中参与权的实现，依赖于立法部门、建设单位和审批部门提供参与的机会，经调研发现环境立法中公民的参与权基本得到保障，如《环境保护法》修订的两次公开征求意见，共10 404人提交14 182条建议，是环境立法中参与人数最多的；《大气污染防治法》的修订共有971人提交的5074条建议，正在修订的《野生动物保护法》共有1881人提交的7083条建议。但是仍有一些公民关注的法律在修订时未公开征求意见，如《环境影响评价法》和《固体废物污染防治法》的修订；且公众对环境立法的参与度偏低，与公民的生产生活、身心健康密切相关的《环境保护法》在修订时提交意见的人数只占《劳动合同法》修订时参与人数的7.89%，由此说明公民对于环境的意识仍旧停留在表面，搭便车和从众心态普遍，公民的环境立法参与意识还需引导和提高。

建设项目环评引发的纠纷在2016年陡然增长，总数量是前两年案件总数的2.8倍，一审案件数量是2015年的9.4倍，公民对重大建设项目的环评关注度明显提高，也验证了建设项目环评中的"程序完整有效性低"的问题，在环评阶段公民无法充分参与，或者意见不被采纳，继而通过司法途径进行维权。因此对于可能造成重大环境影响的建设项目的环境影响评价，公民希望有一个可以进行充分信息沟通的平台，以保障相关利益方的充分参与。

（三）监督举报权

依据新《环境保护法》第53、57条，《水污染防治法》第10条和《大气污染防治法》第31条的规定，公民有权对污染环境、破坏生态的行为向环境保护主管部门或者其他负有环境保护监督管理职责的部门监督举报，以及对负有环境保护监管职能而未依法履行的职能部门向上级机关或监察机关的监督举报。因此公民有权监督举报的事项分为两类，即环境违法行为和行政部门的不当履职，由于第二类内容的信息获取难度较大，因此本部分主要评估第一类。

公民依法可选择的举报方式包括信函、传真、电子邮件、"12369"环保热线、微信、网站等途径。从举报方式的代表性和数据的可获得性考虑，本部分选择"12369"环保热线和"12369环保举报"微信作为评估样本。

2014年，"12369"环保热线共受理群众举报1463件，其中涉及大气的1194件、涉及水的452件、涉及噪声的362件、涉及固体废弃物的65件、涉及项目审批的8件。2015年，"12369"环保热线受理举报1143件，"12369环保举报"微信因具有操作便捷、"有图有真相"等优势在2015年新设立时便成为公民优先采取的举报方式，举报数量是"12369"环保热线受理举报的12倍，达到13 719

件，其中大气污染类占 68.8%，这可能与大气类污染的显见性密切相关，公民通过感官即可发现，如气味与颜色等，相对于水、土壤类污染的隐蔽性特征，大气污染更容易获取线索。有意思的是，2016 年"12369"环保热线再度成为公民首选的举报方式，数量上是 2015 年的 160 倍，共 182 462 件，同时也是"12369 环保举报"微信数量 65 882 件的 2.8 倍。

此外，2016 年还有一种新的举报渠道，即向督察组举报。2015 年 7 月，中央全面深化改革领导小组第十四次会议就审议通过了《环境保护督察方案（试行）》，中央环保督查组 2016 年在河北省试点、第一批对内蒙古等 8 个省（自治区、直辖市）中央环保督察及第二批对北京、上海等 7 个省（自治区、直辖市）督察中，共受理群众举报 3.3 万余件，立案处罚 8500 余件，查处占比约 25.8%。

查处比例较低的原因为何？是公民举报不实，还是其他原因？通过实例来观察，在中央环保督查组督查黑龙江期间，绥化市公民举报提供线索共 34 个，督查组交给地方进行查办处理，地方给督察组提交的调查结论中显示有 19 案不属实，超出举报数量的一半以上，督查组认为调查结论可能存在工作不到位、不深入的情况，要求黑龙江再次复查，经过复查，这 19 个原来认为不属实的举报中，有 12 个基本属实。齐齐哈尔市也是类似情形，督查组转交地方办结的 12 个公民举报案件，有 7 件结论是不属实，然而在复查时，被举报人的违法行为终于都受到应有的处罚，上万亩遭受破坏的草地和湿地受到了保护。

由此可以看出，地方在办理督查组转交的案件时存在懈怠和敷衍情况，对新《环境保护法》的实施处在观望之中，不挪不动、不推不走，进而反映出法律实施意识层面仍旧囿于被动或不动之中，对法律赋予的职责不能严格执行。

在选取的"12369"电话和微信举报方式统计中，从 3 年的数据来看，"12369"环保热线电话举报的数量增加明显，2016 年是 2014 年的约 125 倍，达到 18 万件，而微信举报在 2015 年开通的第一年即有 13 719 件举报，2016 年约为 2015 年的 5 倍，说明公民还是认为传统的打电话举报方式更为便捷和可靠。

此外，在实施环保督查之后，向督察组举报也成为公民寻求解决地方环境问题的方式。2016 年督察组在 16 个省（自治区、直辖市）的督察中共收到举报 3.3 万件，是 2015 年收到的微信和热线举报数量总和的 2.2 倍，由此可见公民对于环境问题的解决，对中央层面抱以更多的期望。但督察组将收到的举报线索转交地方处理，又导致查处比率偏低，尽管举报不实可能占据一定的比例，但是从一些地方的复查中可以发现，地方环境保护部门在环境执法方面仍有很大提升空间。

（四）获得奖励权

依据《环境保护法》第 11 条、《水污染防治法》第 10 条、《大气污染防治法》第 31 条的规定，获得奖励权是指公民因保护和改善环境有显著成绩，可由人民政府奖励；或者是举报环境违法行为经查证属实，由环境保护部门给予的奖励。因此，公民获得的奖励权主要分为以下两类：

1. 因保护和改善环境有显著成绩而获得奖励

根据环境保护部 2015 年 6 月制定的《中国生态文明奖评选表彰办法（暂行）》，生态文明奖是对集体和个人保护与改善环境进行奖励的最高荣誉，每三年评选一次，约 30 名个人有机会因特殊贡献获此殊荣，由环境保护部颁发荣誉证书和一万元奖金。2016 年进行的首次评选和表彰中，有 33 名公民因生态文明实践探索、宣传教育和理论研究等方面有特殊贡献和显著成绩而获奖，比如贵州省贵阳市生态文明基金会的志愿者雷月琴，现年 79 岁，是该基金会的第一名也是年纪最大的环保志愿者。在退休后的三十多年里，她坚持参加各类环保志愿活动，曾通过实地勘察，亲手绘制出贵阳十条河流的污染地图，为环境保护部门开展环境执法和环境治理提供了重要线索。在她的带动下，她的 3 个孙子也加入到基金会志愿者的行列，全家每年都会向基金会捐赠资金。

再如浙江省绿色科技文化促进会（以下简称"绿色浙江"）的忻皓，这位青年才俊因亲眼看见家乡那么多的河流被污染而痛心，于是决心要改变它，在大学毕业之后将校园的环保社团带入社会，扎根浙江潜心环保十多年，深度发动公众参与环境整治，比如建议政府在"五水共治"项目中创设了民间河长制，2015 年首批 56 位由志愿者担任的"民间河长"上任，他们不仅参与日常的周边巡查，而且参与前期的河道整治策划方案，民间河长不仅有退休工作人员、大学教授，也有"小小观察员"中小学生。

另一个全国范围的奖项是"绿色中国年度人物"，由全国人大环境与资源保护委员会、全国政协人口资源环境委员会、环境保护部、文化部、国家新闻出版广播电影电视总局、共青团中央、中国人民解放军环保绿化委员会七部委联合主办，联合国环境规划署特别支持，中国环境文化促进会承办，该奖项曾被誉为环保领域最高奖，共设 5~10 个年度奖，一个特别奖，2005—2009 年间是每年评选一次，2010—2015 年间每两年评选一次，用以激励在本年度内为我国环保事业做出杰出贡献的社会各界人士。迄今为止已经有自然之友创会会长梁从诫先生、中国政法大学王灿发教授、北京公众与环境研究中心主任马军、原中央电视台记者柴静、《法制日报》主任记者郄建荣、湖南岳阳市环境保护志愿者协会会长朱再保等 68 位公民获此殊荣。

此外，也有一些地方对公民个人进行奖励，比如北京市超额完成国家下达的"十二五"目标任务，全市单位地区生产总值能耗累计下降 25.8%，二氧化硫、氮氧化物、化学需氧量、氨氮排放量分别比 2010 年下降 31.81%、30.39%、19.34%和 24.96%，下降幅度位于全国前列，2016 年 6 月根据《北京市节能减排先进集体和先进个人评选表彰暂行办法》（京发改〔2015〕2935 号），北京市发展改革委、市环保局、市人力社保局决定，授予李明博等 194 名同志"北京市节能先进个人"称号，授予钟妮华等 120 名同志"北京市减排先进个人"称号。

尽管只是一项荣誉称号，但是这份荣誉是对为保护和改善环境做出贡献的公民的肯定与支持，是代表人民对保护环境公共利益的公民表达一份感激，受到表彰的公民越多，主动参与环境保护工作的公民就越多。因此如果评奖的标准可以量化，则可激励更多的公民参与保护和改善环境。

2. 因举报环境污染违法行为而获得奖励

目前北京、江西、河南、宁夏、天津、厦门、潍坊等 12 个地方制定了具体的奖励办法（见表 7.2），对于公民及时举报身边的环境违法行为予以奖励，主要可分为三类：一是按照举报情形给予固定数额的奖励，二是根据被举报人实际的处罚金额按一定比例进行奖励，三是按照提供线索的重要程度按比例发放奖金，奖励金额总体上从最低 100 元至最高 10 万元。

表 7.2 部分地方环境污染违法行为奖励规范性文件汇总

序号	文件名称	发布机构	实施时间	主要奖励方式
1	深圳市环境保护局公众举报工业企业环境违法行为奖励办法（深环〔2007〕191 号）	深圳市环保局（广东）	2007 年 6 月 19 日	根据举报违法行为不同，给予举报人 1000～2000 元、2000～5000 元、5000～20 000 元或 20 000～100 000 元的奖励
2	潍坊市环境违法行为和环境保护执法人员失职渎职行为有奖举报暂行办法	潍坊市环保局（山东）	2014 年 7 月 9 日	有效举报区别不同情况给予举报人 2000～10 000 元的奖励
3	苏州市公众举报环境违法行为奖励办法（苏环规字〔2014〕1 号）	苏州市环保局（江苏）	2014 年 7 月 18 日	按照被举报人行政处罚金额 5%（最低 500 元最高 50 000 元）的标准，根据举报提供线索程度分 100%、75%、50% 和 25% 发放奖金
4	宁夏环境违法行为有奖举报办法（宁环发〔2014〕183 号）	宁夏环保厅、宁夏财政厅	2015 年 1 月 2 日	根据举报违法行为不同，给予举报人 800 元、2000 元、5000 元或 10 000 元的奖励

续表

序号	文件名称	发布机构	实施时间	主要奖励方式
5	天津市环境违法行为有奖举报暂行办法	天津市环保局	2015年1月7日	根据举报违法行为的不同，给予举报人500元、1000元、2000元或5万元的奖励
6	江西省举报环境违法行为有功人员奖励办法（赣环办字〔2015〕9号）	江西省环保厅、江西省财政厅	2015年2月9日	确定举报级别，分别给予当次处罚金额的3%~4%、2%~3%和1%~2%作为奖励；每起案件的举报奖励原则上不超过10万元
7	北京市环境保护局对举报环境违法行为实行奖励有关规定（暂行）	北京市环保局	2016年4月1日	根据举报违法行为的不同，给予举报人100元、2000元、5000元或5万元的奖励
8	河南省环境污染举报奖励暂行办法	河南省环保厅	2016年12月1日	根据举报违法行为的不同，给予举报人500元、1000元、2000元或5万元的奖励
9	佛山市环境违法行为举报奖励办法（佛环〔2016〕216号）	佛山市环保局（广东）	2016年11月1日	根据举报违法行为及登记的不同，分别给予500元~20万元的奖励。
10	汕头市环境保护局奖励公众举报环境违法行为办法（试行）（汕市环〔2016〕456号）	汕头市环保局（广东）	2016年11月2日	根据举报违法行为的不同，给予举报人最高6000元或最高10 000元的奖励
11	十堰市环境违法行为有奖举报实施办法（试行）（十政发〔2016〕42号）	十堰市人民政府（湖北）	2016年11月24日	确定线索重要级别，分别给予处罚金额的5%（最高3万元）、4%（最高15 000元）和3%（最高5000元）作为奖励
12	厦门市环境违法行为有奖举报办法（试行）（厦环规〔2016〕38号）	厦门市环保局（福建）	2016年12月12日	按处罚金额的1%给予奖励（最低100元最高5000元），举报后积极协助查处的，可另行奖励罚款的不超过10 000元

此外，还有7个城市虽然未公开举报有奖的文件，但媒体报道了相应的环境违法行为举报奖励措施，如陕西省的西安、咸阳、汉中市，湖北省的武汉市，山

西省的太原市、阳泉市及河北省的唐山市。

那么公民举报和获得奖励权实现的如何呢？江苏省苏州市环保局2014年12月30日对9位举报环境违法行为的公民，经核查属实，根据举报人对查处案件的贡献程度，对举报人发放500～5000元不等的奖金，总金额共11 250元。[1]

陕西省咸阳市自2016年6月份启动环境污染举报奖励，截至2016年9月底已接到环境投诉1404起，10月份有6位市民分别获得50～300元的奖励。山西省太原市的奖励更有创意，太原市环保局自2016年11月1日起在微信公众平台"龙城微环保"上推出"拍污染·赢话费"的活动，号召广大市民拿起手机、照相机等，随手拍摄身边的环境污染事件并进行举报，对有效举报将给予价值50元移动电话充值卡的奖励，并在每月参与活动的环保人士中抽取3位奖励100元移动电话充值卡。两个月的时间，已有8000余人次参与，收到各类举报1000余件，其中有效举报210件，累计奖励的移动电话充值卡价值已超1万元。

举报获奖是一项法定权利，不过咸阳市公民杜先生表示举报并不是为了领50元奖励，而是想为环境保护做点事情，让大家生活居住的环境能越来越好。[2] 以杜先生为代表，全国各地公民踊跃参与、积极举报，弥补了执法工作中的死角和盲角，为环境质量改善起到了一定作用。但是目前出台举报奖励制度的地方相对较少，共5个省（自治区、直辖市）和14个地级市，并且奖励方式单一，以现金奖励为主，笔者建议进一步扩大范围和实现奖励方式多元化。

（五）损害求偿权

依据新《环境保护法》第6条和第66条的规定，损害求偿权是指公民的人身权和财产权因环境污染受到损害时请求赔偿的权利。在中国裁判文书网以"环境污染责任纠纷"为关键词，搜集到近三年的公民涉诉案件（图7.5），数据显示该类案件数量逐年递增，2016年的增幅较大，案件总数为1707件，超过2014年和2015年的总和。由此可见，在新《环境保护法》实施之后的第二年，公民通过诉讼形式维护人身权及财产权的维权意识日趋明显，环境司法功能逐渐显现。公民因环境受到损害可分为两类：一类是人身损害，另一类是财产损害。

---

[1]《苏州首次奖励公众举报环境违法行为，金额超万元》，载中国江苏网，http://jsnews2.jschina.com.cn/system/2014/12/31/023157487.shtml，最后访问日期：2017年2月9日。

[2]《咸阳市环保局举行环境污染有奖举报发放仪式》，载新浪网，http://sx.sina.com.cn/xianyang/focus/2016-10-14/172129105.html，最后访问日期：2017年2月9日。

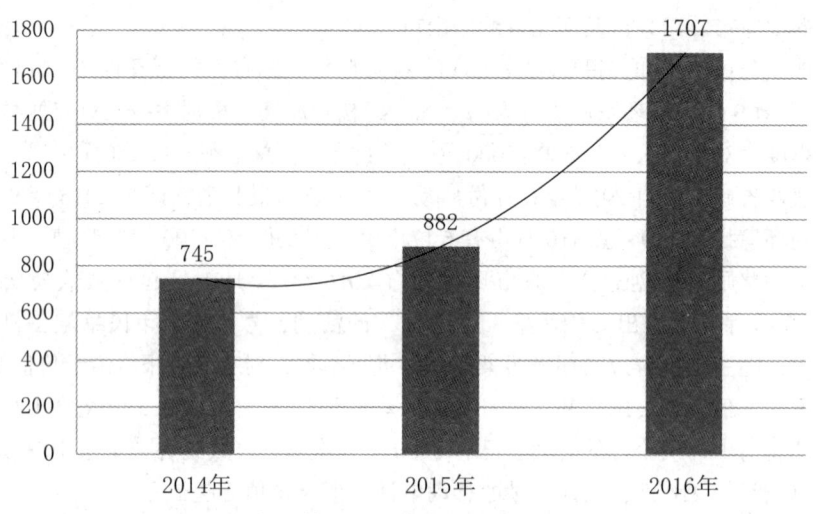

图 7.5　2014—2016 年环境私益民事诉讼案件数量统计图（单位：件）

1. 人身损害求偿

基于人身损害行使损害求偿权是指因环境污染导致公民健康受到损害而罹患某种疾病或加重原有疾病，甚至造成伤残或死亡而通过诉讼方式行使损害求偿权。在 2014—2016 年间公民提起的"环境污染责任纠纷"案件中，涉及人身损害的比重分别约为 10%、9% 和 11%。因此，较之基于财产损失类提起的环境污染侵权类案件，尽管每年数量有所增长，但所占比重基本维持在一成左右。究其原因，主要是此类案件的致害因素以及侵害行为与损害结果之间的因果关系具有特殊性。一方面，由于环境污染物是通过环境介质作用于人体，当损害结果有"潜伏期"时，加害人和损害结果的确定本身也有一定的难度。另一方面，即使确定了加害人且损害结果得到了法院的初步认可，因果关系的判定由于涉及科学上的不确定性，也是人身受损害的公民行使损害求偿权的一大障碍。以电磁辐射污染类的侵权损害赔偿案件为例，自 2014 年以来，尚无一起基于人身损害提起的赔偿请求得到法院的支持，主要是因为法院认定不存在损害结果或是不存在因果关系。

2. 财产损失求偿

基于财产损失行使损害求偿权是指因环境污染导致公民财产遭受损失而通过诉讼方式行使损害求偿权。在我国司法实践过程中，本类型案件涉及的公民财产损失，多是因为发生环境污染事故或是排放污染物导致周边各种作物或各类养殖受损，从而造成了公民的经济损失。

近三年的环境污染责任纠纷案件中绝大多数是公民基于财产损失提起的，并且每年案件增量明显。较之低胜诉率的基于人身损害类案件，本类型案件的胜诉率相对较高。从环境侵权的三要件考虑，本类型案件较容易确认污染行为和损害结果，而两者间的因果关系在"举证责任倒置"原则下成为污染者的举证责任，举证不能导致的不利后果也因此由被告承担，很大程度上减轻了财产受损失公民的举证难度和诉讼成本。

二、公民环境保护义务履行情况

《环境保护法》第 6 条规定公民有保护环境的义务，并要求自觉履行。保护环境是一个非常广泛的概念，指采取一切可能的措施，保护环境的行为。本评估通过网络调查问卷的形式对公民的环境保护法律意识进行调查，问卷的填写时间为 2017 年 1 月 5—9 日，共收集调查问卷 409 份，其中有效问卷 372 份。问卷的填写者（以下简称"受访者"）中男性占 34%，女性占 66%，而受访者的地域分布上华北和华东占 83%（详见图 7.6）、年龄上 20~50 岁占 85%（详见图 7.7）、受教育程度为本科以上的共占 81%，职业则分布在各行各业（详见图 7.8），因此具有一定的代表性。

图 7.6 受访者地域分布示意图

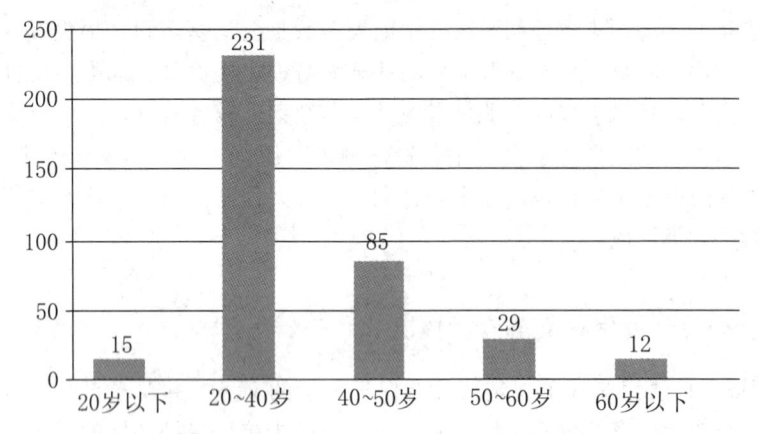

图 7.7 受访者年龄分段示意图（单位：人）

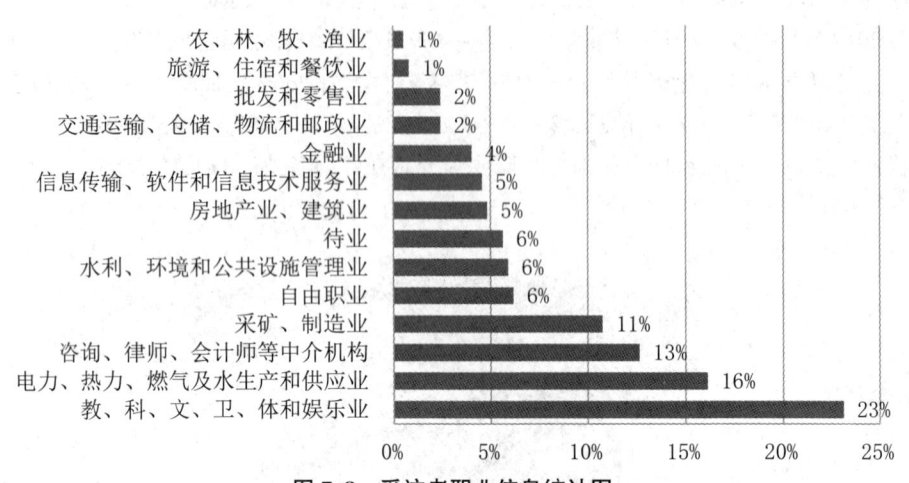

- 20岁以下：15
- 20~40岁：231
- 40~50岁：85
- 50~60岁：29
- 60岁以下：12

图 7.8 受访者职业信息统计图

- 农、林、牧、渔业：1%
- 旅游、住宿和餐饮业：1%
- 批发和零售业：2%
- 交通运输、仓储、物流和邮政业：2%
- 金融业：4%
- 信息传输、软件和信息技术服务业：5%
- 房地产业、建筑业：5%
- 待业：6%
- 水利、环境和公共设施管理业：6%
- 自由职业：6%
- 采矿、制造业：11%
- 咨询、律师、会计师等中介机构：13%
- 电力、热力、燃气及水生产和供应业：16%
- 教、科、文、卫、体和娱乐业：23%

尽管本次受访者以相对发达地区、中青年和较高学历群体为主，但是对新《环境保护法》中规定的公民环境保护义务的认识和履行却并不乐观，接近六成的被调查者认为"举报污染环境、破坏生态的行为"是一项公民义务，但实际上，这是公民的一项权利，并可因此获得奖励。77%的受访者认为"不在政府禁止的时段和区域内燃放烟花爆竹"是新《环境保护法》规定的义务（图7.9），但实际上该义务是由《大气污染防治法》规定的；而对于生活废弃物的分类这一法定义务，能够实施的公民为数较少，只有19%的受访者进行分类并分别投放。五个法定义务的实际调查情况如下：

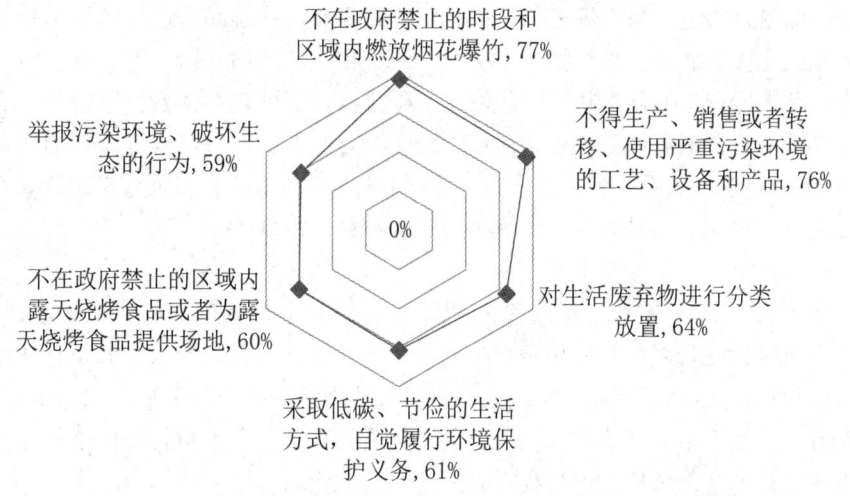

第七部分　新《环境保护法》之公民权利义务实施部分评估 | 437

```
                    不在政府禁止的时段和
                    区域内燃放烟花爆竹,77%

举报污染环境、破坏生                          不得生产、销售或者转
态的行为,59%                                移、使用严重污染环境
                                          的工艺、设备和产品,76%

不在政府禁止的区域内
露天烧烤食品或者为露                          对生活废弃物进行分类
天烧烤食品提供场地,60%                         放置,64%

                    采取低碳、节俭的生活
                    方式,自觉履行环境保
                    护义务,61%
```

图 7.9　公民对《环境保护法》规定义务了解情况调查结果

（一）低碳节俭的生活方式

依据《环境保护法》第 6 条的规定，公民有义务采取低碳节俭的生活方式。那么对公民来说什么是低碳节俭生活方式？在问卷的设计上，主要从出行习惯、购买服装数量、塑料袋使用情况和支付方式等方面对公众进行调查，以此来评估公众对于低碳节俭生活方式的实施情况。

1. 出行习惯

调研中，43%的受访者采用公共交通方式出行，同样比例的人经常开私家车出行，骑自行车出行占 10%，4%的受访者选择打车出行。调研获取到的公共交通出行比例，与北京市的公共交通出行比例 45%大致相当，高于我国总体 10%~30%的比例，但是相对于新加坡的 63%和东京的 86%来讲，还有很大的提升空间，当然这与公共交通的运力和便捷性密切相关。

结合公安部交管局发布的截至 2016 年底的数据，目前我国以个人名义登记的小型载客汽车，即私家车为 1.46 亿辆，比 2015 年上涨 15.08%，新增私家车占新增汽车 80%，私家车的增速依然保持快速增长，势必不断增加交通负荷，移动污染源的数量也同时增加，环境负荷更加沉重，而采用公共交通不仅减轻交通压力，同时也有利于低碳和节俭。因此鼓励更多的公民选择低碳出行及提升公共交通能力依旧是现阶段的主要任务。

2. 购买服装数量

服装的生产过程对环境影响比较大，一件衣服从原材料到成品要经历纺纱、织布、漂白、染色、制衣等工艺，每个环节都要使用化学品，产生的污染物主要有粉尘、化学需氧量、悬浮物（SS）、油脂、重金属（铜、铅、汞、铬、镉等），还有一些有毒有害的化学物质，此外还有碳排放。因此理性消费、节俭的穿衣习惯对环境的贡献不可估量。在调研中，52%的受访者表示每年购置衣物的数量少于10件，即平均每季度购买衣物为4件以下；34%的受访者表示每年购置衣物的数量为10~20件，14%的受访者表示每年购衣数量在20件以上。

3. 日常使用塑料袋数量

我国自2008年实行"限塑令"以来，公民对塑料袋危害的认识普遍提升，调研中59%的受访者每日使用塑料袋的数量少于2个；38%的受访者每日使用塑料袋的数量在2~4个之间，2%的受访者每日使用塑料袋的数量为5~8个，1%的受访者每日使用塑料袋的数量为8个以上。总的来看，由于塑料袋价格便宜和携带方便，依旧是公民日常较为常用的工具。

4. 常用支付工具

电子支付的兴起，不仅为公民的生活带来方便，同时也是一种低碳的方式，减少实物货币的使用。七成的受访者在日常生活中最常使用的支付方式为支付宝或微信，18%的受访者经常使用银行卡，仅有12%的受访者常用现金。

5. 小结

372份有效问卷的分析结果显示，多数受访者的生活方式还是较为低碳环保的，其中43%的受访者选择公共交通出行，52%的受访者每年买10件以下的新衣服，59%的受访者每日使用2个以下塑料袋，88%的受访者日常的支付方式是微信、支付宝和银行卡，当然这也跟受访者以20~40岁且教育背景为本科以上的人群为主有关。但是我们同时发现，公民对法定义务的履行主要考虑的是便捷性，是从自身的实际需要出发作出的选择，对环境危害的考虑并不是放在首要位置的，电子支付非常方便因而使用的人最多，出行方式、塑料袋的使用及购买衣服，主要还是根据自身的需要而定。因而公民对环境保护法定义务的认识还需进一步提升，同时，引导公民低碳节俭还是要注重便捷性，从细节出发，在便捷的同时实现低碳节俭，比如提高公共交通能力，日常用品的供应商在经济成本可行的情况下选择其他包装替代品，鼓励电子支付，同时需进一步进行公民环境保护法定义务的宣传，倡导低碳、简单生活方式等。

（二）生活废弃物分类放置

依据《环境保护法》第38条的规定，公民应当遵守环境保护法律法规，配合实施环境保护措施，按照规定对生活废弃物进行分类放置，减少日常生活对环境造成的损害。

对生活废弃物的分类主要体现在对垃圾分类的认识和实施之上，对于垃圾应当分类都有普遍的认识，但是行动上却很难体现，在本次调研中，有近一半的受访者对垃圾不分类就直接扔到垃圾箱（桶）中（图7.10），另有19%的受访者分类后扔进同一个垃圾桶。究其原因，一是受访者可能对垃圾分类的认知较模糊，理解不到位；二是可能是认为操作太麻烦；三是一些公民居住区域的垃圾箱（桶）可能本身就没有分类，或是垃圾专门处理人员并没有分类处理垃圾，影响了公众分类处理垃圾的积极性。

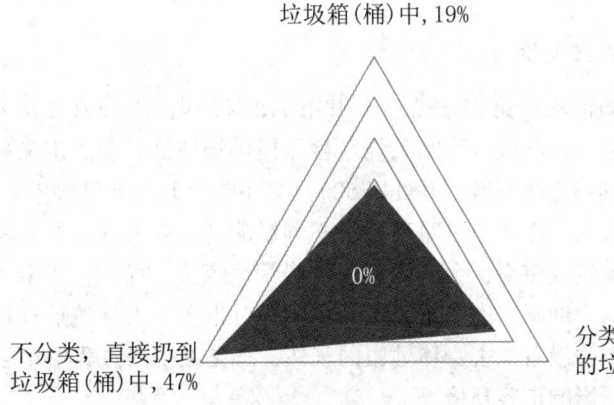

图7.10 公民垃圾分类的调研结果

（三）不使用严重污染环境的产品

依据《环境保护法》第46条第1款的规定，国家对严重污染环境的工艺、设备和产品实行淘汰制度。任何单位和个人不得生产、销售或者转移、使用严重污染环境的工艺、设备和产品。

对于公民来说，不使用严重污染环境的产品主要是指识别哪些是严重污染环境的产品和不使用这类产品，识别是选择使用的前提，但是由于缺乏日常生活中严重污染产品的清单，很难直接评估这项义务的履行情况，因此本次调查选择了几种日常的物品，让受访者按照环境危害程度进行排序。调查结果显示（图7.11），半数受访者认为一次性塑料制品的环境危害性最大，其次是废旧电池，有了认知之后，公民可进一步行动起来，主动选择环境危害相对较小的产品，或减少使用次数。

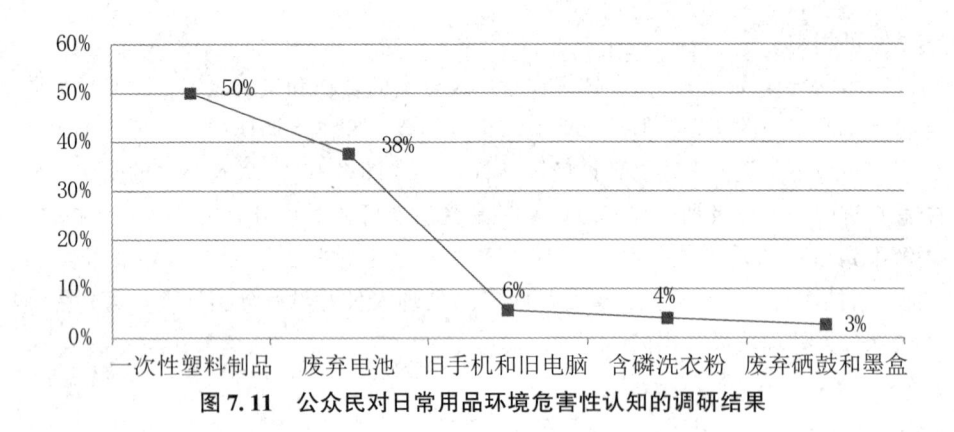

图 7.11　公众民对日常用品环境危害性认知的调研结果

（四）不在禁区内露天烧烤

依据《大气污染防治法》第 81 条第 3 款和第 118 条的规定，不在当地人民政府禁止的区域内露天烧烤食品或者为露天烧烤食品提供场地是一项法定义务。违反者将被没收烧烤工具和违法所得，并处以 500 元以上 2 万元以下罚款。

露天烧烤不仅具有安全隐患，也对环境有不利影响，主要表现在：一是露天烧烤使用的燃料多为木炭或焦炭，会产生大量的煤烟、煤渣、煤灰，严重污染空气；二是在烧烤过程中，油脂、肉渣、调味品在燃烧时也产生大量随烟气排放的污染物，使烧烤点周围弥漫着危害身体健康的气体；三是在烧烤过程中产生的油脂、煤灰会污染地面，影响市容环境。

根据本次调查结果显示（图 7.12），绝大多数受访者不会在禁区内进行露天烧烤（占比 81%），但仍需注意的是，有 14% 的受访者不知道禁区的位置。为了促使公众更好地履行该义务，有关部门应当进一步加强对公众的宣传教育，并且通过多种方式告知公众禁区位置。

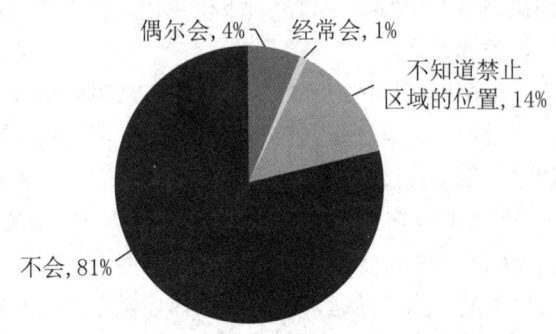

图 7.12　公众对在禁区露天烧烤态度的调研结果

（五）不在禁止时段和区域内燃放烟花爆竹

《大气污染防治法》第 82 条第 2 款和第 119 条第 2 款规定，禁止生产、销售和燃放不符合质量标准的烟花爆竹。任何单位和个人不得在城市人民政府禁止的时段和区域内燃放烟花爆竹。违反者将由县级人民政府确定的监管部门进行处罚。

作为我国的传统习俗，燃放烟花爆竹是公众表达喜庆、欢快心情的一种常见形式。但近年来，由于大气污染的日益严重及相关部门的严格管理，在本次对公众是否会燃放烟花爆竹进行的调查中发现（图 7.13），59% 的受访者已经不燃放烟花爆竹，87% 的受访者不会在禁区内燃放烟花爆竹，但是仍有约 1% 的受访者不知道禁区的位置。由此可见，公众已经颇为严格地遵守该义务，但若想提升该义务的履行率，禁区位置示意图应充分向公众明示。

图 7.13　公众对燃放烟花爆竹态度的调研结果

（六）小结

关于公民的环境保护法定义务，本次选取了《环境保护法》及《大气污染防治法》规定的五项法定义务，采用问卷调查的方式进行了调研。五项法定义务中，低碳节俭的生活方式、生活废弃物分类和不使用严重污染环境产品这三项是倡导性法律义务，违反后不会引起不利法律后果；而另两项即不在禁区内露天烧烤和不在禁止时段和区域燃放烟花爆竹是禁止性法定义务，违反后则可依法处以罚款和没收。调研结果显示，对于禁止性法定义务的履行情况要好于倡导性义务。81% 的受访者不会在禁止区域进行露天烧烤或提供露天烧烤的场地；87% 的受访者不会在禁止区域和禁止时段燃放烟花爆竹。相比较来讲，由于生活废弃物分类的义务并非强制性的，只有35%的受访者表示会分类投放。但是，对于较为便捷的支付宝和微信支付方式，因兼具低碳的特点，也是履行较好的法定义务。因此可以得出一个初步结论：对于禁止性法定义务和能以便捷方式履行的义务，公民实施得较好一些。

垃圾分类是减量化、资源化的前提，在我国已经倡导多年，不过有47%的受访者坦言不分类，还有19%的受访者表示分类后扔进同一个垃圾桶，这项义务是五项法定义务中履行得最不理想的一个，也为垃圾集中处置带来很大的问题。主要原因可能是认为分类麻烦，或是认为市政方面的收集分类处理能力欠缺。

低碳节俭生活方式这一义务的履行情况相对较好，43%的受访者采用公共交通方式出行，另有10%的受访者采用自行车；52%的受访者表示每年购置衣物的数量少于10件；59%的受访者每日使用塑料袋的数量少于2个；70%的受访者在日常生活中最常使用的支付方式为支付宝或微信，18%的受访者经常使用银行卡。

不使用严重污染环境产品的义务，由于规定得不够明确具体，缺乏衡量依据，执行全凭公民的自觉意识，因此对于日常生活中常用的、对环境有负面影响的产品，如一次性塑料用品、废旧电池和电子产品等，公民一般能做到识别和主动尽量减少。

三、评估结论

1. 公民对环境知情权的关注度较低

尽管新《环境保护法》赋予公民获知环境信息的权利，但是研究发现这三年环境信息公开的纠纷案件数量远少于信息公开案件，且纠错率高于其他行政诉讼案件，2015年环境信息公开案件数量仅占当年信息公开案件总量的2‰，这一方面说明还需鼓励公民对环境信息的关注，另一方面也说明环保及相关部门在环境信息公开方面的态度更加开放和透明，但是行政能力还需进一步提高，以减少纠纷案件的纠错率。建议利用便捷的现代数据传输方式，向广大民众宣传知情权，包括权利主体、客体、内容以及权利救济方式；而环境信息公开的行政能力，则需通过具有相关环境信息公开职责的部门之能力建设和提升来推进，如系统的学习行政法、环境法等法律法规。

2. 公民对环境立法的参与度不高

环境立法在制定或修订时，都公开草案征求意见，保障了公民的参与权，但从立法参与度分析，《环境保护法》修订之时参与人数只是《劳动合同法》参与人数的7.9%。除立法专业性原因外，也反映出公民对待环境问题普遍存在的"搭便车"心理，在环境污染加剧、公民健康受到威胁的今天，环境立法受到的关注度并不高，公民对环境权利的意识还远不及劳动合同带来的利益，对问题的解决同样存在依赖监管部门的心理。笔者建议进行广泛的《环境保护法》公民环境权利义务的宣传和普及，从义务教育阶段就开始普及，高中和大学的课程设置中增加这方面的知识，同时在各社区进行普法宣传活动，让公民法定的环境权利义务深入人心。

3. 公民参与建设项目环评的有效度低

建设项目环评中公众参与有效性低引发的纠纷在2016年明显增长说明项目环评阶段公众参与不充分。环评阶段中的公众参与被造假、公民被代表的现象时有发生，建设单位抱着形式化完成任务的态度去开展公众参与，导致参与有效性低。为有效解决这一问题，建议尝试由专门的第三方专业机构如律师事务所介入到环评的公众参与中，由建设单位组织、环评编制机构出席、律师作为独立第三方见证参与到整个过程，核查参与人真实身份，让真正应该参与环评的公民参与进去，充分、合理地表达公民意愿，出具法律意见书，从程序上保障公众参与的公平和公正。

4. 多地未明确公民举报环境违法奖励的具体方案，且奖励方式单一

目前仅有江西、北京、深圳等5个省（自治区、直辖市）和14个城市明确了公民举报环境违法行为和活动的奖励制度，并且奖励的形式较为单一，以奖金为主，只有太原创新出"拍污染送话费"的形式。建议未出台举报奖励方案的地方，及时出台相关制度，履行《环境保护法》的相关要求，同时鼓励公民举报，也可协助环境执法监察人员发现执法死角，及时查处环境违法行为。奖励的方式可多元化，比如奖励话费、上网流量，或者参观科技馆、旅行文化景点、污水处理厂、垃圾处理场等具有环境保护宣教意义的场所。

5. 生活废弃物分类的法定义务履行率低

这项义务是本次调研中五项公民法定环境保护义务中履行率较低的一项，只有35%的受访者分类投放。每一位公民都是产生生活废弃物的源头，提高废弃物分类义务履行率，一是要从技术上提高分类的便捷性；二是要进行更广泛和深入的法制宣传和技术指导，寻找一些正面和反面教材，鼓励每一位公民从自身做起，进行生活废弃物分类；三是充分利用基层自治组织，如村民委员会、居民委员会、业主委员会和环保社会组织等，手把手地进行垃圾分类指导；同时也要加大环卫分装、分运设备的投入，从各个环节做好分类和分别处置。当然，如果这项义务上升为禁止性法律义务，可能会履行得更好一些。

6. 因缺乏日常生活中严重污染环境产品名录致使该义务履行难

新《环境保护法》第 46 条规定，国家对严重污染环境的工艺、设备和产品实行淘汰制度。任何单位和个人不得生产、销售或者转移、使用严重污染环境的工艺、设备和产品。但是，由于公民缺乏对严重污染环境产品的认识，尤其是日常生活中常用的物品，在进行"供给侧"改革的当下，建议相关部门及社会组织制作相关指南，比如制定日常生活中常用的严重污染环境产品的名录或清单，或日常生活用品生产过程中的污染物排放标识，借鉴"碳标识"（carbon foot）制度在产品上进行标注，推行绿色供应链，并进行广泛宣传，引导公民选择低污染或无污染产品，更好地履行这项义务。

此外，本次调研中课题组还设计了一个问题，即公民对新《环境保护法》实施效果的看法，结果显示 63% 的受访者认为新《环境保护法》对其个人的生活影响不大，对周边环境状况的影响也不大；17% 的受访者认为对个人的生活影响很大，对周边环境状况影响也很大；也有 14% 的人认为对个人的生活影响不大，对周边环境状况影响很大；还有 6% 的人认为对个人的生活影响很大，对周边环境状况影响却不大。这些数据表明，环境问题的形成非一日之寒，而是多年、多种因素综合作用的结果，而问题的解决，也绝非短时间就能见到成效的。新《环境保护法》实施以来，遏制了许多环境违法犯罪行为，但是环境质量的改善任重而道远。完成环境保护这一使命，不仅在政府部门、企业法人和各类组织，更在每一位公民，公民的环境权利意识还有很大提升空间。只有公民的环境保护法律意识整体提升，才有可能完全履行法定义务，碧水蓝天就越来越近了。

声　明　　1. 版权所有，侵权必究。

　　　　　2. 如有缺页、倒装问题，由出版社负责退换。

图书在版编目（CIP）数据

《环境保护法》实施评估报告.2016/王灿发主编.—北京：中国政法大学出版社，2019.6
ISBN 978-7-5620-8955-1

Ⅰ.①环… Ⅱ.①王… Ⅲ.①境保护法－法的实施－研究报告－中国－2016
Ⅳ.①D922.680.4

中国版本图书馆CIP数据核字(2019)第076842号

出 版 者	中国政法大学出版社	
地　　址	北京市海淀区西土城路 25 号	
邮寄地址	北京 100088 信箱 8034 分箱　邮编 100088	
网　　址	http://www.cuplpress.com（网络实名：中国政法大学出版社）	
电　　话	010-58908289(编辑部) 58908334(邮购部)	
承　　印	固安华明印业有限公司	
开　　本	720mm×960mm　1/16	
印　　张	28.25	
字　　数	525 千字	
版　　次	2019 年 6 月第 1 版	
印　　次	2019 年 6 月第 1 次印刷	
定　　价	85.00 元	